María del Carmen Tapia
Hinter der Schwelle

María del Carmen Tapia

HINTER DER SCHWELLE
EIN LEBEN IM OPUS DEI

Der schockierende Bericht einer Frau

Aus dem Spanischen von
Harald Riemann

Benziger Verlag
Solothurn und Düsseldorf

Die spanische Originalausgabe
erschien 1992 unter dem Titel
TRAS EL UMBRAL.
Una vida en el Opus Dei,
bei Para la edición en castellano Ediciones B,
S.A., 1992
© María del Carmen Tapia, 1992

3. Auflage 1994

INHALT

Danksagungen

D ieses Buch ist das Ergebnis zahlreicher Bemühungen vieler Menschen. An erster Stelle möchte ich Joseph Cunneen nennen, Verleger von *Cross Currents* und Verleger meiner englischen Ausgabe, die seit mehreren Jahren in Vorbereitung ist, der durch seine professionelle Effizienz und seine liebevolle Beharrlichkeit meine Ideen zu ordnen verstand, nachdem er die ersten Seiten meines englischsprachigen Manuskripts erhalten hatte. Meine Freundin Laura Showalter-Astiz war diejenige, die mir mit unendlicher Geduld bei der Suche und Vorbereitung von Unterlagen für die Ausgabe dieses Werkes zur Seite stand. Mein Neffe Javier verstand es, mich über eine Entfernung von vielen tausend Meilen über wertvolle Angaben, die über dieses Thema in den verschiedenen Medien erschienen, auf dem neuesten Stand zu halten. Zudem Matilde de Urtubi, die mit liebevoll-scharfer Kritik meine gelegentlich unklar formulierten Absätze korrigierte.

Überhaupt nicht genug danken kann ich für die unermüdliche literarische Hilfestellung und die kritischen Kommentare von Frau Professor Marta Gallo von der University of California, die für die Korrektur des Textes weder Zeit noch Mühen scheute.

Den Doktoren Roberto de Souza und Carlos Albarracín Sarmiento, letzterer Professor an der University of California, schulde ich besonderen, unvergeßlichen Dank für ihre Großzügigkeit und ihre grenzenlose Geduld, regelmäßig den größten Teil ihres Jahresurlaubs der Lektüre, Bewertung und eingehenden Korrektur meines Manuskripts gewidmet zu haben.

Ich möchte an dieser Stelle Christine Hopper Warsow für ihre Mitarbeit an diesem Buch nicht nur meinen Dank, sondern auch meine innige Verbundenheit aussprechen. Desgleichen Doktor Manuel Albarracín, der viele Stunden lang aus der Ferne mit mir die ersten Entwürfe zu diesem Buch diskutierte.

Die Unterstützung und zuverlässige Mithilfe meiner Freunde in Venezuela motivierte mich von der ersten bis hin zur letzten Zeile. Ohne die wertvolle Mitwirkung von Cristina Bertrán und einigen Freunden in den Vereinigten Staaten, die zur Zeit nicht genannt werden möchten, hätte ich keinen Zugang zu einigen Informationsquellen gehabt.

Es ist zweifellos der persönlichen und direkten Mitarbeit von Héctor Chimirri, Verleger der *Ediciones B* in Spanien, zu danken, daß dieses Buch in spanischer Sprache erschien.

Und noch einmal meinen tiefsten und aufrichtigsten Dank an Dominique Ménil, dem dieses Buch gewidmet ist, für sein Verständnis, seine Kraft und die liebevolle Hilfe, die mich unermüdlich aufrecht hielt, über all die Jahre, die ich zum Verfassen dieses Buches benötigte.

M.C.T.
Santa Barbara, Kalifornien,
im März 1992.

«*Desde el llano adentro vengo*
tramoliando este cantar,
cantaclaro me han llamado.
¿Quien se atreve a replicar?»
RÓMULO GALLEGOS

Aus der tiefen Savanne komm' ich
und sing' dieses kleine Lied,
Cantaclaro nennt man mich.
Zweifelt jemand daran?
ÜBERSETZT VON VERONICA JAFFE M.A.

Prolog
Epilog in Form eines Prologes

Der Prolog zu diesem Buch sollte eigentlich von einem mit mir befreundeten Priester stammen. Monatelang hatte er sich gefreut, ihn zu schreiben, sowie ich mich darüber freute, daß er ihn schreiben wollte.

Heute teilte er mir mit, ich solle nicht böse sein, aber er würde den Prolog zu diesem Buch nicht schreiben, aufgrund der Polemik und Kontroversen, die in letzter Zeit in Spanien zum Thema Opus Dei herrschten; lieber wollte er sich aus dem ‹ekklesiastischen Spiel› heraushalten.

Außerdem sagte er mir: «Dein Buch ist eigenständig. Es kann sich auf sich selbst berufen. Du bist ein ernsthafter Mensch.»

Santa Barbara, März 1992.

Einführung

Nur wenige Leute, die in der Via di Villa Sacchetti in Roms elegantem Viertel Parioli spazierengehen, würden aus Neugierde vor einer hermetisch verschlossenen Tür mit der Nummer 36 stehenbleiben. Das Gebäude, zu dem sie Zutritt gewährt, ist auf den ersten Blick nicht sonderlich beeindruckend, da es sich in die klassische Architektur dieser Straße einfügt. Aber wenn man ein paar Meter weitergeht, den Blick zurück in Richtung Viale Bruno Buozzi wendet und ein wenig nach oben schaut, wäre man von dem Turm ‹il Torreone›, wie die Italiener sagen, beeindruckt, der sich auf dem Gebäude neben der Nummer 36 erhebt. Es ist ein moderner Bau, dessen Fassade, wie man erst später entdeckt, sich auf die Viale Bruno Buozzi 73 ausdehnt. Allmählich entdeckt man, daß beide Gebäude Teil einer riesigen, komplexen und miteinander verbundenen Struktur sind. Die seltsame Zusammenstellung architektonischer Stile ist auffällig, niemandem aber kommt es in den Sinn, daß er vor dem Hauptquartier des Opus Dei steht.

Das spanische Wort für Tür, puerta, vom lateinischen ‹porta›, wird, wie man weiß, in den Lexika als eine Öffnung in einer Wand oder Mauer, die jemandem von einer Seite zur anderen Zutritt gewährt, definiert. Die Tür der Nummer 36 in der Via di Villa Sacchetti ist jedoch hermetisch verschlossen. Und das Anliegen dieses Buches ist es, dem Leser den Zutritt zur Frauenabteilung des Opus Dei zu gewähren, in der ich als ordentliches Mitglied sechs Jahre lang lebte.

Der Leser wird in meinem Buch Wichtigeres kennenlernen als die Verbindung der Bauten im Inneren oder die Größe der Gebäude mit ihren 12 Eßsälen und 14 Hauskapellen, und doch ist auch dies imposant. Die größte Kapelle bietet Raum für Hunderte von Personen. Über die Anzahl an Eßsälen und Kapellen pflegte der Gründer des Opus Dei, José María Escrivá de Balaguer, zu sagen: «Daran kann man erkennen, daß wir mehr beten als essen.»

Und im Hinblick auf sämtliche Gebäude des Komplexes pflegte

Monseñor Escrivá folgende Betrachtung anzustellen: «Ich versichere euch, ich kann einen Kardinal am Haupteingang empfangen, ihn raschen Schrittes durch das Haus führen, eine halbe Stunde Essenspause einlegen, die Besichtigung fortführen und ihn zur Stunde des Nachtmahls durch die Hintertür hinauslassen, ohne daß er auch nur die Hälfte des Hauses gesehen hat.»

In einer der unterirdischen Kapellen befahl Monseñor Escrivá, zu Lebzeiten, seine eigene Grabstätte zu errichten, sowie die von einigen anderen Mitgliedern des Opus Dei, die ihm aus unterschiedlichen Gründen nahestanden. Eine dieser Grabstätten war die des gegenwärtigen Prälaten im Opus Dei, Monseñor Alvaro del Portillo, die Escrivá mit den Worten kommentierte: «Und Alvaro wird mir bis über meinen Tod hinaus nahe sein.» Andere Grabstätten waren dem Architekten, der die Arbeiten zu diesem Zentralgebäude fertigstellte, gewidmet, sowie den beiden ranghöchsten weiblichen Mitgliedern des Opus Dei. Man nahm immer an, eine von ihnen würde Encarnita Ortega sein, die viele Jahre lang Leiterin der Frauenabteilung des Opus Dei war.

Viele Male habe ich gehört, wie uns Monseñor Escrivá mit gewissem Vergnügen mitteilte: «Gerade habe ich an meinem Grab gesessen, und es gibt nur wenige Leute, die das von sich sagen können.» Bei dem Gedanken, dort begraben zu werden, pflegte er hinzuzufügen, wobei er sich besonders an die älteren Oberinnen des Opus Dei wandte: «Aber meine Töchter, behaltet mich nicht so lange Zeit hier, damit sie euch nicht belästigen. Tragt mich in eine öffentliche Kirche, damit ihr hier in aller Ruhe weiterarbeiten könnt.»

Seit einigen Jahren hat sich sein Grab für die Mitglieder des Opus Dei in einen Pilgerstätte verwandelt. Ständig, Tag und Nacht, beten und wachen Männer und Frauen des Opus Dei am Grab von Monseñor Escrivá. Mitglieder des Opus Dei aus vielen Ländern reisen nach Rom, um seine Grabstätte aufzusuchen. Manchmal gestatten die Superioren des Opus Dei einigen Personen, diesen Ort zu besichtigen und neben den sterblichen Überresten des Gründers zu beten. Die Frauen des Opus Dei, die ordentlichen sowie die außerordentlichen Mitglieder des Opus Dei, tragen gewöhnlich eine *Mantilla* – womit ich den kurzen Schleier meine, den die spanischen Frauen bei der alten Kirchenliturgie tragen. Ein Mitglied des Opus Dei, im allgemeinen eine Frau, berührt den Grabstein aus Marmor, auf dem das Wort ‹El Padre› gemeißelt steht, mit einem Rosenkranz oder einem vom Opus Dei gedruckten

Heiligenbild. Auf dessen Vorderseite ist das Foto des Gründers zu sehen, darunter steht ein Gebet für die private Andacht. Auf der Rückseite liest man den Lebenslauf Escrivás, der in beschönigender Form seine Tugenden aufzeigt. Selbstverständlich werden die durch Monseñor Escrivá verbürgten ‹Gunstbezeigungen› später für seine Seligsprechung als ‹Wunder› angesehen werden.

Frische, meistens rosafarbene Blumen schmücken das Grab von Monseñor Escrivá zu jeder Jahreszeit, die zum größten Teil von den Leitern der Opus-Dei-Zentrale stammen.

Mit meinem vorliegenden Buch möchte ich dem Leser meine Erfahrungen im Opus Dei und meine innere Verfaßtheit in vielen Jahren wiedergeben – von 1948 an, als ich in Madrid um meine Mitgliedschaft ersuchte, bis 1966, als ich in Rom von Monseñor Escrivá gezwungen wurde, meinen Abschied zu nehmen. Gleichfalls soll dieses autobiographische Zeugnis die Verfolgung durch das Opus Dei dokumentieren, der ich jahrelang ausgesetzt war, obwohl ich dieser Institution schon längst nicht mehr angehörte.

Was ist das Opus Dei? Menschen, die sich auf diesem Gebiet nicht auskennen, werden sicherlich nebulöse Vorstellungen haben, die sich auf journalistische Berichte stützen. Zu sagen, daß das Opus Dei eine Vereinigung von ‹72 375 Mitgliedern aus 87 Nationen sei, die Priester mit eingeschlossen (ungefähr 2 %)›, zudem Laien, die ihr Leben christlichen Taten auf der Welt weihen, wäre zugleich objektiv und oberflächlich.

All jene, die dennoch etwas mehr wissen möchten, meinen vielleicht, es sei bereits genug über das Opus Dei geschrieben worden, ob nun dafür oder dagegen, in bester oder schlechtester Absicht, mit mehr oder weniger Sachkenntnis. Die Aufmerksamkeit all der Autoren, die nicht dem Opus Dei angehörten, konzentrierte sich fast immer auf die Abgeschlossenheit der Gruppe, die vermeintliche politische Orientierung der Mitglieder im allgemeinen oder die einiger prominenter. Es wurden ebenfalls Untersuchungen über das komplexe Thema der Finanzen und Eigentumsverhältnisse dieser Organisation durchgeführt, sowie über ihre Beteiligungen an Banken und internationalen Unternehmungen; zudem über persönliches Eigentum und Grundbesitz einiger Mitglieder. In solchen Arbeiten wurden bisher höchst ungenaue Informationen zusammengestellt. Dem gegenüber stehen Bücher, die von Mitgliedern oder ehemaligen Mitgliedern des Opus Dei geschrieben wurden, die sich entweder sehr lobend äußern oder sich auf allzu spezielle Themen konzentrieren.

Nachdem ich gewissenhaft die zu diesem Thema erschienene Literatur studiert hatte, fiel mir auf, daß sich fast alle Bücher zum größten Teil auf die Männer des Opus Dei beziehen.

Dagegen ist praktisch nichts Ernsthaftes über die theologischen, politischen und wirtschaftlichen Aspekte dieser Institution geschrieben worden; und natürlich nichts Wesentliches über die Frauen des Opus Dei. Wenn andere Autoren über die Frauen im Opus Dei schreiben, beziehen sie sich im allgemeinen auf mich, zitieren irgendeinen Satz oder Ausspruch, den sie aus einem von mir geschriebenen Artikel herausgepickt haben.

Die einzige Autorin, die zusammenfassend die Situation der Frauen des Opus Dei beschrieben hat, ist María Angustias Moreno.

Ich bin davon überzeugt, daß es notwendig ist, mein Wissen über die Frauen im Opus Dei weiterzugeben, zumal ich mich, glücklicher- oder unglücklicherweise, in der günstigen Lage befinde, einen umfassenden Einblick in dieses Thema geben zu können. Mein eigenes Leben soll der rote Faden dieser Aufzeichnungen sein. Von meinen Erfahrungen möchte ich berichten, die sich auf das System, mit dem das Opus Dei arbeitet, beziehen. Voller Enthusiasmus und im Glauben, daß das Opus Dei den Willen Gottes verkörpert, war ich ihm beigetreten und verschwendete so zwanzig Jahre meines Lebens.

Ich habe bereits erwähnt, daß sich das Opus Dei aus Männern und Frauen aller sozialen Schichten zusammensetzt, ‹die sich durch einfache Arbeit heiligen›, aber bisher gibt es nur wenige Informationen darüber, was tatsächlich in den Frauenabteilungen dieser Vereinigung, die sich jetzt Personalprälatur nennt, vor sich geht. Ich bin mir bewußt, daß mich all die Jahre, die ich im Opus Dei lebte, der Grad der Verantwortung, die ich in dieser Institution besaß, die Tatsache, daß ich mehrere Jahre an der Seite von Monseñor Escrivá lebte und arbeitete, und die Gelegenheiten, für diese Vereinigung an vielen verschiedenen Orten der Welt gewesen zu sein, zu einem wichtigen Zeugen gemacht haben. Ich nahm Ämter in der Zentralverwaltung des Opus Dei und in den Frauenabteilungen in Spanien und Italien ein, arbeitete in Rom direkt mit dem Opus-Dei-Gründer zusammen. In Venezuela war ich über zehn Jahre lang an der Spitze der Frauenabteilung regionale Leiterin des Opus Dei.

Ich besuchte ebenfalls Kolumbien und Ecuador, außerdem Santo Domingo, wohin ich mit zwei anderen Oberinnen des Opus Dei in Venezuela, Eva Josefina Uzcátegui und Elsa Anselmi, fuhr, um dort die Möglichkeiten für eine Neugründung des Opus Dei zu erkunden.

Als wir in Santo Domingo waren, überraschte uns die Revolution von 1965, und wir wurden als Flüchtlinge auf ein Kriegsschiff der nordamerikanischen Flotte evakuiert, das uns nach Puerto Rico brachte. Von dort kehrten wir nach Venezuela zurück. Als wir in Maiquetía, dem Flughafen von Caracas, gelandet waren, sahen wir, daß uns ein außergewöhnliches Mitglied des Opus Dei erwartete, Doktor Héctor Font, der uns, ohne uns Zeit zum Überlegen zu lassen, in einen Krankenwagen steckte, um Presse und Fernsehen zu umgehen, die, ohne daß wir davon gewußt hatten, auf dem Flughafen auf uns warteten. Dies geschah, um jeden Rummel in der Öffentlichkeit zu vermeiden und somit der vielbeschwatzten ‹Diskretion› des Opus Dei eine weitere Variante hinzuzufügen. Seltsamerweise erschienen trotz aller Vorsichtsmaßnahmen von Seiten des Opus Dei mehrere Tage lang unsere Namen in den Nachrichten.

Einige Tage danach ging ich, in Begleitung des außerordentlichen Mitglieds Frau Laura Drew-Bear, zu einem offiziellen Besuch in die Botschaft der Vereinigten Staaten, um dem Botschafter dafür zu danken, daß er uns drei Frauen in Santo Domingo gestattet hatte, zusammen mit nordamerikanischen Familien auf dem USA – Militärtransporter die Stadt zu verlassen.

Während der ‹embassador's deputy› mit uns beiden sprach, erfuhren wir, daß unten auf der Straße vor der Botschaft eine Demonstration gegen die USA stattfand. Sekunden später suchte sich einer der Demonstranten das Fenster des Botschafters als Schießscheibe aus. Der Adjutant des Botschafters erkannte die Gefahr und rief uns spontan den Marinebefehl ‹hit the deck, ladies› (nieder auf den Boden, meine Damen!) zu. Wir landeten unter einem niedrigen Tisch vor einem Sofa. Die Kugeln schlugen in die Wand ein, genau auf der Höhe unserer Köpfe, wären wir sitzengeblieben. Der Botschafter, der sich im Nebenzimmer aufhielt, kam sofort zu uns gelaufen und der ursprünglich protokollarische Besuch wurde zu einem der freundschaftlichsten meines Lebens. Wie ich gehört habe, hat der Botschafter die Patronen bei sich zu Hause aufbewahrt.

Durch mein Amt in der Zentralverwaltung in Rom und später während meines Aufenthalts in Venezuela stand ich in enger Verbindung mit den Opus-Dei-Niederlassungen in anderen Ländern, darunter denen in USA, Mexiko, Kolumbien, Peru, Chile, Argentinien, etc.

Ich werde in diesem Buch mein Leben im Opus Dei offen und ohne etwas zu verheimlichen erzählen.

Ein Anliegen meines Buches ist es, daß junge Frauen mehr über das Opus Dei erfahren, bevor sie ihm aus Gutgläubigkeit beitreten.

Abgesehen von einigen wenigen Fällen, auf die ich speziell hinweisen werde (obwohl ich nicht diejenigen, die immer noch im Opus Dei leben, herausstellen will, um sie nicht der Bestrafung durch die Superioren auszusetzen), werde ich die authentischen Namen der Personen, von denen die Rede ist, nennen.

Zudem muß ich gestehen, daß ich über viele Jahre hinweg geglaubt hatte, daß die Dinge, die mir im Opus Dei widerfahren sind, nur einzig und allein für mich Bedeutung besitzen. Heute in meinem Alter und nach reiflichster Überlegung bin ich zu dem Schluß gelangt, daß die gleichen Dinge auch für andere wichtig sind, besonders für Frauen, die die Möglichkeit erwägen, dem Opus Dei beizutreten. Meine eigenen Erfahrungen werden, davon bin ich überzeugt, allen Familienangehörigen von Opus-Dei-Mitgliedern helfen, die sich in Unkenntnis über die Eigentümlichkeiten des Ortes, an dem ihre Kinder jetzt leben, befinden. Zweitens hoffe ich, daß die Hierarchie der Katholischen, Apostolischen und Römischen Kirche auf diese Weise das Opus Dei von ‹innen her› und nicht nur durch die Besuche kennenlernt. Sie erhalten ein anderes Bild als das der Superioren des Opus Dei, die besondere Häuser vorbereiten und ihre Sicht über die Heiligkeit und Schlichtheit der Prälatenwürde erzählen. An dritter Stelle möchte ich mit meinem Buch Christen und Nicht-Christen informieren, speziell jedoch die Menschen erreichen, die sich aus irgendwelchen Gründen von der Kirche abgewandt haben, aber dem Opus Dei als ‹cooperadores› (d.h. diejenigen, die es finanziell, sozial oder politisch unterstützen) verbunden sind.

Zur Zeit versucht das Opus Dei, neue Häuser in den USA, vorwiegend an der pazifischen Küste, sowie in anderen Ländern der Welt zu eröffnen. An der Pazifikküste erschließt sich das Opus Dei zur Zeit erhebliche Einnahmequellen und nutzt die in Kraft getretene Kirchenunabhängigkeit, derer es sich dank seines neuen Status als Praelatura Personal (Personalprälatur) erfreut.

Ich kann versichern, daß heutzutage die Anstrengungen und Interessen des Opus Dei keinesfalls dem Apostolat und noch viel weniger dem Apostolat für die Armen und Bedürftigen, oder gar den allgemeinen, ernsten Problemen der Menschheit gelten. Sein Ziel ist es, alle zur Verfügung stehenden Instrumente politischer, religiöser und wirtschaftlicher Macht zu beherrschen; zudem gegenwärtig absolut alle möglichen Mittel zu nutzen, um Monseñor Escrivá auf den Altar zu heben und ihn heiligsprechen zu lassen. Seit dem 9. April 1990 ist er bereits ‹Ehrwürden›. Dennoch hoffe ich aus tiefster Seele, daß die Information, die ich mit diesem Buch vermittle, unserem heiligen Vater, Seiner Heiligkeit Johannes Paul II., helfen möge, ein klares Bild über die verzerrten und unbestreitbar tendenziösen Informationen zu gewinnen, die von seiten derer, die an der Kanonisierung von Monseñor Escrivá interessiert sind, verbreitet werden. Das Leben von Monseñor Escrivá war ganz gewiß nicht bewundernswert und noch viel weniger nachahmenswürdig.

Meine Stimme ist nicht die Stimme des Bösen, zumal ich Kind der Kirche und praktizierende Katholikin bin. Mir liegt es zum einen nur daran, Verwirrung unter den Katholiken aufzulösen und zum anderen, eine schmerzliche Irreführung der Christenheit zu verhindern.

Ich kann wahrhaftig bezeugen, daß in Rom hinter den Türen der Nummer 36 in der Via di Villa Sacchetti eine Machtzentrale liegt, in der die Superioren des Opus Dei die Fäden ziehen, und in der ganzen Welt Mitglieder, Männer und Frauen, wie Marionetten tanzen lassen, sei es unter dem Gebot der Gehorsamkeit oder mit der schlagkräftigsten Begründung, die ihnen zur Verfügung steht: ‹Es ist zum Wohle des Werkes›.

Würde ich mich nicht insofern der Verantwortungslosigkeit und der Beihilfe schuldig machen, hielte ich meine Erfahrungen in meinem Herzen archiviert und überließe sie der völligen Vergessenheit?

Über das Opus Dei zu schweigen hieße, gegen meinen tiefsten Glauben an die geistige Verteidigung der Freiheit und der Menschenrechte zu handeln.

Santa Barbara, Kalifornien, 3. März 1992.

Meine Begegnung mit dem Opus Dei

Das Opus Dei ist ein sozio-religiöses Phänomen, das stark mit der politischen Situation in Spanien verbunden ist. Nach dem Ende des spanischen Bürgerkriegs überstiegen, wie man weiß, die Hoffnungen und Ideale der Jugend die Feindseligkeit und den Haß vieler Erwachsener. Wir waren eine Jugend voller persönlicher, politischer und religiöser Hoffnungen. Wahre Altruisten. Eine Jugend, die unter den jahrelangen Schlägen des Bürgerkrieges Reife erlangt hatte. Leute in meinem Alter werden sich an jene Jahre erinnern: an den Hunger, den Bombenhagel und den wiederholten Verlust von nahestehenden Menschen, nicht jedoch an eine der ‹glorreichen› Gefechtsfronten – die im Laufe der Zeit ohnehin immer weniger ‹glorreich› erschienen –, sondern an Gemetzel, die von Fanatikern und Verbrechern niedrigster Gesinnung, ob nun Kommunisten oder Faschisten, angerichtet wurden.

Wenn die milden Gewässer des Mittelmeeres, die Gitterzäune der Friedhöfe, die Ufer der Flüsse, die Bäume vieler Parks, der Staub vieler Landstraßen bloß sprechen könnten! Sie würden uns die Geschichte der Ungerechtigkeit von Massenexekutionen erzählen, von namenlosen Toten, deren Angehörigen bis zum heutigen Tag nicht der menschliche Trost zuteil geworden ist, an ihren Gräbern zu weinen.

Es gab auch Orte, an denen die Einsamkeit als einziger stummer Zeuge jene ungerechten Gewehrsalven leichter machte. Ich erinnere mich noch an jenen Tag im Dezember 1936, als General Francos Truppen Madrid belagerten. Ich war zu der Zeit elf Jahre alt und hatte das Haus sehr früh verlassen, um in Chamartín etwas Eßbares aufzutreiben. Meine Mutter war schwanger, wir hatten bereits unser Haus verloren – meine Familie wohnte an der Ecke des Paseo de Rosales-, das Francos Truppen besetzt hielten. Zudem hatten wir auch mehr als dreißig engere Familienmitglieder verloren, ermordet von den sogenannten Kommunisten. Mein Vater wurde verfolgt, aber noch hatten sie ihn nicht inhaftiert. Währenddessen wohnten wir bei Freunden, Kollegen meines Vaters, in der sogenannten ‹neutralen Zone›, was in der Sprache des Krieges bedeutete, daß die Truppen Francos diesen Ort nicht bombardieren würden. Wie gesagt, ich war an dem Morgen früh aus dem Haus gegangen, zusammen mit zwei älteren Freundinnen. Beide waren fünfzehn Jahre alt, und ihr Alter gab mir Sicherheit. Wir waren uns fünf Monate vor Beginn des Krieges in einer offenen Straße über den Weg gelaufen, von der wir wußten, daß dort nachts Leute umgebracht wurden. Wir gingen schweigend in der Mitte der Straße, als plötzlich eine von ihnen *Vorsicht!* rief. Vor uns breitete sich eine noch frische Blutlache aus, in der sich etwas befand, was ich nie vergessen werde. Ein für die damalige Zeit typisches Verbrechen, das gewöhnlich im Morgengrauen begangen wurde.

Wir setzen unseren Weg fort und kamen schließlich dort an, wo wir am Ende einer langen Schlange darauf warteten, etwas Eßbares erstehen zu können. Unterwegs hatten wir uns mehrere Male zu Boden werfen müssen: einige Male wegen eines ‹paco›, ein Heckenschütze, dessen Schüsse jedermann verletzen oder töten konnten, und dann wieder, um den Mörsergranaten zu entgehen, die Francos Truppen, die Madrid besetzt hielten und sich offenbar in Richtung einer nahegelegenen Kaserne bewegten, täglich abwarfen. Es war schon ein ernstes Problem, sich von beiden Seiten geohrfeigt zu fühlen.

Man hatte auch noch aus anderen Gründen zu leiden: Verlust der Arbeitsstelle oder reduzierter Arbeitslohn. Und als der Krieg beendet war, tauchte darüberhinaus noch ein anderes Problem auf: die Ausweisungen. Viele Leute wurden aus Spanien ausgewiesen, andere aus der Stadt, die ihr Zuhause bedeutete. Ich frage mich, ob es eine größere Folter als die Verbannung gibt. Ein Mensch ist in der Lage, sich Gefängnis und sogar dem Tod zu stellen. Aber die Verbannung ist wie eine Folter, wie ein langsames Sterben und kann auch den Stärksten brechen.

Daneben gab es Gerichtsurteile, die berühmten Kriegsgerichte, die ‹Läuterungen›, politische Bürgschaften, falsche Freunde, gute Freunde, schwerwiegende wirtschaftliche Probleme, Hunger, Lebensmittelknappheit…

Wir, die Kinder jener Jahre, mußten unser Spielzeug in die Ecke stellen und begreifen, daß ein unvorsichtig geäußertes Wort unsere Eltern in allergrößte Gefahr, ja sogar in Lebensgefahr bringen konnte.

Die Tatsache, daß wir vorzeitig reifen mußten, verwandelte uns in eine Jugend voller edelmütiger Ideale, ließ den Wunsch entstehen, jedem Bedürftigen hilfreich zu sein und unser Leben anderen zu widmen. Wir waren von dem Wunsche beseelt, uns gerechten und humanitären Idealen hinzugeben. Aufgrund der von uns gesammelten Erfahrungen wollten wir keine Kriege mehr, weder Reichtümer noch Verrat. Wir hatten in allerhärtester Art und Weise lernen müssen, daß die einzigen andauernden Dinge Güte und Loyalität gegenüber einer gerechten Sache sind. Wir waren gläubig, jedoch ohne dabei zu frömmeln. Obwohl wir große Ambitionen im geistigen Sinne besaßen, hatten wir auch gelernt, mit sehr wenig glücklich zu sein; vielleicht war das die ‹gesegnete Sünde› der Jugend jener Zeit. Materiell waren wir arm, zum einen machten wir die schwere Nachkriegszeit durch, und zum anderen bekamen wir die Produktionsbeschränkungen des Zweiten Weltkriegs zu spüren, auch wenn wir nicht direkt involviert waren. Wegen Francos politischen Visionen bekam Spanien die Isolierung von allen Ländern Europas zu spüren. Dennoch grämten wir uns nicht. Wir besaßen Lerneifer und nutzten die Intensivkurse, die überall organisiert wurden, um die Jahre, die wir durch den Krieg verloren hatten, wieder aufzuholen. Sicherlich war für uns das Studium ungewohnt, aber das konnte uns in unserem Eifer nicht abhalten. Wir gehörten nicht zu den Studenten, die sich einfach neue Bücher in den Buchläden kaufen konnten, sondern mußten das Buch, das wir in einem Jahr durchstudiert hatten, wieder verkaufen, um uns das Buch für den nächsten Kurs leisten zu können. Wir gehörten zu den Studenten, die ein Buch in vier Teile zerlegten und es zusammen mit anderen Kommilitonen für diejenigen abschrieben, die nicht die Zeit dazu hatten. Zu der Zeit gab es noch keine Fotokopierer.

Viele Frauen mußten ein Opfer bringen und die Universität verlassen, damit die Familie wenigstens das Studium des Bruders finanziell tragen konnte.

Jedenfalls waren es jene Jungen und Mädchen aus dem spanischen Bürgerkrieg – und das ist der Grund für die kurze Skizzierung der Ereignisse –, die jungen Leute in den Jahren 1940–1950, die für die ersten Priesterämter des Opus Dei Schlange standen.

Zu der Zeit war das Opus Dei als solches unbekannt. Trotzdem war das Buch *Camino* (Weg), geschrieben von *Padre* José María Escrivá, durch seine Militärsprache, versetzt mit Passagen aus dem Evangelium (was mir heute wie ein Widerspruch in sich selbst erscheint) für die

Nachkriegsjugend, die zu keiner anderen Literatur Zugang hatte, als zu den von Francos Zensur freigegebenen und religiösen Büchern, eine provokante Herausforderung. Vater Escrivá bot ein großes Abenteuer an: man gab ihm alles, ohne selbst etwas dafür zu erhalten; man eroberte die Welt für die Kirche Christi; man führte ein kontemplatives Leben durch seine alltägliche Arbeit; man war Missionar, wurde zwar nicht so genannt, hatte aber eine Mission zu erfüllen. Den Studenten ging es darum, sich auf ihrem jeweiligen Gebiet zu übertreffen, die Zeit der Studien als eine Zeit der Gebete zu erachten, als eine Art und Weise, das Ziel zu erreichen, um später dann in der Berufswelt den höchsten Posten einzunehmen und ihn Gott darzubieten.

Es ging gar nicht darum, Mönch oder Nonne zu werden. Es war eher eine Herausforderung für Laien. Wo sollte das Apostolat vorgenommen werden? In unserer täglichen Umgebung, unter unseren Freundinnen. Es gab keine Zentrale: das Haus unserer Familie war genug. Und was sollte man sagen? Nichts. Die Art des Handelns gründete sich auf Beispiel, Stille, Diskretion. ‹Camino›, Monseñor Escrivás Buch, bestätigt diese Vorstellung.

All diese Faktoren bildeten den Ursprung für ein eigentümliches Verhalten, für einen echten Aufruhr unter den Jugendlichen, unter all den Männern und Frauen, die während der vierziger und fünfziger Jahre die Laufbahn des Opus Dei einschlugen und im Jargon des Opus Dei ‹die Ersten› oder ‹die Alten› genannt wurden.

Seltsamerweise waren die ersten Hinweise, die ich auf das Opus Dei erhielt, sehr negativ; ich spreche von der Zeit um 1945. Ich kann mich erinnern, daß mir jemand sehr vorsichtig sagte, das Opus Dei stelle eine Gefahr für die Kirche dar. Viele nannten es ‹die weiße Freimaurerei› und spielten damit auf die offene Feindseligkeit der Spanier gegenüber den Freimaurern als Angehörige einer geheimen Gesellschaft an. Es kam mir auch zu Ohren, das Opus Dei sei neidisch in bezug auf die beiden stärksten katholischen Bewegungen Spaniens jener Zeit: die *Acción Católica* und die *Asociación Española Nacional de Propagandistas*. Gleichfalls ging das Gerücht, daß die jungen Männer des Opus Dei jungen Mädchen nachstellten und ihnen, wenn diese dann beinahe in sie verliebt waren, erklärten, daß sie dem Opus Dei angehörten und sie nicht heiraten könnten, sie dafür aber aufforderten, dem Opus Dei beizutreten. Dieses Verhalten empörte mich über alle Maßen durch seine Niedrigkeit und Verlogenheit.

Nach allem, was ich über das Opus Dei gehört hatte, brachte ich dieses Thema während eines Kolloquiums in meiner Pfarrkirche San Agustín zur Sprache. Der Pfarrer erklärte uns sehr vorsichtig, daß er diese Gruppe nicht genügend kenne, um uns eine Meinung darüber abzugeben, und insofern zöge er es vor, nicht weiter über dieses Thema zu sprechen. Obwohl seine Antwort weise Diskretion bewies und begrenzte Kenntnis über das Opus Dei bezeugte, lauerte man gleichzeitig darauf, eine negative Meinung darüber von ihm zu hören.

Monate später, im Oktober 1946, war ich auf der Hochzeit einer Cousine von mir in Albacete. Der Bräutigam war ein enger Freund des Opus-Dei-Priesters Pedro Casciaro, der sie traute. Ich verspürte große Neugier, diesen Menschen kennenzulernen, den ersten, der diesem umstrittenen, weitgehend unbekannten und damit in so vieler Hinsicht geheimnisvollen Opus Dei angehörte. Während der Trauung wurde mir klar, daß der Priester kein spontaner Mensch war; er sprach in so leisem Ton, daß niemand außer dem Brautpaar ein einziges Wort verstand. Bevor die Mahlzeit beendet war, verschwand er blitzschnell, nachdem er sich nur von dem Brautpaar verabschiedet hatte.

Etwas spöttisch machte ich die Bemerkung, seine ‹Flucht› sei sicherlich darauf zurückzuführen, daß ihn die alten Damen in der Hochzeitsgesellschaft, die ihn von klein auf kannten, immer noch ‹Pedrito› nannten. Als ich später mit meiner Familie über die zwanghafte Art, in der sich der Priester verhalten hatte, sprach, sagten sie mir, daß Pedro Casciaro wegen der politischen Situation seiner Familie in Albacete nicht gesehen werden wollte.

Das Opus Dei war ein Thema, das mich neugierig machte, und ich fragte meinen Bräutigam, was er ernstlich darüber dächte. Er sagte mir, daß einer seiner Kollegen aus der Ingenieurschule, an der er studiert hatte, ein Mitglied des Opus Dei gewesen sei und ganz normal zu sein schien. Jedoch habe man ihn nie mit einer Frau ausgehen sehen. Dennoch, fügte er hinzu, wüßte niemand, was es wirklich bedeutete, ein Mitglied des Opus Dei zu sein, und was für eine Art Leben sie in den Residenzen, in denen sie wohnen, führten. Auch er hatte Gerüchte, wie sie mir zu Ohren gekommen waren, gehört.

1947, ein Jahr bevor wir heiraten wollten, nahm mein Bräutigam, nachdem er seine Ausbildung als Forstwirt beendet hatte, seine erste Arbeitsstelle in Marokko an. Um der Langeweile in seiner Abwesenheit zu entgehen und weil mich die Arbeit, die man mir anbot, interessierte, nahm ich eine Stelle beim *Arbor*, der Zeitschrift des ‹*Consejo Superior de Investigaciones Científicas*›, an. Meine Aufgabe bestand darin, mit dem Vizedirektor des *Arbor* zu arbeiten, der, wie sich herausstellte, Raimundo Panikkar (zu der Zeit Paniker) war.

Als man uns miteinander bekannt machte, war ich wirklich überrascht, daß ein Priester diesen hohen Posten bekleidete, zudem verwunderte mich sein indisches Aussehen, das in starkem Kontrast zu seinem katalanischen Akzent stand. Ich wußte, daß Panikkar erst vor kurzem die Priesterweihe verliehen worden war und daß er trotz seines jungen Alters – er war erst achtundzwanzig Jahre alt – große Beachtung sowohl in den intellektuellen Kreisen Europas, als auch in der Leitung des ‹*Consejo Superior de Investigaciones Científicas*› fand. Alle fanden ihn wahrhaftig brillant, und seine fachliche Kompetenz war wirklich erstaunlich. Ich konnte die Serie der Artikel, die er im *Arbor* veröffentlicht hatte, einsehen, wobei besonders ein Essay über die Ideen Max Plancks meine Aufmerksamkeit fand. Es war bekannt, daß er mehrere Sprachen beherrschte, sowohl moderne als auch klassische. Wie gesagt, sah er sehr indisch aus und besaß immer noch die britische Staatsangehörigkeit. Er trug die klassische Soutane wie jeder andere katholische Priester jener Zeit. Er war liebenswürdig, wenn auch stets sehr ernst mit uns allen, die wir beim *Arbor* arbeiteten, und er wechselte mit jedem von uns nur die wesentlichsten Worte über Fragen der Arbeit.

Ich begann meine Arbeit um acht Uhr morgens, vor allen anderen Sekretärinnen, und ging auch eine Stunde früher. Eines Morgens wurde mir gleich beim Hereinkommen mitgeteilt, daß mich Doktor Albareda, Generalsekretär des *Consejo de Investigaciones Científicas*, zu sehen wünsche; eine Sache, die mich erstaunte, da er über eine ganze Mannschaft verfügte, die für ihn arbeitete. Als ich in sein Büro trat, erklärte er mir, daß seine Sekretärinnen erst in einer Stunde kommen würden und daß er einen dringenden, vertraulichen Brief zu schreiben hätte, der in einigen Minuten mit hinausgehen müsse. Als er mir den Brief diktierte, war ich überrascht, daß er an Monseñor José María Escrivá de Balaguer gerichtet war und daß Albareda den Autor des *Camino* kannte.

Tief in Gedanken versunken ging ich in mein Büro zurück. Zwei Kolleginnen von mir waren bereits herübergekommen und fingen an, mich in der typisch spanischen, spöttischen Art aufzuziehen: nicht verletzend, aber doch höhnisch und spitz, darüber, wie es mir ergangen sei und ob man mich befördert habe.

32

«Befördert?» fragte ich. «Alles was ich tat, war, dem Autor des *Camino* einen Brief zu schreiben.

«Natürlich!» erwiderten sie mir. «Albareda als Mitglied des Opus Dei muß natürlich den Gründer darüber unterrichten...»

«Was?» fragte ich verblüfft. «Escrivá, der Verfasser des *Camino*, ist der Gründer des Opus Dei, und Albareda ist einer von ihnen?»

«Ja, weißt du denn nicht», fuhren sie fort, «daß Florentino Pérez Embid, der Sekretär des *Arbor* auch vom Opus Dei ist, ebenso wie Rafael Calvo Serer.»

«Nein. Ich hatte nicht die geringste Ahnung», antwortete ich ihnen.

«Wie bitte? Und du weißt auch nicht, daß Doktor Panikkar ein Priester des Opus Dei ist?»

«Seid ihr euch dessen sicher?»

«Völlig!» entgegneten sie mir. «Und Sánchez de Muniain gehört ebenfalls dazu.»

«Aber Sánchez de Muniain ist doch verheiratet», sagte ich ihnen.

«Und was macht das schon? Er ist auch einer von ihnen. Basta. Auch wenn er verheiratet ist.»

Ich war wütend, denn ich hatte eine hohe Meinung von Doktor Panikkar, und diese Informationen verunsicherten mich sehr. Ich konnte einfach nicht glauben, daß er einer so zweifelhaften Gruppe angehören sollte.

«Also gut, wollt ihr mir vielleicht mal sagen, was hier vor sich geht? In was bin ich verwickelt?» fragte ich sie. «Soll das heißen, daß alle hier dem Opus Dei angehören? Seid ihr etwa auch Mitglieder?»

«Ach was, wir doch nicht!» wurde mir unter Gelächter erwidert. «Aber es stimmt», bestätigten sie, «daß fast alle aus dem *Consejo de Investigaciones Científicas* dem Opus Dei angehören, zumindest diejenigen, die hier das Sagen haben.»

Ich war völlig niedergeschmettert bei dem Gedanken daran, daß der Autor des *Camino*, des Buches, das so viele junge Leute zu der Zeit lasen, gleichzeitig auch der Gründer dieser so undurchsichtigen Gruppe war. Und nach allem, was ich sehen konnte, nutzte er den *Consejo de Investigaciones Científicas* als Werkzeug für seine eigenen Pläne der Infiltrierung seiner Gedanken in die intellektuelle Welt. Und zu alledem war auch Doktor Panikkar ein Priester des Opus Dei.

Andererseits war die Möglichkeit, mit Doktor Panikkar ein Gespräch über diese Opus-Dei-Angelegenheit zu führen, kaum realistisch, da er niemals mit uns Frauen sprach. Tatsächlich waren die einzigen Worte, die wir während der fünf Monate meiner bisherigen Arbeit im *Arbor* gewechselt hatten, Guten Tag und Auf Wiedersehen gewesen, abgesehen von Detailfragen bei der Arbeit. Es gab nicht die geringste Möglichkeit zu einem anderen Gesprächsthema.

Aber ein unerwarteter Umstand verschaffte mir diese Gelegenheit: Eines Morgens rief mich Doktor Panikkar zu sich, um mich zu fragen, ob ich ausnahmsweise am darauffolgenden Samstagmorgen ins Büro kommen könnte, da er dringend einen Stapel fälliger Post aufzuarbeiten habe. Ich sagte ja, und wir arbeiteten tatsächlich den ganzen Samstagmorgen ohne Unterbrechung. Es war so viel zu tun, daß ich mich fragte, ob ich Gelegenheit haben würde, mit ihm über das Thema, das mich beschäftigte, zu sprechen.

Nach ungefähr drei Stunden machte Doktor Panikkar eine Pause und sagte:

«Darf ich Sie fragen, warum Sie arbeiten?»

Hatte mich bereits die Unterbrechung überrascht, so erst recht seine Frage. Ich erklärte ihm kurz, daß ich im nächsten Jahr heiraten wollte, und, um die Abwesenheit meines Bräutigams ein wenig erträglicher zu gestalten, diese Arbeit angenommen hätte.

Es gab von seiner Seite nicht den geringsten Kommentar, und wir versenkten uns wieder schweigend in unsere Arbeit. Als wir um die Mittagszeit fertig waren, vergewisserte ich mich, daß alle Türen richtig verschlossen waren. Dann sprach ich mit Doktor Panikkar über seinen kürzlichen Besuch in Barcelona.

«Das Wetter in Barcelona war einfach wunderbar», sagte er.

«Ja, ich weiß, meine Eltern sind gerade dort gewesen.»

«Und warum sind Sie nicht mit ihnen gefahren?»

«Aus dem einfachen Grund, weil ich hier arbeite.»

Daraufhin fügte Doktor Panikkar witzelnd hinzu:

«Um nach Barcelona zu fahren gebe ich Ihnen ein paar Tage frei.»

Ernsthaft entgegnete ich:

«Ich habe in diesem Jahr so viel zu tun, daß ich nicht daran denken kann, umherzureisen, nicht einmal daran, Exerzitien nachzugehen.»

Angesichts meines Arguments sagte Doktor Panikkar:

«Ich werde im nächsten Monat zwei geistliche Exerzitiengruppen für Mädchen leiten, wenn Sie wollen…»

«Mit Ihnen?» fragte ich beinahe zurückweisend. «Nein danke.»

«Ich will Ihnen nicht vorschlagen, an meinen Exerzitien teilzunehmen», fuhr Doktor Panikkar seelenruhig fort. «Was ich sagen will, ist, daß Sie sich während der Zeit eine Woche freinehmen können.»

Es folgte ein verlegenes Schweigen meinerseits. Ich wußte nicht, ob ich mich entschuldigen und wie ich das Gespräch fortsetzen sollte.

Schließlich unterbrach Doktor Panikkar das Schweigen:

«Darf ich Sie fragen, warum Sie gesagt haben ‹nicht mit Ihnen›?»

«Weil Sie dem Opus Dei angehören», antwortete ich offen.

«Donnerwetter! Und was haben Sie gegen das Opus Dei?»

«Ich? Persönlich nichts, aber ich glaube, es richtet sich gegen die Kirche.»

«So, so», sagte Doktor Panikkar sanft. «Danke, daß Sie heute gekommen sind. Ich glaube, wir werden ein andermal über dieses Thema sprechen müssen.» Und mit einem für ihn typischen Lächeln ging er davon.

Mir war etwas beklommen zumute, als ich in der drauffolgenden Woche wieder zur Arbeit kam, denn mir war bewußt, daß ich ziemlich barsch gewesen war. Nie zuvor war ich in dieser unhöflichen Form einem anderen Priester begegnet. Doch Pater Panikkar begrüßte mich in der gewohnten Weise. Er war bereit, wie er sagte, das Gespräch wieder aufzunehmen.

Liebenswürdig fragte er mich:

«Könnten Sie mir Ihre negative Meinung über das Opus Dei und die Gründe dafür erklären?»

Ich erzählte Doktor Panikkar alles, was ich darüber gehört hatte: angefangen davon, daß sie aufgrund der geheimnisvollen Form, in der sie vorgingen, indem sie sich nicht als Mitglieder des Opus Dei zu erkennen gaben, einer Freimaurerei ähnlich seien; zudem würden sie weder in aller Deutlichkeit angeben, wo sich ihre Studentenwohnheime befanden, noch sich als Opus Dei-Mitglieder zu erkennen geben. Ich erzählte ihm auch, daß die Mitglieder in dem Rufe standen, die Lehrstühle der Universitäten zu ‹erobern›, sie exklusiv für Mitglieder des Opus Dei zu reservieren und jeden anderen Mitbewerber zu vertreiben. Ich berichtete ihm gleichfalls von der Befangenheit Pedro Casciaros bei der Hochzeit meiner Cousine in Albacete und von dem umlaufenden Gerücht, daß die Männer des Opus Dei jungen Mädchen nachstellten, um ihnen dann letzten Endes mitzuteilen, sie beabsichtigten überhaupt nicht, sie zu heiraten, sondern sie aufforderte, dem Opus Dei beizutreten.

Pater Panikkar hörte mich bis zum Ende an, ohne die geringste Reaktion zu zeigen, aber seine Antwort fiel schließlich sehr heftig aus:

«Kennen Sie die Bedeutung des Wortes Verleumdung?» fragte er mich.

«Selbstverständlich», entgegnete ich ihm.

«Also gut, alles, was Sie gehört haben, alles, was Sie mir gerade erzählt haben, ist nichts weiter als eine große Verleumdung.»

Ich muß sagen, daß der Nachdruck, mit dem er gesprochen hatte, mich in gewisser Weise stärker beeindruckte als die kritischen Äußerungen, die ich zuvor gehört hatte.

BERUFUNGSKRISE

Die Begebenheiten, die ich in diesem Kapitel erzähle, spiegeln besonders die Art und Weise wider, in der das Opus Dei stets vorzugehen pflegte und dies auch heute noch – ‹mutatis mutandi› – tut, um in einer jungen Frau eine Berufungskrise auszulösen. Die Personen und Länder mögen unterschiedlich sein, allein die Strategie hat sich mit den Jahren nicht verändert: in Auslegung des Opus-Dei-Lexikons der Begriffe ‹Jagd› und ‹Fischfang›, mit Bezug auf den Bekehrungseifer, würde ich sagen, daß immer noch die gleiche Hartnäckigkeit und Hinterlist angewandt werden, um die Beute ins Netz zu treiben.

Im Januar 1948 lud mich Doktor Panikkar ein, mit ihm für den Internationalen Philosophenkongreß zusammenzuarbeiten, der im Oktober des gleichen Jahres in Barcelona stattfinden sollte. Diese Einladung bedeutete für mich eine Planstelle im *Arbor*.

Ich teilte aus tiefstem Herzen Doktor Panikkars Ansicht, daß dieser internationale Philosophiekongreß seit dem Bürgerkrieg die wichtigste intellektuelle Zusammenkunft in Spanien sein würde. Doktor Don Juan Zaragüeta, der Direktor des Instituts für Philosophie ‹Luis Vives›, war der Präsident des Kongresses. Doktor Panikkar war der Generalsekretär, und ich war für die administrativen Probleme, die mit dem Kongreß verbunden waren, sowie für die Öffentlichkeitsarbeit zuständig. Nach Beendigung des Kongresses hatte ich für die Herausgabe der drei *Actas*-Bände zu sorgen. Pater José Todolí aus dem Dominikanerorden stand mir in allem hilfreich zur Seite, ohne daß er als Sekretär des ‹Luis Vives›-Instituts für Philosophie offiziell zur Kongreßleitung gehörte.

Zu der Zeit wurde auch die erste ‹Spanische Gesellschaft für Philosophie› gegründet, und man wählte Panikkar zum Ersten Sekretär. All das bedeutete für mich mehr Arbeit, aber das war keine erhebliche Belastung, weil mich diese verschiedenen Tätigkeiten anspornten, besonders die Vorbereitungen für den Philosophiekongreß.

Andererseits versuchte ich mich sorgfältig auf meine Ehe vorzubereiten. Ich war davon überzeugt, daß ich ein solides Fundament benötigte und der tägliche Besuch der Messe nicht ausreichen würde. Ich versuchte, einen intelligenten Priester mit aufgeschlossenem Wesen zu finden, der mir geistlich zur Seite stehen sollte. Die meisten meiner Freundinnen hatten einen Seelsorger, im allgemeinen ein Jesuit, ich aber hatte keinen und auch nie zuvor einen gehabt. Ich muß gestehen, es ging mir nicht nur einmal durch den Kopf, Doktor Panikkar zu fragen, ob er mein Seelsorger sein wollte, aber seit besagtem Morgen im *Arbor* hatte ich nie wieder mit ihm über ein persönliches Thema gesprochen.

Mein Eindruck von Doktor Panikkar als Priester war sehr positiv, zum größten Teil gegründet auf die Briefe, die er verschiedenen Personen schrieb, deren Namen ich niemals kennenlernte, da er sie hinterher handschriftlich eintrug. Der Wortlaut jener Briefe offenbarte nicht nur eine lebhafte und ausgeprägte Intelligenz, sondern auch eine große Offenheit, Diskretion und Sensibilität. Er war kein autoritärer Mensch, sondern genau das Gegenteil. Er zeigte immer Verständnis für die menschlichen Schwächen und war ein lebendiges Vorbild christlicher Überzeugungen.

Fast täglich beauftragte mich Panikkar mit dem Abtippen einiger Seiten der von ihm verfaßten Schriften, die er mit *Cometas* betitelte. Viele Jahre später, als 1972 sein Buch mit diesem Titel verlegt wurde, war Doktor Panikkar so liebenswürdig, es mir zu widmen. Ich erinnere mich noch genau an den *Cometa*, den er anläßlich der Ermordung von Mahatma Gandhi schrieb. In diesen Schriften reflektierte Panikkar über Ereignisse in seiner Zeit, sowohl in Spanien als auch in jedem beliebigen Land der Welt. Wandte er sich an jemanden, ohne ihn beim Namen zu nennen, konnte ich meistens ahnen, daß es sich um wirkliche Adressaten handelte. Ich folgte diesen Schriften mit lebhafter Begeisterung.

Beeindruckt war ich von dem Manuskript *Religión y Religiones*. Es war das erste Mal, daß ich von einer Religionspluralität hörte. Ich kann mich beinahe wörtlich an das Gespräch erinnern, das ich mit Doktor Panikkar führte. Er gab mir das Manuskript, damit ich es abtippte, und als ich es durchlas, stellte ich fest, daß durchgehend das Wort ‹Religionen›, also der Plural, geschrieben stand. Bislang hatte meine religiöse Bildung auf dem Singular basiert: ein Land, ein Präsident, ein König, eine Religion, etc. Ich glaubte also, daß das Manuskript einen wiederholten Fehler aufwies: das Wort Religion im Plural.

Doktor Panikkar erklärte ich, daß ich nicht eher anfangen würde, bevor er es nicht noch einmal durchgesehen habe. Daraufhin fragte er mich mit einem amüsierten Lächeln:

«Warum denken Sie, daß darin ein Fehler steckt?»

«Weil Sie ‹Religion› im Plural geschrieben haben und alle Religionen als wahrhaftig erachten.»

«Und wieviele ‹Religionen› sind Ihrer Meinung nach wahrhaftig?» fragte er mich.

«Selbstverständlich gibt es viele Religionen, aber wahrhaftig ist nur eine: die römisch-katholisch-apostolische», antworte ich ihm.

«Wenn es Ihrer Ansicht nach nur eine wahrhaftige Religion gibt», fährt Panikkar fort, «wie würden Sie dann die anderen Religionen bezeichnen?»

«Na ja, als ‹Naturreligionen›», entgegne ich ihm.

«Ah!» sagte Doktor Panikkar jetzt wirklich amüsiert, «Ich wußte gar nicht, daß für Sie die römisch-katholisch-apostolische Religion eine ‹künstliche Religion› ist…»

Für uns alle, die wir mit Doktor Panikkar arbeiteten, unter anderem Roberto Saumells und José Gutiérrez Maesso, bedeutete die Arbeit eine erhebliche Erweiterung des geistigen und geistlichen Horizontes.

Nachdem ich überall vergebens gesucht hatte, um einen Seelsorger zu finden, der zu mir paßte, entschied ich mich eines Tages, Pater Panikkar zu fragen, ob er nicht mein Seelsorger sein wollte. Wie gesagt, war ich eifrig bemüht, mich gut auf meine Ehe vorzubereiten, und die Tatsache, daß ich in Marokko leben würde, machte mir bewußt, eine andere Kultur und andere Sitten verstehen sowie mich mit einer anderen Art von Religion auseinandersetzen zu müssen.

Ich selbst war überrascht, als ich mich eines Nachmittags Pater Panikkar fragen hörte, ob er mein Seelsorger sein wolle. Auch er war erstaunt. Einerseits wollte er mir Verständnis entgegenbringen, andererseits konnte er von seiner Zugehörigkeit zum Opus Dei nicht absehen. Auf meine Frage antwortete er mir:

«Also gut, aber ich weise Sie darauf hin, daß ich hohe Anforderungen stelle, und ich fürchte, Sie werden in die Frauenresidenz des Opus Dei kommen müssen, um mit mir zu reden, denn es steht völlig außer Frage, daß wir hier im Institut über persönliche Themen sprechen.»

Am nächsten Tag rief er mich in meinem Büro an, um mir die Adresse der Frauenresidenz des Opus Dei durchzugeben: Zurbarán 26. Und so ganz nebenbei fügte er hinzu, daß die Direktorin Guadalupe hieße, er sich aber nicht mehr an ihren Nachnamen erinnern könne.

An dieser Stelle sollte ich etwas verdeutlichen, was mir sehr wichtig erscheint: Ich hatte immer geglaubt, daß ein Priester, einfach aufgrund der Tatsache, daß er Priester ist, die Beziehung zu der Person, die er seelsorgerisch betreut, und seine Zugehörigkeit zu einer Gruppe, in diesem Fall also das Opus Dei, voneinander trennt. Aber welch großer Irrtum!

Wir einigten uns auf ein Datum für ein erstes Gespräch.

Ich glaube nicht, daß irgendjemand mißtrauischer als ich diesen Ort aufgesucht hat. Nun stand ich vor der Tür Zurbarán 36 und drückte die Klingel. Bis zu dem Moment hatte ich nur Männer des Opus Dei gekannt. Jetzt sollte ich zum ersten Mal auch Frauen des Opus begegnen.

Ein junges Mädchen in schwarzer Uniform mit einer ebenfalls schwarzen Satinschürze öffnete mir. Ich war erstaunt, denn sie trug keine für diese Uhrzeit angemessene Kleidung. Schwarze Kleidung war immer für den Nachmittag vorbehalten, ausgenommen bei Arztbesuchen. Ich sagte ihr, ich hätte eine Verabredung mit Pater Panikkar, und sie entgegnete, sie würde mich dort hinführen. Ich folgte ihr über die weißen, mit roten Teppichen belegten Marmorstufen, bis wir zum Saal gelangten. Das Mädchen fragte nach meinem Namen und ging hinein, wobei sie die Tür halb geöffnet ließ. Ich setzte mich auf das Sofa, das dort stand, und betrachtete den Raum. Mein erster Eindruck war, daß in den Raum recht trübes Licht fiel. Das Sofa, in dem ich saß, stand mit der Rückenlehne zur Wand, daneben zwei kleine Sessel im viktorianischen Stil, mit rosafarbenem Damast überzogen. An der Decke hing ein kleiner Kronleuchter. Zu meiner rechten Seite befand sich ein englischer Klapptisch, daneben eine Tür, die zweifellos zu dem Raum führte, dessen verschlossene Tür ich beim Betreten des Raumes gesehen hatte. Auf dem Tisch lag ein Exemplar des *Camino*. Auf einer Kommode stand die Fotografie einer Frau, von der ich in meiner gröbsten Unwissenheit annahm, sie sei die Gründerin des Opus Dei. Ich wurde rasch eines besseren belehrt, daß das Opus Dei keine Gründerin habe und daß jene Dame ‹die Großmutter› sei, die Mutter des Gründers.

Das Bild von der heiligen Jungfrau in dem Raum gefiel mir recht gut. Es war ein Ölgemälde im typisch spanischen Stil, das auf einer Staffelei stand und ebenfalls einen Strauß frischer Blumen zeigte. Ein hübsches Detail. An einer Wand hing das Foto eines Priesters, Padre Escrivá, wie man mir später erklärte. Er schien nicht sehr alt zu sein. Außerdem stand in dem Raum eine Vitrine mit einigen wenigen Gegenständen. Im Ganzen gesehen wirkte der Raum nicht sehr anziehend. Außer einem Exemplar des *Camino* war kein einziges Buch zu sehen. Es gab auch keinerlei Zeitschrift. Wie ist es möglich, daß im Empfangsraum einer Studentenresidenz kein einziges Buch liegt, fragte ich mich.

Ein Klavier stand an der Wand, hinter der sich wahrscheinlich die Hauskapelle befand, denn man konnte ohne Mühe die Gebete aus dieser Richtung vernehmen. Die Wartezeit war lang genug, um den Raum von meinem Sitzplatz her genau zu inspizieren. Mein Eindruck war der, daß er eher dem Wohnzimmer einer unserer alten Tanten ähnelte, als einer Studentenresidenz.

Als die Gebete verklungen waren, betrat eine sehr freundlich lächelnde, junge Frau den Raum, die sich mir als Guadalupe Ortiz de Landázuri, Leiterin dieser Residenz, vorstellte. Sie hatte ein angenehmes Äußeres, wirkte kompetent, schlicht und intelligent. Dennoch behielt ich bei aller Höflichkeit eine Distanz bei, die sie mir über all die Jahre hinweg immer wieder mit folgenden Worten ins Gedächtnis rief: ‹Mädchen, du bist immer so zurückhaltend!› Ich sagte ihr, ich hätte eine Verabredung mit Pater Panikkar.

Bis der Priester kam, überhäufte mich Guadalupe, immer noch lächelnd, mit einer Fragenlawine: ob ich Studentin sei, ob ich arbeite, wo ich wohne, woraufhin ich, ebenfalls mit einem Lächeln, aber lakonisch antwortete: «Ich studiere, wohne in Madrid und arbeite.» In dem Moment kam Pater Panikkar, und Guadalupe ließ uns selbstverständlich allein.

Während dieses ersten persönlichen Gesprächs mit Pater Panikkar erzählte ich ihm sowohl von meinen Interessen als auch von meinen geistigen Sorgen, die er sich mit großer Aufmerksamkeit anhörte. Ich kann mich leicht daran erinnern, daß das erste Buch, das er mir als Lektüre empfahl, *Geschichte einer Seele* der Sainte Thérèse de Lisieux war.

Die neue Beziehung zu Pater Panikkar störte meine tägliche Arbeit nicht. Es bestand immer eine feine Grenzlinie zwischen der Arbeit für den Internationalen Philosophie-Kongreß und meiner Seelsorge.

Im März 1948 sollte Pater Panikkar eine Klausur für Jugendliche in der ‹Zurbarán›-Residenz leiten, an der ich beschloß teilzunehmen. Ich hatte bereits mehrere Male die Residenz aufgesucht, um mit ihm zu sprechen.

Ich war zu der Zeit 22 Jahre alt, und, wie man so allgemein sagt, das Leben lächelte mir von allen Seiten zu: ich war eine glückliche Frau und strahlte, wie mir Pater Panikkar mehr als einmal sagte, eine ebenso glückliche, normale Kindheit wie den Stolz auf meine Jugend aus. Ich genoß das Leben. Ich war optimistisch, immer neugierig darauf, etwas Neues zu lernen, las leidenschaftlich gerne und interessierte mich brennend für Kunst, besonders für moderne Kunst. Ich war zu jeder Herausforderung bereit. Ich war verliebt und fühlte mich durch diese Beziehung persönlich gestärkt. In sozialer Hinsicht gehörte ich einer Familie an, durch deren Erziehung ich imstande war, mich frei in jeder Umgebung zu bewegen. Auch die Tatsache, daß es in meiner Familie Kontakt zum Ausland gab, was einerseits darauf zurückzuführen war, daß mein Vater Kurse in England absolviert hatte, und andererseits viele Mitglieder meiner Familie Persönlichkeiten verschiedener Nationalitäten geheiratet hatten, eröffnete mir einen Sinn für Universalität, der zu der Zeit in Spanien unter jungen Mädchen meines Alters nicht gerade geläufig war. Tatsache ist auch, daß ich den Dingen im Leben immer gerne auf den Grund gegangen bin. Ich wollte immer alles von Grund auf kennenlernen und hielt mich daher von allem Nebensächlichen fern. Dieses Bild sei als grundlegende Erklärung vorausgeschickt, warum ich mich so eifrig auf meine zukünftige Ehe vorbereiten wollte. Mein Ziel war es, eine glückliche, christliche Familie zu bilden.

Insofern beschloß ich frei und voll guten Glaubens, an Exerzitien teilzunehmen, um mein geistiges Leben angesichts meiner zukünftigen Ehe neu auszurichten. Mein Verlobter und ich hatten über die Zukunft gesprochen und waren uns beide einig, daß wir wahrhaftig christlich sein und stets mit den Schwachen in einer Gesellschaft solidarisch verbunden sein sollten. Soziale Probleme lagen mir mein ganzes Leben lang sehr am Herzen. Als ich das Gymnasium besuchte, dachte ich, daß meine Idee, anderen zu helfen, ein Zeichen religiöser Berufung sein könnte, sah aber auch ganz deutlich, daß ich absolut nicht zur Nonne berufen war. Aus dem Grunde fürchtete ich mich auch nicht, an den geistigen Exerzitien, die unter der Leitung von Pater Panikkar in der ‹Zurbarán›-Residenz abgehalten wurden, teilzunehmen. Ich glaubte allen Ernstes, ich könnte geistige Hilfestellung bekommen, besonders unter der Führung dieses Priesters.

Wie gesagt befand sich mein Verlobter bereits in Marokko. Am Vorabend zu den Exerzitien kamen mehrere Kommilitonen zu mir nach

Hause und ersuchten mich, nicht daran teilzunehmen. Sie fürchteten, wie sie sagten, daß die Leute vom Opus Dei mich mittels einiger ihrer ‹Tricks ködern würden›. Ich fühlte mich fast von der Beharrlichkeit beleidigt, mit der sie mir immer wieder die gleiche Leier vorbeteten, und sagte ihnen, daß ich vor allem, was mir ‹verdächtig› erscheinen könnte, auf der Hut sei. Ich war voll und ganz davon überzeugt, jedem Druck, den das Opus Dei versuchsweise auf mich ausüben sollte, gewachsen zu sein. Zum anderen hatte ich nach meinen verschiedenen Besuchen in der Residenz feststellen können, daß die Stimmung dort recht liebenswürdig war, ohne aufdringlich zu sein, daß mir die Mädchen des Opus Dei, die ich kennengelernt hatte, sympathisch, wenn auch ziemlich schlecht angezogen vorkamen. Die Kapelle lud zur Andacht ein. Und außerdem würden einige Freundinnen von mir an den Exerzitien teilnehmen, da Pater Panikkar auch ihr Seelsorger war. Ich hatte keine Angst und war nicht angespannt. Ich wies die eindringlichen Ratschläge der Kollegen meines Verlobten von mir und antwortete ihnen ziemlich unfreundlich, sie sollten sich weiter keine Sorgen machen, da ich meinen Verlobten wirklich liebe und ihm niemals einen bösen Streich spielen würde. Wie zum Teufel sollte ich dazu kommen, meinen Verlobten für das Opus Dei sitzenzulassen? Die Idee war absurd!

Meine Eltern waren von diesen Exerzitien nicht sonderlich begeistert, aber es hätte ihnen auch nicht gefallen, wenn ich an irgend einem anderen Exerzitienunterricht teilgenommen hätte.

Also ging ich hin.

Bei meiner Einschreibung traf ich eine Freundin, María del Carmen Comas Mata, die ebenfalls in der Reihe stand. Erstaunt und beinahe ärgerlich fragte sie mich:

«Was zum Teufel machst du hier?»

«Warum sollte ich nicht hier sein?» gab ich zurück. «Stehst du denn nicht auch hier?»

«Ja, aber ich gefalle ihnen nicht. Ich bin davon überzeugt, mit dir wird es ganz anders sein. Du wirst ihnen gefallen, und sie werden dir das Leben schwermachen.»

«Sei nicht absurd!» erwiderte ich ihr. «Ich bin nur gekommen, um an den Exerzitien teilzunehmen, das ist alles.»

«Bitte, sprich mit keiner von ihnen», bat meine Freundin inständig.

Ich hatte die Befürchtungen all derer, die mich kannten, langsam satt. Persönlich hatte ich sicherlich nicht viel Vertrauen zu den Frauen des

Opus Dei, aber meinem Seelsorger vertraute ich völlig. Ich glaubte an ihn, denn zu der Zeit dachte ich noch – ein Riesenirrtum meinerseits! –, daß sich die Priester des Opus Dei völlig objektiv für das Wohl der Seele einsetzen.

Die Exerzitien begannen ohne besondere Vorkommnisse. Das Haus war makellos sauber, die Stimmung angenehm, das Essen delikat zubereitet zu einer Zeit, als in Spanien Lebensmittel knapp waren. Die Frauen des Opus Dei waren zuvorkommend, aber nicht dienstbeflissen. Insofern war mein Eindruck sehr positiv.

Es waren bereits zwei Tage vergangen, als mich Guadalupe, die Direktorin der Residenz, fragte, wie die Dinge liefen und daß ich, wenn ich irgendwelche Zweifel über irgendeine geistige Frage hegte, nicht zögern sollte, sie zu fragen. «Erster fehlgeschlagener Versuch», dachte ich und lachte mir ins Fäustchen. Sehr liebenswürdig erwiderte ich ihr:

«Ich fühle mich wohl, vielen Dank.»

Es war Brauch, daß der Priester während der Exerzitien eine seiner Betrachtungen den Themen ‹Tod›, ‹Nächstenliebe› und ‹Berufung› (letztere bezog sich im allgemeinen auf die religiöse Berufung und die Ehe) widmete.

Die Betrachtung über den Tod, die Pater Panikkar leitete, war beeindruckend, die beste, die ich je in meinem Leben gehört habe: schlicht, klar, nicht niederschmetternd. Er gab auch eine sehr schöne Betrachtung über die Nächstenliebe. Aber in den ersten drei Tagen der Exerzitien wurde keine Betrachtung über die ‹Berufung› angestellt. Eines schönen Morgens begann Pater Panikkar seine Betrachtung damit, daß er ein zu der Zeit beliebtes Lied paraphrasierte:

Die Tochter von Don Juan Alba,
sagt man, will eine Nonne sein.
Es heißt, der Bräutigam will das nicht.
Doch sie sagt, das sei ihr einerlei!

Als er nach dieser Strophe eine Pause machte, konnte man ein beinahe einstimmiges Gelächter in der Kapelle hören, aber Pater Panikkar fuhr fort und hob dabei seine Stimme.

«Und sie sagt, ‹das sei ihr einerlei!›, ‹das sei ihr einerlei!›»

Er setzte die Betrachtung mit der Parabel vom armen Lazarus und dem reichen, guten Esser Epulón fort, las unverzüglich darauf das Gedicht *Das Fuhrwerk des Königs* von Rabindranath Tagore vor: ‹Was kannst du mir geben?›.

46

Es muß wohl nicht extra gesagt werden, daß die Meditationen, die Beispiele, die gehörten Geschichten ihren Niederschlag fanden: Großmut, Opferbereitschaft. Hatte das Mädchen aus dem Lied von Don Juan Alba irgend etwas mit mir zu tun? Nein! Zumal ich nicht einmal im Traum daran dachte, Nonne zu werden. Aber wie konnte ich die Nachtigall deuten, dieses Vögelchen, das dem Rosenstock erlaubte, sein ganzes Blut zu nehmen, um dem verliebten Studenten Gelegenheit zu geben, eine Rose zu finden, eine Rose mitten im Winter?

Was war es, was uns der Priester durch diese literarischen Botschaften wirklich begreiflich machen wollte? Der Stein war ins Rollen gekommen. Die kritische Frage nach der Berufung hatte begonnen.

Ich muß offen und ehrlich sagen, jene Meditation war ein Einschnitt in meinem Leben: der Ausgangspunkt einer Berufungskrise, der meinen Lebensweg total veränderte. Ob nun zum Guten oder zum Schlechten, ich habe immer den Worten von Menschen, die ich respektierte und denen ich folglich vertraute, geglaubt, vor allem, wenn es sich dabei um einen Priester handelte.

In meine eigenen Gedanken versunken, hörte ich plötzlich, wie mich Gaudalupe, die Direktorin, fragte:

«Wie hast du die Meditation auf deinen Fall bezogen?»

«Das ist nicht mein Fall», antwortete ich ihr, «denn ich will nicht Nonne sein.»

«Hast du noch nie mit dem Gedanken an ein religiöses Leben gespielt?» fuhr Guadalupe fort.

«Oh doch», erwiderte ich. «Aber das ist lange her. Ich war noch ein ganz kleines Mädchen. Ich spüre keine Berufung zur Nonne. Das habe ich bereits vor sehr langer Zeit für mich klargestellt.» Und ziemlich sarkastisch fügte ich hinzu: «Ich bin nicht die Tochter von Don Juan Alba...»

«Selbstverständlich bist du das nicht», entgegnete Guadalupe. «Aber ich meine nicht nur das ‹religiöse Leben› als solches. Wie du gesehen hast, der Student in der Geschichte, der reiche Epulón in der Parabel..., der Bettler im Gedicht von Tagore..., eine Person kann Gott ihren Reichtum schenken, eine andere ihr Leben, und wieder eine andere... ihren Bräutigam! Warum auch nicht? Hast du noch nie an die Möglichkeit gedacht, dein Leben in den Dienst Gottes zu stellen, es ihm zum Geschenk zu machen, ohne äußerlich etwas zu ändern, einfach so, als gewöhnliche Frau? Das Evangelium muß im Einklang mit unserer eigenen Situation gelesen werden. Alles ist eine Frage der Großmut.»

Tatsächlich bewirkten ihre Worte, daß ich mich unwohl fühlte, beinahe unglücklich, während ich eine Möglichkeit erwog, die sich mir nicht als eine ‹religiöse Berufung›, sondern als ein ‹Akt persönlicher Großmut› dargeboten hatte. Ich fühlte mich innerlich verwirrt, während ich zuhörte, wie diese Fragen aufgeworfen wurden. Einerseits die Meditation des Priesters... andererseits die Worte dieser Frau... Sollte sich Gott vielleicht ihrer bedienen, um zu mir zu sprechen, oder war dies einer dieser typischen Tricks des Opus Dei, vor denen mich viele Menschen gewarnt hatten? Innerlich fühlte ich mich im Frieden mit Gott.

Die Meditationen lösten verschiedene Fragen aus, die ich mit Pater Panikkar besprach: Sollte ich seine Meditation als etwas ansehen, das meinem eigenen Leben Respekt verleihen sollte, trotz der Liebe zu meinem Verlobten? Möglicherweise würde ich eines Tages mit meinen beiden durch Heirat gebundenen Händen nicht hilfreich sein können? Sollte ich die Meditation in meinem Fall vergessen?

Seine Antwort war eindeutig: Nein. Ich dürfe diese Meditation nicht als etwas betrachten, das sich nicht auf mich und auf die Möglichkeit, mein gesamtes Leben in den Dienst Gottes zu stellen, bezöge. Ganz im Gegenteil: ich müsse sie ernsthaft überdenken und entsprechend handeln, ‹um jeden Preis›, wie er betonte. Und dann fügte er hinzu:

«Ich werde viel für Sie beten. Ich werde Gott bitten, Ihnen dabei behilflich zu sein, großmütig mit ihm zu verfahren, mit diesem Gott, der ihnen so viele Dinge im Leben geschenkt hat! Heute abend werde ich besonders für Sie beten, im Angesicht des Allerheiligsten.»

Es war der Vorabend zum ersten Fastentag.

Die Frage der Großmut gegenüber Gott lastete schrecklich auf mir: alle Verantwortung für eine Entscheidung lag bei mir; zudem mir Guadalupe auch noch gesagt hatte, diese Frage würde nicht jedem gestellt werden.

In Tränen aufgelöst und voller Angst beendete ich die geistigen Exerzitien: ich befand mich in dem Dilemma, entweder meiner zukünftigen Ehe ein Ende zu setzen, indem ich meinen Verlobten verließ, oder zu heiraten und dabei zu wissen, daß ich nicht auf Gottes Ruf geantwortet hatte und nicht großmütig mit ihm verfahren war. Dieses Problem ist für niemanden geringfügig und am wenigsten für mich mit meinen 22 Jahren, die ich daran dachte, bald zu heiraten, während mir auf der anderen Seite die sozialen Probleme Sorgen bereiteten, zumal ich mich als gute Katholikin wähnte.

An den Tagen, die auf die Exerzitien folgten, rief mich Guadalupe ununterbrochen an und fragte mich immer wieder, teils sehr subtil, teils weniger, ob ich nicht mit ihr über ‹mein Problem› sprechen wolle. Ebenso wie Pater Panikkar schlug sie mir vor, ich solle meinen Verlobten bitten, ein wenig zu warten, damit ich ‹ohne Druck› über die unerwartete Möglichkeit nachsinnen könnte.

Ich will nicht näher auf die Überraschung, den Widerwillen und das Leid meines Verlobten eingehen, als er sein Jahr Wehrdienst neben seiner Arbeit in Marokko beendet hatte, jedoch aus finanziellen Gründen erst einige Monate später nach Madrid kommen konnte. Andererseits war er aber auch ein tiefgläubiger Katholik, der sich in die Enge getrieben fühlte. Er tat das Äußerste, was ein Mensch unter diesen Umständen tun kann: er sprach mit Pater Panikkar, der ihm sagte, auch er müsse Großmut beweisen und den Willen Gottes hinnehmen. In meinem ganzen Leben werde ich die Worte meines Verlobten nicht vergessen:

«Wenn Du mich wegen eines anderen Mannes verlassen würdest, könnte ich nicht davor zurückschrecken, ihm den Kopf abzureißen. Aber was kann ich gegen einen Gott ausrichten, vor dem ich täglich auf die Knie falle?»

Seine Angst saß ziemlich tief. All die Male, die er mit dem Priester sprach, fühlte ich mich für sein Leiden, sein Unglücklichsein und seine Liebe zu mir entsetzlich schuldig. Ich fand keinen Frieden.

Währenddessen sagte man mir im Opus Dei, daß das Leiden normal, ja beinahe ein von Gott gewollter Übergang sei, als Zeichen der Läuterung. Sie wiesen das eine ums andere Mal ausdrücklich darauf hin, daß das Leiden der Prüfstein für all jene gewesen sei, die im Opus Dei in die ‹Gründungsphase› eingetreten waren. Sie drängten mich, ich solle mein gesamtes Leben in Gottes Hände legen, ohne etwas dafür zu verlangen. Dies sei das Opfer im Leben eines jeden zum Wohle der gesamten Menschheit, der ich sicherlich ‹helfen› wollte, aber in anderer und begrenzter Form. Und all das sagten sie mir genau so.

Natürlich appellierten sie an meine religiöse Erziehung und erinnerten mich daran, daß ich den richtungweisenden Vorschlägen der Leiterin und meines Seelsorgers Folge zu leisten hätte.

Guadalupe sagte mir, das Opus Dei sei ‹die Offenbarung Gottes Willen auf Erden›, und der Gründer pflege zu sagen, zweifellos als Folge einer göttlichen Eingebung, ‹das Opus Dei sei die Art und Weise, die Welt zu Gott zu bekehren› und ‹an dem Tage, an dem wir Christus an die Spitze aller menschlichen Tätigkeiten stellen würden, hätte Gott die Welt an sich gezogen›.

Ich fragte, ob ich nicht eines der verheirateten Mitglieder des Opus Dei sein könnte, da es im *Consejo de Investigaciones Científicas* auch verheiratete Männer aus dem Opus Dei gegeben habe. Die Antwort Guadalupes lautete ganz einfach: Nein!

«Vielleicht wird es eines Tages verheiratete Frauen geben, aber wir wissen nicht, wann.» Und fügte hinzu: «Aber das ist nicht die Berufung, zu der du aufgefordert wurdest.»

Sie wiederholten bis zum Überdruß, daß das einzig Wichtige für mich Großmut gegenüber Gott und den Seelen mittels meiner Gebundenheit an das Opus Dei sei.

Wie es so meine Art war und in dem Wunsche, auf den Grund der Frage – meiner Berufung – gegenüber dem Opus Dei zu gelangen, bat ich, man möge mir ein Exemplar der Statuten zum Lesen geben. Guadalupe brach in lautes Gelächter aus und sagte:

«Aber wozu willst du die denn bloß haben?»

Natürlich gab man sie mir nicht. Aber zu der Zeit waren sie auch noch nicht niedergeschrieben. Dennoch machten mir sowohl Guadalupe als auch die anderen Frauen und sogar die Priester des Opus Dei klar, daß gemäß der Verkündung der Statuten *Provida Mater Ecclesia* das Opus Dei das ‹erste weltliche Institut der katholischen Kirche› sei, und daß ihm zudem die Kirche das *Decretum Laudis* wenige Tage nach der Verkündung dieser Statuten bewilligt habe. Sie erklärten mir auch, daß nur sehr wenige Leute fähig seien, diese Neuerung der Kirche zu begreifen, und daß es darum nötig sei, extreme Diskretion über das Opus Dei einzuhalten.

Tatsächlich präsentierte sich das Opus Dei zu der Zeit als die modernste und innovativste Institution im Schoß der Kirche – allein durch die Tatsache, daß Männer und Frauen ohne Ordenstracht oder irgendein äußeres Erkennungszeichen, ohne den Namen nach Art der Orden zu ändern und ohne Klosterleben ihr Leben vollständig in den Dienst Gottes stellen. Auch die Gebäude wirken nicht klösterlich. Alle Mitglieder des Opus Dei müssen weiterhin ihren Beruf ausüben, zumal durch ihn ein fruchtbares Apostolat stattfinden soll, mit dem Ziel, die Welt zu Christus zu bekehren, aber selbstverständlich auch persönliche Heiligkeit zu erlangen.

Nach mehreren Monaten Kampf hatte ich mich entschieden. Nachdem ich immer wieder gehört hatte, daß ‹mein Weg klar und ich von Gott für diese neue Art des Apostolats erwählt worden sei›, brach ich mit meinem Verlobten und schrieb den verlangten Brief an den Präsidenten Monseñor José María Escrivá, in dem ich ihn bat, als Numerarierin (Mitglied mit vollständiger Weihe) im Opus Dei aufgenommen zu werden.

Es muß wohl nicht extra gesagt werden, daß ich, unter der strengen Anweisung von Guadalupe und in Übereinkunft mit den Normen der Institution, nicht ein Sterbenswörtchen über den geschriebenen Brief verlauten lassen durfte – der für immer eine absolute Verpflichtung meines Lebens einschloß –, zu niemandem, besonders nicht zu meiner Familie oder einem Priester, der nicht dem Opus Dei angehörte.

Nach einer langen Entscheidungsphase fühlte ich mich müde und des Ganzen überdrüssig, daß ich beschloß ins Ausland zu fahren, um dort über das Geschehen, ohne von irgend jemandem beeinflußt zu werden, nachdenken zu können. Ich fuhr nach Frankreich und in die Schweiz. Selbstverständlich wollte Guadalupe auf keinen Fall, daß ich fahre, aber glücklicherweise erachtete mein Seelsorger die Reise als notwendig für mich. So durfte ich fahren.

In Paris wohnte ich in der Residenz der französischen Dominikanerinnen, deren Schule ich in Spanien besucht hatte. Zudem hatte ich das große Glück, einige Wochen in Mortefontaine-sur-Oise, dem Mutterhaus des Ordens, verbringen zu können. Dort konnte ich mit der Mutter Oberin, *mère* Cathérine Dominique, sprechen, die mich seit meinem elften Lebensjahr kannte, und auch mit einer Nonne, Lehrerin und Freundin von mir, *mère* Marie de la Soledad, die mich nicht nur gut kannte, sondern die in gewisser Weise immer mein Vorbild und meine Vertrauensperson gewesen war. Beide waren nicht mit den Zielen des Opus Dei und seinen angewandten Mitteln vertraut. Andererseits respektierten sie die Institution aufgrund der Tatsache, daß die Kirche sie als weltliches Institut anerkannt hatte. Sie sagten mir nicht nur, ich solle ohne Unterlaß beten, um klar meine Zukunft zu sehen, sondern rieten mir auch dringend, diese heikle Angelegenheit einer möglichen Berufung mit einem Priester außerhalb des Opus Dei zu besprechen und auch meine Eltern um Rat zu fragen.

Diese Nonnen, die mich von klein auf kannten und mich immer noch als kleines Mädchen ansahen, waren sehr besorgt und konnten meine Berufung zum Opus Dei nicht vollkommen verstehen. Als ich in der

Schweiz, in Luzern, war, beschloß ich, meinem Verlobten zu schreiben und ihn zu bitten, er möge nach Madrid kommen, damit wir die Situation zusammen besprechen könnten. Ich habe nie erfahren, wie er vom Militär und vom Direktor seines Unternehmens die Erlaubnis zu der Reise erhielt, aber er kam tatsächlich, und wir konnten miteinander reden.

Ich wurde wieder sehr glücklich und ruhig. Und natürlich war ich entschlossen, keiner der Frauen aus dem Opus Dei mehr Gehör zu schenken, so sehr, daß ich mit Guadalupe sprach und ihr sagte, sie solle den Brief, den ich an den Gründer des Opus Dei geschrieben hatte, vergessen.

Nach einigen Tagen kehrte mein Verlobter nach Marokko zurück, und da mein Seelsorger nicht in Madrid war, rief ich ihn an, um ihn von meiner letzten Entscheidung zu unterrichten, nach der ich die Beziehung zu meinem Verlobten wieder aufgenommen hatte. Es war der 14. September 1948, das Fest der Kreuzerhöhung, und Pater Panikkar sagte mir, daß ich durch meine letzte Entscheidung ihm das Gewicht seines Kreuzes vergrößert habe, dabei habe er schon voller apostolischer Hoffnungen auf meine Berufung gebaut. Nach vielen Jahren wurde mir klar, daß dieser Ausdruck immer wieder von den Superioren des Opus Dei benutzt wurde, wenn irgend ein Mitglied die Institution verließ.

Ich war tatsächlich davon überzeugt, daß von jetzt an alles ganz einfach sein würde. Aber wieder einmal irrte ich mich total: Guadalupe auf der einen Seite und mein Seelsorger auf der anderen sagten mir immer und immer wieder, daß ich Gott und seinem Ruf nicht die Treue gehalten hätte. Das Thema war in allen Gesprächen und Beichten konstant und unterschwellig vorhanden. Beispielsweise kann ich mich erinnern, daß mein Verlobter für einige wenige Tage auf Urlaub nach Madrid kommen wollte, und mein Seelsorger erlegte mir als Buße auf, daß ich mich während dieser Tage nicht schminken sollte.

Bei all dem arbeitete ich weiter für den Internationalen Philosophiekongreß, der in Kürze in Barcelona stattfinden sollte. Eines schönen Tages rief mich im *Consejo de Investigaciones* ein anderer Geistlicher des Opus Dei an, José María Hernández Garnica, der mich bat, am nächsten Morgen früh in der ‹Zurbarán› zu sein, da er mich um einen Gefallen bitten wollte.

Aus Höflichkeit ging ich hin. Ich hatte nicht die geringste Ahnung, um welchen Gefallen mich der Geistliche bitten wollte. Ich wußte immerhin, daß er der für die gesamte Frauenabteilung im Opus Dei zuständige Priester war, Priester des zentralen Sekretariats; ein Posten, den er viele Jahre lang bekleidete. Trotz seiner schroffen Art Frauen gegenüber konnte ich im Laufe der Jahre feststellen, daß dieser Priester aufrichtig zu uns Frauen war.

Als ich in die ‹Zurbarán› gelangte, begrüßte er mich und forderte mich ohne Umschweife auf, nicht nach Barcelona zu fahren und nicht am Philosophiekongreß sowie an keiner einzigen Veranstaltung des Kongresses teilzunehmen.

Angesichts einer solchen Aufforderung wußte ich nicht genau, ob ich ihn warten lassen, gleich wieder gehen oder ihm etwas Heftiges erwidern sollte. Ich beherrschte mich jedoch und erklärte, daß ich meine gesamte Zeit auf die Vorbereitung dieses Internationalen Philosophiekongresses verwandt hatte und daß es mir leid täte, ihm diesen Gefallen nicht tun zu können, da ich sehr wohl daran dächte, nach Barcelona zu fahren, genau wie es von der gesamten Kongreßleitung vorgesehen war.

Hernández Garnica strich die Segel etwas und erklärte mir, daß dies erstens ein Gefallen sei, um den er mich bitte, da ich nicht dem Opus Dei angehöre, daß er mir dieses aber, wäre ich Mitglied des Opus Dei, befohlen hätte, und zwar ‹ohne Kommentar›. Und zweitens, fügte er hinzu, sei der Grund, weshalb er mich bitte, nicht nach Barcelona zu fahren, der, daß dort das Opus Dei am meisten verleumdet würde. Die Tatsache, daß Pater Panikkars Assistentin auf dem Kongreß eine Frau sei, könnte Anlaß zu bösen Äußerungen der Leute über das Opus Dei geben. Was ich zu der Zeit noch nicht in aller Deutlichkeit erkannte, da es meiner naiven Ehrlichkeit entging, war, daß das Opus Dei keinesfalls wollte, daß eine junge Frau zusammen mit einem ihrer Geistlichen in der Öffentlichkeit auftrat. Ich konnte im Laufe der Jahre, die ich im Opus Dei lebte, feststellen, daß die bestehende Trennung zwischen Männern und Frauen – den Statuten entsprechend – total war. Diese Trennung verschärfte sich besonders, ja, sie wurde zu einer richtigen Obsession, wenn es sich um Priester und die Frauen des Opus Dei handelte – nach meinem Verständnis ein getreues Spiegelbild der sexuellen Repression von Monseñor Escrivá.

Nach Hernández Garnicas Forderung war mir, als habe man einen Eimer mit kaltem Wasser über dem Enthusiasmus, mit dem ich für den Kongreß gearbeitet hatte, ausgegossen. Ich hatte all meine Fähigkeiten und Sorgfalt darauf verwandt, und es war vorgesehen, daß ich als Höhepunkt meiner Arbeit an dem Kongreß teilnehmen würde und Gelegenheit hätte, Leute aus der Welt der Philosophie und Literatur kennenzulernen.

Trotz meiner Enttäuschung und meines Widerwillens war ich imstande, meinen Standpunkt gegenüber Hernández Garnica zu verteidigen: 1) war ich nicht Mitglied des Opus Dei; 2) obwohl viele Mitglieder des leitenden Kongreßkomitees nicht nur Männer sondern auch Priester waren, hatte keiner von ihnen etwas gegen die Anwesenheit der Frauen verlauten lassen, die am Kongreß mitarbeiteten.

Als Pater Hernández Garnica begriff, daß ich nicht bereit war nachzugeben und nach Barcelona fahren würde, verlegte er sich auf *Erpressung*, indem er mir mitteilte, die Superioren des Opus Dei würden, sollte ich nach Barcelona fahren, Doktor Panikkar verbieten, am Internationalen Philosophiekongreß teilzunehmen, und daß seine Abwesenheit, da er der Generalsekretär war und alle offiziellen Sprachen des Kongresses sprach, ein Desaster bedeutete. Und da er überzeugt sei, ich würde das nicht zulassen, bewillige er mir, daß ich Don Juan Zaragüeta, dem Kongreßpräsidenten, ein ‹freundliches Entschuldigungsschreiben› sandte, in dem ich ihm erklärte, ich könne leider nicht nach Barcelona kommen…

Ich war so wütend, als ich Doktor Panikkar vom Gespräch mit Pater Hernández Garnica berichtete, daß er mir unverhohlen sagte, wenn ich unbedingt nach Barcelona fahren wolle, solle ich es ruhig tun, doch dann würde er leider in Madrid bleiben müssen. Ich hatte keine Wahl. Ich mußte mich fügen, wenn ich nicht wollte, daß der Kongreß ein Desaster würde.

Als ich mich bei den Mitgliedern des Kongreßkomitees dafür entschuldigte, nicht nach Barcelona kommen zu können, nahmen sie meine Entschuldigung sehr liebenswürdig und in aller Diskretion an. Pater Todolí aber schluckte die Geschichte nicht und zweifelte nie daran, daß es sich um einen bösen Streich des Opus Dei handelte.

Ich muß wohl nicht noch hinzufügen, daß von dem Tag an Pater Hernández Garnica nicht gerade als Heiliger von mir verehrt wurde…

Jahre später stellte ich fest, daß diese Art vorzugehen kein Einzelfall in der Geschichte des Opus Dei darstellte, zumal alle Priester des Opus Dei, neben den sogenannten *eingeschriebenen* Mitgliedern (all jenen Mitglieder, die ein Verwaltungs- oder Lehramt bekleiden) und den (männlichen wie weiblichen) Superioren, verpflichtet waren, einen Spezialeid zu leisten, den man den ‹Versprechungseid› nannte. Dieser ‹Versprechungseid›, der auf das Evangelium geleistet wurde, hatte zur Folge, unter Strafandrohung bei Eidbrüchigkeit, daß besagte Mitglieder jegliche Angelegenheit, die im Zusammenhang mit ihrem sozialen und beruflichen Leben stand, mit den Superioren beratschlagten. Eingeschlossen waren ebenfalls politische Angelegenheiten, da das politische Leben auch im Zusammenhang mit dem sozialen stand. Ob jemand ein Ministeramt annehmen konnte oder nicht, war ebenfalls eine Angelegenheit, die verdiente, daß man darüber beratschlagte. Die Mitglieder können dem erteilten Rat folgen oder auch nicht, aber die Superioren des Opus Dei können mittels des Gehorsamkeits-Gelübdes (das sich jetzt, da das Opus Dei die Prälatenwürde erhalten hatte, nicht mehr ‹Gelübde› sondern ‹Verbindlichkeit› nannte) ein Mitglied von einer Ecke der Welt in die andere versetzen, wenn sie die Nichtbefolgung eines gegebenen Rats als eine ‹geistige Verfehlung› ansehen, weil sie dem Opus Dei zum Schaden gereichen könnte. Dies ist also die große Farce von der ‹Freiheit, die die Mitglieder im Opus Dei genießen›, wie seine Superioren schwülstig behaupten. Wie gesagt, alle Priester des Opus Dei leisten diesen Schwur.

Ich setze meinen Bericht fort: von Oktober bis Dezember 1948 startete das Opus Dei eine Offensive, um ‹meine verlorene Berufung› wiederzuerlangen. Guadalupe Ortiz de Landázuri sagte mir fortwährend bis zum Überdruß, ich entspräche nicht dem Willen Gottes, was für mich einer Folter gleichkam. Die Superioren des Opus Dei suggerierten mir gleichfalls, direkt oder indirekt, daß ‹ich nie in meinem Leben glücklich sein und auch meinen Mann niemals glücklich machen würde›, weil ich nicht dem Willen Gottes entsprochen habe. Diese Worte klingen jetzt blaß, verglichen mit dem Druck, den sie auf mich ausübten. Zum Beispiel sagte mir mein Seelsorger unter anderem, ich solle ihn nicht bitten, meine Ehe zu schließen, denn das wäre, als würde ich ihn auffordern, ein Verbrechen zu begehen.

Guadalupe sagte mir, sie weise meine Idee, einen Priester außerhalb des Opus Dei wegen meiner Berufung zu konsultieren, wie einen teuflischen Gedanken von sich. Das ist die Doktrin des Opus Dei, gelehrt von seinem Gründer.

Von uns, die wir neu zum Opus Dei berufen waren, wurde verlangt, daß wir nichts über unsere Verbindlichkeit gegenüber dem Opus zu unseren Familienangehörigen sagten, was viele Konflikte auslöste und Lügen einschloß. Diese Art des Handelns, vom Opus Dei ‹Diskretion› genannt, wurde von unseren Angehörigen als ‹mysteriös› oder ‹geheimnisvoll› angesehen, da unser Verhalten nach menschlichem Ermessen unverständlich war.

Andererseits kann ich nicht leugnen, wie ich bereits vorher erwähnte, daß mir das Opus Dei attraktiv erschien. Es vermittelte mir den Eindruck, eine *avant-garde* in der Kirche zu sein: mir gefiel die Idee, alltägliche Arbeit heilig zu sprechen; Missionarin zu sein, ohne in irgend ein entferntes Land zu reisen und nicht beachtet zu werden; nicht mein Äußeres ändern zu müssen, um ein völlig Gott geweihtes Leben zu führen. Alles in allem gefiel mir diese Art und Weise, mittels alltäglicher Arbeit zum Erlangen von Frieden, zur Erlösung der Welt und aller Seelen beitragen zu können.

Uns Katholiken, die wir die Schrecken des Bürgerkrieges aus nächster Nähe erlebten, erschien die Perspektive, die das Opus Dei zu der Zeit darstellte, anregend, denn es ließ die ganze persönliche Großmut erwachen, als Mittel gegen die Übel, die wir durchlebt hatten.

Es wurde mir immer wieder gesagt, daß die Hingabe unserer Jugend, der besten Zeit unseres Lebens, unserer innigsten menschlichen Liebe und das Opfern einer gesellschaftlich glänzenden Zukunft aus Liebe zu Gott ein vernünftiger Preis wäre. Kurioserweise ist dies noch die gleiche Begründung, die das Opus Dei in den neunziger Jahren auf mögliche Kandidaten anwendet. Heutzutage, wo die gesamte Menschheit dem Verlust der grundlegendsten Menschenrechte wie Freiheit, Anspruch auf Wohnraum, Ernährung, Alphabetisierung etc. erschüttert gegenübersteht, zeigt das Opus Dei, zum Beispiel in bezug auf die Armen, das Elend, die Basis-Gemeinschaften, einen beschämenden Mangel an christlicher Vernunft und Verantwortlichkeit.

Aber zurück zu meiner persönlichen Geschichte: Am Heiligabend 1948 erhielt ich mit der Post ein wunderschönes Bild der heiligen Jungfrau, auf dem der Sinnspruch ‹Ecce Ancilla› gedruckt stand. Darunter hatte mein Seelsorger geschrieben: ‹Wirst du das sein...?›

Schließlich siegte das Opus Dei. Am Vorabend zum Neujahrstag des Jahres 1949 brach ich für immer mit meinem Verlobten, in der völligen Überzeugung, ich sei dabei, dem Willen Gottes Folge zu leisten. Viele Leute machten mir mein Verhalten in bezug auf meine zukünftige Ehe zum Vorwurf. Ich mußte mir auch viele Male von Angehörigen meiner

Familie sagen lassen, ich sei ‹eine Frau ohne Gefühl und Herz›. Gott allein weiß, welch schmerzhafte Pein ich durchstand, bis ich mich schließlich dem ergab, von dem ich annahm, es sei ‹der Wille Gottes›, ähnlich wie Paulus, der nicht sehen konnte, als er vom Pferd fiel.

Es besteht kein Zweifel darüber, daß das Opus Dei mir meine Berufung in einer Form nahebrachte, die sich auf meine eigene leidenschaftliche Art gründete, alles gründlich machen zu wollen. Damit meine ich: sie erkannten meine Ängste vor dem Apostolat und lenkten sie im Sinne des Opus. Sie führten mir vor Augen, wie hinderlich die Ehe für die apostolische Aufgabe sei, was mich in ein Dilemma stürzte. Sie sahen auch, daß ich mich gesellschaftlich gut entwickelte, und gaben mir zu verstehen, ich solle diese Fähigkeit nutzen, um in geistiger Hinsicht Frauen meines Alters oder auch älteren, verheiratete mit eingeschlossen, zu helfen. Außerdem ließen sie mich wissen, daß ich durch meine Verbindungen Zutritt zu allen Kreisen besäße. Das überzeugte mich. Ich war mir bewußt, daß ich nirgendwo auf Barrieren stoßen würde. Sie brachten mich in das Dilemma, entscheiden zu müssen, ob ich diese Gabe für Gott oder für mein eigenes Leben nutzen wollte. Das heißt, sie stellten mir meine Führungsqualitäten als eine Gabe dar, die Gott mir gegeben habe, um sie in seine Dienste zu stellen. Alle diese Gedanken schwirrten in meinem Kopf und in meinem Herzen durcheinander, und schließlich entschied ich, daß ich Gott zu geben hatte, worum er mich ersuchte, auch wenn ich dafür meine zukünftige Ehe opfern und die Gefühle eines Mannes verletzen mußte, den ich von ganzem Herzen liebte.

Viele Menschen wiesen mich aufgrund dieser Entscheidung zurück, darunter viele meiner Familienangehörigen, die von Anfang an gegen meine Berufung zum Opus Dei gewesen waren, und die ich erst nach zwanzig Jahren wiedersah, als ich das Opus Dei verließ. Ihr Verhalten wäre zweifellos anders ausgefallen, wäre ich einem Orden oder einer Glaubensgemeinschaft beigetreten. In jener Zeit galt das Opus Dei als geheimnisvoll und verdächtig. Nur einige wenige meiner Verwandten und Freunde sowie mein Vater und meine Geschwister blieben in gewisser Weise mit mir in Kontakt, trotz der negativen Haltung meiner Mutter in bezug auf meinen Eintritt in das Opus Dei. Wir wechselten spärliche Briefe oder trafen uns für eine kurze Zeit, wenn ich von einem Haus zum anderen versetzt wurde.

Ich muß immer noch mit Rührung daran denken, daß mein kleiner

Bruder, zu der Zeit ein Junge von zwölf Jahren, die Putzfrau in meinem Hause überredete, ihn zu einem Besuch nach ‹Los Rosales›, dem Studienzentrum des Opus Dei in Villaviciosa de Odón, wo ich wohnte, mitzunehmen.

Meine Eltern haben mich nie in irgend einem der Häuser des Opus Dei besucht, und auch ich erhielt während der beinahe zwanzig Jahre, die ich im Opus verbrachte, keine Erlaubnis, das Haus meiner Eltern zu besuchen. Es gab zwei offenkundige Tatsachen: 1) daß mich das Opus immer von Madrid entfernt hielt, und 2) daß die Superioren des Opus Dei sich nie die Mühe machten, meine Eltern aufzusuchen und ihnen zu erklären, was denn das Opus Dei sei.

Die spärliche Auskunft über diese Institution, die ich meinen Eltern gab, war nichts Wesentliches, da zu der Zeit noch keine Statuten für das Opus Dei und folglich keine tauglichen, schriftlichen Informationen über diese Institution existierten, zudem war sie auch noch nicht definitiv vom Vatikan anerkannt worden.

Häufig hörten wir unsere Leiterin im Opus Dei sagen, daß die Eltern oftmals direktes Instrument des Teufels seien, um uns mit Gewalt unserer keimenden Berufung zu entreißen.

Eines der ersten Dinge, die das Opus Dei dem Neuberufenen beibringt, ist die Antwort auf die Frage: «Was sind das für Leute im Opus Dei?» «Leute, wie alle anderen sein sollten.»

Zum Abschluß dieses Kapitels möchte ich gerne betonen, daß mir das, was ich weiter über das Opus Dei aussagen und in den folgenden Kapiteln über die Organisation und das Procedere des Opus Dei offenbaren werde, völlig unbekannt war, als ich ihm beitrat, ebenso wie es jedem Neuberufenen heutzutage unbekannt ist. Meine Ignoranz gegenüber dem wahren *modus operandi* des Opus Dei war in groben Zügen:

a) nicht zu wissen, daß man mich aufgrund meines Namens und der gesellschaftlichen Position meiner Familie ins Auge gefaßt hatte, da in erster Linie gesellschaftlich prominente Personen rekrutiert wurden;

b) die Tatsache, daß die Verhinderung meiner vorgesehenen Eheschließung als Motiv benutzt wurde, um zukünftige Berufene in ähnlicher Situation dazu zu bringen, meinem Beispiel zu folgen;

c) daß Guadalupe Ortiz de Landázuri, als ich sie bat, die Statuten des Opus Dei lesen zu dürfen, in Gelächter ausbrach, da die Satzungen weder schriftlich niedergelegt, noch der Kirche zur Approbation vorgelegt waren;

d) nicht zu bemerken, daß die Diskretion, die man von uns gegenüber unserer Familie verlangte, nichts anderes war als Angst, zurückführbar auf die juristisch schwache Situation des Opus Dei in der Kirche. Jahre später sagte Monseñor Escrivá, als er über die gewonnenen ‹Schlachten› des Opus Dei sprach, das Opus habe in der Zeit, von der ich hier berichte, die juristische ‹Schlacht› bis zum Äußersten betrieben. Komplikationen mit dem gesellschaftlichen Umkreis unserer Familien sollten in jedem Fall verhindert werden. Von daher das Schweigen;

e) nicht zu wissen, warum man uns junge Frauen, die wir in der Residenz des Opus arbeiteten, ‹die Mädchen von San Rafael› nannte, was im Jargon des Opus Dei ‹mögliche Berufungen› bedeutete.

Wenn ich mir die Fakten aus der Distanz der Jahre anschaue, muß ich allen Ernstes sagen, daß ich das Verhalten des Opus Dei als völlig unmoralisch erachte. Man versucht, junge Mädchen anzuwerben und verlangt von ihnen, sich für ihr ganzes Leben zu verpflichten, indem sie einen Brief an den Padre (Vater oder Prälaten) schreiben, um in die Prälatur des Opus Dei aufgenommen zu werden, ohne daß man vorher den möglichen Kandidatinnen die Satzungen vorliest und ein paar Monate Bedenkzeit gibt, in der sie sich der Verantwortung, die eine solche Verpflichtung für das Leben bedeutet, bewußtwerden können.

Zum anderen ist es seltsam, daß jene ursprüngliche Idee von einer *avant-garde*-Haltung, die das Opus Dei in den vierziger und fünfziger Jahren inmitten konservativer Kreise nach außen hin demonstrierte und verkündete, sich heute in die konservativste, rückschrittlichste und sektiererischste Organisation der römisch-katholischen Kirche verwandelt hat. Daß sich die juristische Terminologie in gewisser Weise geändert hat und daß man jetzt nicht mehr vom weltlichen Institut, sondern von der Personalprälatur spricht; daß man jetzt die Gelübde Verpflichtungen oder Verträge nennt und daß diese für Außenstehende sogar noch geheimnisvoller sind; hat nichts Grundlegendes verändert. Auch daß die Beiratsmitglieder nun Vikare genannt werden; daß man Monseñor Escrivá ‹unseren Vater› nennt und den Prälaten, vormals Generalpräsidenten, ‹Vater›, bedeutet keinen substantiellen Wandel. Das Opus Dei ist in seiner innersten Struktur immer noch dasselbe: es strebt danach, ‹anders› zu sein, macht Kirche und Papst weis, es sei gegenwärtig für die Kirche unentbehrlich.

Das Opus Dei hat sich beim Wechsel seines Status vom weltlichen Institut zur Personalprälatur – einer in der katholischen Kirche juristisch neuen Lage, ohne öffentliche Gelübde oder Gemeinschaftsleben nach Art eines Ordens, um nur einiges zu nennen –, in eine Kirche innerhalb der Kirche verwandelt, die alle Charakteristika einer Sekte zeigt.

Ebenso wie man Monseñor Escrivá zu Lebzeiten einen Kult abstattete, der darauf basierte, daß er die Inkarnation des Opus Dei-Geistes sei, zielt heute alles darauf ab, diese gleiche Idee zu läutern, um Monseñor Escrivá um jeden Preis auf die Altäre zu heben.

Mein Leben ist demnach ein konkretes und persönliches Beispiel dafür, wie das Opus Dei zu jener Zeit agierte und wie es heute noch immer agiert -*mutatis mutandi*-, zu dem Zwecke, in einem jungen Mädchen eine Krise bezüglich ihrer Berufung auszulösen.

Wie man
zum Fanatismus
gelangt

Die Art und Weise, in der das Opus Dei Seelen und Personen formt, ist ein langsamer Prozeß – lautlos und über mehrere Jahre hinweg andauernd. Den Ausgangspunkt bildet natürlich das Gesuch, dem Opus Dei beitreten zu dürfen. Schritt für Schritt, nach einem langen Weg sogenannter Schulung, geht mit den Menschen eine Veränderung vor, die ich auf den folgenden Seiten zu beschreiben versuchen werde. Ziel dabei ist, sich den ‹guten Geist› der Superioren des Opus Dei anzueignen.

Nachdem ich den Bittbrief um Aufnahme an Monseñor Escrivá geschrieben hatte, sagte meine Leiterin Guadalupe Ortiz de Landázuri wiederholt zu mir, ich müsse mich sehr vorsehen und dürfe meinen Eltern absolut nichts von meiner Berufung, noch von dem geschriebenen Brief, sagen, ebensowenig von meinen Besuchen in der Residenz des Opus Dei. Sie sagte mir, ohne daran zu zweifeln, der Wille Gottes würde sich mir in den Anweisungen meiner Superioren offenbaren, da sie besser als meine Eltern wüßten, was für mich zweckmäßig sei.

Viele Jahre später, im Jahre 1979, als das Opus Dei beim Vatikan die Petition für eine juristische Änderung des Status in eine Personalprälatur einreichte, schrieben sie: «... im Opus Dei befindet sich eine Gruppe Laien, die sich aus einfachen Gläubigen oder normalen Bürgern zusammensetzt, vereinigt durch die gleiche spezielle Berufung *rite probata*...» Mit *rite probata* meinen sie, nur sie allein hätten Kenntnis über den ‹Geist› des Opus Dei, und ausschließlich die Superioren des Werkes könnten über die Berufung eines möglichen Kandidaten befinden.

Guadalupe sagte mir auch, ich könne, da ich noch kein Gelübde abgelegt habe, jedermann offen sagen, daß ich nicht dem Opus Dei angehöre. Den Eltern von unserer Berufung zu erzählen, hätte bedeutet, eine der wichtigsten Regeln des Opus zu brechen: die Diskretion. Und das ist auch der Grund dafür, daß ich für meine Familie und Freunde zur ‹Geheimnisvollen› wurde.

Selbstverständlich bemerkten meine Eltern, daß ein großer Wandel in mir vorging; ich ging auf einmal nicht mehr zu Versammlungen, nahm nicht einmal mehr an reinen Familienangelegenheiten wie Hochzeiten, Geburtstagen oder Taufen teil, da das bedeutet hätte, mit jungen Männern Umgang zu pflegen. Ich sprach zu niemandem von meiner Berufung, nicht einmal zu meinen engsten Freundinnen. Da ich meinen Eltern einen Grund dafür, warum ich meinen Verlobten verlassen hatte, liefern mußte, sagte ich ihnen, ich würde in Betracht ziehen, einer religiösen Gruppe beizutreten und dabei das Opus Dei, auch wenn es nur eine vage Möglichkeit sei, nicht ganz ausschließen. Meine Mutter, eine sehr kluge Frau, erwiderte mir wütend, daß mein ganzes Getue bloßes Theater sei, um dem Opus Dei beizutreten, und daß mein Wandel mit den ‹verfluchten geistigen Exerzitien› begonnen habe.

Wenn sich das sogenannte ‹San Rafael Mädchen› entschieden hat und sein Leben dem Fahrwasser des Opus Dei überläßt, befindet es sich die ersten sechs Monate lang in einer ‹Probezeit›. Sobald es ihren Brief schreibt, in dem sie um Aufnahme bittet, ist sie Teil des ‹Opus San Miguel›. Dieser Erzengel ist der Schutzpatron der Arbeit der ordentlichen männlichen und weiblichen Mitglieder (die Elite des Opus Dei sind diejenigen, die mit voller Weihe permanent in den Häusern des Opus Dei wohnen) sowie auch der Arbeit der Attachés des Opus (auch sie sind Mitglieder mit voller Weihe, Angehörige jeder beliebigen gesellschaftlichen Schicht, die aber nie länger als für kurze Zeitperioden, im allgemeinen für Schulungen, in den Häusern des Opus Dei wohnen).

Nachdem die Person nun ihr Aufnahmegesuch geschrieben hat, ist sie ein Mitglied der ‹Familie›, der Opus Dei-Familie, die für sie von jetzt an wichtiger ist und ihr nähersteht als die eigenen Blutsverwandten.

Unter dem ‹Opus San Miguel› versteht man im Opus Dei die gesamte Schulung (Indoktrination), Erziehung, Studien, persönliche Arbeit etc., die ein ordentliches weibliches Mitglied, eine *Numerarierin* durchführt, sobald es um Aufnahme gebeten hat. Ganz besonders die Schulung, die die *Numerarierin* vom ersten Tag an erfährt, wird unter den Schutz des San Miguel gestellt.

Die *Lehre des San Miguel*, ein internes, eher kurzes Schriftstück, geschrieben von Monseñor Escrivá, erklärt im Detail den speziellen Grund für die Indoktrination der weiblichen ordentlichen Mitglieder, der *Numerarierin*, und der zugeteilten *agregada*. Diese Lehre wurde in der Zentrale in Rom in den fünfziger Jahren gedruckt. Alle männlichen und weiblichen ordentlichen Mitglieder, die zunächst Ordensangehörige genannt werden, die Priester des Opus Dei mit eingeschlossen, stehen unter dem Schutz von San Miguel.

Obwohl ich noch im Hause meiner Eltern wohnte, gestatteten mir die Superioren, sechs Monate nachdem ich den Brief an Monseñor Escrivá geschrieben hatte, meine erste Eingliederung in das Opus Dei, die sogenannte *Aufnahme*. Die Zeremonie fand in der kleinen Kapelle in Madrid, Lagasca 124, statt. Tatsächlich handelte es sich eher um eine Art Einbauschrank in einem winzigen Raum, in dem sich Altar und Sanktuarium befanden. Öffnete man diesen Schrank, wurde der Raum, der als Eß- und Wohnzimmer sowie als Raum für die Gespräche mit der Leiterin diente, zu einer Kapelle.

Ein Priester des Opus Dei, die damalige Zentralleiterin der Frauenabteilung Rosario de Orbegozo und Lola Fisac, die erste *Numerarierin* des Opus Dei, nahmen an der schlichten und kurzen, dem Zeremoniell des Opus Dei entsprechenden Zeremonie teil. Vor dem hölzernen Kreuz kniend, werden ein paar kurze Sätze als Antwort auf die Fragen des Priesters, die ebenfalls Bestandteil des Zeremoniells sind, erwidert. Danach küßt man die Stola des Priesters und das hölzerne Kreuz, und anschließend beten alle, die sich im Oratorium befinden, *Ruhm und Ehre*, das offizielle Gebet des Opus Dei, das alle Mitglieder, meistens im Chor, als tägliche Norm des Lebensplans deklamieren.

Die *Aufnahme* bedeutet, man ist offiziell aufgenommen, allerdings ‹auf Probe›. Die *Aufnahme* umfaßt keinerlei gesetzliche Verpflichtung, sondern eine moralische Verpflichtung gegenüber dem Opus Dei. Das heißt, während dieser Probezeit können die Superioren empfehlen, das Opus Dei zu verlassen, ebenso wie man es verlassen kann, ohne gegen eine Regel zu verstoßen. Wenn sich jemand nach einem Jahr Probezeit, von dem Tag an, an dem die *Aufnahme* durchgeführt wurde, an den Geist des Opus Dei anpaßt: also an den Lebensstil, die Anweisungen, die Pflichten, mit anderen Worten, wenn jemand seinen eigenen Lebensstil gegen den des Opus Dei eintauscht und sich anstrengt, den ‹richtigen Geist› zu erwerben, der ihm eingepaukt wird, kann ihm, nachdem er seine Leiterin und seinen Beichtvater darum ersucht hat, die *Darbringung* bewilligt werden.

Unter *Darbringung* versteht man im Opus Dei die Erneuerung der jeweiligen Gelübde am Fest des Heiligen Josef, 19. März. Ab dann werden sie jedes Jahr an besagtem San-José-Festtag wieder erneuert. Die *Darbringungs*-Zeremonie besteht aus zwei Teilen. Am Morgen, meistens während der Messe, werden die Gelübde abgelegt; wenn es sich um eine Betstunde für ausschließlich Numerarierinnen handelt, kniet sich diejenige, die als ordentliches Mitglied ihre Opferung zelebriert, während des Offertoriums vor den Altar und liest die Formel: «In Anwesenheit Gottes, unseres Herrn, dem alles zum Ruhme gereicht, in die Fürsprache der heiligen Maria und unserer Schutzheiligen vertrauend und als Zeugen meinen Schutzengel anführend, leiste ich, ‹jeweiliger Name›, das Gelübde der Armut, Keuschheit und des Gehorsams bis zum nächsten San-José-Fest, ganz im Sinne des Opus Dei.» Am Abend, ebenfalls in der Kapelle, in Anwesenheit eines Priesters des Opus Dei, der Leiterin des Hauses und einiger anderer ordentlicher Mitglieder, liest man die kurzen, zeremoniellen Bibelsprüche. Danach küßt man die Stola des Priesters, das hölzerne Kreuz, und die Zeremonie findet ihr Ende, während man *Ruhm und Ehre* mit den Hilfspriestern betet, von denen sich im allgemeinen sehr wenige in der Kapelle befinden; zwei oder drei, eine davon ist die Leiterin des Hauses.

Nachdem die Gelübde fünf Jahre hintereinander erneuert wurden, finden die sogenannten *Treue*-Gelübde auf Lebenszeit statt.

Madrid: ‹Zurbarán›

Von Januar 1949 bis Januar 1950 konzentrierte sich mein Leben als neues ordentliches Mitglied auf zwei Dinge: meine Arbeit, der ich weiter im *Consejo Superior de Investigaciones Científicas* nachging, und der Pflicht, in meiner neuen Berufung täglich, beziehungsweise so oft ich konnte, hinüber in die ‹Zurbarán›-Residenz zu gehen, um mit der Leiterin zu sprechen oder ‹im Haus zu helfen›.

Die Gespräche mit der Leiterin stellten sich für mich als sehr angenehm heraus, da Guadalupe Ortiz de Landázuri eine sehr feine, sympathische, verständnisvolle Person war, kühn und versehen mit einer besonderen Gabe für Menschen und Überredungskunst. Wie es so ihre Art war, forderte sie mich spontan auf, ihr zu erzählen, was ich alles dachte und tat. Ich bewunderte sie als Person. Immer fühlte ich mich von ihr verstanden. Als ich schon nicht mehr dem Opus Dei angehörte, trafen wir uns zufällig zur Messe in der Espíritu-Santo-Kirche, und ich konnte feststellen, daß ihre Freundschaft trotz aller äußeren Umstände ehrlich zu sein schien. Es tat mir wirklich sehr leid, als ich vor einigen Jahren von ihrem Tod erfuhr. Ich glaube in der Tat, daß sowohl Guadalupe als auch Pater Panikkar durch ihre jeweilige Art und die Form ihrer Lebensauffassung zwei entscheidende Personen für meine Berufung zum Opus Dei waren. Im Gegensatz dazu bezweifle ich stark, daß irgendeine der anderen Personen aus dem Opus zu jener Zeit eine derart große Wirkung auf mich gehabt hatte, die mich veranlaßt hätte, meinem Leben eine völlig andere Richtung zu geben.

Unter ‹im Haus helfen› verstand man, die Verwaltungsarbeiten in der Residenz zu erledigen, in Zusammenarbeit mit den Numerarierinnen, die für diese Arbeit zuständig waren.

Nach meiner Arbeit im *Consejo* ging ich, wie gesagt, in die ‹Zurbarán›-Residenz. Als ich dort ankam, konnte ich zunächst niemanden erblicken, da sich alle, die dort wohnten, um diese Zeit im Studiersaal aufhielten. Das Dienstmädchen meldete, daß ich gekommen sei, woraufhin mich die Direktorin fragen ließ, ob sie in den kleinen Besuchersaal hinunterkommen solle, um mit mir zu sprechen, oder ob ich nicht erst in die Verwaltung hinuntergehen wollte, um zu helfen.

Die Verwaltung befand sich im Untergeschoß der kleinen Villa. Als ich hinunterging, bat mich eine der dort wohnenden Frauen, ich möchte ihr helfen, die Tische für das Abendessen aufzustellen. Ein anderes Mal wiederum wurde ich gebeten, beim Bügeln zu helfen, da die damit beauftragte Person es in der Woche nicht allein schaffe, dann wieder sollte ich Manolita Ortiz zur Hand gehen, die zwar nicht im Haus wohnte, aber trotzdem damit beauftragt war, in der Kapelle die Messe für den nächsten Tag vorzubereiten.

In der Residenz wohnte auch María Jesús Hereza, die weltweit zweithöchste *Numerarierin* des Opus Dei. Sie war zu der Zeit gerade dabei, ihre medizinische Doktorarbeit zu beenden. Wie es der Zufall wollte, hatte sie bei einem Onkel von mir, Antonio García Tapia, in der medizinischen Fakultät studiert, und das war auch der Anlaß für unser erstes Gespräch.

María Jesús Hereza besaß eine große Gabe, mit Menschen umzugehen. Sie war nicht nur gutmütig, sondern auch aufrichtig und loyal. Ich hatte im Laufe der Jahre unseres Lebens im Opus Dei immer wieder unter verschiedenen Umständen mit ihr zu tun. Sie verließ das Opus Dei mehrere Jahre vor mir, und wir sind weiterhin gute Freundinnen geblieben. Ihr Leben stand immer als lebendiges Beispiel für die Zuwendung zu den Armen; und ihr Tod vor einigen Jahren war ein schwerer Schlag für uns alle, die wir sie aus tiefstem Herzen liebten.

Sabina Alandes war eine der in der Verwaltung der Residenz tätigen *Numerarierin*. Sie war sympathisch und fröhlich und verteilte lachend jede Menge Arbeit. Immer wenn ich in die Residenz kam, hatte sie etwas für mich zu tun, wodurch die Gelegenheit zu Gesprächen mit den anderen Mitgliedern selten waren, denn meine ganze Aufmerksamkeit war von der ungewohnten Tätigkeit völlig in Anspruch genommen.

Lediglich an dem Tag, an dem Pater Panikkar kam, damit wir beichten konnten, traf ich mit anderen jungen Mädchen, die ich vom Sehen her kannte, zusammen. Die Stimmung war ziemlich ausgelassen. Normalerweise traf ich mit niemandem zusammen; zwischen den in der Residenz lebenden Frauen und uns jungen Mädchen, die wir von außen kamen, bestand eine große Distanz.

Das Gespräch mit der Leiterin fand stets vor oder nach der Hausarbeit statt. Wie gesagt, meistens sprachen wir in dem kleinen Saal der Residenz, der alles andere als gemütlich war. Zudem wurden wir dort ständig unterbrochen, da man die Leiterin am Telefon verlangte, oder weil jemand eine Frage zum Haushalt hatte.

Manchmal kamen wir auch in ihrem schlichten, dabei aber sehr angenehmen Arbeitszimmer zusammen, in dem sie auch wohnte. Hier war es wesentlich ruhiger, und wir wurden wenigstens nicht dauernd unterbrochen.

Die Themen unserer Gespräche bezogen sich im wesentlichen auf mein Geistesleben und das Apostolat. Häufig wurde ich gedrängt, ich möge unter meinen Freundinnen eine finden, die für eine Berufung zum Opus Dei in Frage käme. Weitere Gesprächsthemen waren der Opfergeist und die körperliche Züchtigung. Guadalupe war auch diejenige, die mir den ersten Bußgürtel gab, besser gesagt, die ihn mir verkaufte, da man im Opus Dei besonders das ‹Apostolat des Nicht-schenkens› lebt.

Den Bußgürtel und die Geißel pflegte ich in meinem Arbeitszimmer im *Consejo* aufzubewahren, denn es wäre mir nicht einmal im Traume eingefallen, sie mit nach Hause zu nehmen. Ich wage nicht einmal daran zu denken, was passiert wäre, wenn meine Eltern den Bußgürtel gefunden hätten! Es wird besonders den neuen Berufenen empfohlen, Bußgürtel und Geißel nicht mit ins Haus ihrer Familie zu nehmen, und sie nur während der Zeit, die sie in den Häusern des Opus verbringen, zu benutzen.

Der Bußgürtel wird um den Oberschenkel gebunden, wobei die beiden äußeren Schnallen wie bei einer Armbanduhr verschlossen werden; oder aber, man steckt das Band durch den äußeren Ring und schnürt ihn mit einer kleinen Schlinge eng zusammen. Die Wirkung dieser Züchtigung hängt davon ab, wie stramm der Gurt gespannt wird. Er verursacht Schmerzen im Oberschenkel, kleine Verletzungen, aufgrund derer man, um mögliche Infektionen zu vermeiden, des öfteren von einem Bein zum anderen wechseln sollte.

Die Geißel ist ein Werkzeug zur Selbstzüchtigung, eine Art Peitsche, die auf das nackte Gesäß angewandt wird, niemals auf die Schulter, um Verletzungen der Lungen und Rippen zu vermeiden. Man muß sich dabei hinknien, die Geißel mit der Hand schwingen und über die Schultern hinüber auf die Hinterbacken schlagen. Die Wirkung dieser Züchtigung hängt davon ab, wie stark man sich diese Peitschenhiebe versetzt.

Neben diesen häufigen und informellen Gesprächen mit der Leiterin hatte ich einmal pro Woche ein offizielles Gespräch, das man heute ‹brüderlichen Austausch› nennt, während man damals von einem ‹vertraulichen Gespräch› sprach. Dieser ‹brüderliche Austausch› ist eine der wöchentlichen Regeln, zu der ausnahmslos alle Mitglieder des Opus Dei verpflichtet sind. Monseñor Escrivá pflegte uns zu sagen, für ihn sei ‹das vertrauliche Gespräch wichtiger als die Beichte›, und er sah den einzigen Unterschied darin, daß es sich dabei nicht um ein Sakrament handelte.

Während der ‹Vertraulichkeit›, bzw. des ‹brüderlichen Austauschs›, sind alle Mitglieder des Opus Dei verpflichtet, über drei grundlegende Punkte zu reden: Glaube, Reinheit und Weg (Berufung). Zudem wird auch empfohlen, über die Form, in der die Normen des Lebensplans erfüllt werden, zu sprechen, über die ‹Personen, mit denen man Umgang pflegt› (Proselytismus), und über alles mögliche, sei es auch noch so unwesentlich, was uns Sorgen bereiten könnte. Das heißt: Man muß alles, bis hin zum letzten Gedanken, der einem durch den Kopf geht, berichten. Es war ebenfalls angeraten, von der Arbeit, die man berufsmäßig, administrativ oder intern verrichtete, zu sprechen – so nannte sich die Arbeit, die von den Oberinnen, die keiner berufsmäßigen externen Beschäftigung nachgingen, verrichtet wurde. Dagegen ausdrücklich verboten sind im Opus Dei vertrauliche Gespräche, sowohl mit Mitgliedern des Opus Dei als auch mit Menschen, die dem Werk fremd gegenüber stehen. Generell ist es unerwünscht, mit anderen

Menschen persönlich zu sprechen. Ausgenommen davon war nur das Gespräch mit der für den ‹brüderlichen Austausch› zuständigen Leiterin. Dies ging sogar so weit, daß Monseñor Escrivá den Begriff ‹Abflußrinne› benutzte, wenn zu einem anderen ordentlichen Mitglied über persönliche Angelegenheiten gesprochen wurde. Verboten waren sie vor allem deshalb, um sogenannte ‹besondere Freundschaften› (oder direkter gesagt: lesbische Liebe) zu vermeiden. Dieses Beispiel verdeutlicht, daß Sinn für Freundschaft als solcher im Opus Dei nicht existiert. Wenn es einmal geschieht, daß einer von uns eine winzige Vertraulichkeit entschlüpft, so absurd sie auch gewesen sein mag, fühlen sich diejenige, die sie angehört, sowie diejenige, die sie von sich gegeben hat, verpflichtet, sie der Leiterin zu berichten. Selbstverständlich bedeutete es ein schlimmes Vergehen gegen den Geist des Opus Dei, der Familie gegenüber etwas Persönliches oder Intimes zu erwähnen... Der Leser kann sich vorstellen, wie man eine Numerarierin bezeichnen würde, die Dinge ihres Geisteslebens mit einem Priester des Opus Dei bespricht, der nicht als ihr ordentlicher Beichtvater beauftragt ist.

Ich erinnere mich, daß ich in meinen Gesprächen Guadalupe mit Fragen in bezug auf die Weltlichkeit und Freiheit im Opus Dei bombardiert habe. Zu jener Zeit entsetzte mich der schlechte Geschmack der Numerarierinnen in ihrer Art sich zu kleiden, weil es dem widersprach, was man uns beim Eintritt gesagt hatte, nämlich, daß ‹wir uns von allen anderen Frauen nicht unterscheiden würden›. Außerdem war mir überhaupt nicht einsichtig, warum man, sobald man beigetreten war, absolut alles mit der Leiterin besprechen mußte, sogar kulturelle Dinge, wie die Frage, ob man an Vorträgen oder Konzerten teilnehmen sollte. Zudem verstand ich nicht, warum wir weiblichen Mitglieder anders vorzugehen hatten als die männlichen Mitglieder. Mir fiel dieser Unterschied besonders während meiner Arbeit im *Consejo de Investigaciones Científicas* auf. Die Männer des Opus Dei genossen ganz offensichtlich große Freiheiten. Ich sah, daß sie an Geschäftsessen, Versammlungen, Seminaren etc. teilnahmen, was uns Frauen nicht gestattet war, ohne zuerst und in jedem einzelnen Fall mit der Leiterin darüber zu sprechen, die meistens unsere Anwesenheit für nicht erforderlich hielt, sondern sie unter anderem für eine ‹Zeitverschwendung› hielt.

Wir weiblichen Mitglieder besaßen zu jener Zeit keinerlei Freiheiten. Heutzutage ist die Situation in gewisser Weise verändert: Die weiblichen Mitglieder besitzen größere Freiheiten, an Konferenzen und gesellschaftlichen Versammlungen, die in Verbindung mit ihrem Beruf stehen, teilzunehmen. Dabei muß aber betont werden, daß man unter ‹größerer Freiheit› versteht: Noch immer müssen die jeweiligen Superioren um Erlaubnis gefragt werden, ob man an einem kulturellen oder gesellschaftlichen Ereignis teilnehmen darf.

Die Männer des Opus Dei haben keine äußeren Erkennungsmerkmale, während wir weiblichen Mitglieder hingegen uns in einer Weise zurechtmachen mußten, die nicht gerade alltäglich für die Frauen jener Zeit war.

In den Jahren 1949 und 1950 hatten wir unser Äußeres ziemlich zu verändern: so mußte zum Beispiel ein junges Mädchen ihr langes, gelöstes Haar zu einem Haarknoten zusammenbinden, was damals unter jungen Mädchen nicht üblich war. Ich trug das Haar lang und offen, und man wies mich darauf hin, daß ‹es besser sei›, wenn ich es hochbinde. Natürlich fragte ich nach dem Grund, und mir wurde gesagt, wir sollten den Männern nicht attraktiv erscheinen. Ich erinnere mich genau, daß das mein erster Akt von Gehorsam war.

Heutzutage können die Frauen im Opus Dei das Haar kurz, aber nicht lang und offen tragen. Auch dürfen sie ihr Haar färben. Monseñor Escrivá animierte sogar Frauen, deren Haar grau zu werden begann, es zu färben, damit sie jünger wirkten.

Des weiteren hatte man anstelle von kurzen Ärmeln lange zu tragen, was an heißen Orten oder im Sommer wirklich auffällig war. Ich zog es vor, Pullover mit langem Arm über meinem Sommerkleid zu tragen, anstelle von Sommerkleidern mit langem Arm. Ich sagte ihnen ganz klar, daß Kleider, wie sie sie uns vorschrieben, uns eher das Aussehen weltlicher Klosterfrauen anstatt das von weltlichen Frauen gaben.

Als ich diese Dinge meinem Seelsorger erzählte, konnte er mich verstehen. Er empfahl mir Geduld zu bewahren, zu gehorchen und sagte mir immer wieder, daß schon der Moment kommen würde, in dem ich in vieler Hinsicht im Opus meinen Stil durchsetzen könnte. In dieser Zeit glaubte ich nicht im entferntesten daran, daß ich in irgendeiner Weise jemals Einfluß auf die Mitglieder und Gebräuche des Opus Dei nehmen würde. Doch davon später mehr.

Die Jahre verstrichen, und ich muß zugeben, es bewahrheitete sich. In den Häusern und Ländern, in denen ich wohnte und das Wort führte, hielt ich einen Ton, der gute Erziehung verriet, aufrecht, oder, besser gesagt, den schlichten Ton, der mir von meiner Familie beigebracht worden war. Ich setzte durch, daß die Frauen des Opus Dei gut gekleidet waren, ohne schrill zu wirken: in diesem Punkt gewann ich die Oberhand über die Statuten.

Der erste offizielle Wandel in der Kleidung der weiblichen Mitglieder fand bei meiner Ankunft in Venezuela 1956 statt. Ich tat wie gewohnt, ohne zu begreifen, daß wir durch ein Merkmal herausstachen: durch die langen Ärmel in einem tropischen Land; nachdem man uns in Rom das eine ums andere Mal gesagt hatte, wir seien völlig weltlich und dürften niemals wie die ‹Theresianerinnen von Pater Poveda› aussehen (eine Laienvereinigung, die nach dem Opus Dei die juristische Form eines Säkularinstituts annahm und deren Frauen sich nicht nach der Mode kleideten). Man hatte uns in Rom bis zum Überdruß eingepaukt, wir hätten ‹nach außen hin wie jedermann zu wirken. Nach innen hin sollten wir so handeln, wie man es von anderen Menschen erwartet›. Um nun endlich den Ursprung für diesen Mangel an Kohärenz zu finden, bat ich in Venezuela den Vertreter des Beirats, heute regionaler Vikar genannt, er möge uns für einige Tage den Band mit den Statuten des Opus Dei ausleihen, der in jedem Land stets (damals wie heute) vom Beiratsmitglied verwahrt wird. Kurios ist, daß der Vertreter des Beirats immer das einzige Exemplar der Statuten, das es in seiner Region gibt, aufbewahrt. Die Frauen dürfen dieses Dokument nicht in Obhut nehmen.

In Teil IV, Nr. 439 der Statuten des Opus Dei, der den Frauen gewidmet ist, heißt es kurz und bündig: «… sed externe in omnibus, quae saecularibus communia sunt et a statu perfectionis non aliena, ut aliae mulieres propriae condicionis, se gerunt, vestiunt, vitam ducunt. – Aufgrund der Tatsache, daß die weiblichen Mitglieder keine Nonnen sind, weder Aussteuer mit einbringen, noch Ordenskleid oder Tracht tragen, sondern nach außen hin so wie alle anderen Frauen aussehen und nichts mit dem Status der Vollkommenheit zu tun haben, verhalten und kleiden sie sich und führen ihr Leben wie andere Frauen nach eigener Sinnesart.» Um eine Fehlinterpretation in diesem Punkt zu vermeiden, der, wie man sieht, nicht im entferntesten den weiblichen Mitgliedern lange oder kurze Ärmel vorschreibt, wurde dieses Thema während der Versammlung des Regionalen Beirats zur Sprache gebracht und entschieden, diese Frage nach Rom der Zentralverwaltung, direkt an Monseñor Escrivá weiterzuleiten. Wir erhielten die Zustimmung der Zentralverwaltung, d.h. Monseñor Escrivá stimmte unserem Vorschlag zu, und von dem Moment an durften alle Frauen des Werkes, nicht nur in Venezuela, kurze Ärmel tragen. Möglicherweise erscheint dem Leser diese Veränderung unbedeutend, aber im täglichen Leben führte sie zu einer großen Erleichterung.

Auch ist es den Frauen des Opus Dei heute erlaubt, sich die Augen zu schminken, was uns anfangs ausdrücklich verboten war.

Ich mußte aufhören Ski zu fahren, da diese Sportart, ebenso wie Reiten, für weibliche Mitglieder nicht als angemessen erachtet wurde. Darüberhinaus ist es ihnen verboten Hosen zu tragen.

Bis 1966 durften die weiblichen Mitglieder im Badeanzug an den Strand gehen. Von da an war uns verboten, öffentliche Strände aufzusuchen, was auch wieder im Gegensatz zum oben erwähnten Geist von Weltlichkeit steht. Der einzige Ort, an dem weibliche Mitglieder schwimmen dürfen, sind die Schwimmbecken der Opus Dei-Anlagen, wobei die Badeanzüge immer ein Röckchen haben müssen. Das enganliegende Trikot ist absolut verboten.

Als ich dem Opus Dei als ordentliches Mitglied beitrat, mußte ich sofort mit dem Rauchen aufhören, aber nicht etwa, weil es die Luft verpestete. Dabei dürfen die Männer des Opus Dei soviel rauchen wie sie wollen, während man uns Frauen sagte, daß Rauchen ein Mangel an Weiblichkeit, während es bei Männern ein Zeichen für Männlichkeit sei. Und das war nicht alles: Don Alvaro del Portillo, zur Zeit Prälat des Opus Dei, damals Generalbevollmächtigter und Rangzweiter innerhalb des Werkes, rauchte nicht nur, sondern besaß überdies das von Monseñor Escrivá gewährte Privileg, in Anwesenheit der Oberinnen des Opus Dei zu rauchen. Don Alvaro del Portillo rauchte gewöhnlich eine Pfeife aus Elfenbein. Viele Male wiederholte Monseñor Escrivá, daß er Don Alvaro dieses Privileg bewilligt habe.

Zu Beginn meiner Berufung gelang es mir nicht, die vielen Unterschiede, die zwischen Männern und Frauen des Opus Dei bestanden, zu fassen. Ich entdeckte sie erst nach und nach. Heute habe ich verstanden, daß all diese Unterschiede nichts anderes sind als ein Ausdruck des gesamten Verhaltens: sexistisch und männlichkeitsbetont, das auf noch viel höherer Ebene im Opus Dei existierte und immer noch existiert. Es ist ein klares Spiegelbild von Monseñor Escrivás Verhalten.

Als ich noch im Hause meiner Eltern wohnte, fühlte ich mich ziemlich oft zwischen Hammer und Amboß geraten: zum einen mußte ich mich meiner Familie gegenüber wie immer verhalten, andererseits, wenn ich hinüber in die ‹Zurbarán›-Residenz ging, was beinahe täglich geschah, wurde von mir verlangt, Bekehrungseifer zu zeigen. Tatsächlich waren die meisten meiner Freundinnen entweder dabei zu heiraten, oder bereits verheiratet, und andere dagegen hatte ich schon seit Jahren nicht mehr gesehen. Der Zufall wollte es, daß eine Schulkollegin von mir aus Paris, Françoise du Chatenet, ein Jahr lang bei uns zu Hause wohnte. Als ich das eines schönen Tages in der Residenz des Opus Dei erzählte, fingen sie an, mich von allen Seiten zu drängen, ich solle sie mit in die Residenz bringen und sie dazu überreden, bei Don José María Hernández Garnica die Beichte abzulegen. Ich weigerte mich, weil ich Françoise kannte und sie mir nicht wie jemand erschien, der sich zum Opus Dei berufen fühlt. Sie verwiesen hartnäckig darauf, daß sie die erste französische Numerarierin sein könnte. Die Situation war verzwickt. Nach stundenlangem Gespräch mit Françoise bei mir zu Hause und unter dem lächerlichen Vorwand, Pater Hernández Garnica wolle sie etwas über die Studentinnen an den Universitäten in Frankreich fragen, wohin das Opus Dei bald zu gehen gedachte, und dem Zusatz, er würde auch Klavier spielen, schaffte ich es, Françoise in die ‹Zurbarán›- Residenz zu bekommen.

Das Ergebnis dieser Episode war, daß Françoise nie wieder ein Wort über das Opus Dei hören wollte. Unsere Freundschaft blieb all die Jahre hindurch aufrichtig und stark; wir sind innige Freundinnen, und unsere Freundschaft war, wie ihre Mutter, die ich sehr gern mochte, zu sagen pflegte: ‹la fidelité de l'amitié – in Treue gehaltene Freundschaft›. Manchmal, wenn das Thema Opus Dei zur Sprache kommt, erzählt Françoise du Chatenet, jetzt *Madame* De Tailly, unter Gelächter ihrem Mann und ihren Töchtern, daß sie trotz meiner Hartnäckigkeit gerade noch den ‹Klauen des Opus Dei› entfliehen konnte.

Guadalupe sagte mir des öfteren, daß der Bekehrungseifer sehr wichtig sei, da er das Pendant zu unserer Berufung verkörpere. Der ‹persönliche Stil meines Wesens› brachte mich dazu, stets aufrichtig zu sein und den Superioren zu sagen, was ich dachte. Dies brachte mir bei mehreren Gelegenheiten Tadel ein, da es den Anweisungen von Monseñor Escrivá widersprach. Mein ‹Pendant›, bzw. die erste Frau, die, nachdem sie mit mir gesprochen hatte und geistig von Pater Panikkar angeleitet worden war, dem Opus Dei im Jahre 1949 beitrat, war Pilar Salcedo, die gerade ihr Philosophiestudium beendet hatte. Während ihrer Zeit im Opus Dei war sie als Journalistin tätig. Wie trafen uns zufällig in Rom und wohnten im gleichen Haus, da wir beide zu der Zeit in der Zentralverwaltung des Opus arbeiteten. Sie wurde 1956 zur regionalen Leiterin von Kolumbien ernannt, wo sie ganz allein ein paar Jahre lang blieb. Einige Jahre später, nachdem ich das Opus Dei bereits verlassen hatte, erfuhr ich, daß Pilar Salcedo ebenfalls ausgetreten war. Durch ihre Tätigkeit als Journalistin hatte ich bei mehreren Anlässen in Madrid Gelegenheit mit ihr zu sprechen, aber ich habe nie so ganz ihre nachträgliche Haltung gegenüber dem Opus Dei begriffen: zum einen Verachtung, zum anderen so etwas wie Angst.

Im Jahre 1949 war eine der ersten Prüfungen, die ich abzulegen hatte, mein ‹wöchentliches Gespräch› mit María Esther, einer jungen Numerarierin, die gerade nach Barcelona gekommen war und permanent in der Residenz des Opus Dei wohnte. Man erzählte mir, Guadalupe sei mit Arbeit völlig überlastet, und sie helfe ihr dabei. Mit großem Vorbehalt nahm ich an. Als Neuberufene erschien María Esther mit den Gesetzestafeln in der Hand. Ihr fehlte es an Beweglichkeit und Verständnis. Als erstes gab sie mir bekannt, ich habe meinen Beichtvater durch Don José Hernández Garnica zu ersetzen. Dieser Wechsel des Beichtvaters war allgemeine Regel im Opus Dei und brachte oftmals die erste Krise im Leben einer Neuberufenen mit sich.

Ich sagte ganz einfach, ich dächte nicht daran. Nach dem Verhalten von Pater Hernández Garnica betreffend den Philosophie-Kongreß paßte mir der Wechsel überhaupt nicht, und ich fühlte mich außerstande, ihm meine Seele zu öffnen. Ich besprach das Thema mit Guadalupe, die meine Reaktion sehr gut verstand, und María Esther sagte, sie solle nicht weiter darauf beharren. Insofern behielt ich meinen Seelsorger noch einige Monate länger.

Ungefähr im Juli sagte man uns, Pater Panikkar habe im Opus Dei ein anderes Amt erhalten, weshalb er nicht mehr nach ‹Zurbarán› zurückkehre, was bedeutete, daß ich jetzt den Beichtvater zu wechseln hatte.

Aufgrund dieses neuen Amtes im Opus Dei erschien Doktor Panikkar auch nicht mehr im *Consejo de Investigaciones Científicas*, wo wir gerade dabei waren die *Actas del Congreso Internacional de Filosofía* vorzubereiten, der im Vorjahr in Barcelona abgehalten worden war. Mehr als ein Nichterscheinen im Consejo war es eher ein plötzliches Verschwinden. Er hatte weder eine Erklärung abgegeben, noch irgend jemandem mitgeteilt, wann er wieder zurückkommen wolle. Im Consejo sagte man, er könne krank sein. Als man mich fragte, mußte ich sagen, ich nehme an, er sei verreist. Die Situation war konfus. Andererseits konnte ich im Consejo doch auch nicht sagen, daß ich im ‹Zurbarán› gehört hatte, man habe ihm ein spezielles Amt im Opus Dei übertragen.

Eines schönen Tages erhielt ich in meinem Arbeitszimmer im Consejo einen Anruf von Pater Hernández Garnica, der mich in seiner trockenen Art anwies, von jetzt an die gesamte Post, die für Doktor Panikkar, Generalsekretär des Internationalen Philosophiekongresses, ankam, mit einem Kurier in die Madrider Zentrale des Opus Dei, Diego de León 14, zu schicken, von wo aus man sie Doktor Panikkar zukommen lassen würde.

Ich fragte Pater Hernández Garnica, ob Doktor Panikkar krank sei, und er erwiderte mir, nein, er sei nicht krank. Ich fragte ihn auch nach einer Adresse oder Telefonnummer, die ich denen, die nach ihm fragten, geben könnte, worauf er mir nicht antwortete. Er tat ganz einfach so, als habe er es nicht gehört und wiederholte noch einmal, ich solle bitte die Anweisungen, die man mir gegeben habe, befolgen. Die Lage konnte absurder nicht sein. Ich erzählte alles dem Kongreßpräsidenten Don Juan Zaragüeta und Pater Todolí. Und sogleich konnte man hören: «Wieder so eine für das Opus Dei typische Situation!»

In der Zurbarán-Residenz erklärte ich der Leiterin die ärgerliche Lage, die im Consejo durch das ‹Verschwinden› von Pater Panikkar entstanden war, genau wie auch meine eigene Lage als Sekretärin. Sehr ernst erwiderte sie mir, ich solle keine Fragen mehr zu diesem Thema stellen.

Tatsache blieb, daß ich ganz allein der Bearbeitung des Materials der drei Bände der *Actas del Congreso de Filosofía* gegenüberstand. Sowohl Pater Todolí als auch Roberto Saumelle leisteten mir große Hilfe, als ihnen der riesige Arbeitsumfang klar wurde.

Um die Weihnachtszeit 1949 rief mich Rosario de Orbegozo, die Leiterin der Zentrale, in den Consejo. Sie teilte mir mit, daß Don Alvaro del Portillo aus Rom gekommen sei und mit mir sprechen wolle. Aber ich sollte zu dem Gespräch in das Haus der Zentralverwaltung für die Männer des Opus Dei, Diego de León 14, kommen. Ich ging noch am gleichen Nachmittag hin, und er war sehr freundlich zu mir. Er erzählte mir, daß ‹der Padre›, wie Monseñor Escrivá im Opus Dei genannt wurde, sehr zufrieden mit mir sei und ich an dem Schulungskurs für Mitglieder teilnehmen könne, der im Januar in ‹Los Rosales› in Villaviciosa de Odón beginnen würde.

Ich erklärte Don Alvaro meine Verantwortung für die Arbeit im *Consejo de Investigaciones* und daß ich aufgrund der Abwesenheit von Pater Panikkar unabkömmlich sei. Don Alvaro empfahl mir, mich nicht zu beunruhigen, es würde sich schon alles regeln lassen. Dann erzählte er mir, er habe Pater Panikkar aus Rom von Monseñor Escrivá das hölzerne Kreuz mitgebracht, das das Opus Dei dem ersten Berufenen eines jeden Landes überreicht; in diesem Fall dem ersten Engländer.

Einige Tage nach diesem Gespräch erschien plötzlich eines Abends, es war kurz vor Weihnachten 1949, Doktor Panikkar in seinem Arbeitszimmer im Consejo. Angesichts unserer Überraschung mußte er lächeln. Er schien äußerst zufrieden und ging von einem Büro ins andere, als wolle er alle umgehend inspizieren. Nachdem sich die erste Überraschung gelegt hatte, sprudelten meine Fragen nur so hervor: Was ist mit Ihnen geschehen? Warum sind Sie so einfach verschwunden? Warum haben Sie uns nicht angerufen?

Doktor Panikkar lächelte weiter amüsiert über unsere Fragen, beantwortete aber keine. Nachdem ihm Roberto Saumelle in groben Zügen die Lage unserer Arbeit während der Monate seiner Abwesenheit geschildert und den Raum verlassen hatte, führte ich ein längeres Gespräch mit Pater Panikkar, das letzte bevor ich ins Studienzentrum ‹Los Rosales› aufbrach.

In aller Ruhe erzählte er mir, er habe von Alvaro del Portillo erfahren, daß ich im kommenden Monat das Studienzentrum besuchen würde. Seine Erwiderungen in bezug auf die Monate seiner Abwesenheit blieben dunkel, und man konnte anhand seiner Worte feststellen, daß es Monate des Leidens gewesen sein mögen. Viele Jahre später, als ich nicht mehr Mitglied des Opus Dei war, erfuhr ich, daß sie Pater Panikkar während der Zeit nach ‹Molinoviejo›, möglicherweise als Strafe, geschickt hatten. Jetzt, aus der Entfernung und in Kenntnis des obsessiven Mißtrauens des Opus Dei gegenüber Beziehungen zwischen Männern und Frauen, kann ich die Möglichkeit nicht ausschließen, daß meine Weigerung, den Beichtvater zu wechseln, und die Tatsache, daß ich weiter mit ihm zusammen im *Consejo de Investigaciones Científicas* arbeitete, in der Geschichte um Barcelona, die ich bereits erzählte, kulminierte.

Während unserer langen Unterhaltung versicherte mir Pater Panikkar, er sei davon überzeugt, daß ich ganz für mich persönlich im Opus glücklich werden würde, wenn auch auf eine andere Art als in einer Ehe. Ich würde im Opus Dei mein Glück darin finden, zu wissen, daß ich völlig dem Willen Gottes entspreche und mein Leben dafür aufbiete, damit die Welt sich zu Ihm bekennt.

Es war wirklich ein tiefgehendes Gespräch. Während ich mit Pater Panikkar redete, hatte ich sehr unterschiedliche Gefühle: einerseits empfand ich Freude und dankte Gott dafür, daß ich Gelegenheit hatte, mit ihm zu sprechen, bevor ich ins Schulungszentrum aufbrach; andererseits machte ich mir Sorgen, als ich die Regeln des Opus Dei in bezug auf Frauen und deren Umgang mit den Priestern erfuhr, gemäß denen ich in Zukunft nie wieder mit ihm sprechen würde, es sei denn, er wäre zufällig ordentlicher Beichtvater in einem der Häuser, denen ich zugewiesen würde. Ich hatte wahrhaftig Angst, mich einsam zu fühlen.

Als könnte er meine Befürchtungen hören, munterte mich Pater Panikkar dadurch auf, indem er sagte, mein Apostolat würde sehr erfüllend sein, ich würde mich nie allein fühlen, wenn ich erst ein wirklich frommes Leben führte, und daß er immer für mich beten würde. Er wiederholte mir, Gott stünde über allem und allen, und daß meine Beharrlichkeit mich glücklich und erfolgreich machen würde.

Während er mir ‹bergeweise› Geduld in materiellen Dingen, die mich ärgerten, empfahl, bestand er kategorisch darauf, ich könnte durch meine Art vielen Leuten helfen, mein Apostolat würde fruchtbar sein, und überdies solle ich nicht vergessen, was er mir bei anderer Gelegenheit gesagt hatte: daß er davon überzeugt sei, ich könnte meine Fröhlichkeit und meinen Stil dem Opus Dei beibringen. Dann segnete er mich und ging fort.

Ich weiß tatsächlich nicht mehr, wie lange ich noch allein in dem Arbeitszimmer des Consejo geblieben war. Woran ich mich aber erinnern kann, ist, daß der Raum so dunkel war wie meine Ängste, als ich aus meiner Versunkenheit erwachte. Selbstverständlich empfand ich große Dankbarkeit für das Verständnis, das Pater Panikkar mit mir hatte, und ich versprach Gott gleich in dem Büro, daß ich immer die Ratschläge, die er mir als mein Seelsorger mit Hinblick auf Berufung und Beharrlichkeit im Opus Dei gegeben habe, beherzigen würde.

Wie ich bereits sagte, war die Wartezeit, bis ich in einem Haus des Opus Dei wohnen konnte, durch mein Alter bedingt. Nach dem spanischen Gesetz lag die Volljährigkeit zu der Zeit bei 23 Jahren. In dem Alter konnte ich ohne Erlaubnis meiner Eltern heiraten oder einem Kloster beitreten, um einen ‹Zivilstand› einzunehmen. Da aber das Opus Dei ein weltliches Institut ist, setzte das Eintreten nicht die Annahme irgendeines Standes voraus; wir würden weiterhin als ‹ledig› gelten. Wenn man also ohne elterliche Erlaubnis dem Opus Dei beitrat, stellte das Gesetz dies gleich mit dem ‹Verlassen der elterlichen Obhut›, und gestützt auf den gesetzlichen Schutz der Familien, wurden die Töchter, die das Haus ohne Einwilligung verlassen hatten, wieder zurückgebracht.

Der Herbst 1949 war voller Spannungen in meiner Familie. Besonders mein Vater bat mich, ich solle doch bitte meine Berufung mit einem Dominikaner, einer Ordensfrau oder mit Freunden von ihm, die eine solide katholische Bildung besaßen, erörtern. Meine Antwort darauf war immer wieder die gleiche: nein. Ich hatte bereits den ersten Teil der Opus Dei-Schulung verinnerlicht: daß für Mitglieder des Opus alle, die sich in den Rang eines geistigen Ratgebers erhoben, ‹schlechte Seelenhirten› und nur jeder einzelne der Superioren und Priester des Opus Dei ‹gute Seelenhirten› seien.

Ich hatte Diskussionen mit meiner Mutter, und das schmerzliche Schweigen meines Vaters, der meine Starrköpfigkeit nicht begreifen konnte, quälte mich. Infolgedessen war die Atmosphäre bei uns zu Hause sehr gespannt. Meine jüngeren Geschwister sagten zu all dem kein Wort. Und während der Mahlzeiten war die Stimmung zum Schneiden. Ich hörte meinen Eltern zu, war aber völlig davon überzeugt, daß die Superioren des Opus Dei recht hatten und besser um die Dinge wußten als meine Eltern: Und an dieser Stelle möchte ich bemerken, daß ein Mitglied des Werkes bereits seinen ersten und wichtigsten Schritt in Richtung Fanatismus getan hat, wenn es zu dieser Überzeugung gelangt ist.

Meine Großmutter väterlicherseits war mir ein Trost. Sie konnte mich nicht leiden sehen und versuchte gleichzeitig, meinen Eltern geistreiche Gründe dafür zu liefern, daß auch sie nicht litten.

Mein Geburtstag würde im März sein, danach würde kein Rechtsanwalt den Fall mehr übernehmen, da nach dem Gesetz in drei Monaten alles ein Ende finden würde. Meine Eltern sahen, daß sie nichts tun konnten, und das stürzte sie in unendliche Traurigkeit und Verzweiflung.

Bis 1949 hatten alle Schulungskurse für Numerarierinnen im Sommer stattgefunden. Im Januar 1950 sollte zum ersten Mal in der Geschichte des Opus der erste Winterkursus über eine Dauer von sechs Monaten stattfinden. Der Grund war, daß die Superioren beschlossen hatten, in diesem Kurs weibliche Mitglieder zu versammeln, die aus verschiedenen Gründen zuvor nicht im Opus wohnen konnten.

Mitte Januar 1950 gab ich meine Arbeit im Consejo de Investigaciones Científicas auf und verließ das Haus meiner Eltern. Ich ging ohne den Segen meiner Eltern und völlig gegen den Willen meiner Mutter. Von dem Moment an blieb ich meiner Familie fern. Eine Verfemung, die achtzehn Jahre lang anhielt, die Zeit meiner Zugehörigkeit zum Opus Dei. In jenen Jahren sah ich meine Mutter nur einmal: 1953 in Rom für knappe zwei Stunden. Sie schrieb mir in den Jahren nicht ein einziges Mal.

Da ich trotz allem keinen dramatischen Abgang aus dem Haus meiner Eltern machen wollte, bemühte ich mich, nach und nach meine Sachen zusammenzusuchen und packte schließlich in zwei Tagen zwei Koffer mit dem Wesentlichen, die ich in aller Frühe ins Haus der Oberinnen der Zentralverwaltung des Opus Dei brachte, zu der Zeit Juan Bravo 20. Sogar mein Hund schien die Lage zu begreifen. Er wich nicht von meiner Seite und als er mich mit den Koffern sah, wollte er mit mir fortgehen. Ich erinnere mich, wie ich an einem Morgen im Fahrstuhl ausrief: «Gott noch mal, sogar dem Hund muß ich noch einen Fußtritt geben, um mein Haus verlassen zu können.» An jenem kalten Januarmorgen war mir gar nicht fröhlich zumute. Meine Seele war gefroren, aber ich trug in mir eine fixe Idee: dem Willen Gottes trotz aller Erschwernisse zu entsprechen.

An dem Abend, an dem ich offiziell das Haus meiner Eltern verließ, beschlossen sie, in ihren Zimmern zu bleiben, um nicht sehen zu müssen, wie ich ging. Meine Geschwister schickten sie ins Kino. Ich hinterließ meinen Eltern eine Nachricht, in der ich ihnen sagte, wie leid es mir täte, sie nicht mehr zu sehen, und verließ das Haus für immer, in Begleitung meiner frischverheirateten Cousine Carmen Fullea Carlos-Roca und ihrem Mann Antonio Carrera. Sie waren über die ganze familiäre Lage so betrübt, daß sie das Risiko eingingen, die Freundschaft meiner Eltern zu verlieren, denn sie brachten es nicht übers Herz, mich allein gehen zu lassen und begleiteten mich bis vor die Tür des Opus Dei-Hauses in Madrid, Juan Bravo 20.

Dort wurde ich mit Eiseskälte empfangen. Niemand, absolut niemand zeigte eine Spur von Zuneigung, Wärme oder Verständnis. Für sie war mein Kommen ganz natürlich. Beinahe Routine. Für mich war es ein außergewöhnlich wichtiger und ernsthafter Schritt in meinem Leben. Heute sehe ich in aller Deutlichkeit, wie unmenschlich der Empfang gewesen war, den sie mir bereitet hatten, zudem die Oberinnen von dem Kampf wußten, den ich in meiner Familie ausgetragen hatte, damit ich im Opus Dei wohnen konnte. Niemand sprach mit mir, auch nicht privat. Auch die Tatsache, daß ich meine Arbeit aufgegeben hatte, war kein Thema, an das sie rührten: als habe es nicht die geringste Bedeutung. Das einzige, was sie mir speziell mitteilten, war, daß in der Nacht viele Frauen da wären und es nicht genügend Betten geben würde, insofern ich also zu denen gehören würde, die auf dem Boden schliefen. Es war das erste Mal in meinem Leben, daß ich auf einem Holzfußboden schlief. Diese Tatsache war für mich immer ein Leitgedanke, um später ganz besonders freundlich zu sein, wenn ein weibliches Mitglied in eines der Opus Dei-Häuser einzog, in dem ich mich aufhielt. Mit anderen Worten, ich versuchte immer anderen die schlechte Behandlung zu ersparen, die mir persönlich zuteil wurde.

Da mein Aufenthalt in dem Haus sehr kurz sein würde, erhielt ich keine genaue Aufgabe. Mir wurde nur gesagt, ich solle mich um die Besorgungen kümmern, die im Haus anfielen. Einige meiner Verwandten wohnten im gleichen Gebäude. Ich bat um Erlaubnis, sie besuchen zu dürfen, aber sie wurde mir nicht gewährt. Man sagte mir nur, ich solle sie begrüßen, wenn ich sie im Fahrstuhl sähe.

‹Los Rosales›: Schulungskurs

Zwei Tage später verließ ich Madrid mit Chelo Castaneda, einem weiblichen Mitglied, die gerade aus Santander gekommen war, um im Studienzentrum ‹Los Rosales› in Villaviciosa de Odón, einige Kilometer außerhalb von Madrid, zu wohnen.

Bevor wir Madrid verließen, bat mich Rosario de Orbegozo, die Leiterin der Zentrale, ich solle mich gut um Chelo Castaneda kümmern, da sie eine ‹ganz frisch Berufene› sei.

Immer werde ich voller Beklemmung an jene winterliche Abenddämmerung in Madrid auf dem Weg zum Busbahnhof zurückdenken. Ich fühlte mich einsam, verlassen und angespannt, hatte ich doch alle Bande der Liebe zerschnitten und alles, was mir in meinem Leben teuer gewesen war, zurückgelassen. Ich überließ mich den Händen Gottes, in der Annahme, ich würde seinen Willen erfüllen. Ich finde überhaupt keine Worte für die übermenschliche Anstrengung, die es mich kostete, mich über meine eigenen Gefühlsaufwallungen hinwegzusetzen und meine ganze Aufmerksamkeit meiner weinenden Reisegefährtin zukommen zu lassen.

Als wir nach Villaviciosa de Odón gelangten, war es dunkler als in einem Wolfsrachen. Am Busbahnhof erwarteten uns Mary Tere Echeverría, die Leiterin von ‹Los Rosales›, und Tere Zumalde, ein ordentliches Mitglied aus Bilbao. Da sich die Bushaltestelle ganz in der Nähe des Hauses befand, nahmen wir unsere Koffer selbst in die Hand, überquerten ein paar Straßen des Dorfes sowie den um diese Zeit verwaisten Rathausplatz und gelangten schließlich ins ‹Los Rosales›. Wie fremd kam ich mir vor, als ich den Rathausplatz überquerte, dessen Turmuhr für mein Leben in den kommenden Monaten bedeutsam werden sollte! Noch heute, wenn ich die Augen schließe, kann ich über all die Jahre hinweg die Glockenschläge dieser Uhr vernehmen.

Als wir in das Haus eingetreten waren, führte uns die Leiterin in die Kapelle, um dem Herrn den Gruß darzubieten, wie es beim Betreten und Verlassen des Hauses im Opus Dei Sitte ist.

Gleich darauf gingen wir hinauf in die obere Etage, wo die Schlafräume lagen. Die Leiterin wies uns unsere Betten zu. Es gab drei Schlafsäle für einundzwanzig Personen und ein einziges Badezimmer. Während der ersten Tage schlief ich in dem Raum mit sechs Betten, dann verlegten sie mich für den Rest der Zeit, die ich in diesem Haus verbrachte, in den Saal mit zwölf Betten. Obwohl wir es längst im voraus wußten, sagte man uns bei der Ankunft noch einmal ausdrücklich, daß die Betten aus Holz seien, ohne Matratze und Federbett. So schlief ich auch zum ersten Mal in einem Holzbett. Über dem Holz lag eine leichte Decke. Ansonsten wurde das Bett wie jedes andere bereitet: mit Laken, Decken, Bettdecke. Die Bettdecken mit den Blumenmustern waren sehr hübsch. Es gab nur ein einziges Kissen.

Die Numerarierinnen im Opus Dei sind die einzigen, die auf Brettern schlafen. Alle anderen, angefangen beim Prälaten, über die Priester bis hin zu den Bediensteten oder, wie sie seit 1965 genannt werden, *numerarias auxiliares*, schlafen in normalen Betten mit Federbett und Matratze. Man erklärte uns, der Grund dafür, daß wir auf Brettern schliefen, liege darin, daß wir Frauen triebhafter seien als die Männer... Ein weiteres Beispiel für die unterschiedliche Behandlung von Männern und Frauen und die Obsession in bezug auf Sex. Ich konnte einmal hören, wie Monseñor Escrivá sagte, er habe diese Idee für die *numerarias* von Klosternonnen übernommen, die in Madrid lebten, genauer gesagt, im Argüelles-Viertel.

Die Holzbetten sind nicht gerade weich, aber man kann sich daran gewöhnen, darin zu schlafen. Schrecklich ist nur die Kälte. In einem Haus wie ‹Los Rosales›, gelegen mitten in Kastilien, ist die Kälte im Winter und ohne Gebrauch der Heizung so entsetzlich, daß wir alle unsere Mäntel auch drinnen im Haus trugen. Die Heizung wurde nicht benutzt, da Kohle teuer und das Haushaltsbudget sehr niedrig war. Mir war des Nachts so kalt, daß ich nicht schlafen konnte und angespannt darauf wartete, die sechs Glockenschläge von der Rathausuhr zu vernehmen, die Stunde, in der die Leiterin, um uns zu wecken, in ihrem Zimmer eine Glocke schlug, die im ganzen Haus widerhallte.

Der halbe Schrank, den man mir im Vestibül dieses Stockwerks zusammen mit Anina Mouriz zugewiesen hatte, war so klein, daß ich der Leiterin die Kleidung, die ich nicht täglich benutzte, abliefern mußte. Die Mitglieder des Opus Dei dürfen in dem sogenannten ‹Speicher› nur Sommerkleidung im Winter und Winterkleidung im Sommer aufbewahren. Nichts weiter. All das, was man nicht benutzt, liefert man bei der Leiterin ab und bekommt es nicht wieder zurück.

Das Licht in den Schlafräumen war trübe: im Bett zu lesen, war absolut verboten. Nach den letzten Gebeten verbreitete sich eine tiefe Stille, und eine halbe Stunde später wurden die Lichter ausgeschaltet.

‹Los Rosales› war ein typisches Herrenhaus im spanischen Stil, gelegen in einem kleinen Dorf in Kastilien. Im ersten Stock befanden sich die Kapelle und der Eßsaal, der auch für den Unterricht und die Studienzirkel benutzt wurde, sowie als Frühstückraum für den Priester, der zu uns kam, um die Messe zu lesen. Auf dem gleichen Stockwerk befanden sich außerdem noch eine zusätzliche Toilette sowie Arbeits-, Schlaf- und Badezimmer der Leiterin.

Im Keller befanden sich die Küche, das Büro und ein Aufenthaltszimmer, das je nach Bedarf als Eß- oder Arbeitsraum genutzt wurde.

Außerdem gab es dort ein Bad und eine separate Toilette. Abgesehen vom Mosaikboden des Kellers waren alle Böden mit Parkett belegt. Die Ausstattung hatte einen strengen Anstrich, war etwas pompös und wenig attraktiv. Das Haus war von einem Garten umgeben und das ganze Anwesen von einer Mauer.

Die ersten Statuten des Opus besagten: «Obwohl sich die Mitglieder des Opus Dei vollständig zur Vollkommenheit des Evangeliums bekennen und sich durch immerwährende und endgültige Hingabe dem Dienst an Christus, unserem Herrn unterwerfen, gibt es in den Häusern des Instituts keinerlei Hinweis darauf, daß es sich um ein religiöses Haus handelt.» Selbstverständlich gibt es in allen Frauenhäusern des Opus Dei Spiegel, sowohl über den Waschbecken als auch dort, wo man sich vor dem Hinausgehen noch einmal überprüfen kann. Monseñor Escrivá hat immer ganz konkret den weltlichen Charakter des Opus Dei betont, indem er anwies, daß in allen weiblichen Abteilungen stets Spiegel anzubringen seien.

Gegenwärtig besitzen die Studienzentren des Opus Dei sehr gute Gebäude, die Mehrzahl von Grund auf neu erbaut und mit Geschmack ausgestattet. Seltsamerweise besagten die ersten Statuten des Opus Dei in Punkt 227: «Wir sollten unsere Zeit nicht damit verschwenden, Häuser zu bauen, sondern lieber Häuser übernehmen, die bereits gebaut wurden.» Die zweiten Statuten besagen nichts. Heutzutage sind die Studienzentren außerdem mit jeder Art Komfort ausgestattet, und die weiblichen Mitglieder haben neben den festgesetzten Unterrichtsstunden Zeit, um Sport zu treiben, meistens Tennis und Schwimmen, denn in den Gärten der Häuser sind Schwimmbecken und Tennisplätze vorhanden. Heute hat jedes Mitglied ein eigenes Zimmer mit Schrank und Waschbecken. Die Duschräume sind zweckmäßig je nach Anzahl der Zimmer verteilt, und es gibt auch einige Zimmer mit eigenen Duschen, die im allgemeinen für die älteren Oberinnen reserviert sind. Die gegenwärtigen Studienzentren besitzen auch eine unabhängige Verwaltung, die sich mit allen Gebieten befaßt, obwohl die Mitglieder des Zentrums, um Erfahrungen zu sammeln, in der Verwaltung helfen, jedoch ohne direkte Verantwortung auf den verschiedenen Gebieten zu übernehmen.

Unser Studienkurs war dagegen wirklich spartanisch: wenn ich mich recht erinnere, war es der letzte dieser Art in der Geschichte des Opus Dei.

Neben der Teilnahme an zwei Lehrstunden pro Tag, morgens und manchmal eine weitere am Nachmittag, waren wir direkt und rigoros der Reihe nach mit allen verwalterischen Arbeiten im Haus beauftragt: Säuberung, Kapelle, Küche, Wäsche, etc. Eine der Numerarierinnen, meistens Tere Zumalde, kümmerte sich um die Hühner und Schweine, gelegentlich von einem Mädchen aus dem Dorf unterstützt. Nach dem Mittagessen hatten wir nur eine halbe Stunde lang Kaffeepause, außer an Sonntagen, wenn die Pause auf eine ganze Stunde erweitert war.

Sonntagmorgens wurden die sogenannten ‹Sonntagsarbeiten› ausgeführt: Ausbesserungsarbeiten, Schrankaufräumen oder Aufwischen der Fußabdrücke an Türrahmen und Heizkörpern. Danach, vorausgesetzt, es regnete nicht oder war zu kalt, unternahmen wir gewöhnlich in der Gruppe einen Spaziergang hinüber zum Schloß oder durch die Landschaft, wobei man sich jedoch keine englische Parklandschaft vorstellen darf, sondern Saatfelder.

Offiziell begann der Kurs am 2. Februar 1950. Der Stundenplan war so erstellt, daß wir keine Zeit zum Verschnaufen hatten; ein sehr wesentlicher Punkt bei Gruppenindoktrinierung in einer Sekte: den Mitgliedern wird keine Zeit zum Denken und Überlegen gelassen. Alles mußte so getan werden, wie es die Richtlinien vorgaben. Und praktisch nach der Stoppuhr.

Morgens, wenn die Glocke von der Direktion her ertönte, hatte man unverzüglich aufzustehen, den Boden zu küssen und dabei *Serviam!* (ich werde dir dienen, ich werde dir treu sein) zu sagen. Hintereinander in einer Reihe, gewöhnlich auf Knien, hatte jeder sein Tagewerk darzulegen. Wir erhoben uns also um sechs Uhr morgens in ‹großem Schweigen›, das nicht gebrochen wurde, bis wir aus der Messe kamen. ‹Großes Schweigen› bedeutet, wie in jedem beliebigen religiösen Orden, daß unter keinen Umständen – mit wem auch immer – gesprochen werden darf. Die Absicht, die dahinter steht, ist, daß man diese Zeit der Anwesenheit Gottes und einer innigeren Vereinigung mit ihm widmet, aber da sie uns anwiesen, wir sollten dieses Schweigen mit Stoßgebeten und mit Taten der Liebe und der Sühne ausfüllen, wurde unser Verstand ebenso während des verordneten Schweigens durch die Anweisungen des Opus kontrolliert. Mit anderen Worten, unser Verstand war nicht frei, um nach unserem eigenen Belieben denken zu können. Diese Art des Aufstehens wird in allen Häusern des Opus auf der ganzen Welt praktiziert. Sie gilt ebenso für Männer wie für Frauen.

Die Stunde zwischen sechs und sieben Uhr, also während des großen Schweigens, war die vorgeschriebene Zeit für Duschen, Bettmachen und ‹Persönliches›. Es war eine hektische Stunde, da es im Haus nur drei Bäder gab, von denen eines ausschließlich der Direktion zur Verfügung stand; insofern blieben nur zwei Bäder für mehr als zwanzig Personen. Wir hatten weniger als fünf Minuten, um uns zu duschen oder auf die Toilette zu gehen. Es konnte nur kalt geduscht werden, egal ob man seine Periode hatte. Alles mußte in solcher Geschwindigkeit vor sich gehen, daß man noch gar nicht richtig unter der Dusche stand, als schon die nächste an die Tür des Badezimmers klopfte und verkündete, man habe nur noch eine Minute zur Verfügung.

Die Kaltwasserdusche wurde ungeheuer lange beibehalten. Ungefähr 1965 wurde uns erklärt, wir dürften warmes Wasser benutzen, möglicherweise infolge der zahlreichen Rheumafälle, chronischer Rückenschmerzen und gynäkologischer Probleme, die in vielen Fällen mit einer Operation endeten. Während dieser Stunde hatten wir ebenfalls, wie gesagt, das Bett zu machen und jede Minute mit dem, was man im Opus Dei ‹Persönliches› nannte, auszufüllen: Knopf annähen, Schuheputzen, Kleiderausbürsten und ähnliches. Briefe schreiben durften wir allerdings nicht, weil das als Bruch des großen Schweigens gegolten hätte und als etwas, das uns von der reinen Gegenwart Gottes ‹ablenkte›.

Um sieben begann man mit dem gregorianischen Gesang für das *Frühgebet*. Über viele Jahre hinweg herrschte im Opus Dei die Sitte, daß man in den Studienzentren und in den alljährlichen Kursen vor der Morgenmeditation die Stundengebete als *Frühgebets* rezitierte; und bevor man sich schlafen legte, die *Komplet*. In den ersten Statuten des Werkes wurde das Beten von *Frühgebet und Komplet* erwogen. Diese Sitte verschwand ungefähr 1965.

Anscheinend begab sich jede von uns einzeln zur Leiterin, um ihr zu sagen, daß uns dieser gregorianische Gesang überraschte, da wir doch weltlich seien. Daraufhin erklärte uns die Leiterin des Studienzentrums ganz allgemein, diese Sitte sei sehr geläufig in vielen nichtklösterlichen Instituten, und nannte als Beispiel das ‹Castillo de la Mota›, die einzige politische Partei der Franco-Ära, wo die Falangistenmädchen diese Stundengebete unter der Leitung von Bruder Justo Pérez de Urbel zu beten pflegten. Ich weiß nicht, wieviel Wahrheit in dieser Erklärung stecken mag, aber ich erinnere mich, daß mich diese Sitte erstaunte und ich sie nicht gerade als ‹weltlich› qualifizierte. Mary Tere Echeverría, die

Leiterin des Kurses, erklärte uns auch, der ‹padre› (Monseñor Escrivá) wolle, daß man diese Sitte in den Studienzentren und während der alljährlichen Kurse einhielte.

Diese Frage der Stundengebete löste unter uns Kursteilnehmerinnen eine Art allgemeiner Kritik am Mangel an Weltlichkeit aus. Wir wurden dafür ernstlich gerügt und darauf hingewiesen, eines müsse ein für allemal klargestellt werden: was auch immer vom Padre in schriftlicher oder mündlicher Form angeordnet würde, bedürfe niemals und in keiner Hinsicht eines Kommentars und noch viel weniger einer Kritik unsererseits, zumal so etwas im Opus als ‹Verleumdung› angesehen wurde, da es einen großen Mangel an ‹gutem Willen› und einen ‹Mangel an unidad› vermuten ließe. Und die *unidad* ist dem Opus heilig. Die vom *Padre* gegebenen Anweisungen zu irgendeiner Angelegenheit, das heißt, zu irgendeiner vom *Padre* stammenden Angelegenheit, hatte man als solche ohne zu mucksen hinzunehmen, da ihn Gott sehr klar habe erkennen lassen, wie Er (Gott) sein Werk ausgeführt haben wolle. Aus dem Grunde könnten wir gar nichts an Gottes Plan ändern. Kurz und gut: Kritik war im Opus Dei absolut verboten.

Ich persönlich fühlte mich schlecht nach dem Verweis; befürchtete, mein kritischer Geist könnte dem Erwerben des ‹guten Geistes› feindlich gegenüberstehen, und wurde infolgedessen sehr zurückhaltend. Wir alle verloren langsam unsere Spontaneität, und man konnte offen unsere Furcht erkennen, bloß nichts über das Opus zu sagen, ohne vorher vertraulich die Leiterin zu Rate gezogen zu haben.

Der Mangel an Kritik innerhalb des Opus Dei ist ganz offensichtlich und war, genauer gesagt, der erste Punkt, der uns in dem Bildungskurs klargemacht wurde. Auf diesen Mangel an Kritik gründet sich der Geist der *unidad*, der sich allen Mitgliedern des Opus als eine wesentliche Bedingung einprägt. Den Worten von Monseñor Escrivá zufolge soll der Geist der *unidad* in jedes Mitglied des Opus ‹eingemeißelt› werden, gemäß der Anweisung in den *Cuadernos-3*. Die Lektüre des Kapitels 7 dieser Veröffentlichung ist eindrucksvoll, besonders der Teil mit der Überschrift ‹Die Einheit lieben›. Seltsamerweise werden die Worte des San Ignacio de Antioquía zitiert: ‹Sorge dafür, daß die Einheit gewahrt bleibt, besseres als sie gibt es nicht› *(Epis. ad Policarpum, 1,2)*, um die Einheit, die im Opus Dei bestehen soll, hervorzuheben. Dabei ist es nicht gerade das Opus Dei, auf das sich San Ignacio de Antioquía bezieht.

Wenn die zitierten Worte Monseñor Escrivás beeindrucken, dann deshalb, weil er sich beim Sprechen weder auf die Kirche noch auf das Christentum bezieht, sondern auf das Werk: «Die *unidad* des Opus zu lieben, setzt voraus, daß man sich als Teil dieses Körpers ansieht, dort, wo man es uns anordnet. Es hat uns gleich zu sein, ob wir Hand oder Fuß, Zunge oder Herz sind, denn wir alle befinden uns in allen Teilen dieses Körpers, weil wir ein einziges Ganzes sind, vereinigt durch die Barmherzigkeit Christi. Ich will, daß ihr euch als Mitglieder eines einzigen Körpers fühlt. *Unum corpus multi sumus* (I Cor.X, 17). Alle ein einziges Ganzes, und das soll sich kundtun in der Einheit des Ziels, in der Einheit des Apostolats, in der Einheit des Opfers, in der Einheit der Herzen, in der Barmherzigkeit, mit der wir uns begegnen, im Lächeln angesichts des Kreuzes und am Kreuz. Spüren, Beben, alle einstimmig!» *Cuadernos-3*.

In diesem Kapitel wird auch klar, daß die *unidad* eine der drei vorherrschenden Leidenschaften ist, die ein Mitglied des Opus Dei aufrechtzuerhalten hat.

Vom jetzigen Gesichtspunkt aus sehe ich ganz eindeutig, daß eines der Mittel, durch die das Opus Dei seine Mitglieder zum Fanatismus leitet, genau das ist: unter dem Vorwand der Schulung den Verstand außer Kraft zu setzen – all das, was auch nur im entferntesten einer verschleierten Kritik an der Institution ähnelt.

Ich hoffe, es ist durch das Gesagte klargeworden, daß wir unseren Weg in Richtung Fanatismus unter Pauken- und Trompetenklängen eingeschlagen hatten.

Aber fahren wir mit dem Lebensplan des Schulungskurses fort: Wir hatten eine halbe Stunde Gebet am Morgen und eine halbe Stunde Gebet am Abend.

Am Morgen kam jeweils ein Priester des Opus Dei aus Madrid, meistens Pater Hernández Garnica, und wenn er verhindert war, Pater José López Navarro. Der Priester hielt für uns vor der Messe eine halbstündige stille Andacht ab.

In vielen Kreisen ist die Sitte des Opus Dei bekannt, die Kapelle während der vom Priester abgehaltenen stillen Andacht dunkel zu lassen. Außer dem Licht des Sakramentshäuschens wird noch eine kleine Lampe auf ein Tischchen gestellt, gewöhnlich mit einem roten Filz abgedeckt und an den Altar herangerückt. Der Priester setzt sich hinter sie und spricht von dort. Manchmal löscht er das Lämpchen auf dem

Tisch sogar, um irgendeinem Punkt besonderen Nachdruck zu verleihen. Die Erklärung, die das Opus Dei dafür gibt, daß die Kapelle im Dunkeln bleibt, ist, daß auf diese Weise die Konzentration derer, die der Andacht zuhören, gefördert wird.

Die Art der Andacht variiert je nach der Persönlichkeit des Priesters. Unglücklicherweise war Pater Hernández Garnica ein miserabler Redner, und seine Andachten waren wirklich eintönig. Die von Don José López Navarro dagegen waren äußerst lebendig. Generell gilt, daß die Andachten im Opus Dei in sehr persönlicher Form abgehalten werden. Zum Beispiel sagt man anstelle von ‹für das Geistesleben ist Demut notwendig›, ‹Du hast demütig zu sein, wenn du ein wahres Geistesleben führen willst›. Die große Wirkung der Opus Dei-Priester während der Andacht basiert auf der Anwendung des direkten ‹du›. Andachtsthemen? In Studienzentren ebenso wie in den meisten Häusern des Opus Dei: irgendein Kapitel aus dem *Camino*, das von Monseñor Escrivá geschriebene Buch, bildete die Grundlage zum Hervorheben irgendeines Punktes, der mit unserer Schulung in Zusammenhang stand. Andere Male war es das Evangelium des Tages, aber gewöhnlich wurden Themen in den Andachten behandelt, die sich auf unsere Schulung innerhalb des Opus Dei bezogen oder unseren Bekehrungseifer anstacheln sollten.

Zur Zeit nimmt man in den Häusern des Opus Dei für die Andachten häufig die Texte der *Cuadernos* durch. Es handelt sich dabei um eine Opus Dei-interne Publikation, die aus einer Reihe von Bänden besteht, in denen Monseñor Escrivá Sätze zusammengestellt hat, gemischt mit anonymen Texten, die möglicherweise von irgendeinem Priester des Opus Dei stammen. Diese Bände wurden in Rom, in der Druckerei des Opus Dei gedruckt. Als einführendes Gebet für die Andacht und als abschließendes Gebet verwendet man immer von Monseñor Escrivá verfaßte Texte.

Nach der Andacht wird uns auch, als Teil des täglichen Lebensplans, die heilige Messe gelesen und die Kommunion erteilt. Nach der Messe werden zehn Minuten Danksagung abgehalten.

Das Frühstück fand um acht Uhr fünfundvierzig statt. Für uns im Eßraum des Kellers; dem Priester wurde es auf einem silbernen Tablett bereitet, das die mit Küchendienst beauftragten Numerarierinnen im Eßsaal des Hauses oder im Konferenzsaal servierten, während wir anderen unsere Danksagungen für die Messe beendeten.

Nach dem Frühstück folgten zwei Unterrichtsstunden: eine über den *Catecismo* des Opus Dei. In der zweiten Stunde wechselten die Themen: Moral, Dogmatik, Liturgie und Praxis des Opus Dei. Es war uns untersagt, in den vom Priester abgehaltenen Unterrichtsstunden Notizen zu machen und Fragen zu stellen. Falls irgendetwas unklar bleiben sollte, hätten wir später Gelegenheit, die Leiterin unter vier Augen zu fragen.

Zum ersten Mal in unserem Leben erklärten sie uns mit besonderer Inbrunst die Bedeutung, die der *Catecismo* des Opus hatte. Man sagte uns, daß in diesem Buch die gesamte Lehre des Opus Dei enthalten sei und daß der *Padre* (Monseñor Escrivá) von allen Mitgliedern verlange, sie sollten es auswendig lernen. Man wies uns darauf hin, daß es sich um ein internes Dokument handele und man aufgrund seiner Bedeutung niemals darüber mit Leuten außerhalb des Opus Dei sprechen, noch es irgend jemandem zeigen, ebensowenig wie über seine Existenz ein Wort verlieren dürfe.

Sie erklärten uns auch, daß jede von uns ein Exemplar für den Zeitraum von einer Stunde zum Lesen bekommen würde. Der für die Lektüre angesetzte Zeitpunkt war nach dem Zusammensein.

Wie gesagt, während des Kurses mußten wir täglich den *Catecismo* studieren. Der Priester hatte sich dieses zur Aufgabe gemacht und stellte uns Fragen, die wir bis auf den Buchstaben genau zu beantworten hatten. Es gab keinerlei Entschuldigung dafür, daß man die Antworten auf die Fragen, die uns am Vortage gestellt worden waren, nicht auswendig gelernt hatte.

In dem *Catecismo* waren alle möglichen Fragen, die uns Personen außerhalb des Opus stellen könnten, aufgeführt, ebenso wie die genauen Antworten, die wir zu geben hatten; und zwar jedem, einschließlich der Hierarchie der Kirche in Rom. Darüber hinaus ließ man uns wissen, wir hätten niemals über eine der Fragen oder Antworten, die dieses Buch enthielt, nachzugrübeln. Eine typische Frage und Antwort des *Catecismo* war zum Beispiel:

F: Was soll man einer Person antworten, die fragt, wie viele Berufene es im Opus Dei gibt?

A: Genügend. All die, die Gott will, wir machen uns nicht die Mühe, sie zu zählen, denn an Statistiken sind wir nicht interessiert.

Die Einführung in den von Monseñor Escrivá geschriebenen *Catecismo* mußte man ebenfalls auswendig lernen:

In diesem kleinen Buch
steht das Warum geschrieben,
deines Lebens als Gottes Kind.
Lies es voller Liebe,
verspüre Verlangen, es zu kennen,
lerne es aus dem Gedächtnis,
damit immer in deinem Kopfe,
in deinem Herzen
und auf deinem Wege
helles Licht dich leite.
Dann zum Beten,
für die Arbeit
und um froh zu sein.
Mit der Freude dessen,
den man auserwählt weiß
von seinem Vater im Himmel,
um das Opus Dei (Werk Gottes) auf Erden zu vollbringen,
da du selbst Opus Dei (Werk Gottes) bist.

Beim Auswendiglernen des *Catecismo* erfuhren wir viele Dinge, die wir nicht wußten, unter anderem über die verschiedenen Klassen der Mitglieder, die es im Opus Dei gibt: die Numerarierinnen mit völligem Gehorsam, völliger Armut und völliger Keuschheit; die *inscritas*, die sich unter dem Oberbefehl der Leitung dem Opus widmen. Und aus den *inscritas* kann der Padre die sogenannten *electoras* ernennen, die nur passives Stimmrecht bei den Wahlen zum Generalpräsidenten besitzen und deren Pflicht lebenslänglich andauert. Das heißt, wenn der Generalpräsident oder Prälat durch beratendes Stimmrecht des *Consejo General* (Zentralverwaltung der Männer des Opus Dei) gewählt ist, müssen diese in der Endwahl die Meinung der Frauenabteilung berücksichtigen.

Dann gibt es noch die *numerarias sirvientas*. Der *Catecismo* besagt wörtlich: ‹Es gibt noch andere Numerarierinnen, die für manuelle Arbeit und Dienste in den Häusern des Opus zuständig sind: sie werden *sirvientas* genannt. Jedoch 1965 änderte Monseñor Escrivá den Gattungsnamen *sirvientas* zu *numerarias auxiliares*. Im täglichen Sprachgebrauch innerhalb des Opus hießen sie einfach *auxiliares*. Sie waren von Anfang an damit beauftragt, ausschließlich in den Häusern des Opus als Dienstmädchen zu arbeiten. Eine Gruppe von ihnen verbringt noch neben der Arbeit als Dienstmädchen, bei der sie nie fehlen darf, einen Teil ihrer Zeit auf den Landgütern des Opus Dei, in der Druckerei der Zentrale in Rom oder mit irgend einer anderen manuellen Tätigkeit.

Eine andere Klasse der Mitglieder sind die *agregadas*, die in jenem ersten *Catecismo oblatas* genannt werden. Im Jahre 1950 gab es noch keine einzige, sie kamen erst später dazu. Diese weiblichen Mitglieder haben die gleichen Pflichten wie die Numerarierinnen zu erfüllen und das gleiche Gelübde auf Armut, Keuschheit und Gehorsam abgelegt.

Der Unterschied zu den Numerarierinnen besteht darin, daß sie jeglicher sozialen Schicht entstammen können, nicht nur der Elite, wie die Numerarierinnen. Die *agregadas* dürfen niemals in den Häusern des Opus wohnen. Es wird ihnen nur für kurze Zeitabschnitte gestattet, wie etwa während ihrer Schulungen in aller Zurückgezogenheit, den jährlichen Kursen, etc.

Eine andere Klasse der weiblichen Mitglieder sind die *supernumerarias*. Als ich mich im Studienzentrum aufhielt, hatte ich nur sehr nebulöse Vorstellungen von dieser Art Mitglieder. Und bei mehr als einer Gelegenheit entgegneten uns die Oberinnen ganz informell, wenn die Zeit käme, würden sie uns schon informieren. Die *supernumerarias* können sowohl verheiratet als auch ledig sein und haben eine teilweise Verpflichtung gegenüber dem Opus Dei, ihrem Status und sozialen Stand entsprechend, wie ihre Gelübde zu erkennen geben. Für eine verheiratete *supernumeraria* besteht das Gelübde der Keuschheit darin, so viele Kinder zu gebären, wie Gott will, und sie darf nur mit Sondererlaubnis ihres Beichtvaters die von Knaus/Ogino bekannte Geburtenkontrolle ausüben. Ihr Gehorsam gegenüber dem Opus Dei steht im Zusammenhang mit ihrem Geistesleben; was die Armut betrifft, so haben die *supernumerarias* eine bestimmte Summe als Almosen durch das Opus Dei zu schleusen: sie liefern dem Opus Dei durch die Person, die das ‹brüderliche Gespräch› entgegennimmt, eine sogenannte ‹Einlage›; das ist einerseits ein festgesetztes Almosen, das sie gewöhnlich zuvor der Gemeinde oder einer anderen caritativen Gruppe gespendet hatten, die sie, sobald sie das Opus Dei um Aufnahme als *supernumerarias* ersucht haben, nicht weiter finanziell unterstützen, und ist andererseits ihrer Großzügigkeit überlassen. Tatsache ist, daß die *supernumerarias* immer das wirtschaftliche Fundament des Opus Dei waren und weiterhin sind. Ich erinnere mich genau, wie Monseñor Escrivá einmal sagte: «... sie sind das Skelett des Opus Dei und ohne es, meine Töchter, würde das Werk im Wert tief sinken».

Die *cooperadoras* sind eine Sondergruppe von Frauen, die, ohne Mitglieder des Opus Dei zu sein, ohne die geringste geistige Verpflichtung, dennoch mit ihren Gebeten, Geldspenden und, so sie können, durch ihre berufliche oder soziale Tätigkeit den Zwecken der Personalprälatur dienlich sind. Sie empfangen Segnungen von der Kirche in Rom, und dieser Gruppe dürfen sowohl Katholiken als auch Nichtkatholiken oder ‹von der Kirche abgerückte Katholiken› angehören, wie es zum Beispiel bei einer geschiedenen Person der Fall ist. Genau auf diesen Punkt beruft sich das Opus Dei heute, wenn es behauptet, Monseñor Escrivá und das Opus besäßen den ökumenischen Geist aus der Zeit vor dem II. Vatikanischen Konzil. Nichts ist weiter von der Wirklichkeit entfernt. Das Motiv war im wesentlichen finanziell begründet. Jenen Leuten wurde durch persönlichen und individuellen Umgang die Möglichkeit geboten, soziale Hilfe zu leisten, indem sie mit Unternehmen des Opus Dei zusammenarbeiteten, sei es in den Schulungszentren für Dienstmädchen, bei der Arbeit von Landarbeiterinnen oder sogar in der Schaffung von Stipendien für Universitätsstudenten, die finanzielle Unterstützung benötigten. Dafür wurde ihnen im Gegenzug eine Reihe geistiger Güter dargeboten, mochten sie daran glaubten oder nicht.

In Ländern, in denen die Mehrheit nicht katholisch ist, war es die Formel, um finanzielle Unterstützung für das Opus Dei zu erhalten. Dies war das wirkliche Motiv, das zudem auf den Worten der Heiligen Schrift basiert, wonach ‹das Almosen die Mehrzahl der Sünden deckt›. Durch die *cooperadoras* empfängt das Opus Dei für sich selbst finanzielle Unterstützung und von der Kirche und den katholischen Gläubigen das Prestige, sich um die Nichtgläubigen und Nichtpraktizierenden zu kümmern.

Aber ich will noch einmal auf den *Catecismo* zurückkommen, auf dieses Buch, das sich dadurch, daß es sich zu den Dokumenten *ad usum nostrorum* (für unseren Gebrauch) zählt, nicht in den offiziellen Archiven der katholischen Kirche und noch viel weniger in irgend einer apostolischen, ob allgemeinen oder spezialisierten, Bibliothek finden läßt. Die Anzahl der Exemplare im Opus Dei ist genau abgezählt.

Als ich Jahre später Zugang zu den Statuten des Opus Dei hatte, wurde mir klar, daß der Text des *Catecismo* aus einer Auswahl grundlegender Punkte der Statuten bestand, die ins Spanische übersetzt waren, obwohl man uns immer gesagt hatte, daß die in Latein geschriebenen Statuten niemals in irgendeine Sprache übersetzt werden würden.

Aus Sicherheitsgründen werden alle Exemplare des *Catecismo* ausschließlich in den Archiven der regionalen Oberin aufbewahrt, aus denen sie nur zum Studium herausgenommen werden. Diese Exemplare werden mit beinahe manischem Eifer überwacht: die Leiterin irgend eines Schulungskurses darf nicht schlafen gehen, ohne vorher die Exemplare des *Catecismo* gezählt zu haben, wenn das Buch an dem Tag benutzt worden war. Muß ich noch erwähnen, daß das gesamte Haus erst dann zu Bett gehen durfte, wenn alle Exemplare wieder im Bücherregal standen.

Was Monseñor Escrivá nicht verhindern konnte, und das entbehrt nicht der Ironie, ist, daß wir auf seinen Nachdruck hin, den *Catecismo* auswendig zu lernen, dieses so innig taten, daß wir ihn bis zum heutigen Tage Wort für Wort aufsagen können; natürlich auch diejenigen, die – wie ich – nicht mehr zum Opus Dei zählen.

Die Ausgabe, die ich studiert hatte, wurde mehrere Jahre lang aus dem Verkehr gezogen, ungefähr von 1964 bis 1975. Und genau nach Monseñor Escrivás Tod nutzte man die Reisen der ranghöchsten Oberinnen aus Rom in die verschiedenen Regionen, um die neue, 1975 erschienene Ausgabe des *Catecismo*, die sicherlich noch von Monseñor Escrivá zu seinen Lebzeiten revidiert worden war, auszuteilen. Wahrscheinlich wird die 1975er Ausgabe, anläßlich der Umwandlung des Opus Dei in eine Personalprälatur, als veraltet erklärt werden und einer neuen, korrigierten Ausgabe weichen.

Wenn wir im Studienzentrum den Unterricht beendet hatten, kehrte jede von uns zu der jeweiligen Arbeit zurück, die uns die Leiterin zugewiesen hatte. Mary Tere Echeverría, die Leiterin, leitete das Studienzentrum nicht allein, ihr hilfreich zur Seite standen: ihr von ihr selbst ausgebildete örtliche Beraterin Nisa González Guzmán, die Vize-Leiterin, und Lourdes Toranzo als Sekretärin. Mary Tere Echeverría war in meinem Alter, stammte aus einer sehr wohlhabenden Familie in San Sebastián, die aber gesellschaftlich nicht zur Elite der Stadt gehörte. Einer ihrer Brüder, Ignacio Echeverría, war Priester im Opus Dei und gehörte zu denen, die die Stiftung in Argentinien eröffneten. Durch ihn hatte sie das Werk kennengelernt. Mary Tere besaß einen gütigen, liebenswürdigen Charakter. Ihre Vorstellung vom Leben war sehr begrenzt: weder hatte sie studiert, noch ein Leben wie die meisten anderen jungen Mädchen Spaniens geführt. Mit fünfzehn Jahren war sie dem Opus Dei beigetreten und immer mit interner Arbeit beschäftigt gewesen, hauptsächlich in ‹Los Rosales›. Einigen von uns gegenüber fühlte sie sich sehr unsicher, besonders gegenüber denen, die aus einem Haus kamen, in dem man auf Gewandtheit geachtet hatte, und die einer Arbeit nachgegangen waren. Sie war die typische Numerarierin, die das Opus allen anderen Dingen in ihrem Leben voranstellte. Bei mehr als einer Gelegenheit sagte sie zu mir: ‹Ihr könnt euch nicht vorstellen, wie stark ihr in der Gruppe seid.› Und das war die Wahrheit: Mouriz, Anina und Loli hatten einen ebenso starken Charakter wie ich, zudem gab es verschiedene andere, wie Mary Rivero aus Bilbao, die durch ihre Lebensumstände entschlossene Frauen waren und ihre Worte nicht auf die Goldwaage legten.

Nisa González Guzmán, die Vize-Leiterin, stammte aus León. Sie besaß viel Persönlichkeit und bewegte sich sicher in allen Kreisen. Sie war sehr intelligent, manchmal strikt, aber nie kalt. Sie wußte, wie man lehrte und ihr war von Geburt an Autorität mitgegeben. Sie war nicht fanatisch, und das war vielleicht der Grund dafür, daß Monseñor Escrivá sie nie an seiner Seite wollte, ihr aber schwierige Aufgaben übertrug, die sie stets meisterte, wie die, eine Frauenabteilung in Chicago, USA, zu eröffnen.

Lourdes Toranzo, die Sekretärin, kannte ich gut von ‹Zurbarán› her. Wir waren praktisch zur gleichen Zeit dem Opus Dei beigetreten, aber sie wohnte im Opus, bevor ich einzog, und absolvierte den Schulungskurs, der meinem vorausging. Lourdes hatte ihr Philosophiestudium ein Jahr zuvor abgeschlossen. Sie war sympathisch, intelligent, aber ich traute ihr nie; sie neigte dazu, zwei völlig verschiedene Gesichter zu zeigen. Sie war stets nett zu uns, berichtete aber alles, was gesagt wurde, den Oberinnen. Sie gehörte zu denen, die einen Stein werfen und sofort die Hand verstecken. Jahre später trafen wir uns zufällig in Rom wieder, da man sie, genau wie mich, zur Oberin der ersten Zentralverwaltung der Frauen ernannt hatte. Und seltsamerweise trafen wir uns noch einmal in Rom, während meiner letzten Zeit im Opus Dei, wo ich feststellen konnte, daß sie ein Mensch mit zwei Gesichtern war, wie man später, in meinen genaueren Ausführungen aus dieser Zeit, sehen wird.

Der geistige Lebensplan, den jeder Numerarier des Opus Dei zu erfüllen hat, wo auch immer es sei, wurde im Studienzentrum mit besonderem Nachdruck gelebt.

Um zwölf Uhr mittags betet man den Angelus oder das Regina Coeli getreu der liturgischen Zeitrechnung. Jede Andacht in der Frauenabteilung endet mit dem Stoßgebet ‹Sancta Maria, Spes nostra, Ancilla Domini› (Heilige Maria, unsere Hoffnung, Magd des Herrn), das von der Leiterin, oder von der, die sie ersetzt, vorgesprochen wurde, und auf das wir mit ‹Ora pro nobis› (Bitte für uns) antworteten. Es ist bemerkenswert, daß sogar die von Monseñor Escrivá festgelegten Stoßgebete eine klare Färbung von *machismo* aufwiesen: die Frauen hatten die Jungfrau als ‹Magd› anzurufen, die Männer als ‹Weisheit›.

Ebenfalls auf dem Lebensplan steht die Lektüre des Evangeliums und irgendeines geistlichen Buches. Nicht weniger als sechs Minuten für die Lektüre des Evangeliums und nicht weniger als fünfzehn Minuten für die geistliche Lektüre. Die Lektüre wird individuell vorgenommen, in Abstimmung mit dem persönlichen Stundenplan eines jeden einzelnen. Die zu lesenden Bücher empfahl uns die Leiterin, der man auch einen Titel während des ‹brüderlichen Gesprächs› vorschlagen konnte. Geistliche Bücher unterlagen einer strengen Zensur. Ausgesprochen kontemplative Bücher oder Autoren durften nicht gelesen werden. Das heißt, von der heiligen Therese wurde z. B. nur die Lektüre der ‹Grundsätze› empfohlen, und die Schriften des heiligen Johannes vom Kreuz waren nicht angeraten. Aber das war nicht alles: Über viele Jahre hinweg durften wir nicht das Alte Testament, sondern nur das Neue Testament lesen. Was die Bücher innerhalb des Studienplans angeht, gibt es, wie ich später genauer ausführen werde, eine strengere interne Zensur als bei den Empfehlungen der Kirche in Rom.

Die *Preces* (Kirchengesänge) des Opus Dei gelten ebenfalls als seine offiziellen Gebete. Man beginnt damit, daß man den Boden küßt und das *Serviam* ausruft, um den Dienst an Christus anzuzeigen und den Dämon zu vertreiben. Die *Preces* setzen sich aus einer Reihe von Bitten in Form von Gesangbuchversen zusammen, von denen sich einer an die heilige Dreieinigkeit wendet und die für den Papst, den Bischof und den *Padre*, für die Mitglieder des Werkes, die Lebenden und die Verstorbenen gebetet werden. Das Gebet dauert nicht länger als sechs Minuten.

Es gibt auch zwei Momente am Tag, in denen eine Gewissensprüfung vorgenommen wird: der eine ist im allgemeinen vor dem Mittagessen, in Fortsetzung der *Preces*-Gebete. Der Zeitpunkt ist von Haus zu Haus verschieden, obwohl die Anordnung besteht, daß diese Prüfung vor dem Mittagessen stattzufinden habe. Die andere Gewissensprüfung findet am Abend vor dem Schlafengehen in der Kapelle statt, als eine Art Schlußakt.

Nach dem Mittagessen ist es in allen Häusern des Opus Dei Sitte, das Allerheiligste aufzusuchen.

Danach erfolgt das Beisammensein, an dem alle Mitglieder des Hauses teilzunehmen haben; gibt es eine Kranke im Haus, schickt die Leiterin zwei andere zu ihr, die diese Zeit mit der Kranken verbringen. Ist das Haus klein, versammeln sich alle Mitglieder während dieser Zeit bei der Kranken.

Gewöhnlich dauert es eine halbe Stunde, während der Gespräche geführt werden, vielfach in erschöpfender Weise über den Padre. Oder man spricht über allgemeine Dinge im Opus Dei; beispielsweise erzählt eine von uns, die gerade in Rom gewesen war, von dem dortigen Haus, rühmt stets mit großem Enthusiasmus die erste Zeit dort. Oder man erzählt sich Geschichten über ‹tía Carmen›, die Schwester von Monseñor Escrivá, falls eine sie kennengelernt haben sollte. Heute ‹überwacht› man in den Häusern des Opus sehr den ‹guten Geist› während dieser Zusammenkünfte.

In ‹Los Rosales› waren die Zusammenkünfte mit so vielen Frauen schwierig zu gestalten, wenigstens mir waren sie unerträglich. Die Oberinnen nutzten diese Gelegenheit, um mit uns regionale Volkstänze zu üben, wie die *sardana* oder die *muneira*, und um sie denen, die sie noch nicht kannten, beizubringen. Ich konnte nie etwas der Folklore abgewinnen und bin sicherlich nicht objektiv, wenn ich sage, daß jene Zusammenkünfte entsetzlich langweilig waren. Was wir absolut nicht aufrecht erhalten konnten, waren Gespräche in kleinen Gruppen; die Gespräche hatten allgemein zu sein. Bei anderen Gelegenheiten, besonders an den Sonntagen, wenn Rosario de Orbegozo ins Studienzentrum zu kommen pflegte, wurden Volkslieder aus der Region gesungen und die Lieder des Opus gelernt. Tatsächlich wurde uns mehr als einmal angeraten, wir sollten den Text dieser Lieder für unsere persönlichen Gebete übernehmen, da in allen von Bekehrung und Hingabe die Rede ist. Die Zusammenkünfte sind wesentlich angenehmer, wenn in den Häusern nur drei oder vier Numerarierinnen wohnen; zumindest sind sie dann persönlicher. Ich erinnere mich noch genau, wie María Sofía Pacheco, die erste portugiesische Numerarierin, und ich in ‹Los Rosales› ein paar Tage lang Zeitung lasen. Ich wurde brüderlich getadelt – und ich denke sie auch – und darauf hingewiesen, daß das Beisammensein dazu da sei, ‹das Leben unserer Schwestern fröhlicher zu gestalten und nicht, um uns nach eigenem Belieben abzukapseln›.

An den Sonntagnachmittagen spielte manchmal eine von uns Klavier, während wir anderen meistens Briefe an Freunde und Verwandte schrieben, wie es an den Sonntagen erlaubt war. Das war unsere ganze Verbindung zur Außenwelt, abgesehen davon, daß die Señora De Mouriz ihre Töchter besuchen kam. Nachdem wir sie begrüßt hatten, verzogen wir anderen uns natürlich in einen anderen Teil des Hauses.

An einem Sonntagnachmittag im Frühling war ich sehr aufgeregt, denn mein jüngster Bruder wollte mich besuchen. Er hatte mit seinen zwölf Jahren die Zugehfrau meiner Familie dazu überredet, ihn zu begleiten, damit er mich besuchen konnte. Ich war mit ihm im Garten und kann mich erinnern, daß Rosario de Orbegozo angesichts des Buben ganz gerührt wurde und mir sagte, ich solle ihm eine Limonade zubereiten. Er war der einzige Besucher meiner Familie in sechs Monaten.

Das Wochenende wurde ferner genutzt, um zu beten, bis 1966 hatten Mitglieder des Opus die Pflicht, die drei Teile des Rosenkranzes zu beten, eines in vertrauter Gemeinschaft, die anderen beiden jeweils für sich: während wir arbeiteten, irgendwohin fuhren oder etwa beim Arzt warten mußten. Obwohl auch heute noch das Gebet der drei Teile des Rosenkranzes empfohlen wird, ist nur noch eines Pflicht.

Samstagnachmittags wird das Allerheiligste ausgesetzt, und man singt das gregorianische Salve in der Kapelle.

An den Samstagen wird in den Häusern des Werkes als Kasteiung allgemein nicht zu Mittag gegessen. Und am gleichen Tag werden ebenfalls nach der allgemeinen Regel die Geißeln benutzt: dreiunddreißig Schläge auf das Gesäß. Mit Erlaubnis der Leiterin dürfen die Geißeln auch an anderen Tagen benutzt werden, im allgemeinen an Dienstagen. Jede nimmt in ihrem Zimmer die Kasteiung vor, was allerdings in ‹Los Rosales› ein Problem darstellte, da die Schlafräume kollektiv genutzt wurden; das heißt, man mußte sich gewöhnlich im Bad auf der Etage, auf der die Schlafräume lagen, einschließen, denn wenn man das Bad im Keller benutzte, konnten alle, die im Arbeitszimmer neben der Küche nähten, das ‹Konzert› hören.

Den Bußgürtel mußten wir täglich mindestens zwei Stunden tragen, außer an Sonn- und Feiertagen. Bei dieser Kasteiung war es notwendig, ihn so eng wie möglich um den Schenkel zu schnallen, ohne daß man ihn beim Gehen sehen durfte, andernfalls derjenigen der brüderliche Tadel erteilt werden mußte. Außerdem wurde der Bußgürtel, abgesehen von den täglichen zwei Stunden, von derjenigen getragen, die Unterricht erteilte oder den Studienkreis leitete. Ich stieß nie auf Schwierigkeiten, wenn ich meine Leiterin um Erlaubnis bat, den Bußgürtel ein paar Stunden länger tragen zu dürfen, um die Buße dem Padre, seiner Gesinnung oder dem Bekehrungswerk darzubringen.

Als man mir zum ersten Mal in ‹Zurbarán› von der Anwendung des Bußgürtels erzählte, empfand ich eine krankhafte Neugier, zu wissen, ‹was das wohl sei›. Ganz eindeutig bewirkt er körperlichen Schmerz, und manchmal, besonders zu Anfang, will man ihn sofort wieder abnehmen und sieht ungeduldig alle paar Minuten auf die Uhr. Nach einiger Zeit hatte man darauf zu achten, daß man das Bein wechselte, denn die Stacheln riefen kleine Verletzungen hervor. Es war ein trauriges Schauspiel, wenn man uns im Badeanzug sah: die Verletzungen durch den Bußgürtel waren deutlich sichtbar. Zur Benutzung der Geißeln wurde uns gesagt, wir sollten sie nicht wie ein Federbüschel über uns streichen, sondern mit Kraft und Energie zuschlagen.

Diese Art der körperlichen Züchtigung wird ebenfalls im Karmeliterorden, sowie in einigen wenigen religiösen Gemeinschaften angewandt. Sie ist so wenig verbreitet, daß wir uns bei mehreren Gelegenheiten und in mehreren Ländern, wenn wir in irgend einem Kloster Bußgürtel und Geißel für die neuen Berufenen kaufen wollten, vor das Problem gestellt sahen, daß diese Art ‹Waren› dort unbekannt war. Nur die bettelarmen Karmeliterinnen stellten sie her, benutzten und verkauften sie.

Selbstverständlich wirft man beim Verlassen des Opus Dei als erstes diese Folterinstrumente in den Mülleimer. Das Leben bringt genügend Züchtigungen mit sich, so daß man sich ernstlich überlegen sollte, ob eine solche für das geistige Leben wirklich nötig ist.

Wenn mir dieser Gedanke durch den Kopf ging, habe ich mich viele Male nach dem Austritt aus dem Opus Dei gefragt, ob diese vortreffliche körperliche Züchtigung, mit dem Ziel das Fleisch zu unterdrücken nicht in eine krankhafte Sinnlichkeit übergehen könnte.

Abends nach dem Beten der *Komplets* und vor der Gewissensprüfung wurde ein Tageskommentar zum Evangelium vorgelesen, einige wenige Zeilen, die abwechselnd jede einmal zu schreiben hatte und die selbstverständlich von der Leiterin revidiert worden waren.

Gleich darauf beteten wir alle auf Knien und mit vor der Brust ge-
kreuzten Armen drei Ave-Marias, um von der Jungfrau Unbefhecktheit
zu erflehen. Aus diesem Grund wurde das Bett auch mit einigen Tropfen Weihwasser besprengt; jede von uns hatte einen damit gefüllten Fla-
kon auf dem Nachttisch stehen. Manchmal passierten beim Gebrauch
des Weihwassers auch komische Dinge. Ich kann mich erinnern, wie
eine Numerarierin ihr Bett beinahe überschwemmte, bis uns die Leiterin eines Tages sagte, daß der Gebrauch des Weihwassers natürlich eine
Frage von ‹Qualität und nicht Quantität› sei.

Täglich muß jede für sich genommen der Jungfrau ein *Acordaos* für
die Person im Opus, die es am nötigsten hat, darbringen. Diese Art von
Gebet hatte mir schon immer, noch bevor ich dem Opus beigetreten
war, am besten gefallen. Genau genommen, war es mein Vater, der mir,
als ich ungefähr vier Jahre alt war, während der sommerlichen Siesta
spielerisch diese Form zu beten beigebracht hatte. Das Spiel bestand
darin, daß ich wiederholte, was mein Vater mir sagte, wenn er aber zu
dem Satz kam ‹... unter der Last meiner Sünden...›, platzte ich vor
Lachen, denn in meinem Kopf verstand ich den Satz so ‹... unter der
Waage meiner Fische...› In dem Alter hatte das Wort ‹Gewicht› nur die
Bedeutung von ‹Waage›, die ich jeden Tag sah, wenn ich mit meiner
Mutter einkaufen ging.

Der Lebensplan enthielt auch wöchentliche Regeln wie die Beichte,
das brüderliche Gespräch mit der Leiterin, den Studienzirkel und an
den Dienstagen das Beten des Psalms Nr. 2.

Nach den Unterrichtsstunden nahmen wir wieder die Arbeit auf, die
uns für die Woche über zugewiesen war. Ich möchte am Rande bemerken, daß es in ‹Los Rosales› keinerlei Maschinen gab. Die ganze Arbeit
wurde manuell verrichtet. Der einzige Behelf, den wir besaßen, um den
Fußboden zum Glänzen zu bringen, war ein Schrubber mit Stiel, der
selbstverständlich durch Muskelkraft in Bewegung gesetzt werden
mußte. Und da für das gesamte Haus nur ein Schrubber zur Verfügung
stand, polierten wir den größten Teil der Fußböden mit Scheuerlappen
unter unseren Füßen.

In ‹Los Rosales› gab es nur zwei Zugehfrauen und sie gehörten nicht
dem Opus an: eine war damit beauftragt, die Wäsche mit der Hand zu
waschen, die andere bediente uns bei Tisch und scheuerte Töpfe und
Eßgeschirr. Alle übrige Arbeit verrichteten wir selbst.

Ich durchlief alle Arten von Arbeit. Am schwersten tat ich mich in der

Bügelstube, da es mir nicht gelang, das Kohleöfchen dauernd in Betrieb zu halten. Immer wieder verlosch es, ohne daß ich mir erklären konnte, warum. Selbstverständlich bügelten wir mit Eisen, die heute nur noch in Antiquitätengeschäften zu finden sind. Die Bügelstube war in einem kleinen Häuschen am Ende des Gartens untergebracht. Man mußte die Wäschebeutel, die alle Mitglieder zuvor mit einem Zettel versehen hatten, auf dem Name und Inhalt angegeben waren, einsammeln.

In der Waschküche wurde dann jeder Beutel geöffnet, auf die Wäschestücke hin überprüft und falls eines davon nicht bezeichnet war, mit den Initialen der Besitzerin versehen. Nachdem diese Durchsicht erledigt war, eine ziemliche ekelhafte Tätigkeit, da man Stück für Stück jedes schmutzige Wäschestück des gesamten Hauses durchging, wurden die Teile zusammengetragen, damit das Dienstmädchen sie waschen konnte. Durch diese Arbeit lernte ich Erziehung und Takt einer jeden im Haus kennen.

Die Arbeit in der Kapelle war die am wenigsten anstrengende. Im Grunde genommen brauchte man nur dafür zu sorgen, daß sie sauber war, abends den Kirchenschmuck für den nächsten Tag vorzubereiten und die Altardeckchen und weißen Linnen zu waschen und zu bügeln. Zudem hatte man die Hostien für die ganze Woche herauszulegen.

Die mit Küchendienst beauftragte Numerarierin mußte jeden Tag das Essen kochen. Der erste Arbeitsschritt war der, den Kohleherd anzuzünden, während wir alle von Hause aus an Gas gewöhnt waren; kein leichtes Unterfangen: man mußte mit Span und Kohle anfangen und die Glut bis zum Abend schüren. Während vieler Unterrichtsstunden half die Leiterin in der Küche, damit das Feuer nicht verlosch oder das Essen anbrannte.

Insofern genoß diejenige, die mit dem Küchendienst beauftragt war, unsere große Hochachtung, und niemals gab es die geringste Kritik am Essen.

Samstagnachmittags wird aus Gründen der Kasteiung in keinem Haus des Opus Dei eine Nachmittagsstärkung eingenommen. Als ich mit dem Tischdienst an die Reihe kam, freute ich mich über diese Sitte, da sie sehr arbeitssparend schien, aber ich hatte mich zu früh gefreut, denn in der Zeit, die ich frei von Arbeit glaubte, wurde der Nachtisch für das Mittagessen am Sonntag zubereitet.

Zur Hausarbeit tragen die Numerarierinnen über dem Kleid einen weißen, auf dem Rücken zugeschnürten Kittel, der immer makellos zu sein hat. Das zu lernen, kostete mich ganz schöne Anstrengung. Gewöhnlich wechselten wir bei normalen Hausarbeiten zweimal die Woche den Kittel, bei Küchen- und Tischdienst täglich. Flecken auf dem Kittel bedeuteten brüderlichen Tadel. Der Kittel wurde nur während der Arbeitszeit getragen, nie in der Kapelle, auch nicht während des Unterrichts und schon gar nicht, wenn Besuch erwartet wurde.

Diejenigen, die keine spezielle Arbeit im Haus zu verrichten und all die, die gerade nichts anderes zu tun hatten, verbrachten die Zeit damit, Meßgewänder und Zierat herzustellen, die dann an die anderen Häuser des Opus Dei oder an eine Familie, deren Sohn bald die Priesterweihe erhalten sollte, verkauft wurden. Mit diesen Einkünften hielt sich ‹Los Rosales› über Wasser, zumal die meisten von uns Numerarierinnen, die wir an diesem Kurs teilnahmen, nicht das für die zwei Jahre festgesetzte Kostgeld mitbrachten. Die Familien der meisten von uns waren mit unserer Berufung überhaupt nicht einverstanden und gaben keinen Peseten für die Schulung. Auf sehr subtile Weise gaben uns die Leiterinnen somit zu verstehen, welche Güte das Opus Dei besitzt, daß es uns unter solchen Umständen aufnimmt.

Im allgemeinen wird das Kostgeld von den Eltern gestellt oder stammt aus den Einkünften, die die Numerarierin durch ihren Beruf hat. Es ist keine Mitgift wie sie in die Ehe oder einen religiösen Status eingebracht wird. Der Betrag entspricht dem, den jeder, der in der Residenz wohnt, zu zahlen hat. In meinem Fall bestand der Widerspruch darin – und das gleiche geschah mit anderen, die ihre Arbeit aufzugeben hatten, um den Kursus zu absolvieren –, daß die Oberinnen uns sagten, wir hätten unsere Arbeit völlig aufzugeben und an dem Studienjahr teilzunehmen.

Dagegen sagt die Lehre des Opus Dei, dort, wo von den asketischen, formativen und apostolischen Ansprüchen an die Mitglieder die Rede ist, es sei ‹für die Laien unverzichtbare Bedingung, einem normalen, bürgerlichen Beruf nachzugehen, um der eigenen Berufung zu entsprechen…› Aber das ist nicht immer der Fall. Es ist eine nicht immer anwendbare Regel, da die Mitglieder der beiden Abteilungen, die die römischen Prälaturenschulen besuchen, oder die anderen, die sich den internen Arbeiten innerhalb des Opus Dei widmen – ob in der Verwaltung oder in der Ausbildung – ihren Beruf aufgeben. Das äußerste, was sie in einigen Fällen erreichen können, ist, etwas zu schreiben und in den Zeitschriften, die von Mitgliedern des Opus Dei geleitet werden (‹körperschaftliche› oder ‹gemeinschaftliche Werke), zu veröffentlichen.

Im Studienzentrum lebten wir sechs Monate lang in völliger Isolation von der Außenwelt. Und das ist kurioserweise ein Merkmal für Sekten. Wie alle anderen stand ich nur durch Briefwechsel mit meiner Familie in Verbindung, mit Ausnahme der Mouriz-Schwestern, deren Mutter und Schwestern fast jeden Sonntag zu Besuch kamen. Später erfuhr ich, daß die Besuche ihrer Schwestern in Verbindung mit dem Bekehrungseifer standen, der zu der Zeit auf zwei der Schwestern angewandt wurde: Angelita, eine Ärztin, und Carmen, die gerade ihr Haute-Couture-Atelier einrichtete. Angelita verbrachte viele Jahre an der Universität von Navarra, und Carmen wurde, nach einem Aufenthalt in Rom, regionale Leiterin für Deutschland. Es war uns auch nicht erlaubt, Telefonate zu führen oder zu empfangen. Die Briefe, die wir schrieben, hatten wir geöffnet vorzulegen, damit die Leiterin sie zensieren konnte, und die Briefe an uns wurden ebenfalls geöffnet und von der Leiterin gelesen. Dies wird auch heute noch in allen Häusern des Opus Dei so betrieben. Nur den älteren Mitgliedern oder denen, die ihre ‹Treue› bewiesen haben, werden die Briefe ungeöffnet übergeben, mit der Empfehlung, ‹wenn etwas Wichtiges darin stünde›, sollten sie es ‹die Leiterin wissen lassen›. Die Post der Priester und besonders derjenigen, die sie aus irgendeinem Grund ‹im Visier› haben, wird ebenfalls durchgesehen. Es gibt sogar Fälle, in denen jemandem gesagt wird, er habe einen Brief erhalten, sie würden ihn ihm aber nicht aushändigen, da er ‹für seine Seele nicht vorteilhaft› sei. Oder sie sagen ganz einfach kein Wort und händigen ihn nicht aus. Dies ist eines der Eingriffe in das Gewissen, das die Mitglieder des Opus Dei erleiden und für ihre bessere Ausbildung in Kauf nehmen. Und natürlich stützt sich das Ganze auf den Erwerb des ‹guten Geistes des Opus Dei›.

Mein Vater pflegte mir von Zeit zu Zeit zu schreiben, aber nur im Telegrammstil. Ich schrieb ihm, so oft man mich ließ: zweimal im Monat. Zur Fastenzeit wurde uns gesagt, wir sollten der Familie nicht schreiben, lediglich in Ausnahmefällen. Die gleiche Empfehlung wird während der Adventszeit ausgesprochen. Briefe, die wir während dieser beiden Jahreszeiten erhielten, wurden uns aber dennoch meistens ausgehändigt.

Die Lebensart, die in ‹Los Rosales› herrschte, war ein für die Indoktrinierung vollkommener Ausbildungseintopf, der uns nach und nach in echte Opus Dei-Fanatikerinnen verwandelte: 1. völlige Trennung von unserer gewohnten Umgebung; 2. Leben in der Gruppe; 3. keine Minute zur freien Verfügung; 4. Aufstellung eines Stundenplans, der unsere Tage und Nächte mit exzessiver Arbeit, Andachten und Geißelung ausfüllt; 5. Opus Dei und der Padre als einziges Thema und Zweck unseres Lebens; 6. Bestimmung von allen Seiten, unsere Familie sei das Opus, unsere Schwestern seien die Mitglieder des Opus, und daß selbstverständlich der Padre mehr zu lieben sei als unsere Eltern; 7. Verzicht auf jegliche Musik oder irgendwelche andere Zerstreuung, bis auf einen einzigen Film in sechs Monaten: *Ankerknoten*. Es gab weder ein Radio noch eine Zeitung oder eine Zeitschrift. Zum Beispiel sandte man mir aus dem *Consejo de Investigaciones Científicas* ein Freiexemplar der Zeitschrift *Arbor*. Ich durfte sie nie lesen, und man sagte mir, man würde sie mir niemals aushändigen, weil für mich nicht das Wichtigste sei, ‹an Philosophie› zu denken, sondern daran, wie man ein Haus verwaltet. Ich kann mich erinnern, daß mich das sehr verärgerte. So sehr, daß ich der Leiterin sagte, sie würden mich von meinem ganzen vorigen Leben trennen. Sie antwortete mir, ich hätte großes Glück, ‹eine Sache mehr zu besitzen, die ich Gott darbieten könnte›.

Die Gehirnwäsche besteht genau darin, den Mitgliedern aufzuzeigen, besonders in der ersten Stunde, daß das Opus vollkommen sei, da es von Gott stamme, und das, was immer der Begründer sagen möge, ebenfalls göttlich sei, da er die Inspiration von eben diesem Gott erhalten habe. Dies wurde vom ersten Moment an während der Schulungskurse im Bildungszentrum gelehrt. Und ähnlich wie in einem Musikstück, erklang die erste Note von der ersten Geige, dem Padre, die zweite wurde unmittelbar von den zweiten Geigen, den Superioren, wiederholt, woraufhin die Streich- und Schlaginstrumente einsetzten: die sogenannten brüderlichen Gespräche, die Studienzirkel, Andachten, Unterrichtsstunden, Einsamkeit, Exerzitien, brüderlicher Tadel, etc.; kurz gesagt, all jene Mittel, die dem Opus Dei zur Indoktrinierung zur Verfügung stehen und die es auf seine Mitglieder anwenden kann.

Die Indoktrinierung, die uns zuteil wurde, erlaubte uns nicht, irgend etwas von dem, was wir intellektuell nicht verstehen konnten, zu analysieren. Infolgedessen mußte unsere Reaktion die sein, daß wir mit aller Gewalt jeglichen kritischen Gedanken als einen Mangel an Einigkeit und ‹gutem Geist› zurückwiesen und ihn als negativen Punkt unseres geistigen Lebens während des brüderlichen Gesprächs angaben.

Waren wir Frauen, die wir dem Opus Dei beitraten, denn alle so töricht oder naiv, daß man uns wie Marionetten tanzen lassen konnte? Nein! Wir traten dem Opus ganz einfach mit der äußerst redlichen Absicht bei, dem Willen Gottes zu entsprechen. Wir waren arglos und glaubten aufs Wort, daß die Superioren die Stimme Gottes vertraten. Wir waren voller guter Absichten und davon überzeugt, daß, um jene Weltlichkeit als neue Form des Apostolats und des intellektuellen Apostolats zu leben, wir uns ganz den Händen Gottes zu überlassen hätten, wobei wir selbstverständlich annahmen, daß die ganze Doktrin ebenfalls von Gott stamme. War uns ein Vorhaben mißglückt, so führten wir es auf unsere geistige Ignoranz bezüglich eines Lebens in Heiligkeit zurück.

Was man im Opus offenbar nicht ernsthaft bedacht hat, ist die Tatsache, daß man in der Öffentlichkeit durch das Zurückweisen von Kritik und besonders durch den Mangel an Selbstkritik innerhalb der Institution in bezug auf Äußerungen von Monseñor Escrivá oder die von ihm als Gründer angeordneten Gebräuche in die Nähe der Sekten gerückt wird.

Und was ist von meiner optimistischen, entschlossenen, unabhängigen Lebensart übriggeblieben? Von jener jungen Frau, die sprühend das Leben auf die Hörner nahm? Es gab viele Dinge, die ich wirklich nicht verstand, aber immer wurde ich damit abgespeist, ich solle Gott darum bitten, den ‹guten Geist›, den der Padre predigte, zu erlangen, und wurde an Punkt 684 im *Camino* erinnert.

In meinem tiefsten Innern dachte ich, ich müsse meine Werte Christus zu Füßen legen, und dieses von mir dargebrachte Opfer käme mittels der Gemeinschaft aller Heiligen den Bedürfnissen der Kirche als Wohltat zu. Weder verlor ich meinen Optimismus noch meinen Frohsinn, lernte eher in dieser Umgebung zu überleben. Es wurde mir immer unerträglicher, umgeben von mehr als zwanzig Frauen zu leben. Ich war nie ein Herdentier gewesen. Während des vertraulichen Gesprächs wurde mir versichert, das Studienzentrum sei lediglich eine Schulungsetappe, um unsere Seele an den Geist des Opus Dei anzupassen und ich würde umso glücklicher und mein Apostolat umso leistungsfähiger, je getreulicher ich die Doktrin annehme. Mit anderen Worten, sie brachten mich dazu, daß ich innerlich den Geist des Opus Dei von dem mich umgebenden Materialismus unterschied. Deshalb beschloß ich, die Doktrin des Werkes und alles andere so gut wie möglich geistig zu verarbeiten.

Meine Oberinnen war sehr schlau: sie indoktrinierten mich vollkommen, erreichten, daß ich meinen Willen dem vermeintlichen Willen Gottes beugte, und nutzten meinen aufrichtigen, religiösen Geist als sicheren Boden, um darauf die Doktrin des Opus Dei auszusäen. Und es gelang ihnen: sie machten aus mir eine vollkommene Fanatikerin, ein wirksames Instrument innerhalb dieser Sekte, die sich Opus Dei nennt.

Córdoba: ‹La Alcazaba›

Der Kursus im Studienzentrum endete nach sechs Monaten. Wochenlang spekulierten wir, wohin man uns wohl schicken würde. Eine gewisse Art von Unruhe machte sich breit, aus ‹Los Rosales› herauszukommen und diesen ‹guten Geist›, den man uns so sehr eingetrichtert hatte, mitzunehmen. Wir hatten unsere Lektion gut gelernt.

Rosario de Orbegozo kam aus Madrid und verlas uns allen zusammen im Garten unser ‹Schicksal›. Mich schickten sie, zusammen mit Piedad García aus meinem Kursus, nach Córdoba, ausgerechnet in die Geburtsstadt meiner Mutter, in der noch ihre gesamte Familie lebt. Wir kamen in die Verwaltung der Männerresidenz ‹La Alcazaba›.

Ich kannte Córdoba gut, da ich schon mehrmals hier bei meinen Verwandten gewesen war. Das letzte Mal war ich zu den berühmten Festen im Mai eingeladen worden. Zu der Zeit hatte mich meine Familie noch wie eine Dame von Hofe behandelt, und ich hatte viel Spaß gehabt.

Niemand in ‹Los Rosales› erklärte uns, wie Verwaltung und Residenz in Córdoba aussähen, aber im Geiste stellte ich sie mir im andalusischen Stil vor wie die Häuser meiner Verwandten.

Ich verließ ‹Los Rosales› ohne das geringste Bedauern, denn das gefängnishafte Eingeschlossensein in dem Haus während der vergangenen Monate hatte mir sehr zugesetzt; außerdem war für mich, wie gesagt, das Leben in der Gruppe nicht leicht. Zum anderen sah ich der Tatsache, endlich all das, was ich theoretisch gelernt hatte, in die Praxis umzusetzen und vor allem eine Idee zu verfechten, freudig entgegen. Wenn ich auch einerseits ganz gewiß darauf brannte, den Geist des Opus Dei auf andere Seelen zu übertragen, hatte ich andererseits Furcht vor dem Unbekannten, das heißt, mich der Wirklichkeit zu stellen und eine Arbeit direkt in der Verwaltung einer Studentenresidenz zu übernehmen, über die uns niemand etwas im Kursus gesagt hatte, da sie noch ganz neu war, von der ich also nicht die geringste Vorstellung besaß.

Sobald man mich von meiner Reise nach Córdoba in Kenntnis gesetzt hatte, erklärte mir seltsamerweise Rosario de Orbegozo, ich solle meinen Vater anrufen, zum ersten Mal seit meiner Ankunft im Studienzentrum, und ihn bitten, mir eine Zugfahrkarte Madrid-Córdoba-Madrid per Einschreiben nach ‹Los Rosales› zu schicken, was er auch umgehend tat. Da mein Vater einer der RENFE-Direktoren war, hatte ich das Recht, gratis im Schlafwagenabteil oder im luxuriösen Südexpreß zu reisen. Die Fahrkarte, die mir mein Vater schickte, ließ mir die freie Wahl.

Piedads Eltern, die in Salamanca lebten, schickten ebenfalls genügend Geld, damit sich ihre Tochter die gewünschte Fahrkarte kaufen konnte. So kamen wir, sie mit ihrem Geld, ich mit meiner Fahrkarte, nach Madrid in die Calle de Juan Bravo, wo sich zu der Zeit die *Asesoría Central* befand.

Die Zentralleiterin Rosario de Orbegozo fuhr uns barsch an, nannte uns ‹gezierte Püppchen› und warf uns einen Mangel an Sinn für Armut vor, als sie erfuhr, daß wir in der ersten Klasse zu reisen gedachten. Sie schickte mich umgehend zur RENFE, um meine Fahrkarte zu ändern, was mir nicht gelang, denn dieses Spezialbillett war nicht gegen ein billigeres eintauschbar. Von dem Geld, das Piedad für ihre Fahrkarte geschickt bekommen hatte, konnten wir uns zwei Billetts dritter Klasse kaufen.

Rosario de Orbegozo ließ nicht zu, daß ich meinen Vater oder meine Schwestern noch einmal sah. Sie sagte nur, wenn ich meinen Vater sehen wolle, solle ich ihm die Abfahrtszeit meines Zuges nach Córdoba mitteilen, damit er sich am Bahnhof einfinden könne. Das machte mich ganz traurig und erschien mir gräßlich, denn schließlich war es sechs Monate her, daß ich meinen Vater gesehen hatte. Aber ich wies den Gedanken von mir, als wäre er eine Kritik an den Superioren. Wenn ich heute zurückblicke, erscheint mir das Ganze nicht nur als ein Mangel an Nächstenliebe gegenüber der Familie, sondern auch als ein taktischer Fehler, da diese Handlungsweise eine ziemliche Verkrampfung in den Familien gegenüber dem Opus Dei auslöst.

Als ich zum Bahnhof kam, konnte ich meinen Vater nicht entdecken. Ich hatte Angst, wir könnten uns verpassen, denn ich wollte ihn doch so gern wiedersehen. Zudem hegte ich insgeheim die Hoffnung, meine

Geschwister würden ihn begleiten. Angesichts der Tatsache, daß ich ihn nicht sehen konnte und der Zug kurz davor war, abzufahren, bestiegen wir unser Abteil und machten es uns in unseren Dritte-Klasse-Sitzen bequem – damals waren sie noch aus Holz –, umringt von Soldaten und Leuten mit Körben und Hühnern, etc. Durch das Fensterchen des Abteils hielt ich in der Menschenmenge auf dem Bahnsteig weiter Ausschau nach meinem Vater, und Piedad, der ich eine genaue Beschreibung von ihm gegeben hatte, half mir dabei.

Plötzlich sah ich den Sohn eines Freundes meines Vaters, Antonio Mellado, der ebenfalls, genau wie seine Schwester, ein Freund von mir war. Er schrie mir zu:

«Ja, was zum Teufel machst du denn in einem Waggon der dritten Klasse, während dein Vater und ich die ganze erste Klasse und den Schlafwagen nach dir absuchen? Dein Vater ist völlig verzweifelt.»

Tatsächlich kam mein Vater genau eine Minute bevor der Zug anfuhr heran, verängstigt, weil er mich nicht hatte finden können.

«Wie ist es bloß möglich, zwei junge Mädchen nachts und in solcher Umgebung reisen zu lassen», rief er mir zu.

Er war außer sich vor Wut. Ich Idiotin nutzte die Gelegenheit, um zum ersten Mal einen Punkt meiner Indoktrination an den Mann zu bringen, und sagte:

«Papa, wir müssen einfach in Armut leben und die Beschwerlichkeiten den Seelen darbieten.»

Der Zug fuhr an, aber ich konnte noch sehen, wie meinem Vater die Tränen die Wangen herunterliefen, während er mit den Händen eine Geste der Hilflosigkeit machte. Mein Freund schrie uns wütend hinterher:

«Bestell' den allen von mir, daß sie herzlose Fanatikerinnen sind!»

So verließ ich also Madrid in Richtung Córdoba. Ich empfand eine tiefe Traurigkeit für meinen Vater, und ich konnte mir einfach nicht vorstellen, wie ich die Beziehung zu meiner Familie verbessern und gleichzeitig den Geist des Opus Dei leben konnte. Piedad war während der ganzen Fahrt rührend zu mir; als wenn sie laut dachte, sagte sie: «Gut, daß meine Eltern nicht gekommen sind.»

Als um sechs Uhr morgens der Tag anbrach, kam der Zug in Córdoba an. Am Bahnhof erwartete uns Digna Margarit, eine der ersten Numerarierinnen des Opus Dei. Sie erklärte uns, wir bräuchten kein Taxi zu nehmen, da das Haus ganz in der Nähe des Bahnhofs sei, und fügte noch hinzu, unglücklicherweise sei die Gegend um den Bahnhof ein Viertel mit anrüchigem Ruf. Auf dem Weg zur Residenz erzählte sie uns weiter, sie würde noch am gleichen Tag fortfahren, um am *Curso Anual de Estudios* teilzunehmen, und Sabina Alandes, die Leiterin der Verwaltung, sei ziemlich krank, da sie sich vor ein paar Tagen einen Topf mit siedendem Öl über ein Bein gegossen habe.

So kamen wir, unsere Koffer schleppend, zur Verwaltung von ‹La Alcazabar›. Ich, die ich davon geträumt hatte, ein Haus im andalusischen Stil, wie das meiner Verwandten, vorzufinden, mußte einsehen, daß die Wirklichkeit ganz anders aussah: Wir gelangten zu einem sechsstöckigen, vor kurzem errichteten, furchtbar häßlichen Gebäude. Wir gingen die Treppe hinauf in den ersten Stock, wo sich die Verwaltung befand. Die anderen Stockwerke des Gebäudes gehörten nicht zur Residenz, sondern wurden von normalen Mietern bewohnt.

Sabina Alandes, die ich von ‹Zurbarán› her kannte, erwartete uns an der Tür. Sie empfing uns sehr herzlich. Beim Eintreten bemerkten wir, daß der Hausflur, obwohl sehr dunkel, geschmackvoll eingerichtet war. Zur Linken befand sich ein Zimmer mit Bad für vier Dienstmädchen. Daneben ein winziger Raum, die Bügelstube. Daran angrenzend befand sich der für das kleine Appartement ziemlich große Besucherraum, eingerichtet im englischen Stil, das alles in allem sehr angenehm wirkte. Rechts führte ein Korridor zur Küche mit der kleinen Speisekammer. Nach hinten heraus lag das Schlafzimmer der drei in dieser Verwaltung eingetragenen Numerarierinnen. Das Zimmer war sehr klein: Es paßten genau zwei Betten hinein, die dicht nebeneinander standen, sowie eine Schlafcouch unter dem erkerförmigen Fenster. Piedad und mir wurden die beiden Betten zugewiesen. Die Leiterin schlief auf der Couch. Selbstverständlich bestanden alle Bettunterlagen aus Brettern. Ein winziges Bad und ein Arbeitszimmer für die Sekretärin vervollständigten das Appartement. Die Leiterin besaß einen kleinen Spiegelschrank am Ende des Flurs. Piedad und mir wurde ein Wandschrank in der Mitte des Flurs zugewiesen.

Verwaltungen

Da Digna bereits mit dem Nachmittagszug fortfahren sollte, blieb keine Zeit, erst die Koffer auszupacken, und man erklärte uns sogleich, die

Verwaltung gehöre zu der Studentenresidenz, in der hauptsächlich Veterinäre wohnten, von denen keiner Mitglied des Opus Dei war; selbstverständlich bis auf den *consejo local* (der örtliche Rat), der sich logischerweise aus Numerariern des Opus Dei zusammensetzte.

Die Residenz bestand aus den beiden Appartements im ersten Stockwerk des angrenzenden Gebäudes und lag auf gleicher Höhe mit unserem. Das Männergebäude lag im schrägen Winkel zu unserem und ging auf die Seitenstraße hinaus. Die übrigen Wohnungen wurden gleichfalls von normalen Mietern bewohnt. Wenn auch der Eingang zu jedem der beiden Häuser, Residenz und Verwaltung, einem anderen Gebäude angehörte, so gab es doch, dadurch daß beide auf gleicher Höhe lagen, eine innere Verbindung.

Im Eßraum befand sich eine Verbindungstür, die, wie es das *Reglamento interno de administraciones*› des Opus Dei vorschreibt: ‹zwei verschiedene Schlösser auf beiden Seiten der Tür. Einen Schlüssel verwahrt der Direktor, den anderen die Leiterin. Die Verbindungstür hat stets von der abendlichen Stunde der Selbstprüfung bis zum Morgengebet mit beiden Schlüsseln verschlossen zu sein. Tagsüber bleibt die Tür auf der Verwaltungsseite verschlossen›. ‹Die interne Verbindung besteht gewöhnlich zwischen Sakristei und Eßraum, die sich im Bereich der Verwaltung befinden. Wenn der Kaplan die Sakristei betreten muß, um sich mit dem Talar zu bekleiden, und wenn die Männer in den Eßraum eintreten sollen, öffnet die Leiterin, nachdem sie alles Nötige veranlaßt hat, die Tür mit ihrem Schlüssel und setzt den Direktor per Haustelefon davon in Kenntnis.›

An dieser Stelle möchte ich bemerken, daß besagtes *Reglamento interno de administraciones*› von Monseñor Escrivá ungefähr im Jahre 1954 umgeschrieben wurde. Es war de facto die erste Arbeit, die ich als Leiterin der Druckerei in Rom durchführte. Aus diesem Grund sah ich Monseñor Escrivá ziemlich oft. Die Fahnen dieses internen Dokuments wurden von Alvaro del Portillo korrigiert.

Die zweite Auflage dieses Dokuments steht nicht jedem, der es lesen möchte, zur Verfügung, wie man annehmen könnte. Das zeigt das bereits erwähnte, 1985 veröffentlichte Buch von G. Rocca, das nur mit wenigen Abschnitten die erste Auflage dieses Opus Dei-Dokuments erwähnt.

Nachdem wir in der Verwaltung angekommen waren, gingen wir gleich in die Kapelle, um dem Herrn unseren Gruß darzubringen, und ich sah zum ersten Mal in meinem Leben, daß die Kapelle in der Verwaltung vor dem Altar Gitter hatte wie in einem Nonnenkloster. Das *Reglamento interno de administraciones*› des Opus Dei besagt, so es keine andere Möglichkeit für die Hauskapelle in der Verwaltung gibt, daß ‹die weiblichen Mitglieder der Messe hinter einem Gitter beiwohnen, wie für Nonnen im Kloster üblich, wenn die Kirche für die Öffentlichkeit freigegeben ist.›

Ein Vorhang aus rotem Samt bedeckte das Gitter den ganzen Tag über, mit Ausnahme eines winzigen, unverdeckten Teils, um von unserer Seite aus das Sakramentshäuschen sehen zu können. Unsere Kapelle war nicht größer als zwei Quadratmeter. Es paßten genau vier Betstühle hinein. Sie wirkte auf mich nicht gerade beeindruckend, und ich pflegte spaßeshalber zu bemerken, daß ich die Messe ‹am Kreuzpfad angekommen› sehe.

Nachdem Digna Margarit noch am selben Abend weggefahren war, kam Piedad García laut lachend aus dem Zimmer, in dem sie sich mit Sabina unterhalten hatte, und teilte mir mit:

«Rate, was ich dir gerade für einen Streich gespielt habe! Sabina fragte mich, wer von uns beiden besser kocht, und ich habe natürlich gesagt, du.»

Und tatsächlich, von abends bis morgens war ich in der Küche für vierundzwanzig Personen tätig. Zurückgreifen konnte ich nur auf die Erfahrungen zu Hause in meiner Familie, die Woche Küchendienst in ‹Los Rosales› und meinen guten Willen. Ich mußte auch täglich zum Markt gehen, um die Waren für den Haushalt zu besorgen, was mir gestattete, das Haus und die Küche für ein paar Stunden zu verlassen. Natürlich ging ich morgens in aller Frühe auf den Markt, der, wie konnte es anders sein, weit von unserem Haus entfernt lag. Mir fiel bei meinen Einkäufen auf dem Markt auf, daß die Marktfrauen sich nach dem ersten Kunden nach andalusischer Sitte mit dem Geld, das sie von ihm erhalten hatten, bekreuzigten, damit Gott ihre Verkäufe für den Rest des Tages segnet. Nach einigen Wochen in Córdoba traf ich mich zum ersten Mal mit dem Bruder meiner Großmutter mütterlicherseits. Mein Onkel Ramón Giménez war Prozeßanwalt und begab sich jeden Tag aufs Gericht. Ich mochte ihn wahnsinnig gern, und er war ungeheuer nett zu mir. Immer wenn er mich sah, wiederholte er mir, ich dürfe bloß keine Not leiden; falls ich Geld oder irgend etwas anderes bräuchte, sollte ich es nur ihm oder seiner Frau, meiner Tante Aurora, sagen. Er sagte mir, er könne es nicht ertragen, mich zum Markt gehen zu sehen und in jenem Teil der Stadt wohnen zu wissen. Man muß bedenken, daß in jener Zeit eine Dame niemals zum Markt ging, ganz besonders nicht in Andalusien und schon gar nicht allein; höchstens in ganz außergewöhnlichen Fällen und dann stets in Begleitung eines Dienstmädchens.

Piedad war für die Reinhaltung der Residenz und unseres Hauses zuständig, außerdem für die Bügelstube, beziehungsweise dafür, daß die Wäsche der Residenz gewaschen und gebügelt wurde; was bedeutete, daß sie selbst mit bügelte, wenn das Dienstmädchen es nicht rechtzeitig schaffte. Sie führte ebenfalls das Büro und kümmerte sich um die geistige Schulung der Dienstmädchen.

De facto führten Piedad und ich, zwei Tage nachdem wir aus ‹Los Rosales› angekommen waren, das Haus in völliger Eigenverantwortung und selbstverständlich, wie uns Gott zu verstehen gab, weil wir vermeiden wollten, die Leiterin zu belästigen, die weiterhin mit ihrem verbrühten Bein krank darniederlag und große Schmerzen hatte. Ich wechselte Sabina jeden Tag den Verband, fiel aber beinahe um, als ich hörte, daß sie mit ihrer großen Brandwunde noch keinen Arzt aufgesucht hatte, da sie überhaupt noch niemanden in der Stadt kannte. Ich bat um Erlaubnis, meine Familie aufsuchen und nach einem guten Arzt fragen zu dürfen, aber Sabina erlaubte es mir nicht. Sie sagte mir lediglich, ich solle sie telefonisch danach fragen. Da wir in unserem Haus nicht einmal ein Telefon hatten, begab ich mich in ein Lebensmittelgeschäft. Zum ersten Mal seit meiner Ankunft sprach ich mit meiner Familie in Córdoba. Sie hatten nicht die geringste Ahnung, daß ich mich hier befand. Meinen Onkel, von dem ich gerade erzählte, hatte ich bis dahin noch nicht getroffen. Natürlich luden sie mich zum Mittagessen ein. Ich erzählte ihnen, ich würde leider nicht kommen können, da ich für die Küche zuständig sei, zudem liege die Leiterin krank im Bett. Daraufhin gaben sie mir den Namen eines guten Arztes, in dessen Praxis ich Sabina brachte. Der Arzt war erstaunt, daß wir so lange Zeit ohne Behandlung hatten verstreichen lassen. Sabinas Genesung dauerte ungefähr drei Monate.

Dies war eine wunderbare Zeit für Piedad und mich: Wir berieten uns gegenseitig, wenn uns im Haus etwas nicht ganz klar war, und lösten alle Schwierigkeiten nach eigenem Gutdünken. Wir lachten viel über unsere große Unerfahrenheit und faßten unsere Arbeit tatsächlich als ein amüsantes Abenteuer auf. Und dennoch muß man sagen, daß in der Residenz alles gut funktionierte, trotz der Unbeständigkeit der verwalterischen Neulinge. Piedad und ich munterten Sabina auf, indem wir ihr erzählten, daß die Residenzbewohner gegessen hätten, das Haus gesäubert und die Wäsche gewaschen und gebügelt sei. Der Gerechtigkeit halber muß gesagt werden, daß uns Sabina half, wo sie konnte. Selbstverständlich war sie diejenige, die die Beziehung mit dem Leiter der Residenz durch das Haustelefon aufrecht hielt, da, gemäß der Formalitäten des *Reglamento interno de administraciones*, zwischen Verwaltung und Residenz keinerlei Beziehung zwischen Personen beider Häuser zu bestehen hat. Das bedeutet, das Haus der Frauenabteilung wird niemals, nicht einmal besuchsweise, von den Männern des Instituts betreten. Beide Häuser stehen lediglich durch das Haustelefon in Verbindung, wobei ein Apparat im Arbeitszimmer des Leiters, das andere an einem offenen Platze, wie z. B. im Korridor oder Hausflur der Verwaltung, niemals im Zimmer der Leiterin angeschlossen ist. Beide Apparate werden zum Zwecke notwendigen Austauschs nur von Leiter und Leiterin benutzt. Zu Beginn und Ende des Gesprächs wird kein anderes Grußwort ausgetauscht als *Pax*, auf das mit *In aeternum* geantwortet wird. Das Haustelefon wird nur von der Leiterin benutzt oder in ihrer Abwesenheit von der Person, die sie vertritt.

Dieser Gruß ‹*Pax*›, auf den mit ‹*In aeternum*› geantwortet wird, ist absolut für alle Mitglieder des Opus Dei verbindlich, welcher Klasse sie auch angehören. Uns wurde gesagt, er bringe fünfhundert Tage Ablaß mit sich. Aber natürlich darf dieser Gruß nicht gegenüber Leuten gebraucht werden, die nicht dem Opus Dei angehören. Des weiteren sagt der vor dem Beichtstuhl Kniende weder: ‹Vater vergib mir, denn ich habe gesündigt› noch ‹Ave María, du Unbefleckte›, wie die gebräuchlichste Formel lautet, besonders in hispanischen Ländern. Man muß immer ‹*Pax*› sagen, auf das der Priester ‹*In aeternum*› antwortet.

Die Gespräche mit dem Leiter sind also ganz kurz. So rief er zum Beispiel abends nach dem Abendessen an, um die Anzahl der Tischgäste für den nächsten Tag zu Frühstück, Mittagessen, Nachmittagskaffee und Abendessen durchzugeben. Die Leiterin gab die Nachricht dann weiter an die Küche, damit die Mahlzeiten für den nächsten Tag geplant und die Tische eingedeckt werden konnten.

Falls noch einige Anweisungen betreffend Haussäuberung, Wäsche, etc. zu geben waren, teilte ich der Leiterin mit, daß das Essen einige

Minuten verspätet serviert würde. Daraufhin rief sie dann den Leiter an, um ihn davon in Kenntnis zu setzen und so zu vermeiden, daß die Residenzbewohner zur angegebenen Zeit eine von unserer Seite her verschlossene Tür vorfanden.

Der Sommer in Córdoba ist für seine Hitze bekannt. In den typisch andalusischen Häusern mit ihren Innenhöfen, Brunnen, Palmen, Geranien und einer Markise, die den *Patio* während der Mittagszeit bedeckt, ist die Temperatur in den Häusern nicht nur angenehm, sondern sogar kühl. Aber so wie wir wohnten, in einem Miniaturappartement moderner Konstruktion, gebaut in den Jahren, in denen die Profitsucht jeglichen Gedanken an das Klima verdrängte, war die Sommerhitze geradezu höllisch. Wenn man zudem noch wie wir lange Ärmel trug, findet man keine Worte zur Beschreibung dieser Sommermonate; zumal wir weder über einen Ventilator verfügten noch über Geld, uns einen kaufen zu können. Die Nächte waren so unerträglich, daß ich mich im Morgengrauen auf dem Boden wiederfand, ohne mich daran erinnern zu können, wie ich der Gluthitze des Bettes entflohen war.

Dies alles bedeutete eine große Veränderung für mich: Nach der Zeit in dem wunderschönen andalusischen Haus meiner Verwandten mit jeglichem Komfort verwaltete ich jetzt eine Residenz für Männer des Opus Dei und war für die Küche zuständig. Aber ich nahm es mit leichtem Sinn. Außerdem, wenn ich dieses Leben mit dem in ‹Los Rosales› verglich, zog ich meine jetzige Verwaltungsarbeit jenem Eingesperrtsein vor.

Sollte mich heute jemand fragen, was ich in dem in Córdoba verbrachten Jahr während meiner Zugehörigkeit zum Opus Dei erlernt habe, so muß ich zurückblickend sagen, daß jener Zeitabschnitt für mich die erste direkte Erfahrung mit den Verwaltungstätigkeiten des Opus Dei war. Andererseits muß ich in aller Wahrheit sagen, daß es für mich eine geistige Herausforderung bedeutete, und insofern machte ich jede Schwierigkeit, auf die ich besonders durch die Bekehrungsarbeit und durch meine Eltern stieß, frohen Mutes Gott zur Gabe.

Singen hatte mir schon immer großes Vergnügen bereitet, und es zu unterlassen, fiel mir schwer. Ich war überzeugt von dem, was sie mir im Kursus beigebracht hatten: daß die Verwaltungsarbeit, die man im Opus Dei ‹demütigen Dienst› nannte, eine stille Arbeit war, denn, so Monseñor Escrivás Worte: «Die vollkommene Verwaltung ist weder zu sehen noch zu hören.» Zudem spürte ich, wie ich Monseñor Escrivás

Doktrin, die uns die Oberinnen übertrugen, lebte, und Jahre später hörte ich sie aus seinem Munde: «Ohne die Verwaltung erlitte das Opus Dei einen wahren Zusammenbruch, denn sie ist das Skelett, auf das sich alle Arbeiten des Opus Dei stützen.» Mit anderen Worten, ich ahnte, daß ich etwas Wichtiges bewerkstelligte.

Wenn ich die Dinge heute rückblickend betrachte, ist mir de facto klar, daß die von den Frauen durchgeführte Verwaltungsarbeit den deutlichsten Gradmesser für den in dieser Institution herrschenden *machismo* darstellt: Aufgrund der Tatsache, daß man Frau ist, hat man die Männer zu bedienen. Und wenn sich Monseñor Escrivá auch sehr der Frauen in der Verwaltung annahm und sie vor allen lobhudelte und beteuerte, es sei berufsmäßige Arbeit, die viele weibliche Mitglieder im Range von Numerarierinnen sowie aller *numerarias auxiliares* leisteten, so war es doch im Grunde nur, um zu gewährleisten, daß alle Häuser des Opus Dei wie Fünf-Sterne-Hotels geführt wurden. Es ist zweifellos ein billiger Dienst, der, zudem getragen von besagtem ‹guten Geist›, für viele Seelen Heiligkeit impliziert.

Daß viele Frauen ihren Beruf aufgeben, um sich ganz der Verwaltungsarbeit zu widmen, wird im Opus Dei als ‹logisch› angesehen. Aber, wie gesagt, rückblickend betrachtet, ist es überhaupt nicht logisch, daß Frauen mit einer gewissen Bildung sich dieser Art von Arbeit widmen, um den Männern des Opus Dei oder deren Arbeit zu *dienen*, wie es in der Residenz ‹La Alcazaba› in Córdoba der Fall war.

Es ist für viele Frauen im Opus Dei ein ernstes Problem, ihre berufliche Karriere aufzugeben und sich über Jahre oder für den Rest ihres Lebens der verwaltenden Arbeit zu widmen; zu diesem Thema gibt es aber noch eine seltsame Variante: Die Numerarierin, die sich nicht freudig der Verwaltungsarbeit widmet und ihren Beruf für eine notwendige Zeitspanne oder möglicherweise für immer aufgibt, wird als ‹schlechter Geist› angesehen.

In geistiger Hinsicht gab ich sehr auf mein Innenleben acht. Wir lebten jetzt unseren Lebensplan – Gebet, geistige Lesung, etc. – jede von uns für sich allein und zeitlich ungebunden, um die Hausarbeiten nicht zu vernachlässigen. Nur die Messe feierten wir gemeinsam, wenn sie im Haus abgehalten wurde; da aber gewöhnlich kein Priester des Opus Dei im Hause war, mußten wir eine öffentliche Kirche für die Messe aufsuchen. Für mich war das innerliche Gebet der erhabenste Moment der Vereinigung mit Gott und auch der Annäherung an die Seelen, wenn mir die Namen vieler Personen durch den Kopf gingen, die ich Gott empfahl.

Meine Züchtigungen, sowohl die geistige als auch die körperliche, in Form des Bußgurtes oder durch Anwendung der Geißel, bot ich stets wie ein Gebet der Sinne zur Bekehrung dar. Dabei kostete mich die Anwendung der Geißel stets Überwindung, wenn ich auch großzügig damit umging. In Córdoba mußte man das Badezimmer aufsuchen, da es der einzige Ort war, an dem man allein sein konnte. Es war aber so klein, daß es großer Geschicklichkeit bedurfte, um die Schläge auf die Hinterbacken und nicht auf die Tür zu verteilen. Ernsthaft betrachtet, war die Geißelung äußerst anstrengend, gleichgültig ob während der Arbeit oder hinterher.

In ‹La Alcazaba› gab es keinen festen Opus Dei-Priester, und wir scherzten, das Motto des Hauses sei ‹nicht sündigen›, da wir nur beichten konnten, wenn einen Priester des Opus Dei der Weg durch Córdoba führte, was etwa alle vier bis sechs Wochen der Fall war. In der Zwischenzeit konnten wir keine Beichte ablegen, solange es sich nicht um einen Extremfall handelte, doch niemals bei einem Jesuiten.

Sabina war eine sehr fröhliche und herzensgute Leiterin, zudem eine ausgezeichnete Küchenmeisterin. Trotzdem war sie, was unsere Familienbeziehungen anging, sehr strikt. So sehr, daß sie mir während des Jahres, das ich in Córdoba verbrachte, nur ein paarmal erlaubte, meine Verwandten zu besuchen, eigentlich nur einmal, weil sie einen juristischen Rat für eine Angelegenheit in ihrer eigenen Familie brauchte. Als ich meine Tante besuchte, sah diese mich mit einem ihrer spöttischen Lächeln an und sagte zu mir: «Das ist nichts für dich, meine Kleine. Viel zu sonderbar.»

Das Zusammenleben zwischen uns drei Frauen in der Verwaltung war ausgesprochen freundlich. Das geistige Leben gestaltete sich ziemlich mühselig, da wir praktisch über keinen Priester verfügten und jeglicher geistige Ratschlag von der Leiterin eingeholt werden mußte. Sabina besaß einen starken Charakter. Ihre Bestrafungen entstanden aus der Vorstellung, bei der Arbeit müsse man vollkommen sein. Ich nahm ihre Verweise gut auf, denn sie waren klar, direkt und voller Anteilnahme. Mehr als einmal kam sie, nachdem sie mir einen harten Verweis erteilt hatte, um mich dafür um Verzeihung zu bitten. Dafür war ich ihr immer sehr dankbar. Meiner Meinung nach war Sabina demütig.

Was mir in diesem Haus nicht gefiel, war die Kapelle, oder besser

116

gesagt, die nicht vorhandene Kapelle, denn die Gitterverkleidung gab mir das Gefühl eingesperrt zu sein. Immer mußten wir uns dunkel kleiden, damit man uns nicht während des Gebets von der Kapelle der Männerresidenz her sehen konnte, und wenn wir eine Andacht abhalten wollten, mußten wir den Vorhang aus Samt zuziehen, damit man nicht das Licht der kleinen Lampe auf dem Betstuhl sehen konnte.

Wurde eine Messe abgehalten, weil ein Priester des Opus Dei gekommen war, erteilte man uns die Kommunion durch ein Fensterchen in der Vergitterung, dessen Schlüssel von der Leiterin verwahrt wurde.

Das Werk des heiligen Rafael

Ein paar Tage nach unserer Ankunft in Córdoba hatte man uns aus der Zentrale in Madrid mitgeteilt, daß Piedad García die Vize-Leiterin des ‹consejo local› sei und ich die Sekretärin. Sie beauftragten mich auch, die auswärtige Arbeit mit den Mädchen de San Rafael aufzunehmen. Mit anderen Worten, ich hatte die Studienzirkel abzuhalten, über die man mich gerade zuvor in ‹Zurbarán› unterrichtet hatte. Diese Studienzirkel basierten auf Anweisungen über mehrere Seiten, die uns die Leiterin zur Vorbereitung der Gespräche überließ. Es waren schriftliche Anweisungen, die serienmäßig für alle Häuser des Opus vorbereitet waren.

Als ich 1950 nach Córdoba kam, besuchte nicht eine einzige Berufene oder ein junges Mädchen unser Haus. Und genau das wurde meine Aufgabe. Die Leiterin sagte mir, die Stunde sei gekommen, mein Gelübde bei all den Unbequemlichkeiten und der Hitze in dem Haus zu erfüllen, indem ich unter den jungen Mädchen, die ich durch meine Familie kennenlernte, bevor ich dem Opus Dei angehörte, Berufene rekrutierte.

Ich glaubte, der Moment, von dem mir mein Seelsorger Pater Panikkar so viel erzählt hatte, sei gekommen, und ich müßte meine Führungsqualitäten, meine Begeisterung, meine Zuneigung und meinen ganzen Charme einsetzen, um während der Stunden, in denen ich nicht in der Küche zu tun hatte, einige der jungen Mädchen, die ich von früher kannte, aufzusuchen und ihnen nicht nur die Veränderungen in meinem Leben zu erklären, sondern auch, was das Opus Dei war. Auf diese Weise sollten sie ermuntert werden, unser Haus aufzusuchen und bei einem Priester des Opus Dei die Beichte abzulegen.

Sofort verwandelte ich mich in eine große Bekehrerin zum Opus Dei, denn ich war davon überzeugt, daß das, was man uns erzählt hatte, die Wahrheit war: Heiligkeit in der Welt, gestützt auf das Innenleben, selbst wenn wir uns dafür in der letzten Küche dieser Welt verstecken mußten. Es half mir, an die vielen Ratschläge, die mir Pater Panikkar gegeben hatte, zu denken, auch wenn ich nie wieder, in Übereinstimmung mit dem Geist des Opus Dei, etwas von ihm gehört hatte.

Ich erklärte diesen jungen Mädchen voller Eifer die dringende Notwendigkeit, all das Gute, das sie im Leben genossen, der Jungfrau zu Füßen zu legen und ein Apostel Christi in der Armee, wie sich das Opus Dei nannte, zu werden. Die Tatsache, daß mich viele der Mädchen, ebenso wie ihre Familien von früher her kannten, erleichterte es sehr, daß ich die ersten zur Numerarierin Berufenen nach Córdoba gewann. Die Leiterin hatte mir gesagt, wenn eine von ihnen einen Einwand gegen das Opus Dei hervorbrächte, sollte ich ruhig meine stärkste Waffe einsetzen: das Beispiel meines eigenen Lebens, wie ich Bräutigam und Familie verließ, um dem Opus Dei beizutreten.

Bei seinen Besuchen in Córdoba unterrichtete ich Don Juan Antonio Lobato, den Priester des Opus Dei, selbstverständlich im Beichtstuhl, über die jungen Mädchen, die bereits ‹bearbeitet› waren (kurz davor standen, die Aufnahme ins Opus Dei zu erbitten) und bei denen ich einen letzten ‹Anstoß› aus dem Beichtstuhl für nötig erachtete. Zum anderen war das Urteil des Priesters für eine objektivere Meinung über diese Kandidatinnen notwendig. Loli Serrano, deren Bruder bereits Numerarier im Opus Dei war, wurde die erste berufene Numerarierin in Córdoba, gefolgt von Elena Serrano, die erst sechzehn Jahre alt war, Falily Cuenca, einer Freundin von Elena, sowie vielen anderen.

Wir hatten folgenden Plan ausgearbeitet: Wir wählten eine Gruppe eventueller Numerarierinnen aus den zur Elite Córdobas zählenden Familien. Um die ganze Wahrheit zu sagen: Ich war diejenige, die mit ihrem Bekehrungseifer und ihrer völligen Hingabe an das Opus Dei alles ermöglichte, wobei ich meine Aktionen auf meine Gebete stützte. Einige der Mädchen hatte ich bereits zuvor in Madrid kennengelernt, im Haus meiner Freunde María Asunción und Antonio Mellado Carbonell. Eine von ihnen, Luchy Fernández de Mesa, war für mich in Córdoba eine ganz besonders gute Freundin. Sie wurde niemals Numerarierin, und das Opus Dei verbot mir diese Freundschaft, als ich die Stadt verließ, mit der Begründung, Luchy sei ‹als *Numerarierin* nicht tauglich›. Der Bruch mit dieser und anderen Freundschaften machte mich nur noch stärker.

Ich habe immer alle Mädchen bei meinem Bekehrungswerk für das Opus Dei, in welcher Stadt ich mich auch aufhielt, als meine wahren Freundinnen angesehen. Es war diese Überzeugung, die mich dazu veranlaßte, zu ihnen zu sprechen; jede in ihrer Art glaubte mir und beschloß, sich Gott im Opus Dei zuzuwenden.

Eines war mir deshalb immer unbegreiflich: Man durfte ‹nie mehr› Kontakt mit den Mädchen, die man kenngelernt hatte und die man als echte Freundinnen ansah, haben, wenn eines von ihnen in eine andere Stadt versetzt wurde; die Oberinnen verboten es. Ebensowenig war der Briefwechsel mit ihnen gestattet.

Die Anerkennung des Opus Dei als weltliches Institut

Es war am 15. Juli 1950, als uns in Córdoba der Leiter der Residenz das für das Opus Dei außergewöhnliche Ereignis per Haustelefon mitteilte: Die Statuten des Opus Dei waren von der Kirche in Rom endgültig als ‹heilig, ewig und unverletzlich› anerkannt worden. Dies war das erste Mal, daß der Gründer einer Institution innerhalb der Kirche zu Lebzeiten eine Nachfolge im Amt erhielt. Aus dem Grunde hatte Monseñor Escrivá veranlaßt, diesen Tatbestand am Tag, an dem die Nachricht jedes Haus erreichte, in der Familie und auf außerordentliche Art zu feiern; auch wenn die offizielle Anerkennung bereits am 16. Juni 1950 stattgefunden hatte.

Logischerweise würde die Feier in einem Akt der Danksagung in der Kapelle und einem außergewöhnlichen Essen bestehen. Da wir in Córdoba keinen Priester des Opus Dei hatten, betete jede von uns für sich eine Danksagung an Gott, dann bereiteten wir im Eßraum ein außerordentliches Menü für die Residenz und anschließend auch für uns zu.

Ein für mein Leben sehr wichtiges Ereignis fand in Córdoba statt: am 8. Dezember 1950 erhielt ich die Erlaubnis der Oberinnen für meine ‹Darbringung›, d.h. meine ersten zeitgebundenen Gelübde bis zum nächsten San-José-Fest. Da der Priester nicht vor dem 10. kommen würde, mußte ich bis zu dem Tag warten, um meine ersten Gelübde abzulegen.

Die Zeremonie fand in unserer winzigen Kapelle statt; die Tür zum

Vorraum war geöffnet, wo der vorschriftsmäßige Stuhl des Priesters stand und ich auf Knien das Gespräch mit dem Priester im Rahmen des Zeremoniells führte. Anwesend waren Sabina und Piedad. Anschließend wurde mir erlaubt, Loli und Elena, den ersten zum Opus Dei Berufenen in Córdoba, davon zu erzählen.

Mein Leben beinhaltete vor allem nun meine Beschäftigung in der Küche, die Marktgänge und vor allem meine Gespräche mit den ‹Mädchen von San Rafael›, die ich, wenn sie ins Haus kamen, mit in die Küche nahm, wo sie mir zur Hand gehen konnten, während wir über Göttliches und Menschliches sprachen. Das heißt, ich wiederholte alles getreu, was mir in ‹Zurbarán› widerfahren war, als ich begann, die Residenz aufzusuchen. Ging ich aus, um Besorgungen zu machen, sorgte ich stets dafür, daß mich ein ‹San Rafael Mädchen› begleitete, so daß wir weiter über das Opus und besonders über den *Padre* sprechen konnten.

Ich erinnere mich, daß ich bei meinen Ausgängen instinktiv Buchhandlungen aufsuchte und, da ich ja keine Bücher lesen durfte, ängstlich und mit Wonne die Titel überflog. Nicht zu lesen, bedeutete für mich ein großes Opfer. Auch schmerzte es mich, meine Familie nicht besuchen zu dürfen. Als ich eines Tages auf dem Heimweg war, begegnete ich meinem Cousin Rafael in der *Tendillas*, einer der Hauptstraßen des Ortes. Er trat näher, um mich zu umarmen, und sprach mir sein Beileid für meinen Onkel aus.

«Für wen?» fragte ich ihn beklommen.

«Für deinen Onkel, Doktor Tapia», antwortete er mir erstaunt. «Du weißt nichts von seinem Tode, obwohl die Nachricht davon in allen Zeitungen gestanden hat?»

Ich hatte meinen Onkel Antonio García Tapia aus verschiedenen Gründen so herzlich gern gehabt: Zunächst war er mein Pate gewesen, sodann weil er aufgrund seines Alters und seines innigen Verhältnisses zu meinem Vater sowie zu meinem Großvater väterlicherseits für mich wie mein Großvater war. Und ich war immer seine ‹Allerbeste› gewesen. Mein Cousin, der das alles wußte, war höchst erstaunt darüber, daß ich nicht über seinen Tod unterrichtet war, und daß ausgerechnet er mir auf offener Straße die Nachricht überbrachte.

Als ich zurückkam, erzählte ich alles der Leiterin. Ich wollte meine Familie anrufen, aber sie ließ mich nicht. Sabina sagte, ich solle es Gott darlegen. Das war alles.

Am nächsten Tag rief mich Sabina zu sich, um mit mir zu sprechen und damit ich ihr meine Wut und meinen Widerwillen erklärte. Ich sagte ihr ganz klar, daß ich zu allem Schmerz, den ich empfand, wütend sei, daß sich alles hinter unserem Rücken abspiele: Wir lasen keinerlei Zeitung und lebten völlig weltfremd, eingeschlossen in eine kleine Welt. Sabina zeigte sich verständnisvoll, sagte mir aber wie immer, ich solle Gott dieses Opfer darbringen, für das Bekehrungswerk und für den *Padre*.

María Jesús Herezas Ankunft aus Madrid, zu der Zeit Oberin im Opus Dei, gab mir den Frieden wieder: Sie erzählte mir, mein Onkel sei ihr Professor in der medizinischen Fakultät gewesen, sie habe ihn sehr gemocht und verstünde meinen Schmerz. Auch fügte sie hinzu, wir durchlebten im Opus Dei außergewöhnliche Zeiten, Gründungszeiten der ersten Ära, und daß diese Schmerzen und dieses Leid das tiefliegende Fundament für ein effektives Apostolat seien. Und als wolle sie das Thema wechseln, sagte sie mir, ich solle sie nach Sevilla begleiten, da sie vorhabe, dort das Werk des Opus zu beginnen, und ich solle die Mädchen dort kennenlernen.

Die Reise nach Sevilla dauerte nur einen Tag lang, aber ich glaube, wir lernten während der drei, vier Besuche, die wir machten, eine sehr nette Gruppe von Mädchen kennen. Ich erinnere mich, daß wir genau abgezähltes Geld für das Mittagessen bei uns hatten, und daß es María Jesús in den Sinn kam, wir sollten aufs Mittagessen verzichten und dafür lieber *yemas de San Leandro*, eine für Sevilla typische Süßigkeit, Tante Carmen, Monseñor Escrivás Schwester, mitbringen. Ich hatte Tante Carmen nur kurz während eines Besuches, den sie uns in ‹Los Rosales› abgestattet hatte, kennengelernt. Dies war eine der ‹Ergebenheiten›, die Monseñor Escrivá den Mitgliedern des Opus Dei einhämmerte: die Verehrung seiner Familienangehörigen.

Eine andere meiner Aufgaben in der Verwaltung war, als Sekretärin des *consejo local* die Rechnungen des Hauses zu führen, was viel Aufmerksamkeit verlangte, da wir ein sehr armes Haus waren und man sehen mußte, wo man die Kosten für Lebensmittel ausgleichen konnte. Man nahm allgemein an, daß die Verwaltung von der Residenz ein Gehalt bekam, aber ich kann mich nicht erinnern, daß man uns in Córdoba irgendeinen Lohn gezahlt hätte. Piedad erhielt von ihrer Familie Geld geschickt, das direkt in die Verwaltungskasse wanderte, und auch Sabina erhielt etwas. Meine Familie schickte mir absolut nichts.

Wenn ich an den Nachmittagen dem Mädchen geholfen hatte, die

Küche aufzuräumen, begab ich mich ins Durchgangszimmer, das pompös ‹Sekretariat› genannt wurde, um die Abrechnungen zu machen.

Ich weiß noch, daß ich dabei das Fenster öffnete, das auf den Hof ging, und den Klängen des Filmes *Der dritte Mann* lauschte, die jemand in den oberen Stockwerken auf dem Klavier spielte. Die Melodie war ein solcher Ohrwurm, daß sie mir nicht mehr aus dem Kopf ging; ohne zu wissen, daß sie aus dem Film stammte. Ich glaube, es war die einzige Musik, die ich während meiner ganzen Zeit in Córdoba hörte.

María Casal: Bekehrung

Das mir am lebhaftesten in Erinnerung gebliebene apostolische Ereignis fand in Córdoba statt; es war María Casals Konvertierung zum Katholizismus, die dann auch erste Numerarierin des Opus Dei in der Schweiz wurde.

Während einer seiner Besuche erzählte mir Pater Juan Antonio Lobato, als wir über Bekehrung sprachen, er habe in Sevilla eine junge Medizinstudentin namens María Casal kennengelernt, deren Bräutigam, ebenfalls Student der Medizin, sie verlassen habe, um dem Opus Dei als Numerarier beizutreten. Natürlich sei sie furchtbar wütend geworden. Und das sei auch der Grund gewesen, warum diese junge Frau ihn aufgesucht habe. Pater Lobato sagte mir, ich solle ihr schreiben.

Ich weiß noch, daß ich beim ersten Brief lange überlegte, mich aber letzten Endes entschloß, ihr mit der größten Aufrichtigkeit zu schreiben und ihr mein Verständnis für ihren Schmerz auszudrücken. So begann mein Briefwechsel mit María Casal. Sie sagte mir, sie sei Protestantin und könne diese Idee von ‹Opfer oder Glückseligkeit am Kreuz›, von der die Katholiken sprachen, einfach nicht verstehen.

Es folgten viele andere Themen, und so entstand eine echte und tiefe Freundschaft. Nach mehreren Monaten Briefwechsel schrieb sie mir schließlich, sie wolle nach Córdoba kommen, um mit mir zu sprechen und mich kennenzulernen.

In Übereinstimmung mit Sabina, die an jenem Sonntag zusammen mit Piedad meine Pflichten im Haus übernahm, begab ich mich zum Bahnhof, um María Casal, die mit dem ersten Zug ankommen sollte, abzuholen. Kurioserweise erkannten wir uns gleich auf Anhieb, obwohl wir uns nie zuvor gesehen hatten.

Während wir uns unterhielten, machten wir einen langen Spaziergang durch das wunderschöne Córdoba. Wir besuchten die Moschee, schlenderten durch das Judenviertel, überquerten die San Rafael-Brücke und besuchten die Klause dieses Heiligen, Schutzpatron der Jugend des Opus Dei, wie ich anfangs erklärte.

María Casal erzählte mir, daß sie sich durch unseren Briefwechsel und durch die Gespräche, die sie mit dem Priester des Opus Dei geführt habe, für das Opus zu interessieren begann. Ich regte sie dazu an, Monseñor Escrivá zu schreiben und ihm dies mitzuteilen, auch wenn sie keine Katholikin sei. Ich erinnere mich sehr gut an ihren Brief, den sie mir zu lesen gab.

Danach sprachen wir ernsthaft über das Hauptanliegen: ihre Konvertierung zum Katholizismus. Wir konnten in aller Gründlichkeit darüber reden. Ich war mir sehr bewußt, daß ich in ihrer Seele das Interesse für den Katholizismus und fraglos auch für das Opus Dei schürte.

Von einem äußeren Gesichtspunkt her gesehen, mußte María sich der Aufgabe stellen, ihren Eltern ihren Wunsch, zum Katholizismus zu konvertieren, beizubringen. Ihr Vater, ein Schweizer und leitender Ingenieur des Elektrizitätswerks in Gauzín, Sevilla, wollte kein Wort davon hören. Die Mutter zeigte sich sehr verständnisvoll, wenn auch nicht gerade begeistert. Ihre Geschwister wollten über das Thema nicht einmal sprechen.

Zum Mittagessen kamen wir zurück in die Verwaltung von ‹La Alcazaba›. So konnte María Sabina und Piedad kennenlernen.

Als sie nach Sevilla zurückgekehrt war, schrieb sie mir, sie sei glücklich, uns kennengelernt zu haben und wolle zur katholischen Kirche konvertieren und sich taufen lassen. Nach mehreren Monaten erforderlicher Vorbereitung beschloß sie im Mai 1951, sich in einer kleinen Kapelle in Gauzín, in der Provinz von Sevilla, am Sagrado Corazón de María-Fest taufen zu lassen. Sie bat mich darum, ihr bitte bei ihrer Taufe zur Seite zu stehen. Ich muß wohl nicht erst betonen, daß ich mir sehnlichst wünschte, sie während der Taufzeremonien zu begleiten, aber meine Oberinnen erlaubten mir absolut nicht, den Zeremonien beizuwohnen, ‹weil wir nicht an solchen Akten teilnehmen sollten›, wie sie mir sagten. Ich verstand das nie, zumal die Entfernung zwischen Córdoba und Sevilla nur zwei Stunden Zugfahrt bedeutete. Ehrlich gesagt, es tat mir sehr leid, daß ich nicht fahren durfte. Sie erlaubten mir immerhin, daß ich ihr mein Kruzifix als Erinnerung an ihre Taufe schickte.

Nach ihrer Taufe bestand María Casal wieder darauf, sie wolle Numerarierin des Opus Dei werden. Aber eine unvorhergesehene Sache war für uns alle in Córdoba niederschmetternd: die Oberinnen des Zentralen Amtes in Spanien erklärten uns, daß María Casal keine Numerarierin des Opus Dei werden könne, weil sie Protestantin gewesen sei. Sie riefen uns in Erinnerung, daß in den von den *Mädchen von San Rafael* auszufüllenden Formularen der ‹Zurbarán›-Residenz die Frage stand: ‹Religionszugehörigkeit der Vorfahren: seit wie vielen Generationen sind Sie katholisch?›

Als wir dies dem Priester bei seinem nächsten Besuch erzählten, konnte er es kaum fassen. Er war wütend und sagte uns, wir sollten unseren Oberinnen gegenüber darauf beharren, da so etwas nicht in der Männerabteilung des Opus Dei vorkomme. Nachdem wir also eisern weiter darauf bestanden hatten, wurde uns schließlich mitgeteilt, María Casal könne offiziell an Monseñor Escrivá schreiben und ihn um ihre Aufnahme als Numerarierin ersuchen. Nach diesem Vorfall, dem ersten in der Geschichte der Frauenabteilung des Opus Dei, stand fest, daß eine Person mit protestantischen Vorfahren durchaus als Numerarierin in das Opus Dei aufgenommen werden konnte.

Muß noch erwähnt werden, daß von dem Moment an, in dem María Casal um ihre Aufnahme im Opus ersuchte, wir uns nie wieder als Freundinnen schreiben oder unterhalten durften. Wir waren jetzt, der Terminologie des Opus Dei entsprechend, ‹Schwestern›; jede Beziehung war jetzt also mittels der Leiterin des Hauses zu knüpfen, ganz besonders aber nicht mittels einer anderen Numerarierin.

Dies ist ein ganz eindeutiges Beispiel für die Verlogenheit dieser so angeregten ‹Freundschaften› zwischen den Mitgliedern des Opus Dei und den jungen Mädchen, die die Häuser des Opus Dei besuchen: die Superioren lassen sie nicht zu. Und wenn sie bereits besteht, wird sie von ihnen aufgelöst, was meiner Ansicht nach zwei Gründe hat: Einer ist die Sexualphobie, die ihren Ausdruck in dem Konzept von den ‹besonderen Freundschaften› findet, der andere ist der sektiererische Geist.

María Casal schloß ihre Ausbildung ab und wurde eine hervorragende Ärztin. Sie arbeitete einige Jahre lang an der Universität von Navarra in Pamplona und entwickelte viel Energie, als man dort die Schwesternschule gründete.

Als ich vor wenigen Jahren die Schweiz besuchte, erfuhr ich durch einen Freund, den katholischen Priester Peter Bachmann, daß María

Casal im Frauenhaus des Opus Dei in Zürich lebte. Mein Freund erzählte mir, daß María bekannt dafür war, hart und unerbittlich zu sein, auch in allgemeinen Kirchenfragen. Ich beschloß, sie anzurufen. Man sagte mir, sie befände sich in einem anderen Haus in den Außenbezirken Zürichs. Ich rief dort an, und sie war gleich am Apparat. Ich merkte, daß sie sich freute, meine Stimme zu hören. Dermaßen, daß ich überlegte, ob sie wohl von meinem Austritt aus dem Opus Dei vor geraumer Zeit wußte. Ich fragte sie, und sie antwortete mir, ja, sie wüßte davon. Da sie sich außerhalb Zürichs aufhielt und ich am nächsten Tag nach London fliegen sollte, konnten wir uns leider nicht treffen. Wir sprachen über alles mögliche, und auf einmal fragte ich sie, ob sie ihren Beruf als Ärztin in der Schweiz ausübe. Sie sagte, nein, sie habe ihren Beruf für Gott und für das Opus Dei aufgegeben, wenn sie auch manchmal ‹nach den unseren, die krank daliegen, sehe›.

Da ich wußte, wie sehr sie ihren Beruf geliebt hatte, fragte ich sie so vorsichtig wie möglich:

«Ja, heiligen sich die Leute im Opus Dei denn nicht mehr durch ihren Beruf?»

Ihre Antwort lautete:

«Der *Padre* weiß besser, was für mich gut ist.»

Ich mußte deutlicher werden, und so fragte ich in aller Herzlichkeit:

«Aber María, merkst du denn nicht, wie dich das Opus Dei ausnutzt, damit du in der Schweiz Bekehrungsarbeit leistest, denn du bist die erste Numerarierin der Schweiz, und Leute zu rekrutieren ist für das Opus wichtiger als dein Beruf, selbst wenn sie das Gegenteil behaupten.»

Ihre Antwort lautete erwartungsgemäß, daß wir in diesem Punkte wahrscheinlich niemals übereinstimmen würden, da sie davon überzeugt sei, daß sie die Vorschläge und Anweisungen des Opus Dei über alles zu stellen und zu befolgen habe.

Während meines kurzen Fluges nach London am nächsten Tag dachte ich ernsthaft über den sektenhaften Charakter des Opus Dei nach sowie über die Notwendigkeit, diese Facette wie die Kehrseite einer Münze vor der heiligen Mutter Kirche zu entschleiern.

Aber bleiben wir noch in Córdoba: Gegen Ende des Jahres 1950 kam María Jesús Hereza, die Hauptoberin, um alleine mit den Dienstmädchen in der Verwaltung zu bleiben und somit uns dreien zu ermöglichen, in die Verwaltung von ‹Albayzín›, der Residenz der männlichen

Opus Dei-Mitglieder in Granada, zu fahren, um an den jährlich stattfindenden geistigen Exerzitien teilzunehmen.

Von all den Schönheiten Granadas bekamen wir nichts mit. Ich erinnere mich nur an die furchtbare Kälte in jenen Tagen, und daß es eine wahre Folter war, unter die eiskalte Dusche zu gehen. Die Verwaltung erschien mir grauenhaft, und ich konnte es kaum erwarten, wieder zurück nach Córdoba zu kommen. Sabina und Piedad dachten das gleiche wie ich, auch wenn wir es nicht offen aussprachen.

Gegen Ende Mai 1951 erklärten die Hauptoberinnen, ich solle den jährlichen Kurs in ‹Molinoviejo› in Ortigosa del Monte, in der Provinz Segovia übernehmen, was bedeutete, daß ich Córdoba für immer verlassen mußte. Es tat mir ehrlich leid, dieses kleine Haus und die jungen Frauen, die ich hier kennengelernt hatte, zurücklassen zu müssen, ganz besonders weh tat natürlich der Abschied von Sabina und Piedad. Das Familienleben in ‹La Alcazaba› war so friedlich gewesen.

Andererseits befiel mich durch die Teilnahme an einem anderen Kursus das Gefühl von Neubeginn, und Gott allein mochte wissen, wohin man mich anschließend schicken würde. Ehrlich gesagt haben mir Veränderungen nie behagt, da sie immer wieder einen Neubeginn bedeuteten. Aber die dauernden Wechsel im Opus Dei entwurzeln die Leute und bewirken den Verlust von Zuneigung und Freundschaft, machen sie zu losen Einzelstücken, ausschließlich verfügbar für die Zwecke der Institution.

Mein Aufenthalt in Córdoba bedeutete einen weiteren Schritt ‹nach oben› in der Rangordnung des Opus Dei-Fanatismus. Mein Leben war ‹im Sinne des Opus Dei› glücklich, weil ich hinnahm, was auch immer sie mir sagten. Es erschien mir völlig logisch, ohne irgendwelche Zerstreuung zu leben; weder Musik noch Lektüre, nicht einmal eine Tageszeitung. Ich führte ein ziemlich ‹gewöhnliches› Leben, wobei unter ‹gewöhnlich› die Arbeit in der Verwaltung und eine ‹fruchtbare Bekehrungsarbeit› zu verstehen ist, die sich auf meine persönliche Opferbereitschaft gründete. Das Familienleben war friedlich, da es keine Kritik von meiner Seite gab, dafür Hinnahme all dessen, was ich nicht verstand, solange nichts Schrilles meinen inneren Frieden störte. Mein inneres Gebet war eine völlige Hingabe meines Lebens an Gott gewesen, jeden Tag und jede Minute erneuert als Sühneopfer für die Neuberufenen und das Bekehrungswerk. Während des Schulungskursus in ‹Los Rosales› hatten wir viel Übung erlangt, die sich jetzt während meiner ersten praktischen Erfahrung in der Verwaltung in Córdoba bewährte. Im tiefsten Inneren wurde mir klar, daß für eine Frau das Leben im Opus Dei zunächst als ‹Vorhölle› vorkommen muß, außerhalb der Existenz der Welt. Wir hatten keinen Umgang mit den Armen gehabt, sondern mit der Elite; abgesehen vom Umgang mit den Dienstmädchen. Natürlich bat das Mädchen, das mit mir in der Küche arbeitete, um Aufnahme in das Opus Dei als *numeraria sirvienta*. Sie war ein liebes Mädchen. In Córdoba lernte ich, blind die Gegebenheiten des täglichen Lebens hinzunehmen. Meine Zufriedenheit ließe sich mit den gleichen Worten erklären, die eine der Personen in Solschenizyns *Der erste Kreis von sich* gibt: ‹*Im Grunde genommen, ist das wahre Konzept des Glücklichseins ein Konditional, eine Fiktion.*› Die Superioren sagten uns immer wieder, ‹äußerlich seien wir wie die anderen und innerlich wie die anderen sein sollten›. Aber ich fühlte mich ganz anders als die anderen. Da wir im Unterschied zu den Nonnen keine Ordenstracht trugen, dachte ich, seien wir wie alle anderen Leute, aber Jahre später wurde mir klar, daß eine barfüßige Karmeliterin das Leben besser kennt als eine Frau im Opus Dei.

Gelegentlich empfand ich in Córdoba ein tiefes Gefühl innerer Einsamkeit, da ich nur Neuigkeiten von meiner Familie erhielt, und zwar ausschließlich durch Briefe meines Vaters, und weil ich meine Angehörigen, die in der Stadt lebten, nicht besuchen durfte. Was meine Familie anging, hatte ich bereits in Córdoba begriffen, daß sie dem Opus Dei nur dazu diente, um notwendige Dinge zu erlangen, ohne etwas dafür zu geben.

In Sabina als Leiterin hatte ich eine gute Meisterin für Verwaltungsaufgaben gefunden: Sie war wirklich diejenige, die mir beibrachte, diese Aufgabe innerhalb des Opus Dei zu bewältigen. Zudem war Sabina in ihrer spontanen Art ein warmherziger Mensch.

War ich noch die gleiche Person, war ich diejenige, die sich jetzt auf dem Weg nach ‹Molinoviejo› befand, dieselbe, die vor einem Jahr nach Córdoba gekommen war? Die Antwort lautete: NEIN. Während meines ersten Jahres im Opus Dei hatte ich Erfahrungen gesammelt und viele der ‹Spielregeln› gelernt, die vom Opus als ‹der gute Geist› erachtet werden. Ich fühlte mich jetzt ernsthafter, nicht mehr so spontan, mit einer ganz klaren Vorstellung: Das einzig Wichtige für mich war das Opus Dei. Mein einziges Lebensziel mußte sein, das zu erfüllen, was Monseñor Escrivá durch die Oberinnen anweisen ließ.

Ich hatte in Córdoba gelernt, mich von Zuneigungen zu lösen, nicht nur von Familienmitgliedern, sondern auch von den Apostolikern; hatte die Vorsicht angenommen, zuzuhören, und die Klugheit, hinzunehmen, was immer man mir auch sagte. Mit anderen Worten: der Fanatismus des Opus Dei hatte ganz allmählich in meiner Persönlichkeit und in meiner Seele Gestalt angenommen.

Es wäre mir zu der Zeit gar nicht in den Sinn gekommen, all die Ideen, die ich hegte, als Fanatismus zu bezeichnen, während mich das Rütteln des Zuges, der mich immer weiter von Córdoba entfernte und Madrid näherbrachte, sanft einschlafen ließ.

‹Molinoviejo›

Ich war gerade erst in Madrid angekommen, als mir die Oberinnen sagten, wir würden noch am gleichen Nachmittag nach ‹Molinoviejo› aufbrechen. Immerhin erlaubten sie mir, meine Familie anzurufen. Das Hausmädchen, das den Hörer abnahm, erzählte mir, meine Eltern seien in England. Ich sprach mit meinem Bruder Javier und schlug ihm voller Begeisterung vor, zum Mittagessen nach Hause zu kommen. Es war für mich schmerzhaft zu hören, daß er meiner Mutter das Ehrenwort hatte geben müssen, mich nicht ins Haus zu lassen. Mein Vater hatte die Situation abgemildert, indem er ihm gesagt hatte, er solle mich zum Mittagessen ins Restaurant einladen, damit wir drei Geschwister zusammenkämen.

Meine Beklemmungen, meine Eltern hätten kein Verständnis für meine Berufung, wurden erneut durch den Widerstand meiner Mutter bestätigt. Trotz alledem aßen wir drei Geschwister in einem Restaurant zu Mittag. Dennoch schmerzte mich das Versprechen, das mein Bruder meiner Mutter gegeben hatte, denn so konnte ich nicht einmal mein Zuhause wiedersehen.

An jenem Nachmittag brach ich mit mehreren Numerarierinnen, die auch gerade erst in Madrid angekommen waren und an dem jährlichen Kursus in ‹Molinoviejos› teilnehmen wollten, nach Ortigas del Monte auf. Wir kannten uns beinahe alle untereinander, einige vom Kursus in ‹Los Rosales› her, andere wiederum aus ‹Zurbarán› in Madrid.

Weltweit das erste Haus des Opus Dei für Exerzitien war ‹Molinoviejo›. Es herrschte dort das Charisma von Monseñor Escrivá, der es gekauft und ausgebaut, zudem eine ganze Weile darin gewohnt hatte. Die Verwaltung wurde von mehreren Numerarierinnen geführt, die neben dieser Arbeit noch das Studienzentrum der *numerarias servientes* leiteten. Auf diese Weise konnte das Haus während der Exerzitien auf gute Dienstleistung zählen. An einer anderen Stelle des Geländes befand sich ein kleiner Bauernhof, den die Bediensteten nebenbei, unter Anleitung der Numerarierinnen, bearbeiteten.

‹Molinoviejo› war ein angenehmes Haus; solide und komfortabel im modernen kastilischen Stil gebaut, bot es alle günstigen Voraussetzungen als Ort für die Exerzitien.

In diesem Jahreskursus lebten wir Frauen des Opus Dei zum ersten Mal als ‹Ansässige›, ohne auch nur im geringsten ein Teil der Verwaltung zu sein.

Die individuellen Schlafzimmer besaßen alle ein normales Bett mit Matratze und Bettdecke, da das Haus de facto für die Exerzitien ebenfalls Leute beherbergte, die nicht dem Opus Dei angehörten. Alle Schlafzimmer waren bequem, hatten einen Wandschrank, ein Waschbecken und ein Fenster. Dieser materielle Komfort trug wesentlich dazu bei, daß ein allgemein euphorisches Klima herrschte. Trotzdem hatten wir ebenso wie die männlichen Mitglieder des Opus Dei, die immer in normalen Betten schlafen, jede Woche den sogenannten ‹Wachtag›. Das bedeutete, man hatte darauf zu achten, daß an dem Tag der Zeitplan für die gemeinsamen Handlungen (Gebete, Kaffeestunde, etc.) pünktlich eingehalten und der brüderliche Tadel gründlich durchgeführt wurden. Zum andern hatten wir an besagtem Tag, da unsere Schlafzimmer mit Fliesen ausgelegt waren, auf dem Fußboden des einzigen Raumes, der mit Parkett belegt war, zu schlafen: in einem kleinen Gäste-Schlafsaal. Anstelle eines Kopfkissens durften wir lediglich ein Buch als Unterlage benutzen, was im wesentlichen bedeutete, daß man eine elende Nacht zubrachte. Sie war ein Bestandteil der Züchtigungen an diesem ‹Wachtag›. Wohl kaum erwähnen muß ich, daß an jenem Tag ebenfalls Geißel und Bußgürtel anweisungsgemäß, individuell und regelmäßig angewandt wurden.

Aber das Wichtigste an ‹Molinoviejo›, abgesehen von seinem innerhalb des Opus Dei einzigartigen Charismas, ist die Eremitage, die sich in dem Bauerhaus befindet und *Nuestra Señora, Madre del Amor Hermoso* geweiht ist. Man sagte uns, in dieser Eremitage habe Monseñor Escrivá ‹die Kontinuität des Geistes des Opus› versichert; was heißen soll, daß das Opus Dei immer so wie am Tage seiner Gründung sein würde, wie Gott es ihm deutlich aufgezeigt habe; daß es also im Opus Dei niemals Reformen geben würde, selbstverständlich auch keine Reformatoren; gegründet im wesentlichen auf den brüderlichen Tadel, auf das Leben im Sinne der *unidad* (Einheit) und darauf, jegliche Art von Gerede zu vermeiden. Das setzte ganz eindeutig die Zügelung des geringsten Anzeichens von Selbstkritik innerhalb der Institution voraus, was sie erneut mit den grundlegendsten, soziologischen Charakteristika einer Sekte gleichsetzt.

Alles, was in direkter Weise mit den Anfängen des Opus Dei oder mit Monseñor Escrivá zu tun hatte, wurde uns nicht offen und klar gesagt, statt dessen gab uns eine der ersten Numerarierinnen des Opus Dei, die zusammen mit mir an dem Jahreskursus teilnahmen, zu verstehen, daß in der Eremitage etwas ‹Außerordentliches› – ohne dies weiter zu konkretisieren – vor sich gegangen sei. Zudem ließen sie durchblicken, daß Monseñor Escrivá, Alvaro del Portillo, José María Hernández Garnica und noch ein weiterer der ersten Numerarier die verheißenden Schwüre abgelegt hatten, die später einen untrennbaren Teil der *Treueide* (ewige Gelübde) bildeten, sowie der Ernennung von ‹eingetragenen› Mitgliedern (all den Mitgliedern, die mit Aufgaben in der zentralen Verwaltung oder Ausbildung des Opus Dei betraut waren). Mit diesen Schwüren waren die Mitglieder, unter Strafandrohung bei Meineid, zu folgendem verpflichtet: 1) ‹alle Worte und Handlungen zu vermeiden, die in irgendeiner Weise einen Angriff auf die geistige, moralische oder juristische Einheit des Instituts darstellen; 2) jegliches Gerede, das dem Ruf der Superioren oder ihrer Autorität schaden könnte, zu vermeiden; 3) den Tadel mit dem nächsten Superior zu durchleben, nachdem in Anwesenheit Gottes erachtet wurde, daß es zum Besten des Instituts sei; 4) jegliche beruflichen Fragen mit dem nächsten oder ranghöchsten Superior durchzusprechen, auch wenn sie kein direkter Gegenstand des Gehorsamsgelübdes sind.›

Da wir am 30. Mai 1951 nach ‹Molinoviejo› kamen, wurde uns mitgeteilt, wir könnten am nächsten Tag, dem 31. Mai und Festtag von *Nuestra Señora del Amor Hermoso* und bevor vierundzwanzig Stunden seit unserer Ankunft im Haus verstrichen seien, in die Eremitage pilgern, da die Numerarierinnen, die ständig hier im Haus wohnten, nicht dorthin pilgern durften; sie mußten ein anderes Sanktuarium aufsuchen.

Die Pilgerfahrt im Mai ist eine Sitte des Opus Dei, nachgeahmt einem alten, christlichen Volksbrauch, im Mai das Sanktuarium von ‹Nuestra Señora› aufzusuchen. Man betet einen Teil des Rosenkranzes auf dem Weg dorthin, einen weiteren Teil innerhalb des Sanktuariums und den dritten Teil auf dem Rückweg. So traten wir am nächsten Tag unsere Pilgerfahrt zur Eremitage an, noch bevor vierundzwanzig Stunden seit unserer Ankunft in ‹Molinoviejo› verstrichen waren.

Ich tat dies in aller Demut, denn ich empfand von jeher große Liebe für die heilige Jungfrau, zum anderen verspürte ich eine gewisse Erregung darüber, daß man auch mir gestattete, ins Innerste des Opus Dei vorzudringen.

Der Jahreskursus dauert immer einen Monat. Wir hatten den pflichtgemäßen Unterricht im Opus Dei-*Catecismo*. Er wurde genau wie in ‹Los Rosales› von einem Priester des Opus Dei erteilt, und wir hatten gleichfalls die vom Priester angegebenen Stellen auswendig zu lernen, um sie am nächsten Tag im Unterricht zu wiederholen. Diesmal war der Unterrichtsstil etwas anders: Sie wiesen uns an, nicht nur Stellen, sondern Kapitel zu lernen, da wie selbstverständlich angenommen wurde, wir wüßten den Text aus dem Gedächtnis, zudem reiche die Zeit nicht aus, um ihn nochmals durchzugehen. Der grundlegende Unterschied zwischen diesem Jahreskursus und dem damaligen Schulungskursus war der, daß dieser viel offener war: Wir konnten dem Priester direkt Fragen stellen, wenn uns etwas unklar blieb. Wir erhielten auch eine tägliche Unterrichtsstunde über Dogmatik, die vom gleichen Priester des Opus Dei gegeben wurde; das heißt, es war so etwas wie ein Anfängerkurs über die Geschichte der Dogmen, jedoch ohne philosophische oder theologische Grundlage, der oberflächlich wie eine leichte Glasur die Tatbestände anführte, ohne, wie sollte es anders sein, das geringste Buch als Unterlage. Auch hier durften wir uns während des Unterrichts keine Notizen machen. Außerdem hatten wir jeden Tag eine ‹Praxis›-Stunde (eine Erklärung zur gewöhnlichen Lebenspraxis in den Häusern und bei den Arbeiten, das heißt in den Verwaltungen, des Opus Dei), die von einer der ältesten Numerarierinnen gegeben wurde. Es war dabei nicht erlaubt, Fragen zu stellen, dafür durften wir aber unsere Fragen in schriftlicher Form der Leiterin des Kursus übergeben. Es wurde uns ebenfalls geraten, keine Notizen zu machen, da wir in den Häusern, in die wir gehen sollten, sogenannte ‹Erfahrungslisten› vorfinden würden. Diese Listen verfertigte eine jede von uns während der Arbeitsausführung und hinterließ sie der nächsten Numerarierin, die nach uns kam, um die gleiche Arbeit zu verrichten. Eine Kopie davon wurde der Leiterin der Verwaltung ausgehändigt. Wenn diese sie billigte, galt die Liste als grundlegende Erfahrung für die Nachfolgerin. Manchmal fand man seltsame Listen vor, manchmal lustige, dann wieder sehr nützliche. Zum Beispiel: ‹Die Türen sollen ohne heftiges Zuschlagen am Türknauf geöffnet und geschlossen werden›. Mir fällt eine Anweisung ein, die ich in jedem Haus hinterließ: ‹Bevor du etwas änderst, versuche drei Monate lang das gleiche zu tun wie deine Vorgängerin, wenn du dann siehst, daß es nicht geht, verändere es.›

In einem separaten Flügel von ‹Molinoviejo› befand sich der Schlafraum, der für den Priester des Opus Dei, der die Exerzitien oder den Jahreskursus durchführte, reserviert war. Er hielt für uns täglich die Messe ab, las uns eine Andacht, erteilte außerdem den Unterricht im *Catecismo*. Der Priester war häufig Don José María Hernández Garnica, innerhalb der weiblichen Abteilung des Opus Dei ‹el Nuestro› (der Unserige) genannt, da er weltweit der zentrale Priester-Sekretär für die Frauen des Opus Dei war, der letzten Endes jede von uns Numerarierinnen kannte, zumal es zu der Zeit noch nicht einmal fünfzig von uns gab.

Pater Hernández Garnica hatte, wie ich den vorausgegangenen Kapiteln bereits erwähnte, eine sehr monotone Art, und es bedurfte dieses ungeheuren guten Willens, der alle von uns in der Gruppe beseelte, um nicht über seinen Meditationen einzuschlafen. Aber ich muß auch zugeben, daß er sich Mühe gab, uns Verständnis entgegenzubringen. An den Wochenenden löste ihn ein anderer Priester, selbstverständlich ebenfalls vom Opus Dei, ab; im allgemeinen Don José López Navarro, der zu der Zeit für die weibliche Abteilung des Opus Dei in Spanien zuständige Priester. Don José López Navarro war, wie ich ebenfalls schon in meinem Absatz über ‹Los Rosales› ausführte, ansprechender und warmherziger. Das konnte daran liegen, daß er eine Schwester hatte, die Numerarierin war. Sie hieß Lolita López Navarro. An den Samstagen hatten wir nur *Catecismo*-Unterricht und an den Sonntagen überhaupt keinen. Der Sonntag wurde für einen langen Spaziergang genutzt, oder um Briefe an Verwandte und Freunde zu schreiben, währenddessen man eine Schallplatte hören durfte. Dies war etwas sehr Überraschendes: Man sagte uns, wir könnten während des Beisammenseins, an den Sonntagen bei unseren persönlichen Arbeiten und selbstverständlich während des Kursus Musik hören. Im Vergleich zu dem Kursus in ‹Los Rosales› lebten wir hier wie Gott in Frankreich. Und auch über mein Leben in der Verwaltung in Córdoba wurde mir Jahre später während des vertraulichen Gesprächs gesagt, ich sei heldenmütig gewesen. Von daher schließe ich, daß man im Opus Dei, in Übereinstimmung mit dem, was mir mein Seelsorger Pater Panikkar prophezeit hatte, glücklich sein konnte, auch menschlich, durch all diese kleinen Dinge, die einem die Seele öffnen; wenn wir die Musik in unserem Leben wirklich als Bereicherung annehmen wollen. Man spielte uns immer wieder dieses Adagio von Santa Teresa vor: ‹Wenn du dich verlierst, bist du verloren›.

Als wir an einem Wochenende von einem langen Spaziergang zurückkehrten, stellten wir alle mit großer Freude fest, daß Don Antonio Pérez, Generalsekretär des Opus Dei und in der Hierarchie gleich hinter Monseñor Escrivá stehend, gekommen war, um Don José María Hernández Garnica zu vertreten. Amüsiert erzählte uns Don Antonio, er habe Don José María vorgeschlagen: «Ich tausche mit dir meinen Besuch beim Bischof gegen ‹Molinoviejo›», woraufhin Don José María den Bischof besuchte, während er das Wochenende mit uns in ‹Molinoviejo› verbrachte.

Wie gesagt, bei unserer Rückkehr von dem Spaziergang hörten wir klassische Musik aus dem Wohnzimmer erklingen. Wir stießen alle beinahe gleichzeitig einen Freudenschrei aus, ohne zu wissen, von wem diese gute Idee stammte, uns mit so schöner Musik zu empfangen. Als wir beim Eintreten sahen, daß Don Antonio die Musik aufgelegt hatte, verstummten wir. Er empfing uns in allerbester Laune und erklärte uns, ‹ohne Musik kann ich nicht arbeiten›. Es war auch Don Antonio Pérez, der uns versicherte, daß die Musik ein sehr wichtiges Element für das geistige sowie für das materielle Leben sei, und wiederholte, er brauche Musik, um sich konzentrieren zu können. Im praktischen Leben der Frauen des Opus Dei war das nicht so. Musik durfte man hören, aber ich würde eher sagen, ‹kontrolliert›; beispielsweise während einzelner Zusammenkünfte, nicht aber für sich allein. Aus verschiedenen Gründen verfügte niemand über einen Plattenspieler, der nach Belieben an- und abgestellt werden konnte. Es hing immer von den Umständen ab.

Dann forderte uns Don Antonio auf, im Wohnzimmer Platz zu nehmen, und stellte uns Fragen über den Kursus, über unsere Arbeit in den Häusern, woher wir kamen, etc. Es war ein schlichtes, aber sehr menschliches Gespräch, das uns allen Freude bereitete. Wir Frauen mochten Don Antonio sehr, weil er sich uns gegenüber als sehr einfühlsam erwies. Sein Fingerspitzengefühl zeigte sich in vielen Kleinigkeiten: beispielsweise darin, daß er uns Schallplatten mitbrachte, während des Unterrichts für Gespräche zugänglich war, vor allem aber, daß er uns als Gleichgestellte behandelte. Niemals benutzte er sein Amt als Podest, um von oben herab zu uns zu sprechen, im Gegenteil: genau wie wir fühlten sich auch alle Dienstmädchen in seiner Gegenwart gelöst und unbefangen. Aber leider sollte dies das einzige Mal sein, daß er unseren Kursus besuchte. Er war ein großartiger Redner, und seine Andachten waren wundervoll.

Um die Zeit zwischen jenem Wochenende in ‹Molinoviejo› und dem jetzigen Zeitpunkt zu beschreiben, könnte man ein ganzes Buch ausschließlich Antonio Pérez Tenessa widmen. Aber es paßt gut, ihn an dieser Stelle kurz vorzustellen: Das Wichtigste des Opus Dei stammt von ihm; er tat es, erarbeitete es, durchdachte es: Von der Gründung an bis hin zur Universität von Navarra in Pamplona – dem *Estudio General de Navarra* –, des weiteren angefangen von der Vorbereitung der Abhandlung, die er verfaßte und die dann Monseñor Escrivá bei dessen Ernennung zum Großkanzler zugeschrieben wurde, bis hin zur Erlangung des Adelstitels Marqués de Peralta, den sich Monseñor Escrivá so ersehnte, über die Gestaltung von Francos Kabinett, den sogenannten ‹Technokraten›, ohne darüber zu vergessen, bei der Vorbereitung der Rekonstitution der Monarchie in Spanien mitzuwirken. Antonio Pérez verließ einige Jahre später das Opus Dei, da es ihm sein persönlicher Anstand, sein guter Wille sowie seine guten Absichten nicht gestatteten, jenen ‹Haufen Lügen›, der je nach Bedarf verschieden benannt wurde, noch länger zu ertragen. Und natürlich machten ihm viele seiner ehemaligen Opus Dei- ‹Brüder›, die meisten von ihnen ‹Großmäuler›, das Leben schwer, als er nach seinem langen Aufenthalt in Mexiko nach Spanien zurückkehrte.

Mir persönlich kam der Jahreskursus wie eine Erholung vor. Zunächst war die Tatsache, jede teilnehmende Numerarierin kennenzulernen, angenehm, aber vor allem durch den Vorteil, zur ‹Residenz› und nicht zur ‹Verwaltung› zu gehören.

Ich pflegte mit meiner geistigen Lektüre in den Garten zu gehen und konnte es kaum glauben, den weiten Himmel zu sehen und frische Luft zu atmen. Diese individuelle Lektüre, die dem Lebensplan, dem eine jede von uns folgte, angepaßt war, mußte nicht unbedingt in der Kapelle erfolgen. Die Bücher für die geistige Lektüre im Opus Dei waren spärlich; besser gesagt, die Auswahl, die man uns gestattete, war spärlich. Das ‹Libro de las fundaciones› der heiligen Teresa von Avila war eines der meistgelesenen. Autoren wie der heilige Franziskus von Sales, sowie Bücher aus der RIALP-Reihe, die von Mitgliedern des Opus Dei geleitet wird, machten in der winzigen Bibliothek mit ihren ‹Büchern zur Lektüre› die Runde; zudem hatte man, bevor man ein neues Buch begann, mit der Leiterin, mit der man auch das vertrauliche Gespräch führte, eine Absprache zu treffen. Ein mit großer Begeisterung gelesenes Buch, beinahe eine Pflichtlektüre, war El valor divino de lo humano (Der göttliche Sinn des Menschlichen) von Jesús Urteaga. Don Jesús, Numerarier-Priester des Opus Dei, hatte keinerlei Umgang mit den Frauen des Opus Dei. Aber wir wußten alle, daß er Baske und sein Charakter ausgesprochen trocken war. Das Evangelium wurde ebenfalls gelesen, außerdem das Buch, das jeder von uns für sieben bis zehn Minuten zugewiesen wurde.

Nebenbei hatten wir alle noch eine kleine Aufgabe im Haus, wie Fensterschließen bevor das Licht angemacht wurde, Klassenbuch führen, ankündigen, wer am ‹Wachtag› an der Reihe war, den Tisch segnen, den Catecismo› wieder einsammeln, etc.

Eines Tages wurde uns mitgeteilt, wir würden in die Verwaltung hinübergehen, um die numerarias sirvientas aufzusuchen, die ihren Schulungskurs absolvierten, und ebenfalls, um den Bauernhof zu besichtigen.

Wir gingen tatsächlich hinüber und verbrachten unser Beisammensein mit den numerarias sirvientas. Dann brachten sie uns zum Bauernhof hinüber. Eine der sirvientas wies mich darauf hin, daß die Stiefel, die sie im Hühnerstall trug, Skistiefel von mir gewesen seien, wie man ihr erzählt hätte. Ich verspürte wirklich einen Stich im Magen: Diese norwegischen Stiefel hatte ich mir einst von meinem Ersparten gekauft, für das ich hart gearbeitet hatte, und jetzt dienten sie für den Hühnerstall… Eine andere sirvienta machte mich auf eine Reihe Gardinen in der Verwaltung aufmerksam, die aus einem meiner Nachthemden angefertigt worden waren… Die Besichtigung der Verwaltung machte mich in gewisser Weise wütend. Ich verstand nicht, wie sie die guten Skistiefel einfach für den Hühnerstall benutzen konnten. Das mit dem Nachthemd konnte ich noch verstehen. Alles in allem: Als ich mein Vertrauensgespräch mit der Leiterin führte, sagte sie mir, ich sei immer noch zu sehr an materielle Dinge ‹gebunden›. Und sie hatte wahrscheinlich recht: Solche Kleinigkeiten sollten wirklich keinen Eindruck mehr auf mich machen. Die Geschichte wurde für mich zur Anekdote und besaß weiter keine Bedeutung mehr.

Was mir aber damals sehr klar wurde, und mehr noch heute aus der Distanz der Jahre, war die Zielsetzung des Kurses, nämlich die Persönlichkeit des *Padre*, also von Monseñor Escrivá, kennenzulernen. Zuallererst wurde uns erklärt, alle Priester des Opus Dei seien mit ‹Don› vor dem Taufnamen anzureden, da die Bezeichnung ‹Padre› ausschließlich für Monseñor Escrivá reserviert war. Man erzählte uns von ihm in aktiver und passiver Form, von seinen Gebräuchen, seinen Ansprüchen in den Verwaltungen, stets ‹gegründet auf die ihn treibende Liebe Gottes›. Viele von uns erbaten Erklärungen zu diesem Punkt, und uns wurde gesagt, der ‹Padre› lasse nichts ‹Stümperhaftes› gelten und verlange immer ‹Perfektion›. Eine Vergeßlichkeit, ein Irrtum bedeuteten Unvollkommenheiten, folglich mangelnde Liebe zu Gott. Man machte uns unsere Verantwortung klar, denn wir seien zu seinen Lebzeiten zum Opus Dei gestoßen und zählten deshalb zu den ‹Mitbegründerinnen›. Sie erzählten uns auch von Rom, wo Monseñor Escrivá bereits meistens lebte, und daß alle Numerarierinnen, die im Haus des ‹Padre› wohnten, ‹Erbauerinnen› seien.

In ‹Molinoviejo› gab es ausschließlich für Monseñor Escrivá reservierte Zimmer, genannt die ‹Zimmer des Padre›.

Es hieß, man würde uns die Räume während unseres Kursus in Dreier- und Vierergruppen zeigen. So geschah es dann auch. Ich weiß noch, daß man ganz leise sprach, als Zeichen von Respekt. Man erklärte uns, daß die Säuberung der Zimmer des *Padre*, die aus einem Schlafzimmer, einem Wohn-Arbeitszimmer und einem Bad bestanden, stets von der Leiterin des Hauses, begleitet von einer Numerarierin und zwei ‹älteren› Dienstmädchen des Opus Dei, vorgenommen würde.

Die Leiterin des Kurses erklärte uns, während sie uns die Zimmer des *Padre* zeigte, daß es in Zukunft in jedem Land und sogar in mehr als einer Stadt desselben Landes dem *Padre* gewidmete Zimmer geben würde, eine Kapelle mit eingeschlossen, damit Monseñor Escrivá bei seinen Besuchen vollkommene Ruhe vorfände. Die häufigste Frage während dieses Kurses lautete: «Hast du schon die Zimmer des *Padre* gesehen?» Es war ein großes Ereignis.

Ich hatte Monseñor Escrivá während einer Andacht kennengelernt, die er in der kleinen Kapelle von ‹Lagasca› für eine Gruppe Neuberufener abhielt. Ich wohnte zu der Zeit noch im Hause meiner Eltern. Seine Andacht beeindruckte mich, wobei ich aber nicht zu sagen weiß, in welcher Hinsicht. Ich erinnere mich an seine Diskantstimme, die mir seltsam bei einem Mann vorkam, ebenso wie die heftigen Bewegungen der Hände, wenn er redete. Er sprach zu uns wie zu kleinen Kindern. Mein erster Eindruck von Monseñor Escrivá paßte überhaupt nicht zu dem Bild von der starken, männlichen Persönlichkeit, das man uns von ihm im Kursus gezeichnet hatte. Deshalb bat ich Gott von ganzem Herzen, er möge mir Zugang zu Seiner Heiligkeit Monseñor Escrivá gewähren, zumal alle, die ihn gut kannten, behaupteten, er sei ein Heiliger, und immerhin war er der Gründer des Opus Dei. Ich bewunderte ihn aufgrund dessen, was man mir an Wunderlichem über seine Person erzählt hatte – seinen direkten Umgang mit Gott –, aber ich mußte mich zwingen, das andere Bild, diesen besonders durch seine Stimme geprägten femininen Eindruck, den ich persönlich von ihm hatte, zu verdrängen.

Während ich mich jetzt, nach all den Jahren, an diese Tatsachen erinnere, stelle ich mit unendlicher Betrübnis fest, daß dieselbe primäre Indoktrinierung von der Heiligkeit des Opus Dei-Gründers, die ich erfuhr, auch heutzutage weiterhin den Neuberufenen zuteil wird. Und das ist nicht alles: Während der Zeit, in der ich in Rom lebte, bevor ich nach Venezuela ging, benutzte ich gleichfalls dieselbe Terminologie, die man mir gegenüber verwandte. Ich war damals wahrscheinlich genauso unbedarft wie die Neuberufenen des Opus Dei heutzutage.

Es war mir von Anfang an bewußt, daß der Respekt dem Gründer gegenüber ein Kult um seine Person war, ein Tatbestand, der besonders in diesem Jahreskursus in doktrinärer Weise herausgestellt wurde: der *Padre* stand über allen menschlichen Belangen. Mit anderen Worten: Unsere Liebe zum *Padre* stand ‹logischerweise› über der, die wir dem Papst entgegenbrachten, zumindest dem Papst jener Zeit, S.H. Pius XII., und selbstverständlich über der Liebe, die wir unseren eigenen Eltern schuldeten. Ein studienwertes Phänomen aber ist die Tatsache, daß heutzutage immer noch genau die gleichen Parameter im Seligsprechungsprozeß von Monseñor Escrivá verwandt werden. Natürlich wurde im Jahreskursus besonders der Bekehrungseifer behandelt, da wir alle die Numerarierinnen, die gerade die Frauenabteilung des Opus Dei in Mexiko gegründet hatten, kannten: Guadalupe Ortíz de Landázuri, María Esther Ciancas, Manolita Ortiz, Rosario Morán (Piquiqui), die den Kursus mit uns machte und dabei war, ihre Unterlagen in Ordnung zu bringen, um ebenfalls nach Mexiko zu gehen.

Zudem stand der Aufbruch nach Chicago, USA, unmittelbar bevor. Dorthin gingen: Nisa González Guzmán, Emilia Riego, Blanca Dorda, und man erwartete auch Marga Barturen. Thema aller Zusammenkünfte waren also obligatorischerweise diese beiden Länder mit ihren jüngsten Gründungen. Als Konziliare gingen nach Mexiko: Don Pedro Casciaro, und nach Chicago: Don Luis Muzquiz.

Neues Gesprächsthema während der Zusammenkünfte war auch die *Verfügbarkeit*, die Monseñor Escrivá von seinen ‹Töchtern› verlangte, in die Niederlassungen in neue Länder zu gehen. In folgenden Ländern Südamerikas war die Eröffnung neuer Niederlassungen vorgesehen: Chile, Kolumbien und Venezuela in Verbindung mit Argentinien, außerdem sollte bald England folgen, wegen einer Gruppe Numerarierinnen, die es bereits infolge des bekehrenden Geistes von Teddy Burke, der ersten irischen Numerarierin, in Irland gab.

Ich hatte, ehrlich gesagt, nicht die geringste Lust, nach Südamerika zu gehen, war aber der Möglichkeit gegenüber, nach Frankreich zu gehen, aufgeschlossen.

Einige Tage bevor der Vierwochenkursus begann, verlas man unseren neuen Bestimmungsort: Mir wurde Barcelona zugewiesen, die Verwaltung von ‹Monterols›, der Residenz der dortigen männlichen Studenten.

Der vierwöchige Kursus verging rasend schnell. Für mich zeichnete sich jetzt Barcelona ab, und ich freute mich darauf. Meine Eltern hatten mich früher mehrere Male dorthin mitgenommen, und mir gefiel die Stadt. Daß ich in einer neuen Verwaltung arbeiten sollte, machte mir keine großen Sorgen, da ich ja bereits Erfahrungen in Córdoba gesammelt hatte. Zudem erzählten mir die Numerarierinnen, die ‹Monterols› kannten, daß das Haus sehr angenehm sei. Rosario de Orbegozo sagte mir, ich würde mich dort vorwiegend dem San Rafael-Werk widmen, da es gelte, ‹den gesellschaftlichen Stil der Numerarierinnen, die jetzt um Aufnahme in das Opus Dei baten, auf ein höheres Niveau zu bringen›.

Eine Sache beunruhigte mich aber doch, und zwar, daß es einer der Oberinnen in den Sinn kommen könne, mich nach Rom zu schicken. Die Gestalt des Monseñor Escrivá, so wie man sie mir beschrieben hatte, machte mir angst. Selbstverständlich wies ich diesen Gedanken weit von mir, und überlegte, daß Heilige wahrscheinlich alle so seien, trotzdem wollte dieses unbestimmte Angstgefühl vor Monseñor Escrivás Persönlichkeit nicht weichen. Dabei war mir klar, daß meine Liebe zum Gründer auf etwas würde bauen müssen: auf dem Gebiet des Übernatürlichen, das Wissen, daß er von Gott erwählt worden war, um das Opus Dei zu gründen, dessen Mitglied ich war, und auf praktischem Gebiet, die Vollkommenheit in der alltäglichen Arbeit zu leben, um ein Leben in Heiligkeit zu führen, wie es der *Padre* für unser Seligwerden verlangte. Der Kursus in ‹Molinoviejo› war in meinem Leben ein weiterer Schritt hin zum Fanatismus des Opus Dei, da er die Akzeptanz des Gründers als anerkannten Heiligen bedeutete und unsere Liebe zu ihm über aller anderen menschlichen Liebe zu stehen hatte; denn Monseñor Escrivá hatte uns ‹im Herrn erzeugt›. Seltsamerweise wird diese Vorstellung für die künftigen Generationen folgendermaßen wörtlich wiedergegeben: «... Gott wird von euch Rechenschaft darüber verlangen, daß ihr bei dem armen Priester geblieben seid, der mit euch war und der euch so sehr, ach so sehr liebte, mehr als eure Mütter!» «Ich werde von euch gehen, und alle, die danach kommen, werden euch voller Neid anschauen, als wäret ihr Reliquien: nicht meinetwegen, der ich nur – darauf bestehe ich – ein armer Mann bin, ein Sünder, der Jesus Christus bis zum Wahnsinn liebt; sondern weil ihr den Geist des Opus von den Lippen des Gründers gelernt habt.»

Barcelona: ‹Monterols›

Barcelona empfing mich mit strahlender Sonne, die für den Monat Juni so typisch ist. Am ‹Francia›-Bahnhof nahm ich ein Taxi und fuhr zur Verwaltung der ‹Monterols›-Residenz, die im höher gelegenen Teil der *Calle de Balmes* liegt, von wo aus die gesamte Stadt zu sehen ist.

Mein Aufenthalt in der Administration von ‹Monterols› verkörpert eine weitere Etappe in einer Verwaltung des Opus Dei und auch die Reaktionen einer Numerarierin, die nicht mehr so ganz ein Neuling in der Institution ist und ‹von innen heraus spricht›; womit ich folgendes meine: Begegnungen mit bekannten Persönlichkeiten, mit bekannten Arbeiten. Es gibt wenige Überraschungen, wenn sich auch die Erwartungen weiterhin auf das Bekehrungswerk richten. Dennoch möchte ich diese Etappe meines Lebens nicht überspringen, weil sie Facetten reflektiert, die für den Leser Licht in das Leben einer seit nunmehr mehreren Jahren dem Opus Dei angehörenden Numerarierin bringt.

Die Leiterin der Verwaltung in ‹Monterols› war Maruja Jiménez, eine der ersten Numerarierinnen, die ich vorher noch nicht getroffen hatte, da sie sich meistens in Verwaltungen außerhalb Madrids aufhielt. Maruja war eine hochgewachsene, dunkelhaarige Frau aus Saragossa. Sie war sehr mütterlich, und alle Numerarierinnen mochten sie gern. Bei meiner Ankunft in ‹Monterols› war ich erfreut, Anina Mouriz anzutreffen, die ich seit dem Kursus in ‹Los Rosales› nicht mehr gesehen hatte. Im Gegensatz zu dem, was manche Leute von ihr dachten, war Anina eine Frau mit großem Feingefühl und besaß einen Sinn für Perfektion in der Arbeit. Ihr Sinn für Humor dagegen war ausgesprochen Madrider Prägung und schien durch seine Ironie eine Reihe von Leuten zu irritieren. Aber der Umgang mit ihr gestaltete sich wirklich sehr angenehm. Die übrigen Numerarierinnen des Hauses kannte ich nur vom Namen her.

Die Verwaltung in ‹Monterols› bestand aus acht Numerarierinnen. Das Haus war sehr groß, hatte mehrere Stockwerke, natürlich einen Fahrstuhl, und die Verwaltung selbst war riesig. Jede von uns besaß ein Zimmer für sich, ausgestattet mit Kleiderschrank, Dusche und Waschbecken; ebenfalls von kolossaler Größe. Die Fenster in unseren Zimmern gingen auf den hinteren Teil der Residenz hinaus und ließen eine Reihe moderner Gebäude sehen, deren Fenster ich sogar von meinem Bett aus erkennen konnte.

‹Monterols› war die erste Residenz, die von Grund auf für das Opus Dei erbaut worden war. Und das war auch zu sehen. Bei ihr sollten viele Fehler, die man in anderen, ebenfalls von Grund auf neu errichteten Residenzen begangen hatte, nicht noch einmal gemacht werden; im Vergleich zu den anderen Verwaltungen, die ich kennengelernt hatte, war es ein wahrer Glücksfall, in diesem Haus zu wohnen, das neben dem Wohnzimmer sogar eine Terrasse von guten Ausmaßen aufwies.

Die Residenz war ein Studienzentrum für die Männer des Opus Dei. Dadurch, daß es Sommer war und die meisten Numerarier an Jahreskursen teilnahmen, war das Haus beinahe leer, mußte aber trotzdem sauber gehalten werden.

Tatsächlich wurde ich mit der San Rafael-Aufgabe betraut, dazu ebenfalls mit der Säuberung der Residenz, wozu sich drei von uns mit einer großen Gruppe Dienstmädchen, die nicht dem Opus Dei angehörten, umgehend aufmachten.

Die erste Person, die mir in Barcelona vorgestellt wurde, war Señora Mercedes Roig, deren Sohn Barto Roig Numerarier war und sich gerade nach Bilbao in die Residenz des Opus Dei aufgemacht hatte. Barto Roig war Industrieingenieur und lebte später viele Jahre in Caracas. Nach allem, was ich hörte, schien er geisteskrank zu sein. Ich weiß nicht, ob das wahr ist.

Mercedes Roig hatte noch eine Tochter, die man im Opus als Mercedita kannte. Sie war Numerarierin und hielt genau in jenem Sommer den Kursus ab. Mercedes Roig war eine reizende Frau. Sie war ziemlich jung, verwitwet und kam jeden Tag in die Verwaltung, um bei allem, was anfiel, zu helfen. Die Leiterin des Hauses erzählte mir, daß Monseñor Escrivá Mercedes Roig sehr mochte, da sie sich immer sehr großzügig dem Opus gegenüber gezeigt habe. Es überraschte mich, daß sie z.B. die *Preces*, das offizielle Gebet des Opus, mit uns vornahm. Maruja Jiménez sagte mir, daß der *Padre* es ihr erlaube und sie somit die erste *supernumeraria* Barcelonas, wenn nicht gar Spaniens sei.

Es war das erste Mal, daß ich die Theorie, die ich im *Catecismo* des Opus Dei über die Supernumerarier gelernt hatte, mit einer Person verband. Die Leiterin erklärte mir, daß der Fall von Mercedes Roig einzigartig sei, da sie als Witwe und Mutter zweier Kinder, die beide Numerarier waren, größere Freiheiten hatte, um dem Opus helfen zu können.

Da es Sommer war, gab es im Haus keine Gespräche für die San-Rafael-Mädchen, dafür aber ein Beisammensein, zu dem auch einige Universitätsstudentinnen kamen, die einst Schülerinnen von Don Francisco Botella gewesen waren, einem der ersten Numerarier-Priester des Opus Dei sowie Professor für Mathematik an der Universität von Barcelona. Es waren sympathische Mädchen, wenn auch in Charakter und Stil sehr unterschiedlich zu den Universitätsstudentinnen in Madrid. Roger Torrens bat schließlich mit ihren flammenden fünfzehn Jahren um Aufnahme als Numerarierin. Und ihre Eltern waren glücklich. Ihr Vater pflegte sie zur Residenz zu bringen und wieder abzuholen. Sie war ein entzückendes Geschöpf. Mich erstaunte nur, daß man sie so jung schon hatte Numerarierin werden lassen. Jahre später schickte man sie nach Kolumbien, wo ich mit ihr zusammentraf, und ich freute mich ebenfalls, ihre Eltern in Caracas zu sehen und mich persönlich um sie kümmern zu können.

Concha Campá bat ebenfalls um ihre Aufnahme ins Opus Dei, als ich in Barcelona war. Sie wurde später gleichfalls nach Kolumbien geschickt, wo ich sie nach langer Zeit wiedersah.

Manchmal hatte ich für die Oberinnen in Madrid Besorgungen in Barcelona zu machen. Eine davon faszinierte mich: Es handelte sich darum, nach ‹Montjuich› zu gehen und ein paar romanische Zeichnungen des Museums zu kopieren, von Meßgewändern, die sie in ‹Los Rosales› anfertigen wollten. Aus dem Grunde hatte ich Gelegenheit, dieses wunderschöne Museum mehrmals zu besuchen.

Zum anderen unternahm ich des öfteren mit einem der erst kürzlich im Opus Dei aufgenommenen Mädchen nach dem Säubern der Räume Spaziergänge durch Barcelona. Selbstverständlich besichtigten wir die Stadt zu Fuß. Als Mitglieder des Opus Dei durften wir nicht in Restaurants zu Mittag essen, mit Ausnahme der Universitäts-Mensa. Auch nahmen wir an keiner öffentlichen Vorstellung irgendwelcher Art teil.

Wenn man von den Anfangszeiten des Opus Dei in Barcelona um 1940 spricht, muß man den ‹Palau› (Palast) erwähnen, wie man pompöserweise das kleine Appartement nannte, das die wenigen Männer, die es zu der Zeit im Opus Dei gab, bewohnten. Die Anekdoten aus jenem ‹Palau› drangen bis zu uns in die Frauenabteilung vor.

Aber während dieser ersten Zeit, wie sowohl die Oberinnen als auch die Priester des Opus Dei durchblicken ließen, hatte Monseñor Escrivá in Barcelona sehr gelitten, da es viele Angriffe auf das damals entstehende Opus Dei gegeben hatte; einer der größten Skeptiker war der Abt von Montserrat, in jener Zeit Ehrwürden José María Escarré. Auch wenn in den offiziellen Biographien des Opus Dei von Escrivá nicht deutlich gesagt wird, daß die heftigsten Angriffe von den Jesuiten kamen, so läßt man es uns jedenfalls in den Häusern des Opus Dei auf die eine oder andere Weise wissen.

Ich erfuhr in Barcelona ebenfalls, daß Monseñor Escrivá aufgrund des in dieser Stadt erlittenen ‹Widerstandes› verkündet habe, er würde viele Jahre lang nicht nach Barcelona zurückkehren, solange ihn die Stadt nicht so empfinge, wie es sich für ihn gebühre. Dies war ein dunkler Punkt, und es gelang mir während meiner ganzen Zeit in Barcelona nicht, zu klären, was genau geschehen war. Man erzählte sich, unter dem Siegel der Verschwiegenheit, daß der *Padre* im Juni 1946 an Bord der *J.J. Sister* ging, um seine Reise nach Rom anzutreten und daß ‹der Teufel ihn beinahe Schiffbruch erleiden ließ, um seine Reise nach Rom zu verhindern›. All das, wie gesagt, unter dem Siegel der Verschwiegen-

142

heit. Ich kann mich gut daran erinnern, daß Monseñor Escrivá auf diesem Schiff nach Genua reiste, weil auf genau demselben Schiff mein Vater die entgegengesetzte Überfahrt von Genua nach Barcelona unternommen hatte, unverzüglich nachdem Monseñor Escrivá in Genua angekommen war. Ich war mit meiner Mutter und meinem kleinen Bruder nach Barcelona gefahren, um ihn zu empfangen und hatte von dem Schiff ein Foto aufgenommen. Als ich noch nicht dem Opus Dei angehörte, befragte ich meinen Vater zu dem ‹schrecklichen Unwetter›, in das die *J.J. Sister* während der vorausgegangenen Fahrt nach Genua geraten sein sollte, und mein Vater erwiderte mir, man habe es während seiner Überfahrt nicht als etwas ‹Ungewöhnliches› erachtet, sondern zu der Jahreszeit als die normalste Sache der Welt.

Tatsache ist, daß, als Monseñor Escrivá 1964 nach Barcelona zurückkehrte, ihn das Rathaus der Stadt, deren Bürgermeister dem Opus Dei sehr ergeben war, ‹Adoptivsohn Barcelonas› nannte.

Wenn auch das Leben in der Verwaltung in Barcelona angenehm war, so war doch der Lebensplan genauso strikt wie in jedem anderen Haus, und die Sitte, keine Zeit zum Lesen zu haben, so wie es auch nicht üblich war, Zeitung zu lesen, war gleichlautend mit der in den anderen Häusern, in denen ich vorher gewesen war.

Man sprach davon, daß die Frauen in Barcelona, als zukünftiges Apostolat des Opus Dei, eine ‹Schule für Kunst und Haushalt› eröffnen sollten, in der Kurse in Kochen, Kunsthandwerk, Malerei, etc. für junge Mädchen stattfanden, die keinen Universitätsabschluß besaßen. Diese Schule sollte eher so geartet sein, daß uns grundsätzlich Frauen aufsuchen konnten, gleichgültig, ob sie am Unterricht teilnahmen oder nicht. Innerhalb des Opus Dei bestand viel Interesse an Barcelona, da es eine Stadt war, die über starke ökonomische Mittel verfügte, was für die Entwicklung des zukünftigen Werkes nur von Nutzen sein konnte.

Während meines Aufenthaltes in Barcelona konnte ich wieder einmal feststellen, daß unser Leben, das Leben einer Numerarierin, nicht das Geringste mit dem Apostolat unter den Armen zu tun hatte, wenngleich den Mädchen von San Rafael empfohlen wurde, sie sollten, im allgemeinen am Samstag, den Armen einen Besuch abstatten. Wenn ich einmal mit der Leiterin über das Apostolat gegenüber armen Leuten sprach, wurde mir geantwortet, daß sich dem andere kirchliche Kongregationen annahmen, ‹unser Anliegen› aber darin bestehe, das Apostolat ‹unter den Intelektuellen›, mit anderen Worten, unter den leitenden Persönlichkeiten der Gesellschaft vorzunehmen. Genau das hörte ich Jahre später direkt aus Monseñor Escrivás Munde, wenn er auch empfahl, die jungen Mädchen, die in unsere Häuser kamen, sollten dennoch in Begleitung einer jungen Berufenen des Opus die Armen besuchen, um sich auf diese Weise dem Opus Dei zu nähern. Das bedeutete, daß die Besuche bei den Armen eher eine weitere Gelegenheit waren, Bekehrungen an den jungen Mädchen, die zu uns ins Haus kamen, vorzunehmen, als ein echtes Apostolat für diese hilfsbedürftigen Personen.

Ungefähr im September wurde mir gesagt, ich solle Barcelona verlassen, da mein ‹permanenter› Bestimmungsort Bilbao sei, die Männerresidenz ‹Abando›, wo ich endgültig, ohne größere Veränderungen in Zukunft bleiben würde. Man sagte mir gleichfalls, ich würde dort das San-Rafael-Werk weiterführen. Ganz konkret wurde ich angewiesen, ‹den gesellschaftlichen Stil der Numerarierinnen in der Stadt etwas anzuheben, da er sehr niedrig sei›.

Und wie es so Sitte im Opus Dei ist, befindet man sich bereits drei Tage nach der Ankündigung des Ortswechsels auf dem Weg zum neuen Bestimmungsort. Ich mußte akzeptieren, daß es nie mehr etwas Beständiges in meinem Leben geben würde. Ein Satz von mir verblieb wie eine Redensart im Opus Dei: ‹Man wußte zwar immer, wo man aufstand, aber nie, wo man sich schlafenlegte›. Und das stimmte. Seit ich nach Barcelona gekommen war, bereitete ich mich auf den neuen Kursus vor, und kam genau bis zur Mitte. Mein Aufenthalt in Barcelona ließ mich die neuen Supernumerarier und Ordensangehörigen des Opus Dei erahnen, vor allem aber wurde mir ganz klar, daß es für mich nichts ‹Endgültiges› mehr im Leben geben würde. Sobald ich mich an einem Ort eingewöhnt hatte, erhielt ich einen Befehl zum Wechsel. Da unser Leben in dem weltlichen Institut sich so sehr von dem der Nonnen unterschied, hätte ich niemals gedacht, daß es in bezug auf die ‹Wechsel› beinahe identisch mit dem ihren war. Und das war mein neuer Beitrag zum Opus Dei und zum Fanatismus meines Lebens in dem Institut: meine Verfügbarkeit für Ortswechsel, so viele Male wie sie zum Wohle für Werk und Apostolat notwendig erschienen, ungeachtet meiner eigenen Gefühle.

Diese Wechsel stießen bei allen, die sie betrafen, auf Abneigung, und ich sage noch einmal, ich sehe darin eine Unstimmigkeit zu dem Satz ‹um Apostolat und Bekehrung vorzunehmen, müssen wir wahre Freunde der Personen sein›. Nichtsdestoweniger nahm ich diese Unstimmigkeit blindlings an, als eine Form, den ‹guten Geist› des Opus Dei zu erlangen, der so ‹notwendig› für unsere Heiligkeit inmitten der Welt war.

Ich verließ Barcelona und hinterließ eine kleine, aber sorgfältig ausgewählte Gruppe Neuberufener, mit denen ich, gemäß der Sitte des Opus Dei, keinerlei Freundschaft weiterführen durfte.

Die Numerarierinnen in Barcelona beneideten mich nicht um meinen neuen Bestimmungsort, außer einer, die aus Bilbao stammte.

Bilbao: ‹Abando›

Über meinen Aufenthalt in Bilbao gibt es nichts Besonderes zu berichten; nur die Darstellung des Lebens einer Numerarierin des Opus Dei in der Verwaltung einer Studentenresidenz. Der Bericht über ständige Arbeit in einem routinierten Lebenswandel, dunkel, verstohlen und selbstverständlich fern den Abwechslungen jegliches Durchschnittschristen, einzig versunken in die Lebensweise des Opus Dei, darauf aus, die Elite der Stadt zu bekehren, ohne Apostolat für die Armen. All das waren notwendige Schritte, um aus mir eine Numerarierin ‹mit gutem Geist› zu machen, wobei es, aus der Ferne betrachtet, eher das Finale der Verwandlung einer Frau mit Charakter und Persönlichkeit war, als die ich mich sah, in ein weiteres Stück dieses *Puzzles*, genannt Opus Dei, die Verwandlung in eine Fanatikerin, die sich wie eine Marionette auf die Impulse der Fäden hin, die hinter ihr gezogen wurden, bewegte.

Als ich mit dem Zug in Bilbao angekommen war, nahm ich, erschöpft von der langen Reise von Barcelona hierher, ein Taxi zur Residenz ‹Abando›. Ich hatte keine genaue Vorstellung von der Stadt, stellte sie mir aber, nach allem was ich darüber gehört hatte, ziemlich grau vor; wie es auch tatsächlich der Fall war, selbst wenn im Sommer die Sonne wegen der außerordentlichen Feuchtigkeit einen beklemmenden Glanz ausstrahlte.

Im Haus empfing mich Dorita Calvo, die Leiterin der Verwaltung. Ihr gütiges Lächeln war ein ermutigendes Willkommen. Sie war jemand, die ihre Autorität nicht ausspielte, deren Kenntnis und Kompetenz als Leiterin aber so deutlich waren, daß man ihr blind folgte. Dorita mußte man einfach mögen. Sie hatte Vertrauen in meine Arbeit, die ich in der Verwaltung ausführte, selbstverständlich im Sinne des Opus Dei. Was dagegen die persönliche Art und Weise betraf, in der sich die Numerarierinnen zurechtmachten, ermunterte sie uns, das Haar kurz schneiden zu lassen, wohingegen sich Rosario Orbegozo, die zentrale Leiterin, beschwerte, als man mir einmal in ‹Los Rosales› das Haar schnitt.

Mercedes Morado war die Vizeleiterin und Tere Morán die Sekretärin. Man erwartete meine Ankunft, damit Dorita und Tere mit dem Jahreskursus beginnen konnten, der in der Residenz ‹Abando›, in dem den Männern vorbehaltenen Teil des Hauses, abgehalten wurde. Man nutzte die Tatsache, daß das Haus leer war, denn die Studenten waren in den Ferien, und die Numerarierinnen des *consejo local* nahmen an ihrem Jahreskursus außerhalb von Bilbao teil.

Wir blieben also nur drei Wochen in der Verwaltung: Mercedes Morano als Leiterin, Loli Mouriz, die Schwester von Anina, die den Schulungskursus mit mir in ‹Los Rosales› besucht hatte, und ich.

Diesen Jahreskursus in ‹Abando› führten Numerarierinnen durch, die zur *Asesoría Central y Regional* gehörten, sowie einige Leiterinnen von Frauenhäusern des Opus Dei, die lediglich Verwaltungen waren, außerdem die Leiterin der ‹Zurbarán›-Residenz in Madrid. Im Opus Dei herrscht ein militärischer Sinn für Hierarchie. Damit meine ich, die jährlichen Schulungskurse, Exerzitien, etc. werden in der Weise organisiert, daß die teilnehmenden Numerarierinnen in homogenen Gruppen zusammenkommen, also Kurse für Leiterinnen, für Oberinnen, für Neuberufene, etc. Man vermeidet unter allen Umständen eine ‹Mischung›.

Monseñor Escrivá war in den ersten Zeiten des Opus Dei bei seinen Besuchen in Bilbao völlig verliebt in das Haus, die Gewohnheiten, den Stil und die Eleganz von Señora Carito Mac Mahon. So sehr, daß er bestrebt war, diesen Stil für das Opus Dei zu übernehmen; angefangen von den Uniformen der Dienstmädchen bis hin zur Art des Servierens bei Tisch.

In der Verwaltung kümmerte sich Loli Mouriz um die Küche, und ich wurde mit Wäsche, Saubermachen und Tischdecken beauftragt. Innerhalb des Opus Dei waren die Mouriz-Schwestern – mehrere aus der Familie waren Numerarierinnen – für ihre Eigentümlichkeit bekannt, womit ich eine sehr ausgeprägte Persönlichkeit meine. Ich habe zuvor bereits meinen Eindruck von Anina wiedergegeben. Mit Loli in Bilbao kam ich gut zurecht. Ich akzeptierte ihren starken Charakter, so wie sie auch meinen hinnahm, aber beide versuchten wir, den Geist des Opus

Dei zu erwerben. Ebenso wie Anina war auch Loli jünger als ich, sehr gut erzogen und gebildet. Sie hatte viel gelesen und war sehr sensibel für Kleinigkeiten. Vor allem aber war Anina ebenso wie Loli offen und direkt.

Im Gegensatz dazu war Mercedes Morado, die Vize-Leiterin der Verwaltung, die in jenen Wochen die Leiterin ersetzte, gar nicht direkt. Es schien immer, als warte sie nur darauf, daß jemand einen Fehler beging, um ihn dann dafür zu tadeln, aber nicht liebevoll, sondern disziplinarisch. Ich kannte sie nicht nur von ‹Zurbarán› her, als sie an denselben Exerzitien wie ich teilnahm und darin um ihre Aufnahme als Numerarierin ersuchte, sondern auch noch aus dem *Consejo de Investigaciones Científicas* mit Doktor Panikkar, da sie des öfteren herüberkam, um mit ihm zu sprechen, während sie noch Philosophie mit Hinblick auf ein Lehramt studierte. Und ich kannte auch Mercedes de Segovia, da ihre Familie mit meiner befreundet war. Seltsamerweise freute ich mich, sie als Leiterin zu sehen, und dachte, alles würde gut verlaufen, da wir beide im gleichen ‹Geist› standen. Mercedes hatte am letzten Schulungskursus des Sommers in ‹Los Rosales› teilgenommen. Während der Wochen, in denen sie die Leiterin der ‹Abando›-Verwaltung vertrat, wurde mir klar, wie rigide sie war. Verging zum Beispiel ein Tag, ohne daß ich einen brüderlichen Tadel an Loli oder ihr vornahm, nahm sie selbst den brüderlichen Tadel an mir vor, bezogen auf meinen Mangel an Sensibilität, nicht die eine oder andere Kleinigkeit bemerkt zu haben. Sie wurde schließlich unerträglich, da sie während des Unterrichts ständig wiederholte, der brüderliche Tadel sei notwendig, um einen Fehler im Verhalten oder in der Geisteshaltung, der uns auffiel, zu korrigieren; bestünde aber nicht darin, eine ‹polizeiliche› Geisteshaltung anzunehmen und geringfügige Gründe zum Korrigieren zu ‹suchen›. Ich hatte immer den Eindruck, daß Mercedes Morado mir gegenüber so etwas wie einen Gesellschafts-Komplex hatte, vielleicht weil wir aus gesellschaftlich unterschiedlichen Kreisen stammten. Sie wußte, daß meine Familie in Spanien sehr bekannt war, so wie ich wußte, daß ihre es nicht war. Und diese Tatsache, die an und für sich keine Bedeutung hat, schaffte eine spürbare Spannung. Zudem machte sie auf mich den Eindruck, als nutze sie ihre Position als Leiterin, um zu verhindern, daß ich eine Stufe in der Hierarchie überspringe. Mein Umgang mit Mercedes war streng nach Protokoll, da sie zu keinem anderen Verhalten Anlaß gab: sie war stets so distanziert, daß man nicht wußte, was in ihr vorging. Sie verhielt sich mir gegenüber korrekt, stellte aber stets klar, daß sie die Leiterin war.

Im Verlauf der Jahre wurde Mercedes Morado zur Leiterin der zentralen Beratungsstelle ernannt, und ich traf sie in Rom wieder, während meiner letzten Etappe im Opus Dei.

Der Zeitplan wurde im Haus um jeden Preis eingehalten. Zwischen uns drei Frauen gab es den ganzen Tag über keinerlei Gespräche, mit Ausnahme der halben Stunde, die das Mittagessen oder das Abendessen dauerte, bzw. die halbe Stunde Kaffeepause. Ansonsten arbeitete jede in ihrem kleinen Bereich in der Verwaltung, sogar vom Arbeitsplatz her waren wir voneinander getrennt.

Seit meiner Ankunft in Bilbao war ich völlig davon in Anspruch genommen, sauberzumachen, Wäsche zu bügeln und die Tische einzudecken. Da wir in der Verwaltung nur zu dritt waren, kamen wir kaum zum Luftholen. Ein einziges Mal während all der Zeit ging ich aus, um mit den anderen Kursteilnehmerinnen das Sanktuarium der heiligen Jungfrau von Begona, in der Umgebung von Bilbao, aufzusuchen.

Nach ihrem Jahreskursus für die Numerarierinnen kam Dorita wieder als Leiterin in die Verwaltung, Mercedes wurde wieder Vize-Leiterin und Tere Sekretärin. Tere war ein sehr feinfühliger Mensch. Es war sehr angenehm, mit ihr zu arbeiten.

Unsere Routine in ‹Abando› folgte dem klassisch asketischen Rhythmus des Opus Dei. Wir hatten keinerlei Zerstreuung, und selbstverständlich lasen wir weder Zeitung noch ein Buch, das nicht zu der für uns bestimmten geistigen Lektüre gehörte. Wir pflegten wenig auszugehen. Nur Tere, die mit den Einkäufen beauftragt war, ging täglich aus dem Haus, aber wir anderen machten nur manchmal mit den Dienstmädchen einen Spaziergang bis nach Las Arenas oder Algorta; aufgrund der Entfernung eher ein Ausflug.

Unsere Dienstmädchen gehörten nicht zum Opus Dei, und sie konnten sonntagnachmittags ausgehen, auch an einem Tag während der Woche, wenn sie eigene Besorgungen zu machen hatten.

Das Haus, in dem sich die Verwaltung von ‹Abando› befand, war hübsch, komfortabel und geschmackvoll eingerichtet. Man erzählte uns, Don Pedro Casciaro habe es ausgestattet, ein Priester des Opus Dei, der sich zu der Zeit bereits als Beiratsmitglied in Mexiko aufhielt. Im ersten Stock befand sich der kleine Besuchersaal und im zweiten das Schlaf- und Arbeitszimmer der Leiterin sowie die Schlafräume der Numerarierinnen; alle waren Einzelzimmer mit Schrank und Waschbekken. Es gab nur ein Badezimmer, deshalb mußten Tere und ich des öfteren wechselweise die Dusche der Dienstmädchen benutzen. Für die morgendliche Reinigung stand nicht mehr als eine halbe Stunde zur Verfügung.

Die Fenster der Schlafzimmer in der Verwaltung waren teilweise zugenagelt, da sie auf den gleichen Innenhof wie die Fenster der Residenzbewohner gingen. Die Hauskapelle war vergittert. Sie war groß genug, aber auch hier war alles streng nach Regeln wie in Córdoba organisiert: ein tagsüber zugezogener roter Samtvorhang, der nur das Sakramentshäuschen sehen ließ. Während der Messe wurde der Vorhang aufgezogen, aber wir hatten Licht in unseren Betstühlen, damit wir das Meßbuch lesen konnten, ohne von der Residenz her gesehen zu werden. Die Kommunion erhielten wir durch das Fensterchen, das die Leiterin zu diesem Zweck aufschloß; den Schlüssel dazu verwahrte sie sorgfältig in ihrem Arbeitszimmer.

Eine von uns pflegte abwechselnd mit einigen Dienstmädchen zur Messe in eine öffentliche Kirche zu gehen. Auf diese Weise konnte man das Frühstück zubereiten, während die Residenzbewohner in der Hauskapelle waren, und gestattete den anderen Numerarierinnen, die Messe im Haus zu hören. Es gab acht oder zehn Dienstmädchen, die genaue Anzahl weiß ich nicht mehr. Jede von ihnen hatte ihr eigenes Zimmer (das innerhalb des Opus Dei ‹Kamarilla› genannt wird), ausgestattet mit Schrank und Waschbecken. Außerdem gab es ein Badezimmer mit mehreren Duschen. Die Kamarillas befanden sich im Kellergeschoß des Hauses.

Im allgemeinen trugen die Dienstmädchen bei der Arbeit einen farbigen, meist blauen Kittel, sowie eine weiße Schürze. Zu der Zeit trugen sie auch noch weiße Hauben, um ihr Haar zu bedecken. Die Mädchen, die bei Tisch bedienten, trugen schwarze Uniformen mit einem weißen Schürzchen sowie weiße Häubchen, und an Festtagen auch weiße Handschuhe. In der Bügelstube trugen alle blaue Kittel mit weißen Schürzen, außer derjenigen, die die Haustür zu öffnen hatte; sie trug die schwarze Uniform.

Wir hatten in der Bügelstube das Schaltbrett für die Klingel und wußten von der Nummer her, ob an der Tür geläutet wurde oder ob es die Leiterin war. Es gab auch Haustelefone im Zimmer der Leiterin, in der Küche, in der Bügelstube und im Zimmer der Sekretärin.

Ich war nicht für das Bügeln verantwortlich, sondern dafür, daß alles gut funktionierte, und daß die Wäsche völlig ordentlich zurückgegeben wurde, ohne daß ihr etwa ein Knopf fehlte.

Ich frage mich, wie viele Stunden meines Lebens ich wohl in der Bügelstube von ‹Abando› verbracht haben mag. Die Freitage waren immer besonders mit Arbeit ausgefüllt, da ich die Wäsche in die Wäschefächer einräumen und dafür sorgen mußte, daß jedes gebügelte Stück auch die Nummer des entsprechenden Wäschefaches trug. Wenn ein Wäschestück nicht auftauchte, war das ein ernstes Problem, denn dann mußte man erneut sämtliche Wäschefächer durchsuchen, bis das verschwundene Stück auftauchte. Meistens kam die Leiterin am Freitag hinunter in die Bügelstube, um zu sehen, wie die Dinge liefen.

An den Samstagabenden, während die Residenzbewohner zu Abend aßen, betrat ich mit zwei Dienstmädchen die Residenz, und wir verteilten die Beutel mit der sauberen Wäsche auf die Betten eines jeden, denn auf dem Zettel, den sie mit der schmutzigen Wäsche abgegeben hatten, stand ebenfalls die Zimmernummer.

Ich widmete mich mit Leib und Seele dieser Arbeit und brachte Gott viele Male all meine Mühen und Abneigungen dar.

Eine seltsame Kleinigkeit in Bilbao fiel mir schwer: Bohnerwachsen. Die Böden der Residenz und des verwalteten Hauses bestanden aus Parkett, und man mußte außer dem normalen Wachs ein Wachs ‹mit dem Stecken› auftragen. Dabei handelte es sich um einen Stab, der in Form einer Gabel auslief, in die ein Stück Hartwachs geklemmt war. Diesen Stab hatte man von links nach rechts und von rechts nach links, immer den Fasern des Holzes folgend, zu bewegen. Es gab keine elektrischen Maschinen, um den Boden zum Glänzen zu bringen, so daß wir uns Bürsten und Scheuerlappen unter die Füße schnallten, um ‹tanzend› das Wachs aufzutragen. Es war eine knochenharte Arbeit. Diese Art und Weise, Glanz auf den Boden zu bringen, bewirkte im Laufe der Jahre bei vielen Numerarierinnen Krankheiten der Gebärmutter, so auch in meinem Fall. Unabhängig davon, ob man seine Regel hatte oder nicht, es wurde gebohnert, und natürlich mußte ich den Dienstmädchen mit gutem Beispiel vorangehen.

Ich war erst kurze Zeit in Bilbao, da wurde uns gesagt, man würde in Las Arenas eine Schule für Kinder, genannt ‹Gaztelueta›, eröffnen, die aber ‹eine Ausnahme innerhalb des Opus Dei darstelle, da unsere Mission nicht darin bestehe, Kinder nach Art von Nonnen zu erziehen›, wie uns Monseñor Escrivá erzählt hatte. Wir wußten, daß Don Antonio Pérez als Generalsekretär des Opus Dei derjenige war, der sich darum am meisten gekümmert hatte.

‹Gaztelueta›

Da die Eröffnung der Schule unmittelbar bevorstand und die Numerarier des *consejo local* von ‹Gaztelueta› vor Weihnachten in den Häusern wohnen würden, befahlen uns die Oberinnen aus Madrid, auch in ‹Gaztelueta› eine Verwaltung einzurichten, so daß man keiner externen Arbeit bedürfe. Mercedes Morado wurde zur Leiterin ernannt, María Ampuero zur Vize-Leiterin, mit deren Schwester María Paz ich in der *Escuela de Comercio* studiert hatte, und die Sekretärin wurde Pina. Sowohl María Ampuero als auch Pina waren eine Woche zuvor in ‹Abando› eingezogen. Aus diesem Grund wurde der ‹consejo local› in der ‹Abando›-Verwaltung neu gestaltet. Dorita Calvo folgte als Leiterin, Tere als Vize-Leiterin, und mich ernannten sie zur Sekretärin. Auch Loli Mouriz wohnte weiterhin in ‹Abando›.

Dieser Wechsel brachte auch einen Zimmerwechsel mit sich: Die Sekretärin bewohnte ein etwas größeres Zimmer als die anderen, zudem ein *bureau*, in dem alle Rechnungsbücher und das Geld aufbewahrt wurden.

Das ‹San Rafael-Werk› war gut organisiert. Es gab eine Kartei mit den Namen der Mädchen, die ins Haus gekommen waren, sowie mit Einzelheiten aus ihrem Leben, über ihren Charakter, etc., nebst Adresse und Telefonnummer.

Wir hatten ein Telefon in der Verwaltung, was den Kontakt mit den Mädchen erleichterte. Und wieder war ich von einer Gruppe gutmütiger junger Frauen umgeben.

Während meines Aufenthalts in Bilbao bat Begoña Elejalde, die zu der Zeit noch unglaublich jung war, um ihre Aufnahme als Numerarierin. Begoña wurde Jahre später eine der Gründerinnen der Frauenabteilung des Opus Dei in Venezuela. Ich war mit ihr zusammen in dem Land, und irgendwie ergab es sich immer, daß wir im selben Haus wohnten. Da Begoña so jung war, ermunterte ich sie dazu, immer großzügig bis zum Ende zu sein und ihre Schwestern zu bekehren. Praktisch vollzog ich an Begoña das, was man mir beigebracht hatte, achtete aber darauf, immer sehr liebevoll und voller Verständnis mit ihr zu verfahren, während ich ihr Innenleben mit ihr durchging, da ihr die Dinge nicht so hart erscheinen sollten, wie sie mir erschienen waren. Begoña war ein intelligenter Mensch und eine Künstlerin. Sie verfügte über einen guten Geschmack und einen angeborenen Sinn für Dekoratives. In Venezuela leitete sie den Unterricht für dekorative Gestaltung in der *Escuela de Arte y Hogar* ‹Etame› und hinterließ Spuren ihres Kunstsinns in den Häusern des Opus Dei in Caracas.

Wenn diese jungen Mädchen ins Haus kamen, sprachen sie zu mir voller Vertrauen. Sie erzählten mir, was sie den Tag über getan hatten und wie die Stimmung bei ihnen zu Hause war, da sie ihre Familien darauf vorbereiteten, daß sie so schnell wie möglich dem Opus Dei beitreten wollten. Natürlich begann ein junges Mädchen, das den Brief an Monseñor Escrivá geschrieben hatte, im Rahmen des Möglichen den vollständigen Lebensplan einer jeden von uns einzuhalten. So nutzten sie zum Beispiel die Zeit, die sie in unseren Häusern verbrachten, um Bußgurt und Geißel anzuwenden. Dadurch vermieden sie es, daß zu Hause ihre Familienangehörigen diese Instrumente zur körperlichen Züchtigung entdeckten. Dann wieder galt es, das finanzielle Problem zu lösen, und dem Werk den festgesetzten Beitrag für die ersten beiden Jahre sogenannter Schulung zu zahlen.

Auch Mirufa Zuloaga ersuchte um ihre Aufnahme als Numerarierin. Uns verband sogleich gegenseitige Sympathie. Sie war so alt wie ich, und wir sprachen die gleiche Sprache. Ihre Art zu leben, weit gereist zu sein und sich zu amüsieren entsprach der meinen. Mirufas Familie bestand größtenteils aus Künstlern, und ich kannte einen ihrer Onkel, einen Maler, da er ein Freund meiner Familie war. All diese Zufälle scheinen belanglos, spielen aber für das Bekehrungswerk des Opus Dei eine große Rolle. Jahre später kam Mirufa nach Rom, als auch ich dort lebte. Tere González war ein anderes der jungen Mädchen, die zu der Zeit um Aufnahme als Numerarierin baten. Tere war die Güte selbst: Sie akzeptierte alles mit großer Fügsamkeit und nahm es wortwörtlich, wenn ich ihr sagte, sie sei bestimmt von Gott gesandt.

Sowohl Mirufa Zuloaga als auch Begoña Elejalde und Tere befragten mich nach dem Opus Dei und dem *Padre*. Ich hatte mir bereits die Indoktrinierung des Opus Dei dermaßen angeeignet, daß ich zu den Neuberufenen völlig natürlich davon redete: ‹Sie seien die Ersten›, ‹die Mission, die Gott dem *Padre* erteilt habe›, von ‹Molinoviejo›, von ‹der

Glücksseligkeit, alles darzubringen, ohne etwas dafür zu erhalten›; mit solchem Enthusiasmus, daß ich die Flamme der Liebe zum Opus Dei über alle anderen Formen der Liebe setzte, die Pflicht den eigenen Eltern gegenüber mit eingeschlossen, mit der gleichen Art von Manipulation, die man auf mich verwandt hatte. Das Seltsame an der Geschichte ist, daß jemand, der sich in einen völligen Fanatiker verwandelt hat, einen bestimmten Magnetismus ausstrahlt, der sogar Menschen, die sich für eine überlegene Persönlichkeit halten, mitreißen kann. Dies ist die schreckliche Stärke des in allen Sekten herrschenden Fanatismus: Leute von außen können sich nicht erklären, daß eine Person sich in so kurzer Zeit ‹so sehr verändern› kann. Der Glaube, den die jungen Mädchen, beispielsweise die drei genannten, in mich setzten, war grenzenlos. Mir war andererseits meine Verantwortung als ‹Instrument in den Händen Gottes durch sein Werk› klar. So nannten es die Oberinnen, und ich sah es vollständig als solches an.

Die Mädchen in Bilbao waren sehr verschieden von denen in Córdoba. So verschieden wie die Städte selbst. Jede von ihnen hat ihre charakteristischen Eigenarten. Die Mädchen aus Bilbao sind in ganz Spanien dafür bekannt, reizend zu sein. Das soll nicht heißen, daß sie besser als die andalusischen Mädchen seien, aber sie besitzen doch ein sehr besonderes Gepräge. Die Gesellschaften in Bilbao und Andalusien sind zwei sehr unterschiedliche Gesellschaften Spaniens, und man kann schwerlich behaupten, eine sei besser als die andere. Sie sind ganz einfach verschieden.

Ich ging kaum aus, aber die Mädchen kamen beinahe jeden Nachmittag und an den Tagen, an denen man im Kreis zusammenkam, für eine kurze Zeit ins Haus. Wenn sie da waren, erhielt ich Bescheid, und ich ging hinauf in den kleinen Saal, um mit der einen oder anderen über ihr Leben und eventuelle Probleme zu reden. Meine Mission bestand darin, sie aufzumuntern, damit sie über die Trennung von ihrer Familie und all dem, was bisher ihr Leben ausgemacht hatte, hinwegkamen und sich ohne den geringsten Zweifel in die Arme des Opus Dei stürzten, mit all der Kraft ihrer Seele und dem Enthusiasmus ihrer jungen Jahre.

Im großen und ganzen war mein Leben in der Verwaltung von ‹Abando› sehr angenehm. Zum einen war die Leiterin Dorita Calvo eine sehr verständnisvolle, sehr gebildete und schlichte Frau. Sie besaß ein Charisma, das aus der allerersten Zeit des Opus in Rom, aus dem Hause von Monseñor Escrivá, stammte. Immer wieder baten wir sie, uns Geschichten von ihm zu erzählen, und nach all den Jahren ist mir heute bewußt, daß alles, was Dorita erzählte, eher unterhaltsame Anekdoten aus dem Familienleben im Hause des Opus Dei waren, aber nichts Wesentliches in bezug auf die Wesensart von Monseñor Escrivá aussagte. Das einzige, was sie uns immer wieder erzählte, war, daß ‹der *Padre* es schätzte, wenn man etwas gut machte›.

Meine Vertrauensgespräche mit Dorita Calvo waren sehr aufrichtig, und sie tat alles, um mir bei meiner Annäherung an Gott behilflich zu sein. Fraglos waren die drei grundsätzlichen Punkte des Vertrauensgespräches folgende: Glaube, Reinheit und *Weg* (camino). Was mich betrifft, so hatte ich Gott sei Dank niemals Zweifel am Glauben, und mein Vertrauen in Gott war stets grenzenlos; was die Reinheit anging, konnte ich genau ausführen, wie ein sexueller Impuls überwunden werden konnte; was den *Weg* (camino), bzw. die Berufung, betraf, hegte ich ebenfalls keine Zweifel.

Um in groben Zügen ein Beispiel eines Vertrauensgespräches zu geben, muß ich an eines während meiner Zeit in Bilbao denken:

Ich schlug meinen Taschenkalender auf – den typisch spanischen ‹Luxindex›, der aus einem der zahlreichen Unternehmen, die vom Opus Dei geleitet werden, stammt – in den sorgfältig die Punkte/Vergehen für die Vertrauensgespräche eingetragen wurden, und begann, ihr von der Erfüllung der Normen des Lebensplans zu erzählen. Zum Beispiel, wenn ich beim Aufstehen Trägheit verspürt hatte, oder wenn ich einen Augenblick verweilt hatte, bevor ich mit einem Satz aus dem Bett gesprungen war und den Boden geküßt hatte, während ich ‹Serviam!› rief; wenn mir die geistige Lektüre anschließend dazu diente, meine persönliche Meditation vorzunehmen, und in welcher Weise ich die einzelnen Punkte in meinem eigenen Leben anwandte; ob ich während des Gebets zerstreut gewesen oder eingenickt war; ob ich den brüderlichen Tadel vorgenommen hatte oder nicht; ob ich routiniert oder ganz konzentriert die drei Teile des heiligen Rosenkranzes gebetet hatte; ob ich in meiner körperlichen Züchtigung ‹großzügig› gewesen sei (damit ist gemeint, ob ich meinen Bußgurt in maximaler Enge umgeschnallt hätte, oder nicht, und ob ich die Geißel mit aller Kraft oder nur milde benutzt hätte).

Bei all diesen Punkten machte mir die Leiterin bewußt, daß das ‹Fühlen› nicht wichtig sei, sondern das ‹Zurückweisen›, bzw. im entgegengesetzten Fall das ‹Mitfühlen›. Die Ratschläge waren in asketischer

Hinsicht heilsam und zielten darauf ab, einen eisernen Willen, wie eine Panzerung zur Abwehr von Gefühlen, zu bilden – ‹Gefühlsduselei› ist das listige, im Opus Dei geläufige Wort. Bis hierher und aus strenger Sicht gesehen, ist alles einer asketischen, christlichen Geisteshaltung gemäß korrekt. Bis hierher würde ich es Teil A des vertraulichen Gesprächs nennen, das in gewissem Sinne eine detailliertere Ausführung der wöchentlichen Beichte darstellte. Teil B würde ich ‹Manipulation› nennen, wenn die Leiterin die Vertraulichkeit ausnutzt und hinzufügt, daß ‹es› (bezogen auf das Asketische) an sich keine so große Bedeutung hätte wie die Art, in der ich meine ‹Verbindung mit dem Padre› lebte. Mit anderen Worten, all' meine verrichtete Arbeit, mein gesamtes entwickeltes Innenleben, alles müsse im Dienste von Monseñor Escrivá stehen. Zwischen dem Opus Dei und Monseñor Escrivá gab es keine Grenze, sie waren eins, da der Padre das Opus Dei ‹geboren› hatte. In den vertraulichen Gesprächen wurden wir nicht nach unserer Liebe zum Papst, zur Kirche, zu den Armen gefragt, sondern nach unserer ‹Liebe zum Padre›.

Man wollte uns durch diesen Kult eine an Unmöglichkeit grenzende Ehrerbietung für ihn empfinden lassen, und es wurde vorausgesetzt, daß absolut alles, vom ersten Gebet bis zur Selbstgeißelung, auf ‹die Dinge, die der Padre über alle persönlichen und kirchlichen Gedanken hinaus im Kopf hatte› gerichtet war. Der Satz des Opus Dei, wonach ‹wir uns nicht um die Dinge sorgen, sondern um sie kümmern› sollten, besagte, daß nichts, absolut nichts in unserem Leben die geringste Bedeutung hatte. Einzig der Padre war von Bedeutung, und folglich hatten wir die Dinge des Padre als über allen anderen Dingen stehende zu erachten. Man muß auch bedenken, daß wir Numerarierinnen dem Padre, Monseñor Escrivá, ‹mindestens› einmal im Monat schreiben mußten, wenn man es nicht tat, wurde es als ‹schlechter Geist› oder ‹Mangel an geistiger Verbundenheit› gedeutet. Dagegen hatte es nicht die geringste Bedeutung, wenn wir unserer Familie nicht schrieben... Die Leiterin, also im Grunde das Opus Dei, benutzt die vertraulichen Gespräche als Instrument zur Indoktrinierung, um Behauptungen aufzustellen, um auf diesen und jenen Punkten im Leben einer Numerarierin zu beharren, mit dem Ziel, sie zuerst dazu zu bringen, die Doktrin des Opus Dei zu übernehmen, dann alles, was damit einhergeht. Das vertrauliche Gespräch im Opus Dei ist meiner Meinung nach die absolute Form der Kontrolle der menschlichen Freiheit seiner Mitglieder, zudem eine ganz eindeutige Form der Gehirnwäsche, die, auch wenn sie nicht so genannt wird, sondern sich unter dem Mäntelchen des ‹guten Geistes› oder der ‹Schulung› verbirgt, an jedem Mitglied des Opus Dei durchgeführt wird.

In jener Zeit hatten wir auch Listen mit den Namen von Personen aufzustellen, die finanziell das *Colegio Romano de la Santa Cruz* des Opus Dei in Rom unterstützen konnten. Auch das war Thema der vertraulichen Gespräche. Und selbstverständlich, wie jemand die Bekehrung durchführte. In diesem Punkt verfaßte ich einen detaillierten Bericht über all die ‹San-Rafael›-Mädchen: wieviele es waren, worüber wir gesprochen hatten, welche Probleme sie hatten, über ihre Vertraulichkeiten. Und oftmals gab mir die Leiterin hier und da Anweisungen zu dem, was ich zu sagen, oder wann ich etwas, das den Geist des Opus Dei nicht korrekt wiedergab, richtigzustellen hätte. Heute verstehe ich, daß in den vertraulichen Gesprächen die Seelen der anderen Personen abgetastet wurden, da ich intime Dinge an die Leiterin weitergab sowie an jede Oberin, die mich befragten und sich nach diesem oder jenem Mädchen erkundigten. Und an dieser Stelle müßte ich eigentlich ein ‹mea culpa› anstimmen, da ich die Geschichten auch weitergab, als ich Ämter in der Zentrale in Rom bekleidete. Das Wichtigste in den vertraulichen Gesprächen war, zu erzählen, wie man den Geist des Opus Dei und besonders ‹die Liebe zum Padre› lebte.

Ich muß gestehen, daß bereits viele andere Personen mein Bewußtsein und meine Seele manipuliert hatten, bevor ich in Doritas Hände gelangte. Mit anderen Worten, diese vertraulichen Gespräche im Opus Dei sind das effektivste Mittel, dem menschlichen Bewußtsein alle Freiheit zu nehmen und die innersten Fasern der Personen zu manipulieren.

Es ist vielleicht interessant, sich ins Gedächtnis zu rufen, daß nach dem katholischen Kirchenrecht die Mitglieder religiöser Institutionen die Freiheit haben, ihre Seele vertraulich den Superioren zu öffnen, daß es aber keinen Punkt im Kodex des Kirchenrechts gibt, der als grundsätzliche Lebensregel das Gespräch mit den Superioren *als Pflicht ansieht*. Im Opus Dei dagegen ist das wöchentliche ‹brüderliche›, früher ‹vertrauliche› Gespräch, eine verbindliche Norm, in der Monseñor Escrivá festgelegt hat, man habe mit größter Klarheit über all die Dinge zu sprechen, die man dem Priester im Beichtstuhl mitteilte.

Monseñor Escrivá war das ‹vertrauliche Gespräch› wesentlich wichtiger als die Beichte.

Ich erfüllte meine Normen, meinen Lebensplan so gut ich konnte. Innerlich bot ich in meinem Gebet meine Arbeit all jenen Seelen dar, mit denen ich Umgang hatte, und es war insgesamt, als habe sich mein inneres Leben vertieft. Als Beweis dienten mir alle meine Tätigkeiten im Opus Dei, in denen ich, gemäß dem Geist dieser Institution, den Willen Gottes erfüllte und Gott insofern zufrieden mit mir war. Im Opus Dei bildet sich der Glaube durch Frömmigkeit.

Damit will ich sagen, die Frömmigkeit wird gepflegt, damit die Leute sich nicht zu Fragestellern irgendwelcher Art heranbilden, deren Entschlossenheit sie zum wahren Glauben führen würde. Kurzum: im Opus Dei werden die Menschen verkindlicht, man läßt sie nicht reifen.

Dieses Schaffen eines infantilen Geistes, der alles in die Hände der Superioren legt, ist nichts anderes, als den Tatsachen des täglichen Lebens auszuweichen, denen sich jeder x-beliebige gläubige Christ stellt. Mir wurde klar, daß ich Gott alles, was er von mir verlangte, durch das Opus Dei gegeben hatte, und daß meine Hingabe an das Opus Dei absolut war. In meinem Leben war dieser Moment gekommen, in dem ich auf kalte Weise hinnahm, was geschah, ohne daß dies in meinem Geistesleben Wellen schlug. Ich war ein zuverlässiges Instrument in den Händen der Superioren, eine vollkommene Fanatikerin und insofern eine unproblematische Numerarierin innerhalb des Opus Dei. Deshalb besaß ich die Glückseligkeit, die man in einem Leben der Hingabe an das Opus Dei erlangen kann: die Person des Padre, die Bekehrung war für mich das Vorrangigste, abgesehen natürlich von meiner Arbeit.

Eine Zeitlang wohnten die Numerarierinnen, die nach ‹Gaztelueta› kamen, in ‹Abando›, aber bald bezogen sie bereits das neue Haus.

Es war kompliziert, in die Verwaltung von ‹Gaztelueta› zu gelangen, da man viele Wegkrümmungen durchlaufen mußte, und hinzu kam, daß die Klingel in einigen Teilen des Hauses nicht zu hören war. Am Weihnachtstag bat mich Dorita zum Mittagessen nach ‹Gaztelueta›, damit sie nicht so allein seien.

Ich ging hinüber und mußte zum ersten Mal seit geraumer Zeit alle meine Sinne anstrengen: Es kostete mich erstens Mühe, von Las Arenas her kommend, den Eingang zur Verwaltung zu finden, und zweitens verbrachte ich mehr als vierzig Minuten damit, im Regen die Klingel zu drücken, ohne daß man mich hörte, so daß ich schließlich wieder zurück ins Dorf gehen mußte, um ihnen telefonisch mitzuteilen, sie sollten mir die Tür öffnen.

Am Nachmittag gingen wir von der Schule in die Verwaltung, um sie sauberzumachen. Obwohl über Weihnachten kein Unterricht stattfand, gingen wir stets noch einmal durch alle Räume. Mercedes Morado, die Leiterin der ‹Gaztelueta›-Verwaltung, sagte, ich solle mir einen weißen Kittel anziehen und sie begleiten, so könnte ich gleich die Schule für die Kinder kennenlernen, die erste und ‹einzige, die das Opus Dei auf der Welt haben wird›, gemäß Monseñor Escrivás Worten.

‹Gaztelueta› begann seinen Betrieb 1951 und war das Resultat der Bemühungen von Antonio Pérez Tenessa, zu der Zeit Generalsekretär des Opus Dei. Ihm zur Seite stand dabei Tomás Alvira, Mitglied des Opus Dei, der aktiv im ‹Instituto Escuela›, dem bedeutendsten erzieherischen Einfluß innerhalb des ‹Institción Libre de Ensenanza›, mitgewirkt hatte.

Da das ‹Instituto Escuela› meine erste Schule und ich eine der ersten Schülerinnen gewesen war, die das neue Gebäude in der Calle de Serrano in Madrid im Jahre 1931 eingeweiht hatten, kann ich gar nicht beschreiben, wie groß mein Entsetzen jetzt als Numerarierin des Opus Dei bei der Besichtigung von ‹Gaztelueta› war. Vor meinen Augen befand sich eine Kopie, die auch in den geringsten Einzelheiten schlecht war; die Fächer der Schüler, kleine Tische anstelle von Pulten, die Anzahl der Schüler, etc.. Mir mißfiel, daß man alles Gegenständliche des ‹Instituto Escuela› für ‹Gaztelueta› nachgemacht hatte, und auf diese Weise die Leute von Las Arenas, selbstverständlich die gehobene Gesellschaft, von der ‹Originalität› der Opus Dei-Schule überzeugen wollte. Ich stellte fest, daß es sich um eine schlechte Kopie handelte, da man wesentliche Dinge übersehen hatte.

Als ich in der Nacht wieder in Bilbao zurück war, überlegte ich, warum ich so aufgebracht über die Nachahmung des ‹Instituto Escuela› in ‹Gaztelueta› war. Heute, nach all den Jahren glaube ich, mein Widerwille war so groß, weil für mich das ‹Instituto Escuela› ein besonderes Charisma hatte: Es war meine erste Schule gewesen, und die gesamte Ordnung war mir wunderbar erschienen. Jede Schülerin des ‹Insti›, wie wir es nannten, war stolz darauf gewesen, dazuzugehören. Mir war, als brächte mir ein Lichtstrahl plötzlich das Trugbild einer sehr glücklichen Vergangenheit, meiner Kindheit, in Erinnerung. Mir erschien ‹Gaztelueta› als eine Entwürdigung, ohne jedes Anzeichen des Geistes, der das ‹Instituto Escuela› belebt hatte. Es war, als hätte man die äußere Schale kopiert, dabei aber nicht den Geist einfangen können; die Freiheit, die man im ‹Instituto Escuela› genoß, die Tatsache, daß es eine gemischte Schule war, die vielen verschiedenen Sportarten, nichts von alldem gab es in ‹Gaztelueta›, das lediglich eine Schule für Kinder reicher Leute aus Las Arenas war, untergebracht in der kleinen Villa einer bekannten Familie. An der Wand, über den Marmorstufen hing ein Gobelin, versehen mit dem Motto der Schule: ‹Sea vuestro sí, sí; sea vuestro no, no› (etwa: Euer ja oder nein muß der Wahrheit entsprechen).

Im *Instituto Escuela*, dachte ich, wurde jedem Schüler so sehr eingeschärft, die Wahrheit zu sagen, daß wir keinen Wandteppich brauchten, der uns daran erinnerte, daß die Wahrheit kostbar sei.

Ich glaube, mein Ärger war daraus entstanden, daß man mir eine so schlechte Nachahmung, eine so verfälschte Kopie von etwas sehr Gutem, das ich nie vergessen werde, vor Augen geführt hatte.

Heute sehe ich ohne jeden Zweifel, daß dies immer die Taktik des Opus Dei unter der Leitung von Monseñor Escrivá gewesen war: nachahmen und anpassen. Wenn man Monseñor Escrivás Gedanken etwas genauer betrachtet, findet man nicht viele oder gar großartige, originelle Ideen, dabei war seine Nachahmungssucht notorisch. Zum Beispiel bei der Ausstattung der Häuser des Opus Dei: Die Architektur der Hauskapellen, Galerien, Säle, etc. der Hauptzentrale in Rom waren zu 99,99 % Kopien von Kapellen, Palästen, Dörfern und Möbeln irgendeines Ortes in Italien, den Monseñor Escrivá besucht hatte und die er von einem Architekten hatte nachbauen lassen. Auch wenn er sich irgend einen Film in der *aula magna* ansah und dabei eine Kleinigkeit in der Ausstattung entdeckte, die ihn interessierte, zögerte er keine Sekunde, diesen Teil aus dem Film herauszuschneiden, vergrößern und den gesichteten Gegenstand nachbauen zu lassen.

Nach meinem Besuch in ‹Gaztelueta› erzählte ich meiner Leiterin, wie empört ich war. Dorita kannte das *Instituto Escuela* nicht, noch hatte sie davon die geringste Vorstellung. Insofern sagte sie mir nur das Übliche: Wenn Monseñor Escrivá etwas tue, geschehe es durch göttliche Eingebung. Und sie stellte für mich noch einmal ganz klar, daß ich weder jemals an dieser Eingebung zweifeln dürfe, noch das Recht besäße, darüber zu urteilen. Da es mir beinahe unmöglich war, diesen Umstand zu akzeptieren, wies ich ihn von mir, löschte ihn aus, verbannte ihn aus meinem Verstand.

Der Priester, den wir in Bilbao hatten, Don Alvaro Calleja, war sehr gütig, hatte aber erst vor kurzem die Priesterweihe erhalten und machte auf uns den Eindruck, als habe er ein bißchen Angst vor uns Frauen, was bei den jungen Priestern des Opus Dei häufig der Fall ist. Nichtsdestoweniger erzählte ich ihm im Beichtstuhl, nachdem ich meine Beichte abgelegt hatte, von den San Rafael-Mädchen, was letzten Endes eher ein Monolog war, denn er sagte nur sehr wenig. Er schien ziemlich kränklich, und wenige Jahre später erfuhr ich, daß er gestorben war.

Wir Numerarierinnen aus ‹Abando› nahmen alle als erste an den Exerzitien von Don Alvaro Calleja im Jahre 1952 teil und nutzten dazu die Weihnachtsferien der Residenzbewohner.

Das Verhältnis zu meiner Familie war weiterhin unverändert. Es gab keine Diskussionen, aber auch keine Verbesserungen.

In der Verwaltung von ‹Abando› wurde ich im März des Jahres 27 Jahre alt. Einige Tage später, Anfang April kündigte Rosario de Orbegozo, die zentrale Leiterin, ihren Besuch in Bilbao an. Wir waren ganz aufgeregt, denn sie war gerade aus Rom zurückgekommen und sagte, sie habe uns ‹viele Dinge vom Padre› mitzuteilen.

Tatsächlich kam sie, und vor der Kaffeepause ließ sie mich alleine zu sich rufen, obwohl Dorita vor mir kam. Sie schien sehr erfreut, als sie zu mir sprach, und erzählte mir, eines der Dinge, die Monseñor Escrivá ihr gesagt habe, sei, daß er mich in Rom als seine persönliche Sekretärin für die Angelegenheiten der weltweiten Frauenabteilung haben wolle. Ebenfalls mit mir gehen würden María Luisa Moreno de Vega, eine Numerarierin, die Oberin war und auch im *Consejo de Investigaciones Científicas*› zusammen mit dem Generalsekretär Don José María Albareda gearbeitet hatte.

Ich war so beeindruckt und zu keiner Reaktion fähig, daß mich Rosario schließlich ganz ernst fragte, ob das heißen solle, ich wolle nicht gehen und ob ich mir dieses Privilegs, das der Ruf des Padre bedeutete, eigentlich bewußt sei.

Ich antwortete ihr, ich habe das riesige Privileg, direkt mit dem Padre in Rom zu arbeiten, schon verstanden, hätte aber etwas Angst, da ich nicht genau wüßte, wie der Padre sei. Rosario gefiel meine Reaktion überhaupt nicht, und sie sagte mir, ich müsse schon sehr dumm sein, wenn ich nicht begreifen würde, was es bedeute, nach Rom zu gehen und mit dem Padre direkt zusammenzuarbeiten.

Rosario befahl mir ebenfalls, meinen Vater anzurufen, trotz der Fastenzeit, während der wir keinerlei Verbindung zu unseren Familien aufnehmen durften, um ihm meine Reise nach Rom anzukündigen und ihn zu bitten, mir eine Fahrkarte Madrid-Barcelona-Rom zu schicken. Wie man sieht, war der Kontakt zu unseren Familien immer damit verbunden, sie um etwas zu bitten: eine Fahrkarte, einen Mantel, ein Kleid, Geld oder was-auch-immer. Im Opus Dei wurde uns gesagt, wir sollten immer dafür sorgen, daß uns unsere Eltern etwas gäben, weil sie auf diese Weise mit dem Opus verbunden seien. Es ist ganz klar zu erkennen, daß unseren Familien nicht die geringste Beachtung geschenkt wurde; sie wurden benutzt, manipuliert, damit man etwas aus ihnen ‹herausholen› konnte. Und kurioserweise habe ich heute auch von einigen Familien, deren Kinder dem Opus Dei angehören, erfahren, daß ihre Kinder, wenn sie Geschenke erhielten, besser behandelt wurden.

Rosario Orbegozo sagte mir, María Luisa Moreno de Vega würde ein Flugzeug nach Rom nehmen, da sie Oberin sei, ich dagegen würde mit dem Zug fahren, zusammen mit einem Dienstmädchen, dem Schrankkoffer mit meiner Wäsche und einer ganzen Reihe von Dingen, die sie in Rom bräuchten.

Ich ging in die Hauskapelle und dankte Gott dafür, daß mich der Padre auserwählt und nach Rom für ein derartiges Amt gerufen hatte, zugleich bat ich Gott auch aus tiefster Seele, er möge mir beistehen, denn ich hatte Angst, möglicherweise Angst vor dem Unbekannten.

Als Dorita am nächsten Tag nach ‹Gaztelueta› aufgebrochen war, sprach ich mit Dorita und fragte sie:

«Sag mir, Dorita, du kennst doch den Padre, wie ist er denn wirklich?»

Sie fing an zu lachen und sagte:

«Das Leben im Umkreis des Padre ist hart, denn er ist sehr anspruchsvoll. Jemand, der ihn sehr gut kennt, ist Encarnita Ortega, die Leiterin des dortigen Hauses. Ich werde dir ein Beispiel geben: Eines Tages erlebte ich, wie Encarnita zu ihm sagte: ‹Padre, dieser Brief ist für Sie gekommen.› Und zusammen mit dem Brief brachte sie ihm eine Schere und einen Brieföffner, damit der Padre die Wahl hatte, womit er seine Post öffnen wollte.»

Das ist mir für immer im Gedächtnis geblieben.

Am 8. oder 9. April, genau weiß ich es nicht mehr, verließ ich Bilbao und fuhr nach Madrid, um mir ein Visum für Italien zu besorgen.

Wenn ich nach all den Jahren an den Moment, in dem sie mir meine

Abreise nach Rom mitteilten, zurückdenke, wird mir bewußt, daß ich mich mehr als Numerarierin des Opus Dei fühlte denn als einfacher Mensch. Damit will ich sagen, daß ich zu allem bereit war, aber nicht etwa um dem Willen Gottes zu entsprechen, sondern ‹dem Willen des Padre›. Das ist eines der Dinge, die geschehen, wenn man zu einer Fanatikerin des Opus Dei wird: Der Wille Gottes zählt nicht so sehr, denn was zählt, ist der ‹Wille des Padre›, das, was ‹der Padre sagt›, was den Padre ‹fröhlich stimmt›. Mit anderen Worten, es ist, als wenn die Verehrung Gottes durch ‹den Willen von Monseñor Escrivá› ersetzt würde, um ‹den guten Geist des Opus Dei› zu erlangen. Es ist wie die Identifikation des Padre mit etwas Gottähnlichem. Die Art des Kultes um den Gründer prägt sich den Numerarierinnen ‹mit gutem Geist› dermaßen ein, daß ihre Seelen Form annehmen und sich das Wesen ihres Innenlebens schließlich so darstellt: Das Wichtigste ist, dem Padre zu gefallen, weil man auf diese Weise auch Gott gefällt, und nicht umgekehrt. Dieser Standpunkt ist in jeder x-beliebigen Sekte, die wir gegenwärtig analysieren können, gleich; angefangen von der Tragödie in Guayana mit Jim Jones an der Spitze über die vielumstrittenen Bagwhan-Jünger, bis hin zu der Sekte um Reverend Moon, um drei extreme Beispiele zu nennen.

Und das ist die Tragödie des Opus Dei: Während sich die drei genannten Sekten als Inseln in einem Meer von Religionen ansehen, ohne speziell zu einer von ihnen zu gehören, muß zugestanden werden, daß das Opus nicht mehr und nicht weniger als eine Sekte ist, jedoch geborgen im Schoße unserer heiligen Mutter, der katholischen Kirche. Tatsache ist, daß das Opus Dei alle Anerkennungen der Kirche erhalten hat: erstens als weltliches Institut (am 2. Februar 1947); dann die lebenslängliche Anerkennung seiner Statuten als weltliches Institut (16. Juni 1950); und am 29. November 1981 die juristische Änderung vom weltlichen Institut zur Personalprälatur. Nichts von alledem schließt seinen deutlichen sektiererischen Charakter aus.

REISE NACH ROM

Als ich aus Bilbao in Madrid ankam, wohnte ich im Haus der *Asesoría Central*, Juan Bravo 20. Ich ging jeden Tag in die Verwaltung von Lagasca und gab mir Mühe, mein Gepäck zusammen zu stellen, das ich mit mir nach Rom nehmen wollte. Beide Häuser, sowohl Juan Bravo als auch Lagasca, befanden sich ganz in der Nähe meines Elternhauses. Insofern barg der kurze Weg für mich unzählige Erinnerungen an das Leben, das ich vor langer Zeit geführt hatte. Madrid ist eine Stadt, die ich immer sehr gemocht habe, denn sie hat für mich einen ganz besonderen Charme. Es war die Stadt, in der ich die ersten zwanzig Jahre meines Lebens verbracht hatte, und jetzt, nachdem ich ihr mehrere Jahre lang fern gewesen war, erschien es mir, als durchlebte ich bei meiner Rückkehr erneut mein bisheriges Leben. Besonders im Salamanca-Viertel, in dem ich jeden Stein kannte; all die sentimentalen Erinnerungen von frühester Kindheit an, während meiner Schul- und Studienzeit, ja meine ganze Jugend über. Das alles wurde mir wieder ins Gedächtnis gerufen, während ich durch die Straßen spazierte. Es waren Gedanken, die ich jetzt aus meinem Geist verdrängen mußte, da diese leicht nostalgischen Erinnerungen im Gegensatz zu meinem dem Geiste des Opus Dei ergebenen Leben standen. Mir wurde klar, daß ich mich von all den Erinnerungen aus der Vergangenheit würde ‹lösen› müssen, da sie gewisse Gefühle in meinem Kopf und in meinem Herzen auslösten; ein Luxus, den sich eine Numerarierin mit ‹gutem Geist› nicht leisten kann. Mehr als einmal schreckte ich aus meiner Selbstversunkenheit empor und sah der Wirklichkeit ins Auge: daß ich mich nämlich *nur* vorübergehend in Madrid aufhielt, auf dem Weg nach Rom, wo mich nichts Geringeres als die Arbeit an der Seite des *Padre* erwartete. Deshalb zwang ich mich zur Konzentration auf die Vorbereitung des Gepäcks, das ich mit nach Italien nehmen sollte. Wenn eine Numerarierin in die Villa Sacchetti zog, brachte sie alles mit, was im Haus gebraucht wurde: angefangen von Bettlaken bis hin zu Scheuerlappen für die Kochtöpfe. Neben all dem packt natürlich jede noch einen gesonderten Koffer für die persönliche Wäsche, die sie in Rom braucht.

Eines Tages lernte ich in ‹Lagasca› María Luisa Moreno de Vega, die Oberin der *Asesoría Central*, kennen, die mit mir zusammen arbeiten würde; wir beide als persönliche Sekretärinnen von Monseñor Escrivá, zuständig für alle Angelegenheiten, die in Zusammenhang mit der Frauenabteilung des Opus Dei weltweit standen. María Luisa hatte zur selben Zeit im *Consejo Superior de Investigaciones*, als ich dort Sekretärin von Doktor Panikkar war, als Sekretärin von Don José María Albareda gearbeitet.

Es war vorgesehen, daß María Luisa Moreno de Vega in den ersten Apriltagen mit dem Flugzeug nach Rom reisen sollte. Ich dagegen, da ich zu der Zeit noch kein leitendes Amt innerhalb des Opus Dei bekleidete, würde mit Tasia, einer *numeraria sirvienta*, die in der Villa Sacchetti bleiben sollte, mit dem Zug fahren. Ich würde auch das schwere Gepäck mitnehmen, also den Schrankkoffer, dazu die Koffer von María Luisa, Tasia und meine eigenen.

An dem Tag, an dem María Luisa Moreno de Vega nach Rom aufbrach, wurde mir gesagt, ich solle sie zusammen mit Rosario Orbegozo, der Zentralleiterin, verabschieden. Ich weiß noch, daß María Luisa sehr elegant gekleidet aufbrach. Zur Vervollständigung ihrer Aufmachung trug sie einen reizenden Hut. In jenen Jahren besaß die Frauenabteilung noch kein Auto, und so organisierte José María Hernández Garnica, daß wir in einem Wagen der Männerabteilung von einem Numerarier zum Flughafen gefahren wurden. Doch in der Eile vergaß María Luisa nichts Geringeres als ihren Reisepaß, was sie erst bemerkte, als wir schon beinahe am Flughafen waren. Als Rosario das hörte, befiel sie ein Anfall von Verzweiflung, denn sie konnte das Flugzeug nicht mehr rechtzeitig erreichen. Voller Wut versetzte sie María Luisa Schläge auf den Hut und verbeulte ihn von allen Seiten. Sie schimpfte immer wieder und konnte sich nicht beruhigen. Die ganze Szene war trotz ihrer Dramatik wahnsinnig komisch: Der Numerarier am Steuer, ohne eine Miene zu verziehen, wir drei auf den Rücksitzen, während Rosario in ihrer Wut immer weiter den Hut von María Luisa verbeulte. Diese war durch das ganze Geschehen völlig aufgelöst, konnte aber als nervöse Reaktion darauf ein Lachen kaum unterdrücken. Ich dagegen konnte mich vor Lachen kaum halten. So sehr, daß der Numerarier, der bislang völlig schweigsam gewesen war, aber natürlich das Problem mitbekommen hatte, sich erdreistete zu fragen: «Geht's wieder zurück?»

Was wir alle drei einstimmig bejahten. Er fuhr also nach ‹Lagasca› zurück, wo der Streit weiterging. María Luisa hatte das Flugzeug verpaßt, das zu jener Zeit nur einmal wöchentlich zwischen Madrid und Rom verkehrte. Natürlich hatte Rosario völlig recht, aber die komische Seite überwog die tragische. Die Abreise von María Luisa in der darauffolgenden Woche sah dann ganz anders aus. Nur ich begleitete sie, und zwar wie man es mir befohlen hatte: in einem Taxi, und auch das nur bis zur Haltestelle des Iberia-Busses, der seine Passagiere zum Flughafen transportierte.

Was meine Familie betraf, so hatten mir die Leiterinnen seit meiner Ankunft aus Bilbao und wohl aufgrund der Tatsache, daß ich Spanien wahrscheinlich ‹für immer› verlassen würde, versprochen, ich dürfe sie jeden Tag sehen. Es war undenkbar, das Haus meiner Eltern aufzusuchen, da sich meine Mutter nach wie vor entschieden gegen meine Berufung stellte und mich nicht sehen wollte, solange ich dem Opus Dei angehörte. Also verabredete ich mich mit meinem Vater zum Nachmittagskaffee. Wir trafen uns jeden Tag für ungefähr eine Stunde in der Caféteria des Hotel ‹Emperatriz›, das sich praktisch neben dem Haus meiner Eltern befand. Eines schönen Tages erklärte mir die Leiterin von Juan Bravo, es sei besser, wenn ich meinen Vater nicht jeden Tag, sondern lediglich alle drei bis vier Tage treffe. Meine Brüder sah ich kaum, weil ihre Unterrichtsstunden nicht mit der kurzen Zeit, über die ich am Nachmittag verfügte, übereinstimmten, und zudem meine Mutter nicht wollte, daß sie mich besuchten. Was meine Berufung betraf, so hatte sich meine Lage in bezug auf meine Familie überhaupt nicht geändert, sondern durch meine anstehende Reise nach Rom eher noch verschlechtert.

Die Gespräche mit meinem Vater waren für beide Seiten schmerzlich: Ich sah, wie er litt, weil er erstens meine Mutter leiden sah und zweitens bemerkte, daß ich ebenfalls unter der Reaktion meiner Mutter litt. Und er stand genau dazwischen. Mein Vater liebte mich abgöttisch, und wir hatten uns immer bestens verstanden; außerdem war ich die einzige Tochter und zugleich das älteste Kind.

Jedesmal wenn wir uns trafen, wiederholte mir mein Vater, ich solle mich, falls es in Rom Probleme gäbe, an den Botschafter Spaniens im Vatikan wenden, den er ziemlich gut kannte, und keinen Augenblick zögern, ihm nach Hause zu schreiben, falls ich etwas bräuchte. Natürlich sagte er mir auch immer wieder, ich solle, wenn ich nicht glücklich sei, wieder nach Hause kommen, wo er und meine Mutter mich mit offenen Armen aufnehmen würden.

An einem anderen Tag erinnerte mich mein Vater daran, welche Angst er gehabt habe, Papst Pius XII. würde über das Opus Dei ‹Quarantäne› verhängen, und erzählte mir noch einmal von der Zusammenkunft, die meine Mutter und er mit ihm im Oktober 1950 hatten. Beide hatten ganz eindeutig den Eindruck, daß Pius XII. dem Opus Dei nicht die geringste Sympathie entgegenbrachte. Alles basierte auf der Erfahrung, die mein Vater und meine Mutter anläßlich ihres offiziellen Besuchs im Vatikan während der Privataudienz mit Seiner Heiligkeit Pius XII. gemacht hatten. Meine Eltern waren zu der Audienz von einem anderen Ehepaar begleitet worden, und dieses Ehepaar berichtete ganz glücklich, einer ihrer Söhne sei in der *Compañía de Jesús*. Pius XII. erzählte ihnen voller Enthusiasmus von der *Compañía de Jesús* und erteilte ihnen einen gesonderten Segen für diesen Jesuiten-Sohn. Meine Mutter, die bereits während der ganzen Audienz sehr emotional war, fing an zu weinen, als sie das hörte. Pius XII. wandte sich meinen Eltern zu, fragte sie, ob sie Söhne hätten und ob es irgendwelche Probleme mit ihnen gäbe. Daraufhin antwortete ihm mein Vater, daß er keine Probleme mit meinen Brüdern hätte. «Das Problem ist meine Tochter», schluchzte meine Mutter. Woraufhin sich Pius XII. wieder meinem Vater zuwandte und fragte, was für ein Problem es mit der Tochter gäbe. Meine Mutter antwortete: «Sie ist dem Opus Dei beigetreten.» Daraufhin erwiderte Pius XII. mit einer gewissen Kälte und in knappen Worten: «Ja. Das ist ein seit kurzem anerkanntes Säkularinstitut.» Weiter sagte er nichts. Doch er war äußerst liebevoll zu meiner Mutter und erteilte ihr seinen Segen, während er ihr sanft über den Kopf strich. Meine Eltern waren davon überzeugt, daß Papst Pius XII. dem Opus Dei nicht gerade sehr zugetan war. Und das rief mir mein Vater an jenem Nachmittag wieder ins Gedächtnis.

Meine Mutter hielt die Behauptung aufrecht, ein Orden oder eine religiöse Vereinigung besäßen ein klares Handlungskonzept, während das Opus Dei sozusagen ‹weder Fisch noch Fleisch› sei. Ich hörte mir all das an, dachte aber, meine Eltern seien einfach verblendet und verzerrten die Dinge in dem Bestreben, mich wieder nach Hause zu holen. In meinen Verstand war eingemeißelt, was mir das Opus Dei immer wieder gesagt hatte: «Die Eltern können manchmal die ärgsten Feinde unserer Berufung sein.» Jahre später verstand ich, wie recht meine Eltern in ihrer instinktiven Einschätzung des Opus Dei hatten.

Was meine Freundinnen anging, von denen die meisten verheiratet waren, sagte mir die Leiterin des Hauses, es sei nicht der Mühe wert, sie zu treffen, da mir nur wenige Tage in Madrid zur Verfügung stünden, und ich solle einfach die Karteikarten mit ihren Telefonnummern herauslegen, damit eine andere Numerarierin sie künftig zu Exerzitien einladen könnte.

Sie rieten mir ebenfalls davon ab, sie anzurufen; eine Sache, die mir gar nicht leichtfiel, doch ich gehorchte.

Ich blieb ungefähr drei Wochen in Madrid, denn meine Reise war für den 22. April festgesetzt. Die Reiseroute war Madrid-Barcelona-Rom, ohne irgendeine Zwischenstation. Selbstverständlich schenkte mir mein Vater die Fahrkarte dritter Klasse, weil er bereits – was die Art des Reisens im Opus Dei anging – resigniert hatte. Er konnte dieses Mal nicht zum Bahnhof kommen, da er zuvor zu einer Geschäftsreise nach London aufbrechen mußte. Er begab sich in Begleitung meiner Mutter dorthin, um ihr die Anspannungen meiner Abreise nach Italien zu ersparen.

Ich muß sicherlich nicht weiter ausführen, wie man mir in allen Häusern des Opus Dei in Madrid links und rechts sagte, was ich für ein Glück hätte – wie ‹geschickt ich mir das Pöstchen verschafft hätte› –, nach Rom zum *Padre* reisen zu dürfen und zudem noch als seine Sekretärin.

Don José María Hernández Garnica segnete Tasia und mich für die Reise, ein Brauch des Opus Dei, der jedem, der auf Reisen geht, zukommt. Außerdem gab mir Don José María einen persönlichen Brief für Monseñor Escrivá mit, den ich bei meiner Ankunft unverzüglich Don Alvaro aushändigen sollte.

Wir wollten gerade zum Bahnhof aufbrechen, als Rosario Orbegozo, wie gesagt die Zentralleiterin für die Frauenabteilung des Opus Dei, mich beiseite nahm und mir zu meinem Erstaunen befahl, den Rock zu heben, damit sie mir eine Gürteltasche unter meinem Rock umschnallen konnte. Sie sagte, ich solle keine Fragen stellen, was sich in dieser länglichen Tasche befände, die sie mir eigenhändig um die Hüfte band. Sie wies mich lediglich an, ich dürfe diese Tasche unter gar keinen Umständen abnehmen, weder der *sirvienta*, die mit mir fuhr, noch irgendjemandem gegenüber erwähnen, sondern solle sie bei meiner Ankunft persönlich Don Alvaro del Portillo übergeben. Sie empfahl mir besondere Vorsicht beim Überqueren der spanisch-französischen sowie der französisch-italienischen Grenze. Sie wies mich ausdrücklich darauf hin, ich solle, falls man mich an einer der Grenzen untersuchte, darauf bestehen, daß die Beamtin Uniform sowie weiße Handschuhe trüge, wie es das internationale Gesetz vorschreibe. Sie verwies noch mehrere Male auf die vorsichtige Handhabung der Gürteltasche, ohne zu erklären, was sich darin befand.

Im ersten Moment dachte ich, der Inhalt jener Gürteltasche bestünde aus einem wichtigen Dokument des Opus, aber durch mein Reisefieber und durch die Aufgabe des Schrankkoffers und einiger anderer Gepäckstücke, die direkt nach Rom gehen sollten, kümmerte ich mich nicht weiter um sie.

Als wir endlich in den Zug stiegen, erschien uns das, nach all den Vorbereitungen und Emotionen der letzten Stunden, wie eine Erholung. Mit uns im Abteil saß eine ältere französische Dame, die kaum das Wort an uns richtete und nach der Hälfte der Strecke ausstieg. Die andere Person, die zu uns ins Abteil stieg, war ein etwas jüngerer, elegant gekleideter Italiener, der ein sehr korrektes Spanisch sprach, da er mehrere Jahre in Spanien gelebt hatte, wie er uns erzählte.

Da wir die Strecke Madrid-Barcelona nachts zurücklegten, versuchten Tasia und ich so viel wie möglich zu schlafen. Mir gelang es nicht, denn ich mußte dauernd daran denken, daß ich aller Wahrscheinlichkeit nach mein Land für immer verließ. Wenn auch in meiner Familie eine weltoffene Atmosphäre geherrscht hatte, wie ich bereits eingangs sagte, war doch Spanien das Land, in dem ich geboren worden war und bislang gelebt hatte, und ich wußte nicht, ob und wann ich je zurückkehren würde. Wieder einmal ließ ich mein ganzes bisheriges Leben hinter mir zurück, doch diesmal auch die solide Grundlage des Landes, in dem ich aufgewachsen war und das ich sehr liebte. Gleichzeitig mußte ich aber auch daran denken, daß Gott mich darum gebeten hatte, und ich ihm innerlich erneut mein Leben und meine Zukunft darbrachte. Es erschien mir wie eine Abnabelung.

Vor mir lag die Aussicht, an der Seite des *Padre* zu arbeiten, zudem die göttliche Gnade, von ihm für die wichtige Aufgabe als Sekretärin, zusammen mit María Luisa Moreno de Vega, auserwählt worden zu sein.

Wir überquerten problemlos die Grenze nach Frankreich, da unsere Papiere in Ordnung waren. Mir ging die Gürteltasche durch den Kopf, aber keiner dachte daran, uns zu durchsuchen. Die Landschaft zwischen der spanisch-französischen und der französisch-italienischen Grenze ist so schön, daß wir die Gegend entlang der Côte d'Azur und Monaco buchstäblich mit den Augen verschlangen. Insgeheim hatte ich immer die Hoffnung gehegt, ich würde vielleicht eines Tages vom Opus nach Frankreich versetzt werden. In mehr als einem meiner persönlichen Briefe an den *Padre* hatte ich diesen Wunsch geäußert.

Man hatte uns in Madrid für die Reise einige Sandwiches und ein paar Früchte mitgegeben, aber kein Wasser, mit den Worten, wir könnten auf den Bahnhöfen Wasser aus der Leitung trinken, wenn der Zug hielt. Aber es stellte sich heraus, daß der Zug nur in wenigen Bahnhöfen für ein paar Minuten hielt und uns keine Gelegenheit blieb, auszusteigen und nach einem Wasserhahn Ausschau zu halten. Da ich stets viel Wasser trinke, litt ich unter entsetzlichem Durst, aber wir hatten kein Geld für die Reise mitbekommen, so daß wir uns auch keine der Erfrischungen, die in den kurzen Minuten Aufenthalt an den Abteilfenstern feilgeboten wurden, kaufen konnten.

Unser Mitreisender mußte sich beim Anblick zweier junger Frauen von angenehmem Äußeren auf eine nette Reisebegleitung gefreut haben; was er aber nicht wußte, war, daß die Numerarierinnen des Opus Dei keinen Umgang mit Männern haben und auf Reisen oder bei ähnlicher Gelegenheit ihre Zugehörigkeit zum Opus Dei nicht zu erkennen geben dürfen, was oftmals, wie beispielsweise auf dieser Fahrt, zu Unklarheiten und Peinlichkeiten führt. Die ungezwungene Art, in der ich mich kleidete, ließ mich mit meinen gerade vollendeten 27 Jahren wie eine Studentin aussehen, die eine Auslandsreise unternimmt. Auch Tasia wirkte in ihrer Unbefangenheit nicht gerade wie eine Nonne. Das einzige, was ich an ihm bemerkte, waren seine, trotz der eleganten Kleidung, ungeschliffenen Manieren und sein bäuerliches Aussehen. Der Italiener versuchte mit allen Mitteln, mit uns ins Gespräch zu kommen, doch alle Fragen, die er uns stellte, beantwortete ich höflich, aber lakonisch, um ein längeres Gespräch zu vermeiden. Der junge Mann wußte bald nicht mehr, was er noch tun sollte, um den Gesprächsfaden wieder aufzunehmen. Sein unermüdliches Bemühen, mit Tasia und mir ein Gespräch zu führen, veranlaßte uns, die meiste Zeit auf der Strecke Barcelona-Ventimiglia im Gang des Zuges auf und ab zu gehen.

Bei Ankunft in Ventimiglia stiegen Polizeibeamte und italienische Zöllner in den Zug, um die Pässe und das Gepäck zu kontrollieren. Ich war ganz ruhig, denn ich hatte in Madrid den Schrankkoffer und das andere Gepäck bis nach Rom aufgegeben, so daß wir kaum Gepäck im Abteil hatten. Nachdem Polizei und Zöllner wieder ausgestiegen waren, blieben Tasia und ich im Gang stehen und sahen dem geschäftigen Umladen auf diesem Grenzbahnhof zu. So konnten wir beobachten, wie unsere aufgegebenen Koffer im Gepäckwagen verschwanden. Plötzlich bemerkten wir entsetzt, daß man unseren Schrankkoffer mitten auf dem Bahnsteig, wo die Zöllner das Gepäck durchsahen, stehenließ und nicht die geringsten Anstalten machte, ihn ebenfalls in den Gepäckwagen zu laden. Es fehlten nur noch ungefähr zehn Minuten bis zu unserer Abfahrt. Ich überlegte nicht zweimal: Ich gab Tasia ihre Fahrkarte und ihren Reisepaß und sagte zu dem Italiener, er möge bitte auf sie während der Fahrt und besonders bei der Ankunft in Rom, wo uns unsere Freundinnen erwarteten, aufpassen.

Ich stieg aus dem Zug und flog geradezu hinüber zum Zoll, lief zwischen den Schaltern des französischen und des italienischen Zolls hin und her und versuchte den Grund dafür herauszufinden, warum sie nicht den Schrankkoffer in den Zug nach Rom geladen hatten. Zur Antwort bekam ich, ich müßte den Schrankkoffer an der Grenze zurücklassen und könnte ihn später bei einem Zollbeamten anfordern, nachdem ich unverzüglich dreißig Dollar in italienischer oder französischer Währung bezahlt hätte; außerdem bezweifelten sie, daß ihnen noch Zeit bliebe, den Schrankkoffer in den Zug zu hieven.

Mir wurde mit Entsetzen bewußt, daß das Riesengepäckstück wahrscheinlich für uns verloren war, da ich kein Geld in fremder Währung besaß, bzw. es ungeheuer kompliziert sein würde, ihn von Rom aus anzufordern; zudem hatten mir die Oberinnen in Madrid speziell aufgetragen, der Schrankkoffer solle gleichzeitig mit mir in Rom ankommen. Auf einmal schoß es mir durch den Kopf, die Gürteltasche, die ich um meine Hüften geschnallt trug, könne möglicherweise Geld enthalten. Ich mußte auch an Rosario Orbegozos strengen Befehl denken, unter gar keinen Umständen an dem Gurt zu rühren; doch gleichzeitig fiel mir auch die biblische Passage ein, gemäß der der Zweck die Mittel heilige, begab mich unverzüglich in eine der verwahrlosten Toiletten und riß den Stoff der Gürteltasche auf. Verblüfft entdeckte ich, daß er Tausende und Abertausende nordamerikanischer Dollars enthielt. Mit zittriger Hand entnahm ich fünfzig Dollar, ohne die riesige Menge Geld, die ich bei mir trug, genauer zu untersuchen, und zahlte an der Grenze. Danach blieb ich den Zöllnern gegenüber so beharrlich, bis sie mir den Schrankkoffer in den Gepäckwagen gehoben hatten; gerade einen Augenblick bevor der Zug anfuhr.

Ich eilte schnellen Schritts zu meinem Zug zurück, der sich langsam in Bewegung setzte. Tasia heulte, weil sie geglaubt hatte, sie müsse allein im Zug weiterfahren, denn es erschien ihr unmöglich, daß ich den fahrenden Zug noch erreichen könnte. Aber ich gelangte zu den Stufen eines der letzten Waggons. Währenddessen war der junge Italiener aus unserem Abteil, der die ganze Szene mit angesehen hatte, den Gang des Zuges entlanggestürmt und zog mich mit aller Kraft in den Zug, der bereits bedenklich an Geschwindigkeit zugenommen hatte.

Während ich noch nach Atem rang, quälte mich eine innere Angst, weil ich die Gürteltasche aufgerissen hatte, und ich überlegte, was wohl Don Alvaro sagen würde, wenn er erfuhr, daß ich auf diese Weise herausgefunden hatte, daß ich so viele Dollars mit mir herumtrug. Ich kam gar nicht auf die Idee, die Superioren des Opus Dei könnten mich ausgenutzt haben; angefangen vom *Padre*, über Alvaro del Portillo und Don José María Hernández Garnica, bis hin zu Rosario Orbegozo. Weder hatten sie mir etwas gesagt, noch mich davon in Kenntnis gesetzt und vor allem nicht gefragt, ob ich bereit sei, dieses Risiko für das Opus auf mich zu nehmen.

Wenn ich heute daran zurückdenke, daß ich unwissentlich die Grenzen dreier Länder mit Geld überquert hatte, bin ich nicht nur erbittert, sondern vor allem entsetzt darüber, daß das Opus Dei seine Mitglieder wie Marionetten benutzt, um internationale Gesetze zu brechen. Wie sollte mir die Polizei in irgend einem Land glauben, daß *ich nichts davon wußte*, Devisen bei mir zu haben, wenn ich das Mündigkeitsalter überschritten hatte? Das heißt: Aufgrund meiner Volljährigkeit hätte ich jede Strafe über mich ergehen lassen müssen, die man mir sowohl in Spanien, wegen unerlaubter Geldausfuhr, als auch in Frankreich oder Italien, wegen unterlassener Devisenangabe, auferlegt hätte, falls sie mich dabei erwischt hätten.

Zu der Zeit schien Monseñor Escrivá mit einem von den ‹hohen Tieren› des Opus Dei – ganz sicher bin ich mir dessen nicht - Franco einen Besuch abgestattet und im Laufe des Gesprächs die Bemerkung fallen gelassen zu haben, daß man in Rom dabei sei, Gebäude zu errichten, in denen das *Colegio Romano de Santa Cruz* untergebracht werden sollte; dazu sei es nötig, aus Spanien Kapital auszuführen. Franco ignorierte diese Andeutung mit seiner wohlbekannten ‹galizischen Diplomatie›. Zweifellos bat Monseñor Escrivá aus diesem Grund, gestützt auf das Motto ‹wer warnt, kann kein Verräter sein›, die obersten Superioren des Opus Dei in Spanien, sie möchten mit der notwendigen Regelmäßigkeit finanzielle Unterstützung in beträchtlichem Maße schicken, um den Verpflichtungen gegenüber Dritten nachkommen zu können. Um Rom zu unterstützen, mußte das Opus Dei in Spanien finanziell ziemlich bluten. Da es aufgrund der von Franco veranlaßten monetären Kontrolle in Spanien dafür keine offiziellen Kanäle gab, wurden ‹diskrete› diplomatische Mittel und Wege gefunden, um besagte Sendungen durchzuführen; wie etwa die unkontrollierten Diplomatenkoffer. Wir in Rom wußten alle, daß wöchentlich eine Sendung aus Spanien eintraf. Damit war gemeint, daß jemand vertrauliche Dokumente brachte. Heute habe ich nicht den geringsten Zweifel daran, daß – wie in meinem Fall – die jeweilige Person gleichzeitig gewisse Mengen an Devisen überbrachte.

Aber zurück zu meiner Zugreise. Der junge Italiener stellte ganz logische Fragen:

«Was gedenken Sie in Italien zu tun?»

Meine Antwort darauf war auch logisch:

«Italienisch lernen.»

Ich versuchte so ausweichend wie möglich zu sein, aber es folgten weitere Fragen:

«Wo in Italien.»

«In Rom.»

«Wo werden Sie in Rom wohnen?»

«In einem Studentenwohnheim.»

«Wie heißt es?»

«Das weiß ich nicht. Meine Freunde werden es mir sagen, wenn sie mich heute abend am Bahnhof abholen.»

Es folgten weitere Fragen seinerseits und ausweichende Antworten meinerseits. Selbstverständlich gab ich ihm keine Adresse an, sagte ihm aber, damit alles völlig normal wirkte, ich glaubte, es befinde sich in Parioli, da ich mich aber in Rom nicht auskenne, könnte ich mich auch täuschen.

Da der Mann sah, daß es nicht sehr einfach war, ein Gespräch mit mir zu führen, bot er mir liebenswürdig einige italienische Zeitschriften zum Lesen an, denn wir hatten überhaupt keine Lektüre bei uns. Ich nahm sie höflich entgegen.

Was der Mann nicht ahnen konnte, war, daß jene Zeitschriften die ersten waren, die mir seit 1950 in die Hände fielen. Ich war neugierig, sie durchzublättern, zumal sie in italienischer Sprache waren. Vor allem aber weil es, wie gesagt, Jahre her war, seit ich zuletzt eine Zeitschrift durchgeblättert hatte. Es handelte sich dabei zwar nicht um pornographische Illustrierten, aber es fehlte nicht viel dazu; hier und da fand sich ein ziemlich gewagtes Foto. Ich achtete darauf, daß Tasia diese Seiten nicht zu Gesicht bekam, und konzentrierte mich einige Minuten lang auf den Text, um zu sehen, ob ich das geschriebene Italienisch verstand. Dann gab ich vor, mir die Beine auf dem Gang vertreten zu wollen, und ließ die Zeitschriften auf dem Sitz liegen. So vergingen die Stunden mit Beinevertreten auf dem Gang und vorgetäuschter Müdigkeit, um meinen Lebensplan einzuhalten, bis wir in Roms *Stazione Termini* einliefen; es war der 23.April 1952 um elf Uhr abends.

Auf dem Bahnsteig erwarteten uns Iciar Zumalde, die mit mir zusammen an dem Schulungskurs in ‹Los Rosales› teilgenommen hatte, und Mary Carmen Sánchez Merino aus Granada, die ich nicht kannte. Mir fiel auf, daß in der *Stazione Termini* nicht so viel Lärm herrschte wie in den spanischen Bahnhöfen. Wir nahmen ein Taxi mit all unseren Koffern und Gepäckstücken, den Schrankkoffer mit eingeschlossen. Ich bemerkte während unserer Fahrt, daß Rom sehr hübsch beleuchtet ist, aber ich war so müde und durstig, daß ich mir nur eines wünschte: ankommen und Wasser trinken. Schließlich gelangten wir nach zwanzig Minuten zur Via della Villa Sacchetti 36, der Zentrale für die Frauenabteilung des Opus Dei in Rom.

Mein erster Eindruck beim Aussteigen aus dem Taxi war die geringe Größe des Hauses, da man von der Schwelle aus nur drei Fenster und eine Art Vordach erkennen konnte.

Rom I:
Der goldene Käfig

D ie Tür wurde uns von Antonina, einer der ersten *sirvientas* des Werkes, geöffnet, die seit vielen Jahren in Rom war. Mit ihr erwartete uns Encarnita Ortega, zu der Zeit Leiterin der Verwaltung von Villa Sacchetti, sowie Mary Altozano, eine Numerarierin aus Jaén, die Vizeleiterin des Hauses. María Luisa Moreno de Vega war ebenfalls dabei. Nachdem wir uns alle herzlich begrüßt hatten, stiegen wir einige Granitstufen hinauf in die *Galleria della Madonna* und von dort über eine andere Treppe hinüber in die Hauskapelle *Inmaculado Corazón de María*, um dem Herrn unseren Gruß darzubringen.

Ich fragte Encarnita Ortega, ob ich bitte ein Glas Wasser trinken dürfte, denn seit fast achtundvierzig Stunden hatte ich keinen Tropfen zu mir genommen. Ich werde nie vergessen, daß sie auf die Uhr sah und zu mir sagte: «Es ist nach zwölf. Wenn du jetzt Wasser trinkst, wirst du morgen nicht das heilige Abendmahl empfangen. Schau, das ist die erste Sache für dich, die du dem Padre in Rom darbieten kannst.» Natürlich trank ich kein Wasser.

Damit ich die *Galleria della Madonna* besser sehen konnte, drehten sie die Lichter an. Auf der anderen Seite lag die Bügelstube des Hauses, deren Licht ebenfalls die *Galleria* erhellte. Diese Galerie ist sehr schön. Kurioserweise liegt sie aufgrund der verschiedenen Etagenhöhen im Untergeschoß und erhält ein sehr gutes Tageslicht durch Oberlichter in der Decke. Sie ist mit roten Fliesen ausgelegt, die im Zickzackmuster von einem weißen Kalkstein gerahmt sind, während die Mitte aus grauem Granit besteht. Auf einer Seite ist an der Wand einer dieser typischen römischen Brunnen in Form eines Sarkophags angebracht. Aus dem Rohr darin fließt ständig Wasser und verbreitet eine gelöste, friedliche Atmosphäre. In dieser Galerie hat man anweisungsgemäß auch das *silencio menor* (das kleine Schweigen) einzuhalten, was bedeutet, daß man nur das Allernotwendigste sprechen darf, und das nur mit gedämpfter Stimme, weil unmittelbar daneben die Hauskapellen liegen.

Als ich ankam, gab es nur eine einzige Kapelle in der Verwaltung, die des *Inmaculado Corazón de María*.

Tasia, die als *sirvienta* mit mir gekommen war, wurde von Antonina, sowie Mary Carmen Sánchez Merino und Iciar in ihre *camarilla* geführt. Mir zeigten Encarnita Ortega und María Luisa Moreno de Vega mein Schlafzimmer.

Natürlich unterstellte mir Encarnita das gleiche wie andere in Madrid, daß ich nämlich mein Pöstchen im Hause des Padre durch Beziehungen erhalten hätte. Dann erklärte sie mir, daß ich als eine seiner beiden persönlichen Sekretärinnen, die direkt mit ihm arbeiten würden, vor Gott in großer Verantwortung stehe.

Encarnita fragte mich, ob ich etwas für den Padre mitbrächte, und ich antwortete ihr, ja. Ich übergab ihr die Post, die mir Don José María Hernández Garnica anvertraut hatte, sowie die Gürteltasche, und erzählte ihr, was mir in Ventimiglia widerfahren war. Sie erwiderte, ich solle dies Don Alvaro del Portillo selbst erklären, wenn ich mit ihm am nächsten Tag zusammentreffe.

Mein erster Eindruck beim Überschreiten der Schwelle war, eine mittelalterliche Burg zu betreten; ich bemerkte außerdem, daß man viel Stein, rote Fliesen und Schmiedeeisen in den Bau verwandt hatte. Es gab kaum Möbel, dafür aber um so mehr gewichtige Fensterläden.

Unsere Zimmer bildeten einen Block aus zwei Etagen, dessen Fenster auf eine Terrasse hinausgingen, auf der mehrere Zypressen angepflanzt waren, und dessen Fenstergitter zur Via della Villa Sacchetti, mit Blick auf ein eher modernes Gebäude, von einer Art Jasmin überrankt wurden.

Als wir die Treppe, deren Stufen mit roten, in Holz gefaßten Fliesen belegt waren, in den ersten Stock hinaufgingen, blieben wir auf einem großen Absatz stehen, auf dem der *soggiorno* (das Wohnzimmer) untergebracht war, das man von außen durch das Eisengitter und die Glasscheiben hindurch sehen konnte. Der Raum war groß, gemütlich und gut eingerichtet, wie mir schien. Encarnita machte mich auf eine Reihe sehr dekorativer Zeichnungen, verschiedene *trompe l'œil*, an der Wand aufmerksam. Es gab drei Fenster, die alle auf die Straße gingen (und die ich gleich bei der Ankunft bemerkt hatte).

Von dort führten sie mich rasch zu meinem Zimmer im ersten Stock und erklärten mir, wo sich die Duschen und Toiletten befanden. María Luisa Moreno de Vegas Zimmer lag fast unmittelbar neben meinem.

Als ich die Tür geschlossen hatte, sah ich mich in dem Zimmer um. Es war ein mittelgroßer Raum mit einem grünschwarzen eisernen Bett, auf dem eine komfortable, geblümte Bettdecke lag. In den darauffolgenden Tagen bemerkte ich, daß alle Schlafzimmer nach gleicher Art und mit den gleichen Möbeln ausgestattet waren. Es gab zwei Türen in meinem Zimmer: hinter der einen verbarg sich das Waschbecken mit einem großen Spiegel, Beleuchtung, etc., hinter der anderen der Wandschrank. Da die Fensterläden geschlossen waren, konnte ich in dem Augenblick nicht den Ausblick sehen, stellte aber am nächsten Tag fest, daß er auf die Terrasse mit den Zypressen ging, die mir so gut gefiel. An einer Seite befand sich eine in die Wand eingelassene Nische für Bücher, in der aber kein einziges Buch war, und auf die Wand war eine Jungfrau gemalt. Ein sehr schlichter Arbeitstisch und ein einfacher Stuhl vervollständigten die Ausstattung des Zimmers. Der Fußboden war mit rotem Mosaik ausgelegt. Die Ausstattung war angenehm, doch ich war überrascht von ihrer Nüchternheit. Das Zimmer erschien mir recht kärglich. Es gab nichts Überflüssiges darin. Ich räumte meine Wäsche in den Wandschrank und legte mich erschöpft schlafen.

Beim Klingelgeläut stand ich auf und befolgte die Regeln des Opus Dei, die in jedem Haus gleich waren; innerhalb einer halben Stunde war ich angezogen und hatte das Bett gemacht. Als ich die Fensterläden öffnete, flutete die Sonne Roms herein, als wollte sie mich mit ihrem Optimismus überschwemmen. Encarnita holte mich ab, um mich in die Kapelle zu begleiten, denn das Haus war so groß, daß man sich leicht darin verlaufen konnte, besonders wenn man gerade erst angekommen war.

Wie in jedem anderen Haus des Opus Dei wurden zuerst die Meditationen, dann die Messe abgehalten. Die Kapelle vom *Inmaculado Corazón de María* unterscheidet sich sehr von den anderen, die ich in den Häusern des Werkes gesehen habe. Sie wirkte auf mich überraschend groß. Über zwei Stufen erreicht man einen Chor, auf dem wir Numerarierinnen saßen, und in der Mitte der Kapelle, zu beiden Seiten des Mittelgangs, befanden sich Bänke für die *numerarias sirvientas*. Auf dem Mittelgang stand eine kleine Orgel.

Nach der Messe ging ich hinüber in die *Galleria della Madonna*, um die Numerarierinnen und sirvientas, von denen ich einige bereits kannte, zu begrüßen. Diese Begrüßungen sind gewöhnlich sehr lautstark: man umarmt sich ganz groß, küßt sich aber nicht; die Numerarierinnen des Opus Dei küssen einander nie. Danach begaben wir uns zum Frühstück. Wir nahmen es in der Bügelstube ein, wo man in einer Ecke provisorisch einen Tisch eingedeckt hatte, weil die Numerarier aus dem verwalteten Haus solange unseren Eßsaal benutzten, bis ihr eigener fertiggestellt sein würde. Zum Mittag- und Abendessen benutzten wir diesen ebenfalls, da das Essen im Haus mehrmals hintereinander serviert wurde. Das währte zwei Jahre lang, dann war ein Teil der Bauarbeiten beendet, und wir konnten in unserem Eßsaal auch das Frühstück einnehmen.

Als ich in die Villa Sacchetti kam, waren wir nur wenige Numerarierinnen: den örtlichen Rat bildeten Encarnita Ortega als Leiterin, Mary Altozano als Vizeleiterin und Mary Carmen Sánchez Merino als Sekretärin. Iciar Zumalde kümmerte sich speziell um die *sirvientas* und um die Bügelstube, Mary Carmen Sánchez Merino um die Einkäufe und ebenfalls um die *sirvientas*. Marita Verdú war für die Küche zuständig und Mercedes Anglés für die Kapelle und für Sonderaufgaben, wie beispielsweise gelegentliches Ausschmücken von Räumen, die der Padre dekorativ gestaltet haben wollte, oder besondere Verrichtungen in der Kapelle. Ebenfalls in Rom befand sich Julia Vázquez, eine Numerarierin aus Madrid, die ich vorher noch nicht kennengelernt hatte. Julia war die reizendste Person, mit der ich je im Leben zu tun hatte. Sie war äußerst sensibel und für alles sehr aufgeschlossen. Auch sie kümmerte sich um die Bügelstube, zudem ums Saubermachen. Sowohl Iciar Zumalde als auch Mercedes Anglés und Marita Verdú hatten am gleichen Schulungskursus teilgenommen wie ich in ‹Los Rosales›, so daß wir uns bereits gut kannten. María Luisa Moreno de Vega und ich wurden grundsätzlich mit der Säuberung der Verwaltung beauftragt, neben unserer Arbeit als Sekretärinnen des Padre.

Während des Frühstücks wurde mir auch erzählt, daß früher in der Villa Sacchetti mehr Numerarierinnen gewohnt hätten, der Padre aber vor kurzem den römischen Sitz für die Region Italien in ein Haus mit dem Namen ‹Marcello Prestinari›, benannt nach der Straße, in der es sich befand, verlegt habe. Die regionale Sekretärin war Pilarín Navarro Rubio, eine der ersten innerhalb des Werkes und Landsmännin von Encarnita Ortega. Ebenfalls nach Italien verschlagen hatte es: Erica Botella, Victor López Amo, Consi Pérez, Chelo Salafranca und María Teresa Longo, die erste Numerarierin Italiens. Mit Ausnahme von Chelo, die ich von ‹Zurbarán› her kannte, waren mir die anderen unbekannt.

Sekretärin des Padre

Gleich nach dem Frühstück breitete Encarnita auf einem Silbertablett die Dinge, die ich für den Padre mitgebracht hatte, aus und sagte zu Tasia und mir, wir sollten uns fertigmachen, denn der Padre würde in die Galleria della Madonna kommen, um uns zu begrüßen. Wir fragten, wie wir ihn zu begrüßen hätten, und man erklärte uns, wir sollten seine Hand küssen, wenn er sie uns entgegenstreckte. Tasia und ich warteten mit Encarnita in besagter Galerie, als wir plötzlich die Stimme des Padre vernahmen, der von der *Galleria degli Uccelli* (benannt nach den mit Vögeln verzierten Wänden) her immer näher kam. Er und Don Alvaro del Portillo blieben mit dem Rücken zum Fenster der *Galleria della Madonna* stehen, und der *Padre* sagte sehr freundlich:

«Pax, meine Töchter!»

Woraufhin wir aufgeregt antworteten:

«In aeternum, Padre!»

Wir küßten seine Hand, als er sie uns entgegenstreckte. Don Alvaro begrüßte uns ebenfalls sehr freundlich mit ‹Pax!›, auf das wir mit ‹In aeternum!› antworteten.

Ich hatte Don Alvaro seit dem Abend nicht mehr gesehen, an dem er, wie man mir gesagt hatte, Diego de Léon in Madrid gegen Ende des Jahres 1949 besucht hatte. Monseñor Escrivá hatte ich zwar schon einmal Anfang 1949 in der Verwaltung von ‹Lagasca› gesehen, wo er für die neuen Numerarierinnen eine Andacht abgehalten hatte, aber es war jetzt das erste Mal, daß er direkt und persönlich zu mir sprach.

Liebevoll erkundigte sich der Padre, wie unsere Reise verlaufen sei und ob wir uns gut ausgeruht hätten. Wir antworteten ihm, ja, das hätten wir. Daraufhin wandte er sich der *sirvienta* zu und sagte zu ihr, daß es im Haus viel Arbeit gebe und daß er hoffe, sie immer fröhlich zu sehen. Mit einem ‹Gott segne dich, meine Tochter!› verabschiedete er sie. Sogleich darauf sah er mir in die Augen und sagte:

«Wie ahnungslos warst du, Carmen, meine Tochter, daß du nach Rom kommen solltest!»

Worauf ich ihm antwortete:

«Das ist wahr, *Padre*.»

Monseñor Escrivá fuhr fort:

«Erkennst du die Bestimmung des Herrn, meine Tochter?»

«Ja, Padre», lautete meine Antwort.

Dann sagte er, es gebe viel Arbeit zu verrichten und wir würden später miteinander sprechen. Er fragte mich, ob ich Rom kenne, was ich verneinte. Daraufhin wies er Encarnita an, sie solle mir den Petersdom zeigen. «Du mußt Italienisch lernen!» fügte er hinzu.

«Natürlich, *Padre*», erwiderte ich.

Er fragte, ob ich Post für Don Alvaro mitgebracht hätte, und ich antwortete ihm, ja, das hätte ich. Encarnita öffnete die Tür zur Bügelstube und Rosalía López, eine der ersten *numerarias sirvientas*, kam mit dem Tablett heraus. Der *Padre* befahl, man solle es in sein Eßzimmer in die *Villa Vecchia* bringen. Ich nutzte eine Schweigepause des *Padre*, um Don Alvaro den Grund dafür, daß ich die Gürteltasche geöffnet hatte, zu erklären, aber er ließ mich nicht weitersprechen. Mit einer Handbewegung gab er mir zu verstehen, ich solle mich nicht beunruhigen. Das war alles.

Der *Padre* verlangte, man solle María Luisa herbeirufen. Diese erschien umgehend, da ihr Encarnita befohlen hatte, in der Bügelstube zu warten, für den Fall, daß der *Padre* nach ihr verlange.

Sehr liebenswürdig erklärte er, wir beide müßten mit ihm ‹sehr eng› in Fragen des Sekretariats, bezüglich der weltweiten Frauenabteilung des Opus Dei, zusammenarbeiten, wobei uns aber klar zu sein habe, daß unsere Aufgaben als Sekretärinnen keinerlei Anweisungsbefugnis mit einschlösse, wenngleich auch María Luisa als Hauptoberin bestimmte Befugnisse besitze. «Du aber nicht», fügte er hinzu, während er sich mir zuwandte. In den darauffolgenden Tagen wiederholte er uns dies so häufig, daß ich gegenüber María Luisa zu witzeln begann: «Wetten, wenn der *Padre* kommt, erklärt er uns wieder, du hättest Anweisungsbefugnisse, ich aber nicht.»

Es wurde ausgemacht, daß wir am darauffolgenden Tag nach dem Saubermachen zu ihm ins Sekretariat kommen sollten. Sekretariat nannten wir den Raum, in dem die Sekretärin des Hauses arbeitete. Es war ein winzigkleiner, dreieckiger Raum im ersten Stock der Villa Sacchetti. Dieser Raum war der Arbeitsplatz der Sekretärin des Hauses, den man jetzt María Luisa und mir überließ, da es zu der Zeit der geeignetste Platz im Hause war. In dem Zimmer befanden sich ein Tisch im italienischen Stil, der als Schreibtisch diente, ein Wandschrank und nicht sonderlich viel Platz für ein paar Stühle. Der Raum wurde von Licht durchflutet; er ging auf die gleiche Terrasse hinaus wie unsere Schlafzimmer. Mit seinen hellen Möbeln wirkte er sehr freundlich. In eine Wand war ein kleiner Schrank wie ein Safe eingelassen, in dem wir vertrauliche Dokumente, Schlüsselduplikate und besonders ein Duplikat des Briefkastenschlüssels aufbewahrten. Dieser Briefkasten, der es dem Briefträger ermöglichte, die Post von der Straße her einzuwerfen, befand sich am Lieferanteneingang und hatte im Innern des Hauses einen Knauf aus Metall, der nur mit dem Schlüssel, den die Sekretärin in ihrer Tischschublade aufbewahrte, geöffnet werden konnte, sowie mit dem Duplikat, das sich, wie gesagt, in dem in die Wand eingelassenen Schränkchen befand. Die einzige Maschine, die wir hatten, war eine Reiseschreibmaschine.

Ich muß sagen, ich war wirklich sehr aufgeregt. Alles erschien mir wie ein Traum; es war mir beinahe so, als sei ich in den Himmel aufgestiegen. Bei allem Respekt vor den Muselmanen: Ich fühlte mich wie in Mekka angekommen. Es erschien mir unmöglich, daß es auf der Welt eine glücklichere Person innerhalb des Opus Dei geben sollte als mich: Der *Padre* sprach direkt mit mir, wußte, wer ich war, und erklärte, ich sollte mit ihm arbeiten. War das nicht das Äußerste für ein völlig fanatisches Opus-Dei-Mitglied wie mich? Was ich nicht ahnen konnte, war die Tiefe der Beziehung zwischen den Personen im Haus und dem *Padre* sowie zwischen dem *Padre* und dem Heiligen Stuhl.

Wenn ich mich recht erinnere, begleitete mich Mary Altozano, die Vize-Leiterin des Hauses, zum Petersdom. Sie war bereits seit über einem Jahr in Rom und sprach Italienisch. Sie war sehr jung und dem Opus Dei sehr frühzeitig beigetreten. Ein Bruder von ihr fuhr zur Scc und war Numerarier. Eine Zeitlang war ich einmal mit einem ihrer Cousins, einem Marinearzt, befreundet gewesen, den ich in Cartagena kennengelernt hatte.

Wir fuhren in der *circolare* zur dem Petersdom nächstgelegenen Haltestelle, und sie zeigte mir das Gebäude in *Città Leonina*, in dem der *Padre* bei seiner Ankunft in Rom gewohnt hatte. Von dort gingen wir hinüber zur *Colonnata*, und zum ersten Mal im Leben stand ich vor der eindrucksvollen Sankt-Peter-Basilika. Angesichts ihrer Großartigkeit fühlte ich mich winzigklein. Als Katholikin war mir natürlich klar, daß ich mich im Herzen der Römischen Kirche befand. Als wir zum Bekenntnisaltar kamen, wurde mir gesagt, der *Padre* sehe es gern, wenn wir dort das Glaubensbekenntnis ablegten, was ich natürlich auch sofort tat. Ich war ganz trunken von all der Großartigkeit und von den vielen Dingen, die man mir erzählte. Es hieß, um zwölf Uhr Mittag, nach dem Angelus, pflege Papst Pius XII. den Segen zu erteilen. Dennoch waren wir angewiesen, umzukehren, um nicht zu spät zum Mittagessen des *Padre* zu kommen, da er nach mir verlangen könnte, um mich mit etwas zu beauftragen; das war Grund genug, nicht am päpstlichen Segen teilnehmen. Bemerkenswert ist, daß es eine Demonstration des ‹guten Geistes› bedeutete, wenn die Numerarierinnen, die nach Rom kamen, sowohl unter Pius XII. als auch unter Johannes XXIII. und Paul VI., nicht darauf bestanden, vom Papst den Segen zu erhalten, sondern es vorzogen, rechtzeitig wieder im Hause zu sein, für den Fall, ‹daß der *Padre* nach ihnen verlange›.

Von der *circolare* aus konnte ich sehen, was für eine große Stadt Rom war; zudem verstand ich kein Wort von dem, was um mich herum gesprochen wurde, und Italienisch, von dem die Spanier so gern denken, es sei eine für sie ganz einfache Sprache, erschien mir überhaupt nicht so einfach bei meinem ersten Ausflug in Rom.

Während des Mittagessens im Hause erkundigte sich Encarnita, wie mir Sankt Peter gefallen habe.

Am zweiten Tag meines Aufenthalts in Rom begann das normale Leben, könnte man sagen. Als Encarnita mir die Küche zeigte, trat Antonina, die *sirvienta*, die gewöhnlich das Telefon bediente, nahe an sie heran und sagte etwas mit leiser Stimme zu ihr. Daraufhin fragte mich Encarnita ziemlich barsch:

«Wem hast du unsere Telefonnummer gegeben?»

«Niemandem», erwiderte ich wahrheitsgemäß.

«Dann sieh nach, wer der Herr ist, der nach dir verlangt.»

Ich hatte nicht die geringste Ahnung, wer das sein konnte, denn weder meinem Vater noch dem jungen Mann im Zug hatte ich irgendeine Telefonnummer gegeben, und ansonsten kannte ich niemanden in Rom.

Das Telefon befand sich in der Bügelstube. Wie überrascht war ich, die Stimme des Mannes aus dem Zug zu vernehmen, der sich freute, mich ausfindig gemacht zu haben, und mich abholen wollte, um mir Rom zu zeigen. Meine Antwort war brüsk, ungezogen und scharf. Ich sagte ihm, er solle mich nicht weiter belästigen, es nicht wagen, noch einmal anzurufen, und hängte ein. Ich ging zurück zu Encarnita und sagte ihr schlicht, es sei der Herr gewesen, der seit Madrid mit uns im Abteil gereist sei, und daß ich ihr alles später erklären würde. Aus dem Gesicht, das sie zog, schloß ich, daß mir noch einiger Ärger bevorstand.

Als Leiterin des Hauses nahm Encarnita alle vertraulichen Gespräche der Numerarierinnen und *sirvientas* entgegen, übte also völlige Kontrolle über jede einzelne von uns aus.

In einer etwas erhöhten Ecke in der Bügelstube führte Encarnita gewöhnlich beim Nähen das vertrauliche Gespräch mit der jeweiligen *sirvienta*. Da ich mich im gleichen Raum aufhielt, konnte ich sehen, wie Tasia, die mit mir zusammen nach Rom gereist war, mit ihr sprach. Mir war klar, daß die freie Darstellung jener *sirvienta* die Grundlage für das sein würde, was immer mir Encarnita auch zu sagen hatte.

Die Sache ließ nicht lange auf sich warten: Am nächsten Tag, ohne mich zuvor anzuhören, ließ Encarnita eine Schimpftirade auf mich niederprasseln, in der sie ausführte, was für ein schlechtes Beispiel ich während der Fahrt für die *sirvienta* abgegeben hätte. Demnach hatte ich nicht nur mit dem Italiener im Abteil geflirtet, sondern sogar zugelassen, daß er mich am Arm gepackt und in den Zug gezogen hatte; außerdem hatte ich seine pornographischen Zeitschriften gelesen, obwohl ich wußte, daß ich ohne Erlaubnis keine Zeitschriften lesen durfte. Bedrückend war für mich, daß ich mich nicht verteidigen durfte, da sie mir dies alles in Form eines brüderlichen Tadels gegeben hatte. Die *sirvienta* hätte ich am liebsten dafür geohrfeigt, daß sie mit ihren falschen Auslegungen für einen Skandal gesorgt hatte.

Als ich in die Villa Sacchetti kam, wußte ich nicht, daß Encarnita alles, absolut alles dem *Padre* oder Don Alvaro weitererzählte. Zudem teilte Encarnita die Vorstellung des *Padre*, die *numerarias sirvientas* seien wie kleine Mädchen, und insofern hatte alles, was sie sagten, größeres Gewicht als das, was wir sagten. Natürlich warf mir Encarnita in ihrem Tadel vor, ich sei noch nicht ganz in Rom angekommen, da würde ich den *Padre* bereits hintergehen, und sie wage gar nicht daran zu denken, wie entsetzt er sein würde.

An dem Tag, den der *Padre* genannt hatte, warteten María Luisa und ich auf ihn im Sekretariat. Wir hatten zwei Stühle für ihn und Don Alvaro bereitgestellt. Als wir sie kommen hörten, erhoben wir uns, um sie stehend zu empfangen, und der *Padre* forderte uns auf, Platz zu nehmen.

In großen Zügen erklärte er uns, daß wir dafür zuständig seien, *Familien*briefe an die regionalen Leiterinnen in den Ländern, in denen sich eine Niederlassung befand, zu schreiben. Es seien Briefe, in denen man nicht auf administrative Befugnisfragen eingehe, da solche dem *Padre* durch die jeweiligen *consiliarios* zugestellt würden, sollte aber dennoch eine solche Frage einmal auftauchen, hätten wir es ihm umgehend mitzuteilen, damit er eine entsprechende Antwort erteilen könne. Ich war dafür zuständig, Nisa, die sich in Chicago befand, zu schreiben, sowie Guadalupe in Mexiko. María Luisa sollte nach England schreiben, wo Carmen Ríos regionale Leiterin war, außerdem nach Spanien. Wir wechselten uns darin ab, mit Chile, Argentinien, Kolumbien und Venezuela zu korrespondieren. Außerdem schrieb María Luisa nach Deutschland, wo es zwar noch kein Haus des Opus Dei gab, aber in Bonn die ersten deutschen Numerarierinnen Marianne Isenberg und Valerie Jung lebten. Ich schrieb gewöhnlich auch an Teddy Burke, die erste irische Numerarierin in Dublin, die mehrere weitere Numerarierinnen um sich herum geworben hatte. Die Briefe wurden einmal in der Woche geschrieben. Zu allererst hatten wir unsere Mission in Rom zu erklären. Die Reaktion aller regionalen Leiter der verschiedenen Länder war voller Freude, da sie María Luisa und mich persönlich kannten.

Der *Padre* wies uns darauf hin, daß unsere Mission ‹Verschwiegenheit von Amts wegen› verlange, womit gemeint war, daß wir außerhalb des Sekretariats über keine der von uns behandelten Angelegenheiten sprechen durften; gleichfalls war unsere Arbeit kein Thema für das wöchentliche vertrauliche Gespräch.

Der Padre erklärte uns, sowohl María Luisa als auch ich hätten beide über alle Dinge des Sekretariats im Bilde zu sein, hätten beide die gesamte eingehende Post zu lesen, eingeschlossen die persönlich an ihn gerichteten Briefe von Numerarierinnen; und wir sollten ihm nur solche Briefe aushändigen, die etwas Außergewöhnliches enthielten, alle anderen wären gleich zu archivieren.

Briefe an den Padre

Was die Briefe des *Padre* angeht, möchte ich einen gesonderten Absatz einschieben. Seitdem wir den Brief zur Aufnahme ins Opus Dei an den Generalpräsidenten, Monseñor Escrivá, geschrieben hatten, erzählten uns die Oberinnen, es gehöre zum ‹guten Geist›, und ‹der *Padre* sehe dies mit Wohlwollen und als Zeichen von Zugehörigkeit›, daß man mindestens einmal im Monat einen Brief an ihn schreibe. Besagter Brief wurde der Leiterin des Hauses übergeben, die ihn nicht lesen durfte. Es wurde uns auch gestattet, wann immer wir wollten, dem *Padre* einen Brief in einem verschlossenen Umschlag zu schreiben.

Als María Luis Moreno de Vega und ich begannen, die Briefe, die an den *Padre* gerichtet waren, in Empfang zu nehmen und anweisungsgemäß zu lesen, taten wir dies mit dem größtmöglichen Respekt, und maßten uns niemals den geringsten Kommentar dazu an. Erschien uns etwas nicht ganz klar, berieten wir uns gegenseitig, und selbstverständlich übergaben wir die Briefe, die in einem verschlossenen Umschlag ankamen, unverzüglich dem *Padre*, der uns dann meistens befahl, sie nach ihm zu lesen.

Die Briefe der Numerarierinnen an den *Padre* waren gewöhnlich kurz. Ihr Inhalt unterschied sich natürlich, aber gewöhnlich waren es aufrichtige Briefe, die von der Arbeit in dem neuen Land berichteten, zudem von ihrem inneren Leben, sowie von der Bekehrungsarbeit. Die leitenden Numerarierinnen sprachen von finanziellen Problemen in der Anfangszeit, von Reibungen oder Mißverständnissen, die es mit dem *consiliario* des entsprechenden Landes gegeben hatte, beziehungsweise von Schwierigkeiten in der Beständigkeit der ersten Berufenen. Dies waren sozusagen die ständigen Themen in den Briefen an den *Padre*.

Aus den Briefen ließ sich der Reifegrad der jeweiligen Numerarierin ersehen. Wenn beispielsweise die Leiterin der Vereinigten Staaten an den *Padre* schrieb, eröffnete uns das neue Horizonte, denn es war ersichtlich, daß sie sich mit einem völlig anderen Panorama an neuen Formen, Sitten und Lebensweisen auseinanderzusetzen hatte als wir, die wir in Rom im Umkreis des *Padre* lebten. Außerdem hatte sie spanischen Numerarierinnen entgegenzutreten, die, wenn sie in den Vereinigten Staaten ankamen, wie die anderen jungen Frauen dieses Landes studieren und einen unabhängigen Lebensstil führen wollten. Hinzu kam noch das Problem der Sprache zur Durchführung des Apostolats. Ich kann mich an den Fall erinnern, als eine Numerarierin schwer erkrankte und die Leiterin viele Stunden im Zug verbrachte, um sie so oft es ging zu besuchen und sich bestmöglich um sie zu kümmern.

Man konnte aus den Briefen sofort den Unterschied zwischen den fanatischen Numerarierinnen und den anderen erkennen, die bemüht waren, sich so schnell wie möglich an das andere Land anzupassen und dabei ‹die Haut wechselten›, denn zur Anpassung an das reale Leben, das sie jetzt führten, war ein Wechsel nötig.

Meine persönlichen Briefe, die ich dem *Padre* Jahre später aus Venezuela schrieb, berichteten fast immer von der Arbeit in dem Lande, vom Fortschritt im Apostolat und den neuen Berufenen, die zu uns stießen. Dann wieder sprach ich von der Möglichkeit und dem starken Wunsch, so schnell wie möglich ein Studienzentrum in Venezuela einzurichten; und während der letzten Zeit meines dortigen Aufenthalts, über die mangelnde Hilfe des *consiliarios*, wenn es um Fragen in den Verwaltungen ging. Da ich an den *Padre* glaubte und großes Vertrauen in ihn setzte, steckte ich die Briefe, die diese Themen behandelten, in einen verschlossenen Umschlag, um zu vermeiden, daß sie als ‹Mangel an *unidad*› gewertet würden. Ich schrieb diese Dinge dem *Padre*, weil ich davon überzeugt war, er könnte mir bei der Lösung eines jeden Problems behilflich sein.

Als die Zahl der Berufenen im Opus Dei zunahm, wurde allen Mitgliedern versichert, daß die hauptsächliche Arbeit des *Padre* darin bestehe, absolut alle Briefe zu lesen. Viele hatten Mühe, das zu glauben, aber es war unsere Pflicht, es ihnen zu versichern. Als die zentrale Leitung der Frauenabteilung in Rom zu funktionieren begann, las jede der Assessorinnen dem *Padre* die Briefe der Numerarierinnen aus der Region vor, jedoch wurden sie zuerst von der Sekretärin der *asesoría* gelesen, deren Gutdünken es auch überlassen blieb, einen Brief an den *Padre* weiterzugeben oder nicht.

De facto wurde die Lüge, der *Padre* lese die Briefe der Mitglieder, weiter aufrecht gehalten. Monseñor Escrivá und Alvaro del Portillo wußten das genauso gut wie alle Numerarierinnen, die nach Rom gekommen waren; ich natürlich mit eingeschlossen.

María Luisa Moreno de Vega und ich gingen weiter unserer Arbeit als Sekretärinnen des *Padre* nach, und ich kann wahrhaftig sagen, daß wir unsere gesamte Verantwortung in die Ausführung der Anweisungen, die wir von ihm bekamen, legten. Wir verwandten den ganzen Tag auf diese Arbeit, ausgenommen die Stunden am Morgen, wenn wir uns um die Säuberung der Verwaltung in der Villa Sacchetti kümmerten, und am späten Nachmittag, wenn fast alle Numerarierinnen des Hauses hinüber in die Villa Vecchia gingen, um die Räume des *Padre* und von Don Alvaro sauberzumachen, die die Größe einer kleinen Stierkampfarena besaßen. Gewöhnlich waren wir damit so lange beschäftigt, bis der *Padre* sich zum Abendessen begab.

María Luisa und ich verstanden uns wunderbar. Die Tatsache, daß wir beide im *Consejo Superior de Investigaciones Científicas* gearbeitet hatten, trug zum gegenseitigen Verständnis in der Arbeitsweise bei. Zudem war María Luisa eine sehr gutmütige, feine und intelligente Frau. Sie hatte eine Ausbildung am *Colegio Alemán* absolviert und beherrschte diese Sprache perfekt. Da ich in einer französischen Hochschule ausgebildet worden war, sprach ich ganz gut Französisch, und wir beide konnten ein wenig Englisch sprechen und schreiben; Qualitäten, die Monseñor Escrivá sehr schätzte. Wir lernten auch beide sehr ernsthaft Italienisch, was uns ausgesprochen leichtfiel, so daß wir die Sprache bereits nach wenigen Monaten ohne eine einzige Unterrichtsstunde in Grammatik beherrschten. Wir hatten lediglich Gelegenheit, mit Encarnita Ortega, Mary Altozano und Mary Carmen Sánchez Merino Italienisch zu sprechen, da die anderen keinerlei Interesse zeigten, diese Sprache zu erlernen. Die Tatsache, daß María Luisa Oberin war und ich nicht, hatte weder irgendeinen Einfluß auf unseren Umgang miteinander, noch auf unsere Arbeit.

Während jener Monate verging so gut wie kein Tag, an dem wir nicht den *Padre* oder Don Alvaro zu Gesicht bekamen, da sie entweder zu uns ins Sekretariat kamen, oder uns nach dem Mittagessen zu sich hinauf ins Eßzimmer der Villa riefen, um uns mit irgendeiner Aufgabe zu betrauen; so daß María Luisa und ich schließlich die Gewohnheit annahmen, uns in der Küche aufzuhalten, wenn der *Padre* mit Don Alvaro zu Mittag aß, damit er, falls er nach uns verlangen sollte, nicht warten mußte. Während Mittag- und Abendessen war Encarnita ebenfalls in der Küche, da sie als Leiterin des Hauses für die Mahlzeiten des *Padre* verantwortlich war.

Für die Mahlzeiten des *Padre* verantwortlich zu sein, bedeutete nicht nur, das Essen zu probieren, bevor es hinauf ins Eßzimmer getragen wurde, sondern auch alles gemäß den Anweisungen des Arztes zusammenzustellen. Wir wußten, daß der *Padre* eine spezielle Diät einhielt, wenn auch nicht offen gesagt wurde, aus welchem Grund. Zweifellos war er Diabetiker, wie einer der offiziellen Biographen von Monseñor Escrivá nach dessen Tod bestätigte; er war gezwungen, sein Gewicht zu reduzieren, was voraussetzte, daß er eine ganze Reihe von Nahrungsmitteln nicht zu sich nehmen konnte.

Während wir darauf warteten, daß der *Padre* nach uns rief, halfen wir beide zusammen mit Encarnita den mit der Küche betrauten Numerarierinnen, den Nachmittagsimbiß für das gesamte Haus, sowohl für die Residenz als auch für die Verwaltung, zuzubereiten.

Oftmals erzählte uns der *Padre*, wenn er morgens ins Sekretariat kam, von seinen Zukunftsplänen für die Frauenabteilung des Werkes, und ließ auch bei mehreren Gelegenheiten sein Unbehagen gegenüber der Kirche und speziell Pius XII. durchblicken. Ich kann mich gut daran erinnern, wie er eines Tages zu uns sagte: «Meine Töchter, ihr seid euch nicht bewußt, was in eurer nächsten Umgebung vor sich geht: Ich bin an Händen und Füßen gefesselt. Dieser Mann (Pius XII.) versteht uns nicht, läßt uns keine Bewegungsfreiheit, ich bin hier völlig eingesperrt.» Dabei fuchtelte er mit den Händen umher, als wollte er sagen: es ist unverständlich. Mir war klar, daß ihn der Papst nicht aus Rom fortließ. Das konnte ich seinen immer unterschiedlich ausfallenden Worten entnehmen.

An einem anderen Tag erklärte er mir, er würde mich in einiger Zeit nach Frankreich schicken, weil er wüßte, wie sehr ich dieses Land liebte. Und tatsächlich stellte er uns im Eßsaal der Villa Don Fernando Maicas vor, der als *consiliario* nach Frankreich gehen sollte, sowie Don Alfonso Par, der als *consiliario* nach Deutschland ging, und erklärte ihnen, daß ich sehr wahrscheinlich die Leitung für Frankreich und María Luisa, die bereits einige Leitungsbefugnisse besaß, für Deutschland übernehmen würde.

Ein andermal erklärte mir der *Padre*, er würde mich speziell damit beauftragen, die Reisepässe aller Numerarierinnen, die in der Villa Sacchetti wohnten, auf dem neuesten Stand zu halten, sowohl was ihre Gültigkeit als auch die Sondererlaubnis für den *soggiorno italiano* (Aufenthalt in Italien) betraf. Don Alvaro könnte mir sagen, was ich zu tun habe. Ich kann mich erinnern, daß unsere Aufenthaltserlaubnisse für Italien sehr eigentümlich waren. Als Angehörige eines Säkularinstituts fielen wir unter ein Gesetz für Ordensmitglieder, für das Visum waren wir dem Vatikan zuzurechnen, wenngleich jenseits davon angesiedelt; und mit der vorläufigen Unterschrift von Don Alvaro hatten wir ein schriftliches Gesuch vorzuweisen. Es waren Gesuche, die ich dann zusammen mit den Reisepässen zur *Questura Romana* brachte, um Zeitverluste für jede einzelne Numerarierin, die nach Rom kam, zu vermeiden. Der *Padre* wies besonders darauf hin, was für ein Glück wir hätten, nicht zu diesen ‹kleinen Nonnen› zu gehören, die ortsunkundig jede für sich ihre Aufenthaltserlaubnis für Italien regeln mußten.

An zwei Dinge kann ich mich noch gut erinnern. Erstens, sobald die Numerarierinnen in Rom angekommen waren, verlangte man ihre Reisepässe, die sie erst wiedersahen, wenn sie Rom verließen oder wenn sie verlängert werden mußten und sie mit mir zusammen das entsprechende Konsulat aufsuchten. Zweitens gab es einen Polizisten, einen jüngeren Mann, der regelmäßig in die Villa Sacchetti kam, um die Reisepässe und die Aufenthaltsgenehmigung zu überprüfen. Wir waren ein Haus mit Hunderten von Ausländern, und es war völlig logisch, die Daten zu kontrollieren. Ich war diejenige, die ihn in Empfang nahm und mit ihm redete. Als wir darüber mit dem *Padre* sprachen, empfahl er uns, immer eine Flasche spanischen Cognac als Geschenk für den Polizeibeamten bereitstehen zu haben...

Monseñor Escrivá wies uns ebenfalls an, seine Worte zu notieren, da sie ‹für die Nachwelt von Nutzen sein würden›. Und das tat ich dann auch während all der Jahre, die ich in Rom verbrachte, besonders bis sich die zentrale Führung in der Villa Sacchetti gebildet hatte.

Was ich als einen Vertrauensbeweis erachtete, war in Wirklichkeit Monseñor Escrivás persönliche Vorbereitung für seinen eigenen Altar. Und es waren bloß die ersten Anzeichen für das, was ich später des öfteren zu hören bekommen sollte: «Ich habe gerade auf meinem Grab gesessen, meine Töchter. Nur wenige Menschen besitzen dieses Privileg.»

Als María Luisa und ich nach Rom kamen, führte Encarnita Ortega das Haustagebuch, eine Aufgabe, die sie mir kurz nach meiner Ankunft übertrug. Es ist in allen Häusern des Opus Dei Sitte, ein Tagebuch zu führen, aber das Tagebuch des Hauses in Rom war von größtem Interesse, weil es viele Dinge aus dem Leben seines Gründers widerspiegelte. Ich schrieb dieses Tagebuch mehrere Jahre, und wenn ich einmal verhindert war, hatte ich dies der Leiterin mitzuteilen, damit diese dann selbst das Tagebuch weiterführen oder jemanden finden konnte, der diese Tätigkeit übernahm.

Jene erste Zeit in Rom gehört zu den interessantesten Zeitabschnitten meines Lebens im Opus Dei. Zum einen durch meine Blindheit, bzw. meinen Fanatismus, wie man es auch nennen will; ich war zu einem richtigen Automaten geworden, so daß außer dem Padre nichts und niemand für mein Leben Bedeutung hatte. Alles drehte sich absolut um Monseñor Escrivá, den man gewöhnlich einmal am Tag, María Luisa und ich mehrmals, zu Gesicht bekam. Heute begreife ich vollständig das Wesen des Opus Dei als Sekte: Wir mußten pausenlos körperlich hart arbeiten; gab es mal einen freien Moment, so war er ein Teil der

Normen für den Lebensplan, verstärkt durch Präsenz und Indoktrination des Gründers. Außer der täglichen halben Stunde Beisammensein, in der wir mit den *sirvientas* im *Cortile del Cipresso*, einem winzigen Innenhof mit einer Zypresse in der Mitte, Ball spielten, hatten wir keinerlei Zerstreuung. Und die auch nur im Sommer. Im Winter verbrachten wir die meiste Zeit in der Bügelstube, bzw. an unserer jeweiligen Arbeitsstelle. Wir hörten keinerlei Musik, selbstverständlich auch kein Radio – es gab im ganzen Haus keinen Radioapparat –, noch lasen wir Zeitung.

Ich fühlte mich zu der Zeit frei, denn wir besaßen eine gewisse, von genau bestimmten Parametern gefaßte Freiheit; nicht die authentische, christliche Freiheit, die es, in genauer Kenntnis der Situation und ohne Vorbehalte hinsichtlich eines ‹guten› oder ‹bösen Geistes›, den normalen Christen gestattet, nach freiem Willen zu entscheiden. Die Mitglieder des Opus Dei besitzen nicht mehr Freiheit als ihnen ‹der gute Geist des Werkes› gestattet, nach vorausgegangener Befragung der Superioren, berufliche, gesellschaftliche und politische Fragen eingeschlossen. Ein Beweis dafür sind die sogenannten ‹juramentos promisorios› (Beteuerungseide), die ich anfangs im Zusammenhang mit den Gelübden auf Lebenszeit und der *fidelidad* (Treue) erklärte. Besagte Eide sind im wesentlichen mit den Gelübden auf Lebenszeit bzw. mit den Verbindlichkeiten gegenüber der Prälatur, wie sich das Opus Dei heute nennt, verbunden, sowie mit der Eigenschaft als *asociada inscrita*. Und hier geht mir wieder Solschenizyns Werk *Der erste Kreis der Hölle* durch den Kopf sowie die Überlegung, was eine Organisation wie *Amnesty International* über die Freiheit im Opus Dei denken würde, vorausgesetzt, sie hätte die richtigen Mittel, um eine solche Analyse objektiv durchführen zu können.

Eines Tages hörten wir in der Bügelstube laute, gellende Schreie des *Padre*. Ich erschrak und glaubte, etwas Schreckliches sei geschehen, und er rufe nach uns. Ich erhob mich rasch und als ich die Tür der Bügelstube öffnete, die auf die *Galleria della Madonna* ging, kam eine Numerarierin, die bereits länger im Haus wohnte, auf mich zugelaufen und erklärte mir mit gedämpfter Stimme: «Geh nicht hinaus. Das ist sicher der *Padre*, der dem Architekten Korrekturen erteilt.» Tatsächlich hörte ich viele Male, wie Monseñor Escrivá den Architekten anschrie. Zunächst Fernando de la Puente, später, als man ihn nach Spanien wegen schwerer Krankheit verlegte, einen recht jungen Mann, der an seine

Stelle trat. Dann wieder wurde ich mehrmals Zeuge der bitteren Szenen, wenn der *Padre* Encarnita beschimpfte, weil sie kurzsichtig war und keine Brille tragen wollte. Encarnita wurde rot bis zu den Haarwurzeln, und ihr ständiges Kopfweh verstärkte sich noch.

Es war ein leichtes, diejenigen im Haus ausfindig zu machen, die der *Padre*, aus welchem Anlaß auch immer, beschimpft hatte. Man durfte nicht weinen, aber die Betreffenden waren sehr ernst. Einer der kritischen Punkte für die Verärgerung von Monseñor Escrivá war die Küche; wenn eine Numerarierin, die dort arbeitete, die Fenster öffnete und so die Gerüche in die Villa Vecchia ziehen konnten. Die Küche von Villa Sacchetti war so etwas wie das Herzstück des Hauses, und obwohl die Architekten mehrere verschiedene Versuche unternahmen, eine Lüftung einzubauen, roch es immer nach Essen. Das ärgerte Monseñor Escrivá in einer schwer zu beschreibenden Weise. Einmal wurde ich Zeuge, wie er in die Küche, direkt zum geöffneten Fenster stürzte und es mit voller Wucht zuschlug. Merkwürdigerweise bemerkte er weder, wie sehr seine Handlungsweise die Numerarierinnen und *sirvientas*, die in der Küche tätig waren, verletzte, noch die unerträgliche Hitze, in der sie bei geschlossenen Fenstern arbeiten mußten.

Encarnita war die Numerarierin, die als Leiterin des Hauses die meiste Schelte einstecken mußte. Ich bewunderte die Art und Weise, in der Encarnita den Ärger von Monseñor Escrivá aufnahm und erachtete dies als ihren ‹guten Geist›; dagegen ist mir heute bewußt, daß Encarnita dem *Padre* gegenüber eine krankhafte Liebe empfand: Sie genoß es, wenn er sie ausschimpfte. Es erschien ihr wie ein Zeichen von bevorzugter Zuneigung, direkt vom Gründer Schelte zu empfangen. Tatsächlich zirkulierte in vielen Ländern ein Satz unter den Numerarierinnen: ‹Selig sind die, die Schelte vom *Padre* empfangen›, denn es war ein Zeichen dafür, daß man sich in seiner Umgebung aufhielt. Monseñor Escrivá besaß gewiß keinen ausgeglichenen Charakter.

Zu Don Alvaro del Portilla hatte Encarnita ein ganz anderes Verhältnis. Mit Alvaro konnte sie über alles reden, was sie auch nutzte, um mitzuteilen, wenn wir Geld brauchten. Wie war es möglich, daß Encarnita mit Don Alvaro sprach, wenn doch im Opus Dei eine strikte Trennung zwischen Männer- und Frauenabteilung bestand? Beispielsweise konnte sie ein paar Minuten mit ihm sprechen, wenn er allein zum Abendessen in den Eßsaal kam und wir den Flur der Villa Vecchia saubermachten. Oder per Haustelefon der Leiterin. Und manchmal, wenn der *Padre* den Eßsaal der Villa verlassen hatte und Don Alvaro noch etwas dageblieben war, nutzte Encarnita die kurzen Minuten, um ihn etwas zu fragen oder seinen Rat einzuholen. Einzig Encarnita besaß unter den Numerarierinnen das Privileg, alle Priester des Opus Dei duzen zu dürfen.

Die Zornesausbrüche des *Padre* waren mir bis zu dem Zeitpunkt unbekannt gewesen, aber sie machten mir angst, da ich nicht wußte, wie ich reagieren sollte, wenn sich der erste gegen mich richten sollte. Bis jetzt hatte ich nur mit angehört, wie er allen anderen etwas vorzuwerfen hatte, mir direkt jedoch noch nichts. Aber wenn ich seine erregte Stimme hörte, zitterte ich. Es handelte sich dabei nicht einfach um einen Verweis, sondern er schrie vor Wut; was umso tiefer ging, da man ihn so herzlich verehrte. Ich kann mich nicht erinnern, je meinen Vater in dieser barschen, verletzenden Weise gehört zu haben.

In jener Zeit kamen Monseñor Escrivá und Don Alvaro del Portillo nach dem Abendessen gewöhnlich in die Bügelstube. Wir Numerarierinnen, die wir in der Nähecke arbeiteten, befanden uns im Vordergrund. Manchmal befahl der *Padre* den *sirvientas*, die in dem Teil wuschen und bügelten, der auf den *Cortile del Cipresso* ging, sie sollten näher an die Gruppe herankommen.

Beim Eintreten pflegte er, während er Platz nahm, laut ‹*Pax*› zu rufen, damit ihn alle hörten und er es nicht mehrmals wiederholen mußte. Er trat stets mit einer für ihn typischen Bewegung ein: in vorgebeugter Haltung ließ er die Hände baumeln.

Wenn er sich setzte, verschränkte er sie stets in seinem Schoß. Niemals schlug er die Beine übereinander, zumindest nicht vor uns Frauen. Wenn er seine Soutane trug, wickelte er sie stets fest um sich, bevor er seinen Blick über uns gleiten ließ und uns fragte:

«Nun, meine Töchter, was habt ihr mir heute zu berichten?»

Oftmals entstand dann ein tiefes Schweigen. Niemand wagte zu sprechen. Woraufhin er zu sagen pflegte:

«Also gut, wenn ihr mir nichts zu erzählen habt, gehe ich wieder.»

Daraufhin setzte gemurmelter Protest ein: «Nein, *Padre*, nein.»

Damit Encarnita nicht gleich losschoß und irgendeiner *sirvienta* Befehle erteilte, wandte sich der *Padre* des öfteren an Julia, eine der ersten *sirvientas*, Baskin und bereits etwas älter, und sagte zu ihr:

«Also Julia, erzähl du mir etwas, meine Tochter.»

Julia war diskret und intelligent, zudem überaus geschickt darin, etwas zu berichten, an das Monseñor Escrivá ein Gespräch anknüpfen konnte.

Bei einer dieser Gelegenheiten verkündete Monseñor Escrivá auch, daß zum erstenmal mexikanische *numerarias sirvientas* nach Rom kommen würden. Dann wandte er sich María Luisa und mir zu und fragte scherzend: «Warum habt ihr euren Schwestern noch nicht gesagt, wer aus Mexiko kommt?»

Wir lächelten stumm zurück, und Monseñor Escrivá, der sich seines Publikums bewußt war, fügte hinzu: «Meine Töchter, eure Schwestern haben euch gar nichts davon erzählen können, da es unter ihre Schweigepflicht fällt. Jetzt aber sagt es ruhig: wer kommt?»

Maria Luisa und ich antworteten: «Constantina, Chabela und... (an den dritten Namen kann ich mich nicht mehr erinnern), drei *numerarias sirvientas*.»

«Gabriela Duclos, Mago und Marta, eine mexikanische Architektin, alle Numerarierinnen.»

Dann erzählte Monseñor Escrivá von Mexiko, von dem dortigen Werk und daß man dem Opus Dei gerade eine Hazienda in Montefalco geschenkt habe, wo wir, ‹wenn wir gläubig wären›, in der Scheune eine Schule für Landarbeiterinnen einrichten würden.

Andere Male erzählte uns Monseñor Escrivá von den Fortschritten beim Bau des *Colegio Romano de la Santa Cruz*, und daß wir für Don Alvaro beten sollten, dem die finanziellen Probleme schwer auf den Schultern lasteten, da er jeden Samstag die Arbeiter auszuzahlen hätte.

Oftmals drehten sich die Gespräche darum, ‹wie schlau wir im Leben zu sein hätten›, daß er ‹keine dummen Töchter wolle› und er fügte hinzu: «Daß ihr mir ja nicht so einfältig wie die Nonnen werdet», und während er das sagte, äffte er sie in der Stimme nach und verzerrte die Miene, wobei er die Hände wie ein Trottel vors Gesicht schlug, was großes Gelächter unter den *numerarias sirvientas* sowie den meisten Numerarierinnen auslöste.

Bei einer anderen Gelegenheit erzählte eine von uns dem *Padre*, sie sei vor kurzem nach *Ciampino*, dem damaligen internationalen Flughafen Roms, hinausgefahren und habe gesehen, wie ein Haufen Nonnen auf die *madre general* gewartet habe und, als sie diese aus dem Flugzeug steigen sahen, in Geschrei ausgebrochen seien, wobei sie immerzu gerufen hätten: «Unsere Mutter, unsere Mutter! Da kommt unsere Mutter!»

Als Monseñor Escrivá das hörte, brach er in schallendes Gelächter aus und rief: «Ist das komisch, nein, ist das komisch!»

Dabei war es über all die Jahre nichts anderes, als das, was die Mitglieder des Opus Dei taten, wenn sie irgendwo auf die Ankunft von Monseñor Escrivá warteten.

Was das betraf, sagte uns Monseñor Escrivá, daß ‹Nonnen dumm seien›, wobei er hinzufügte, die einzige Nonne, die er besuche, sei Schwester Lucía de Portugal, ‹nicht weil sie die Jungfrau erblickt hat, sondern weil sie uns sehr liebt›. Und dann setzte er noch hinzu: «Sie ist ein kleines Dummerchen, aber eine gute Frau.»

Außerdem erzählte uns Monseñor an einem der Nachmittage, daß ihm Schwester Lucía de Portugal bei einer Gelegenheit erklärt habe: «Don José María, Sie mit den Ihren und ich mit den Meinen, wir könnten durch die Hölle gehen.»

Wie gesagt, wir in Villa Sacchetti betrieben kein direktes Apostolat, dennoch pflegte Encarnita einmal in der Woche in die Region Italien zu gehen, um mit Frauen zu sprechen und an ihnen ein Apostolat vorzunehmen. Auch gab sie dadurch den dortigen Numerarierinnen Gelegenheit, sie zu sehen und mit ihr zu sprechen, und konnte sich ein Bild davon machen, was in der Region Italien vor sich ging. Wenn sie alles genau unter die Lupe genommen hatte, gab sie darüber dem *Padre* oder Don Alvaro einen Bericht ab.

An manchen Nachmittagen kamen die beiden ersten Supernumerarierinnen Italiens, Signora Lestini und Signora Marchesini, zu Besuch in die Villa Sacchetti. Sie wurden in die Bügelstube geführt, wo sie beim Nähen halfen. Beide hatten Söhne, die Numerarier waren. Signora Marchesini war sehr charmant; sie war klein und zierlich und äußerst schwerhörig. Sie mußte einmal eine sehr hübsche Frau gewesen sein. Signora Marchesini war sehr fröhlich, unheimlich sympathisch und schlagfertig, zudem hatte sie eine dermaßen schrille Stimme, daß wir uns alle, als sie an einem Samstag kam und die *Salve* geradezu trällerte, das Lachen kaum verbeißen konnten, und einige die Kapelle verlassen mußten, um nicht laut herauszuplatzen.

Eines Tages berichtete uns Signora Marchesini vom Tod König Georgs VI. von England. Wir waren völlig aufgeregt bei dieser Nachricht und fragten:

«Der König von England ist tot?»

Signora Marchesini war so erstaunt darüber, daß wir es nicht wußten, und fragte uns ihrerseits:

«Ja, seid ihr denn nicht auf dem laufenden? Er ist doch schon vor einigen Tagen verstorben.»

Woraufhin Encarnita lebhaft antwortete:

«Doch, ich wußte es schon, aber ich wollte die anderen nicht damit aufregen.»

Wir hätten bei dieser Antwort beinahe laut gelacht, hielten uns aber im Zaume, bis die Signora gegangen war. Natürlich, erklärte uns Encarnita dann, habe sie nicht die geringste Ahnung vom Tode des englischen Königs gehabt.

Als an dem Nachmittag Monseñor Escrivá und Don Alvaro in die Bügelstube kamen, hatten wir nichts Eiligeres zu tun, als ihnen die Geschichte mit Signora Marchesini, der Nachricht vom Tode des englischen Königs und Encarnitas Antwort zu erzählen.

Dann fragte eine der Numerarierinnen:

«*Padre*, wird jetzt die blutjunge Prinzessin Elisabeth Königin von England?»

Sie hatte diese Worte kaum ausgesprochen, als Monseñor Escrivá von seinem Stuhl aufsprang, mit einer heftigen Geste die Soutane zurückwarf, schnaufend in die Mitte des Raumes stürmte und wütend aus vollem Halse schrie:

«Sprecht mir nicht von dieser Frau!!! Ich will nichts von ihr hören!!! Sie ist ein Dämon!!! Der Dämon!!! Erwähnt sie nie wieder, verstanden! Daß ihr es nur wißt!»

Und krachend schlug er die Tür der Bügelstube hinter sich zu. Wir waren alle noch völlig verdutzt, als sein Kopf noch einmal in der Türöffnung erschien, und er wiederholte:

«Habt ihr verstanden? Nie wieder will ich von dieser Frau hören!!!»

Noch bevor die Tür ein zweites Mal krachend ins Schloß fallen konnte, stand Don Alvaro gelassen auf, sagte mit seinem so charakteristischen Lächeln ‹Pax› zu uns und trat mit völlig friedlicher Miene ebenfalls auf die Galleria della Madonna hinaus.

Unmittelbar daraufhin befahl uns Encarnita, wieder zu unserer Arbeit zurückzukehren und das Vorgefallene nicht zu kommentieren. Ich wurde von ihr angewiesen, nichts darüber in das Haustagebuch einzutragen.

Ich war furchtbar erschrocken und überlegte, warum Prinzessin Elisabeth wohl der Dämon sein sollte. Was ich damals nicht verstehen konnte und uns alle erschaudern ließ, wurde mir völlig einsichtig, als ich das Opus Dei verließ: Monseñor Escrivá verleugnete den ökumenischen Geist. Daß ein Monarch, noch dazu eine Frau, Oberhaupt der Kirche von England war, mußte Monseñor Escrivá aus tiefstem Innern empören. Insofern war es inkonsequent, daß das Opus Dei einige Jahre später, und ausschließlich zum rein menschlichen Vorteil, die Dreistigkeit besaß, die Königinmutter zur Einweihung von *Netherhall House*, der Opus-Dei-Residenz in London, einzuladen. Als ich dies hörte, mußte ich daran denken, wie interessant es wäre, die Reaktion der Königinmutter und des englischen Hofes zu erfahren, daß der Gründer des Opus Dei, von dem sie zur Einweihung der Residenz eingeladen worden war, ihre Tochter und Königin mit Nachdruck ‹Dämon› genannt hatte.

Ich werde diese Reaktion von Monseñor Escrivá niemals im Leben vergessen, und deshalb bin ich auch jedesmal erstaunt, wenn ich höre, wie das Opus Dei versichert, sein Gründer besitze ökumenischen Geist. Er besaß ihn nie, wie man der ersten Auflage seines Buches *camino* entnehmen kann, in dem dieser Geist im Grunde genommen gar nicht vorkommt.

Saubermachen und verschiedene Arbeiten

Ein wichtiges Kapitel war das Saubermachen. Dies war in allen Häusern des Opus Dei ein Thema, das man stets im Auge hatte, da es unerläßliche Vollendung der Arbeit in der Verwaltung bedeutete. Monseñor Escrivá nannte die Arbeit in der Küche ‹das Apostolat der Apostolate›. Zudem pflegte er hinzuzufügen, sie gleiche einem Skelett, auf das sich absolut alle Frauen- und Männerhäuser stützten und ‹ohne die das Opus einen wahrhaftigen Zusammenbruch erleiden würde›.

Als ich nach Rom kam, war das Saubermachen mörderisch. Am Morgen begab sich als erstes eine Gruppe von Numerarierinnen und *sirvientas* ins *Pensionato*. Dort wohnten ungefähr sechzig Numerarier des Opus Dei; an die genaue Zahl kann ich mich nicht mehr erinnern. Woran ich mich aber erinnern kann, ist, daß einige Numerarier das Lateranus, andere das Angelicum besuchten, um ihre Philosophie- und Theologiestudien zu beenden, während einige andere im Haus blieben, ‹um die Arbeiter zu überwachen›, da man, auf ausdrückliche Anweisung von Monseñor Escrivá hin, ‹die Arbeiter niemals allein lassen dürfe›. Da die finanzielle Situation in jenen Jahren sehr schwierig war, gingen viele Numerarier zu Fuß, um das Geld für die Verkehrsmittel zu sparen; und der *Padre* pflegte uns zu erzählen, daß diejenigen, die rauchten, ihre Zigaretten halbierten, um länger etwas davon zu haben.

Zum Saubermachen des *Pensionato* stand uns nur wenig Zeit zur Verfügung. Wir gingen beinahe militärisch vor: Bei unserer Ankunft in Rom wurden María Luisa und ich damit beauftragt, die Schlafzimmer und Bäder aller Numerarierinnen sauberzumachen. Dann wurden wir versetzt, und mich verschlug es ins *Pensionato*. Andere wiederum säuberten die Treppen, das Wohnzimmer und die Galerien. Die *sirvienta*, die Pförtnerdienst hatte, nahm sich den Eingang, die Kapelle, die Sakristei und das Besucherzimmer vor. Einige Numerarierinnen säuberten zusammen mit den *sirvientas* die *camarillas*, die Bügelstube und die Waschküche. Julia, die *sirvienta mayor*, kümmerte sich zusammen mit Chabela, der Mexikanerin, um die Gärten.

Daneben gab es andere Arbeiten, mit der jede von uns einmal an die Reihe kam, wie beispielsweise das Bohnern der Fußböden.

Am Nachmittag, sobald die Arbeiter gegangen waren, begaben wir uns in die Villa Vecchia, wo Monseñor Escrivá seine provisorischen Räume, seine Kapelle und sein Arbeitszimmer bezogen hatte. Encarnita, in ihrer Abwesenheit Mary Altozano, machte zusammen mit einer anderen Numerarierin und zwei *sirvientas* die Betten von Monseñor Escrivá und Don Alvaro und sorgte ganz besonders für Sauberkeit in den Zimmern. Wir übrigen Numerarierinnen blieben im Vestibül der Villa, deren Parkettboden gerade von den Arbeitern fertiggestellt worden war. Das Holz war also völlig ausgetrocknet und ziemlich schmutzig. Vorzugehen war folgendermaßen: Zunächst mußten wir den Boden fest mit Terpentin scheuern, damit sich der Schmutz löste. Sofort darauf war diese Flüssigkeit aufzuwischen, während jemand anders den Boden wachste, um ihm Fett zuzuführen. Bei den vielen Quadratmetern Fläche schien das Ganze ein endloses Unterfangen.

An den Sonntagen gab es außerdem sogenannte ‹außergewöhnliche Säuberungen›, bei denen die Teile des Hauses, die gerade von den Handwerkern fertiggestellt worden waren, gereinigt wurden; angefangen von den Bädern, über die Fußböden bis hin zu den Fensterscheiben.

Dieses Saubermachen war ganz anderer Art. Es galt, besonders unzählige Farb- und Zementspritzer zu lösen, mit Hilfe von abgelegten Rasierklingen der Numerarier. Um die Rasierklingen besser zu nutzen, brachen wir sie in zwei Teile. Unsere Hände waren hinterher völlig zerschnitten, da alles ohne Handschuhe oder sonstigen Schutz vorgenommen wurde. Monate später kam eine von uns auf die glorreiche Idee, ein Heftpflaster über die Stelle, an der wir die abgebrochene Rasierklinge anfaßten, zu kleben, woraufhin wir teilweise Schnitte vermeiden konnten.

Die *Procura Generalizia* war in jenen Jahren bereits fertiggestellt und bedeutete für uns eine weitere häufige, wenn auch nicht tägliche, Säuberungsaktion. Der Haupteingang zu dieser *Procura Generalizia* befand sich in der Via della Villa Sacchetti 30. Sie war wie ein Empfangszentrum für den Generalpräsidenten des Opus Dei errichtet worden. Die *Procura* bestand aus einem Vestibül, einem kleinen Besucherzimmer, in dem immer eine Vase mit Anemonen auf dem niedrigen Tischchen stand, einem kleinen Bad, einer Kapelle und einem Eßzimmer für zwölf Personen, ausgestattet in Weiß, Grau und Gold, ganz im französischen Stil. Die Möbel waren so empfindlich, daß wir beim Saubermachen weiße Baumwollhandschuhe tragen mußten.

In dieses Eßzimmer lud Monseñor Escrivá Personen ein, denen er, aus welchem Grund auch immer, besondere Wertschätzung erweisen wollte. Ich erinnere mich, daß dies mehrmals bei seinem Arzt, Doktor Carlo Faelli und dessen Frau, die Encarnita regelmäßig besuchte, der Fall war. Andere Male war es ein Kardinal oder ein Bischof. Die Anweisungen, die uns zu den Gästen erteilt wurden, waren ganz klar und deutlich. So hatten wir zum Beispiel niemanden vor dem *Padre* zu bedienen. Zwei junge Mädchen bedienten im Eßzimmer und reichten die Schüsseln dem *Padre* und seinen Ehrengästen.

Wie man sehen kann, hatte ich bei vielen Gelegenheiten ziemlichen Einfluß. Es hatte den Anschein, daß ich bei diesen Empfängen und in Fragen der Etikette recht effizient war, ganz besonders jedenfalls im Umgang mit Botschaften und Konsulaten.

Heute erscheint es mir unverständlich, aber damals war ich sehr glücklich über das große Vertrauen, das Monseñor Escrivá und Encarnita in mich setzten. Was mir dabei überhaupt nicht aufging, war die Tatsache, daß ich mich ausnutzen ließ. Ich mußte erst aus dem Opus Dei ausgetreten sein, um zu bemerken, wie es unter dem Mäntelchen des ‹guten Geistes›, der ‹Liebe zum *Padre* und zum Werk› alle seine Mitglieder ausbeutet.

Die Meinung des *Padre*, ihn zufriedenzustellen war uns wichtiger als die Gottes. Mit anderen Worten, wir waren davon überzeugt, wenn erst der *Padre* zufriedengestellt sei, wäre es Gott ebenfalls. Was für eine seltsame Form von innerem Leben!

An Sonntagen machten wir also gewöhnlich nicht in der Verwaltung sauber, um in verstärktem Maße im Exerzitienhaus oder dort, wo die Handwerker gewesen waren, tätig sein zu können. Ich kann sagen, daß wir alle die Arbeit mit großem Sportsgeist aufnahmen; doch wenn uns die mit Küchendienst Beauftragte eine Stärkung aus den Resten, die sich im Kühlschrank fanden, heraufbrachte, machten wir uns heißhungrig darüber her. Es war uns völlig egal, was wir bekamen. Man bedenke, daß viele dieser Säuberungen im Winter stattfanden, bei geöffneten Fenstern; die Kälte war entsetzlich, wir waren wie erstarrt. Wenn Iciar Zumalde mit dem Küchendienst an der Reihe war, pflegte sie zu sagen, sie sei entzückt von den Putzaktionen am Sonntag, denn das bedeutete gleichzeitig eine generelle Putzaktion ihres Kühlschrankes. Vor dieser Art des Saubermachens drückte sich niemand.

Selbstverständlich wurden die Richtlinien zu den Säuberungsaktionen von Don Alvaro vorgegeben, aber weder er noch der *Padre* ließen sich blicken, wenn wir bei der Arbeit waren. Gerechterweise muß gesagt werden, daß Encarnita bis zur Vorbereitung der Mahlzeit für den *Padre* mit uns zusammen tüchtig anpackte.

Durch die körperliche Betätigung in der Villa Sacchetti waren wir alle gertenschlank, obwohl wir gut aßen. Lediglich Encarnita nahm kaum einen Bissen zu sich.

Da wir die ganze Säuberungsarbeit nur mit Mühe schafften, gab Monseñor Escrivá Anweisungen, mehr Numerarierinnen aus Spanien in die Verwaltung kommen zu lassen. All das koinzidierte mit einer Art ‹Säuberung›, die der *Padre* unter den Hauptoberinnen in der *Asesoría Central* vornehmen wollte, und er befahl, es sollten einige von ihnen, die Leitungsbefugnis in der *Asesoría* hatten, zur Unterstützung der Verwaltung nach Rom kommen, aber nicht als Hauptoberinnen, sondern als einfache Numerarierinnen. Als erste kamen Marisa Sánchez de Movellán, Lourdes Toranzo, Pilar Salcedo, sowie Cathérine Bardinet, María José Monterde, Begoña Mújica, etc.

Peter Berglar zitiert Monseñor de Escrivá in seinem bereits erwähnten Werk und unter Bezugnahme auf dessen Gespräch mit Pilar Salcedo 1968, als sie noch Numerarierin des Opus Dei war, folgendermaßen: «Mir ist die Arbeit einer meiner Töchter als Hausangestellte ebenso wichtig wie die Arbeit einer meiner Töchter mit einem Adelstitel.» Das stimmte nicht. Ich will ein Beispiel nennen, wobei ich die Aristokratenfrage zunächst einmal zurückstelle und mich nur auf das Finanzielle beziehe: Als er Cathérine Bardinet, die erste französische Numerarierin, nach Rom kommen ließ, gab es keine andere Numerarierin mehr in dem Lande. Cathérine hatte blutjung um die Aufnahme gebeten, und ihre Eltern, Besitzer einer Spirituosen-Firma, waren nicht allzu begeistert von der Berufung ihrer Tochter gewesen. Eine Beziehung bestand im Grunde nur noch zur Mutter. Der Vater wollte die Beziehung zwar nicht ganz abbrechen, hielt sich aber reserviert zurück. Diese Herrschaften schrieben ihrer Tochter, daß sie eine Kreuzfahrt im Mittelmeer planten und sie gern dabeihätten. Als Cathérine uns das erzählte, zogen wir sie damit auf, und jedesmal, wenn eine große Säuberung anstand, sagten wir zu ihr, wir würden jetzt auf Kreuzfahrt gehen. Encarnita erzählte das Ganze dem *Padre*, zudem, daß ihn das Ehepaar Bardinet, wenn sie ihre Tochter besuchten, gern begrüßen würde.

Eines Tages hieß es, Cathérines Eltern seien angekommen und, zu unserem großen Erstaunen, der Padre sei hinuntergegangen, um sie zu empfangen. Zweifellos war es ‹zweckmäßig, die Herrschaften für sich zu gewinnen›, angesichts ihrer ausgezeichneten finanziellen Verhältnisse.

Zusammen mit Don Alvaro begab sich der *Padre* in den Besuchersaal, und ohne sich in irgendeiner Art vorzustellen, ging er auf Monsieur Bardinet zu und begrüßte ihn mit den Worten:

«Auch so ein Dickerchen wie ich! Wie sollten wir nicht miteinader auskommen?»

Dann umarmte er ihn mit großer Geste. Es muß wohl nicht noch extra erwähnt werden, daß Cathérine Bardinet mit ihren Eltern auf Kreuzfahrt gehen durfte…

Das ist ein unerhörtes Vorkommnis, angesichts der Restriktionen, die wir im Umgang mit unseren Eltern einzuhalten hatten. Sie nicht nur treffen, sondern sogar mit ihnen auf Kreuzfahrt gehen zu dürfen…

Insofern muß ich leider, bei allem Respekt, Doktor Peter Berglar widersprechen, der zudem in seiner Eigenschaft als Mann weder jemals in einem Frauenhaus des Opus Dei gewohnt, noch, wie man seinem

Buch entnehmen kann, je mit einer Numerarierin gesprochen hat. Er kann sich nur auf die Informationen über die weibliche Abteilung und Monseñor Escrivá berufen, die ihm Encarnita Ortega lieferte; und ich muß noch einmal ausdrücklich sagen, daß für Monseñor Escrivá nicht alle Numerarierinnen gleich waren.

Wandbehänge und Teppiche

Mehrere Monate lang wurde zwischen 1952 und 1953 ein Wandbehang ausgebessert, den der Architekt oder ein Numerarier in einem Antiquariat entdeckt hatte. Besagter Wandbehang wurde uns zum Waschen gegeben. Er war nichts als ein riesiger, verschlissener Haufen Schmutz, von dem man nicht einmal genau sagen konnte, was er eigentlich darstellte. Man sagte uns, wir sollten ihn gründlich mit Wasser und Seife waschen, was wir dann auch mit Hilfe einiger *sirvientas* taten. Als erstes entfernten wir die rote Ausfütterung, die an den Teppich geheftet war, damit sie nicht abfärbte. Als wir ihn davon befreit hatten, entdeckten wir das Siegel, das die Echtheit des Wandteppichs auswies. Er würde Michelangelo zugeschrieben, war uns bei der Anlieferung gesagt worden. Großer Jubel über den Fund, den wir gemacht hatten. Nachdem wir ihn gewaschen hatten, hängten wir ihn zu mehreren an der Wand des *Cortile del Cipresso* auf, da wir in der Waschküche nicht genügend Platz für ihn hatten. Mehrere Tage lang trocknete der Wandteppich, und wir verbrachten unser Zusammensein damit, zu ergründen, was er wohl darstellte. Er war dermaßen zerschlissen, daß nichts davon zu erkennen war. Eine von uns, die eine große Phantasie besaß, sagte, sie könne im unteren Teil ein Mädchen erkennen. Tatsächlich war aber nichts als ein Arm auszumachen. Als er getrocknet war, wies der *Padre* Mercedes Anglés, eine Meisterin der Nadel, an, sie solle sich vollends der Restaurierung des Behangs widmen und sagen, wann sie ihrer Meinung nach damit fertig sein würde.

Als Mercedes mit der Arbeit begann, verkündete sie, sie würde mehrere Monate brauchen, um ihn fertigzustellen. Das erschien uns allen wie eine Ewigkeit. Aber sie behielt recht. Fast unverzüglich begann ihr Mary Carmen Sánchez Merino zu helfen, und schließlich halfen wir alle bei der Restaurierung. In der Bügelstube wurde ein riesiges Gestell errichtet, an dessen Seiten wir zu acht saßen und den Teppich ausbesserten. Eines Tages kam Monseñor Escrivá herein und fragte Mary Carmen, wie sie mit der Arbeit vorankäme. Mit ihrem andalusischen Witz antwortete sie:

«*Padre*, ich bin immer noch bei der ‹Brotkante›.»

Schließlich war der Teppich fertiggestellt und wurde für die Nachwelt über die Treppe in der Villa Vecchia gehängt. Dann wurde er von einem Maler überarbeitet, und tatsächlich stellte sich heraus, daß die zentrale Gestalt *Brote* an einen jungen Mann verteilte. Möglicherweise basierte die Szene auf einer biblischen Passage, in jedem Falle aber wurde der Entwurf Michelangelo zugeschrieben.

Da wir tagsüber dafür überhaupt keine Zeit hatten, arbeiteten wir fast täglich abends bis zwei Uhr in der Nacht. Um die Müdigkeit zu vertreiben, erzählten wir uns Witze und kleine Geschichten und erschöpften unser gesamtes Liederrepertoire. Auf diese Weise, unter Witzen, Geschichten und Liedern, auf Kosten unseres Schlafes und Ausruhens, wurden alle Teppiche, die sich in den Gebäuden befanden, fertiggestellt. Es erschien mir damals wie eine Ewigkeit, bis wir den blaßgrauen Teppich für das Eßzimmer der *Procura Generalizia* fertig hatten. Es waren Quadratmeter über Quadratmeter Teppich, die den Boden dieses Raumes völlig bedecken sollten.

Infolge dieses Schlafdefizits geschah es, daß wir alle monatelang das gleiche beichteten: «Ich schlafe bei den Meditationen des Priesters ein.» Da sich zu der Zeit viele Priester in Rom aufhielten, hielt für uns jeden Nachmittag ein anderer eine Betrachtung ab, und es lag auf der Hand, daß wir einnicken würden. Ich kann mich erinnern, wie María Luisa Moreno de Vega zu uns sagte: «Um Gottes Willen, wir müssen uns gegenseitig aufwecken, sonst schleicht sich eines Tages der Priester auf Zehenspitzen aus der Kapelle, um uns nicht zu wecken...»

Nach einem Jahr kam die Nachricht, wir würden immer einnicken, Monseñor Escrivá zu Ohren, der ganz überrascht Anweisungen gab, wir sollten acht Stunden schlafen. Ich verstehe nicht, wie er von all dem nichts gewußt haben konnte, denn gemäß unserem normalen Stundenplan waren wir nicht imstande, all das, was wir zu tun hatten, zu verrichten. Es war schlicht unmöglich.

Beisammensein

Für das Beisammensein, bzw. als Erholungspause stand uns täglich lediglich eine halbe Stunde, sonntags eine Stunde zur Verfügung. Zudem hatten die Numerarierinnen nur eine einzige Zusammenkunft pro Tag, während die Männer zwei abhielten. Auch in diesem Punkt wird der Unterschied deutlich.

Unsere Zusammenkünfte fanden zusammen mit den *sirvientas* statt. An manchen Sonntagen kam auch mal eine Numerarierin mit zwei, drei *sirvientas* aus der ‹Region Italien› herüber in die Villa Sacchetti. Wie bereits erwähnt, spielten wir im Sommer gewöhnlich Ball mit den *sirvientas*. Eine Art Korbball ohne Korb. Bei anderen Gelegenheiten unterhielten wir uns und erzählten uns Anekdoten aus dem einen oder anderen Haus, aber vorwiegend wurden Themen aus den Anfangszeiten des Werkes aufgegriffen, über Dinge, die der *Padre* gesagt hatte oder die etwa beim Einkaufen vorgefallen waren. Nie kam das Gespräch auf aktuelle Politik oder Weltgeschehen. ‹Die Welt› war für uns auf die Länder beschränkt, in denen es eine Niederlassung des Opus Dei gab. Ausnahmsweise wurden an den Sonntagen ausgesuchte Briefe von Numerarierinnen aus Mexiko oder Chicago vorgelesen. Das war ‹die Welt der Numerarierinnen des Opus Dei› in der Zentrale in Rom.

Über Armut, Hunger in der Welt oder soziale Probleme der Menschheit wurde nicht einmal andeutungsweise ein Wort verloren. Mehr als einmal sagten uns die Oberinnen, dies ‹sei nicht unsere Angelegenheit, dafür seien die religiösen Kongregationen zuständig›.

Nicht eine Zeitschrift war während des Zusammenseins zu sehen. Nisa Guzmán schickte gelegentlich Ausgaben von *Vogue* oder *Harper's Bazar* aus Chicago, aber irgendeine puritanische Numerarierin hatte Encarnita gesagt, die Models besäßen Gesichter des ‹Bösen› (sprich: von Prostituierten), so daß auch diese Zeitschriften bald nicht mehr unter uns zirkulierten. In Ausnahmefällen durften wir uns aus besagten Zeitschriften mal zur Anfertigung eines Kleides ein Modell aussuchen, aber erst nachdem eine ganze Reihe von Seiten herausgerissen worden war.

Obwohl ich versuchte, aktiv an den Zusammenkünften mitzuwirken, langweilte ich mich sehr, denn, offengesagt, sie waren stinklangweilig. Wenn ich dies im vertraulichen Gespräch vorbrachte, gab man mir immer zu verstehen, wenn ich mich mit den *sirvientas* langweilte, sei mein Geist schlecht. Ich mochte sie wirklich, aber diese Art von Beisammensein machte mir überhaupt keinen Spaß und entspannte mich schon gar nicht. Mir wurde auch gesagt, das Beisammensein sei nicht zur Erholung gedacht, sondern als Akt christlicher Nächstenliebe.

Bei anderen Gelegenheiten, etwa wenn wir uns im Winter in der Bügelstube aufhielten und Lieder des Werkes sangen, wurde es beinahe zum Ritual, daß diejenigen, die Spaß daran hatten, eine *Jota* tanzten. Das ging so weit, daß María José Monterde aus Saragossa, die wirklich die aragonesische *Jota* gut tanzen konnte, manchmal bei ihrem Aufenthalt in Rom nachmittags dem *Padre* vortanzte. Glücklicherweise wurden mit Ankunft der mexikanischen *sirvientas* auch die *Chapaneca* und die *bamba* getanzt, die wenigstens aufgrund ihrer exotischen Rhythmen Abwechslung boten.

Mit Ankunft der Mexikanerinnen erweiterte sich auch der ziemlich eingeschränkte Horizont unseres Hauses, da wir von anderen Sitten, Namen und unbekannten Geschehnissen erfuhren.

‹Numerarias sirvientas›

So nannte man anfangs im Opus Dei die Mitglieder, die sich der praktischen, häuslichen Arbeit widmeten. Im Jahre 1965 erhielten wir in allen Regionen eine Verfügung des *Padre*, in der er anwies, nicht mehr den Ausdruck *numerarias sirvientas*, sondern *numerarias auxiliares* zu benutzen. Insofern war von Stund an der Terminus *sirvienta* aufgehoben, und man sprach künftig in den Häusern des Opus Dei von den *auxiliares*.

Die *auxiliares* oder *sirvientas* haben in ihrem geistlichen Leben hinsichtlich der Normen des Lebensplans, der körperlichen Züchtigung und der Art und Weise, in Armut, Keuschheit und Gehorsam zu leben die gleichen Pflichten wie die Numerarierinnen. In jenen Jahren hatten sie ebenfalls morgens kalt zu duschen. Zudem waren die *sirvientas*, die bei Tisch bedienten, angewiesen, zu duschen, bevor sie ihre schwarzen Uniformen anzogen.

Es gibt aber dennoch grundsätzliche Unterschiede: Die *sirvientas* können weder leitende Funktionen übernehmen, noch zu den *inscritas* gehören, und auch keiner Arbeit außerhalb der Häuser des Opus Dei nachgehen. Ein weiterer Unterschied zu den Numerarierinnen besteht darin, daß sie, ebenso wie die Männer des Instituts immer in normalen Betten mit Kissen und Matratze schlafen.

Im täglichen Leben tragen die *sirvientas* des Opus Dei immer die für das Land, in dem sie sich aufhalten, gewohnte Uniform, die gewöhnlich aus einem farbigen Kittel mit weißer Schürze besteht; bei Tisch aus einer schwarzen Uniform mit weißer Manschette und Kragen sowie weißem Schürzchen und Häubchen. In einigen Ländern, wie Venezuela, gab es Änderungen: Die Kittel hatten keine langen, sondern kurze Ärmel, und die Uniform bei Tisch war zwar langärmelig, aber dunkelgrün. An Feiertagen oder wenn Gäste geladen waren – ich spreche jetzt wieder von Rom –, trugen sie weiße Handschuhe. Am Nachmittag trägt die *sirvienta*, die Türdienst hat, die gleiche schwarze Uniform, zudem ein schwarzes Satinschürzchen. Viele Jahre lang pflegten sie zu ihren farbigen Kitteln und den weißen Schürzen eine weiße Haube zu tragen. Diese Vorschrift wurde aufgehoben, da sie in vielen Ländern Aufsehen erregte.

Auf der Straße tragen die *sirvientas* keine Uniform, sie kleiden sich wie jede andere Frau ihrer sozialen Schicht und dürfen sich schminken. Auch dürfen sie sich die Haare färben.

Die *sirvientas* des Opus Dei schlafen in sogenannten *camarillas*; das sind winzige Räume, in die gerade ein Bett, ein Wandschrank, ein Waschbecken und manchmal noch ein Stuhl hineinpassen. Die Zimmer haben gewöhnlich ein Fenster, zumindest ein halbes Fenster, und ein Bild von der Jungfrau. Die sirvientas sollen jede ihren eigenen, separaten Schlafraum haben. In neueren Gebäuden sind die *camarillas* gewöhnlich geräumiger. In Rom bilden sie ein besonderes Zentrum. Als Umbauten in den Häusern der Frauen vorgenommen wurden, richtete man auch entsprechend mehr *camarillas* ein. Aber sie sind nic mit den Räumen der Numerarierinnen verbunden, haben kleinere Ausmaße und liegen gesondert.

Die *sirvientas* betreten das Haus des Werkes ebenso wie die Lieferanten durch den Dienstboteneingang. Nur bei besonderen Gelegenheiten dürfen sie den Haupteingang benutzen. In einigen großen Häusern, wie beispielsweise in Rom, gibt es neben dem Eingang mit der Aufschrift ‹servicio› noch einen gesonderten für die Dienstboten. Die Dienstboten betreten aber nicht etwa die Häuser des Opus Dei, sondern haben lediglich Zutritt zu einem kleinen Empfangszimmer oder Tresen, wo sie ihre Waren abgeben und ihre Zahlung in Empfang nehmen; in keinem Haus des Opus Dei wird je ein Lieferant etwa in die Küche gelassen.

Die *sirvientas* sind niemals allein. «Sie dürfen nie allein gelassen werden», sind die Worte des Gründers. «Sie sind wie kleine Mädchen», sagte er wiederholt und nannte sie tatsächlich ‹seine kleinen Mädchen›. «Daß ihr sie mir ja nie allein laßt!!» schrie er manchmal. «Sie haben so ihre Denkart, und das ist auch die einzige, zu der sie imstande sind.» Dabei wies der Gründer aber ausdrücklich darauf hin, daß viele der *sirvientas* des Opus Dei über eine bessere theologische Bildung verfügten als viele Priester, und natürlich als die meisten Nonnen.

Die *sirvientas* gehen auch NIEMALS allein auf die Straße. Sie gehen immer zu zweit und in Begleitung einer Numerarierin. Sie dürfen aber auch ohne Numerarierin ausgehen, wenn sie volljährig sind und seit Jahren dem Opus angehören.

Monseñor Escrivá war dermaßen besessen von der Idee, sie niemals allein zu lassen, daß dies manchmal ein wahres Martyrium für uns bedeutete. Nicht fünf Minuten lang durfte man sie in der Bügelstube allein lassen, immer hatte eine von uns bei ihnen zu bleiben. Das ging so weit, daß eine Numerarierin, die zum Gebet in die Kapelle gehen wollte, die Leiterin vorher davon in Kenntnis setzen mußte, damit eine andere Numerarierin, bzw. die Leiterin selbst, die Aufsicht in der Bügelstube übernahm. Immer waren wir mit ihnen zusammen: im Haus, auf Ausflügen und zu jeder Zeit.

Sogar wenn sie die halbe Stunde lang am Nachmittag beteten, war stets eine Numerarierin bei ihnen; nicht einmal allein zur Kapelle durften sie gehen, genau wie wir. Die geistliche Lektüre verabreichten wir ihnen, während sie weiterarbeiteten. Alles geschah also absolut nur in unserem Beisein. Sollten wir aus irgendeinem Grund einmal die *sirvientas* für fünf Minuten allein gelassen haben, war das Anlaß genug, dies im vertraulichen Gespräch zu berichten.

Es gab keine gesonderten Meditationen für die *sirvientas*. Sie nahmen an den gleichen teil wie wir, und zu jener Zeit auch an den gleichen geistlichen Übungen.

Den ganzen Tag lang waren wir mit ihnen zusammen und verrichteten die gleiche Arbeit, Waschen und Bügeln der Wäsche aus der Residenz, ausgenommen diejenigen Arbeiten, die ausschließlich von ihnen verrichtet wurden. Der einzige wesentliche Unterschied bestand in der Anrede. Wir siezten uns alle gegenseitig, aber sie setzten uns gegenüber noch ein ‹Señorita› vor den Namen.

Die Bildung der *sirvientas* war sehr schlicht: sie konnten lesen und schreiben, nicht viel mehr; ausgenommen Dora und Julia, die beiden ersten *numerarias sirvientas* des Opus Dei, die beide sehr intelligent waren. Zudem hatte sie die Tatsache, daß sie in Familien der gehobenen Gesellschaft gearbeitet hatten, beeinflußt und unterschied sie von den übrigen.

Seltsamerweise bot das Opus Dei trotz seines Säkularitäts-Status, aufgrund dessen es sich immer als Pionier ansah, seinen Mitgliedern nicht die geringste Allgemeinbildung, den Numerarierinnen ebensowenig wie den *sirvientas*. Die *sirvientas* in Rom erhielten keinerlei Unterricht. Mehrere von ihnen wollten gern Italienisch lernen, waren aber auf das wenige, was wir ihnen beibringen konnten, angewiesen. Viele Jahre später wurden in einigen Ländern ‹Schulen für Hausangestellte› eingerichtet.

Monseñor Escrivá behandelte sie wie kleine Mädchen und schürte ihre ins Alberne gehende Infantilität noch. Sie wußten, daß sie ‹die kleinen Töchter des *Padre*› waren und verhielten sich entsprechend. Bis zu einem Punkt, an dem die infantile Mentalität der *sirvientas* in Rom ein erbärmliches Schauspiel bot. Es war traurig mitanzusehen, wie sich erwachsene Frauen infolge doktrinärer Anweisungen wie Dreizehnjährige aufführten.

Es muß wohl nicht noch ausdrücklich erwähnt werden, daß die Numerarierinnen stets in Begleitung anderer Numerarierinnen den Arzt oder Zahnarzt aufsuchten; umso mehr noch die *sirvientas*. Diese Doktrin erstreckte sich über alle Länder, in denen das Opus Dei Niederlassungen unterhielt. Wir durften die *auxiliares* weder ausschimpfen, noch ihnen die brüderliche Zurechtweisung erteilen. Wenn wir sahen, daß eine von ihnen etwas falsch gemacht hatte, wurde dies der Leiterin berichtet, damit eine andere *sirvienta* oder die Leiterin selbst sie beim nächsten vertraulichen Gespräch darauf hinweisen konnte. Auch durften sie uns keinen brüderlichen Tadel erteilen. Machten wir etwas falsch, gingen sie zur Leiterin, die uns dann eine entsprechende Zurechtweisung erteilte.

Die *sirvientas* in Rom waren alle Spanierinnen und besaßen die typische spanische Volksmentalität. Die meisten von ihnen hätten eine Aussicht auf eine Anstellung als Dienst- oder Kindermädchen in einem Haushalt der gehobenen Mittelklasse gehabt.

Die *auxiliares* halfen auch bei der Landarbeit, allerdings niemals auf Kosten der Arbeit im Hause. Darin war der Gründer des Opus Dei völlig unflexibel. Das heißt, eine *sirvienta* konnte bestenfalls eine gute *sirvienta* und insofern heilig innerhalb des Opus Dei werden. Das war alles.

Die Mentalität der spanischen *auxiliares* in jenen Jahren tendierte zur Servilität, und dies besonders in Rom, im Hinblick auf ihren infantilen Fanatismus. Wenn bereits für die Numerarierinnen das gesamte Leben um Monseñor Escrivá kreiste, so war er für die *sirvientas* einfach der Allergrößte. Es gab kein anderes Ziel, keinen anderen Gott für sie als den *Padre*.

Als die Niederlassungen in den USA und England gegründet wurden, nahm man spanische *sirvientas* mit. Natürlich wurde ihnen in den USA schnell bewußt, daß die Verwaltungsform nicht der spanischen entsprach, und die Frauen, die das Haus besuchten, machten Pilar und Francisca Geschenke, in dem Glauben, sie bereiteten den *sirvientas* damit eine Freude. Tatsächlich aber löste dies bei den beiden *auxiliares* eine Krise aus, woraufhin man sie nach Rom schickte. Francisca blieb in der Villa Sacchetti, während Pilar in die Region Italien kam.

Monseñor Escrivá sandte später in die Länder, in denen die Haushaltung im spanischen Stil nicht üblich war, eine Notiz, die besagte: «In den Ländern, in denen Hausangestellte nicht üblich sind, sollen sie zwar gehalten, aber nicht zur Schau gestellt werden.» Das lief darauf hinaus, daß die *sirvientas* keine Uniformen tragen und keinen Türdienst verrichten durften. Auf diese Weise waren sie ‹beseitigt›. In die USA wurden mexikanische *sirvientas* geschickt.

In anderen Ländern, in denen die Numerarierinnen und *sirvientas* in den Männerhäusern der Prälatur arbeiteten, erhielten sie einen äußerst geringen Lohn, selbstverständlich ohne jedwede Sozialversicherung. Um der Tugend der Armut zu entsprechen, wandern diese Löhne direkt in die Kasse des Hauses, in dem sie wohnen; den *sirvientas* wird kein bißchen Geld ausgehändigt, da man voraussetzt, daß die Numerarierinnen, mit denen sie ausgehen, eventuell anfallende Ausgaben begleichen. Natürlich werden ihnen auch Kleidung und Schuhe gekauft, aber sie selbst verfügen über kein Geld.

Bei wenigen Gelegenheiten, etwa wenn eine Familie finanzieller Unterstützung bedurfte, schickte ihnen das Werk einen Scheck über eine lächerliche Summe.

In fast allen Ländern sind in den Häusern des Opus Dei einheimische *sirvientas/ auxiliares* vertreten, wobei die meisten in den europäischen

Häusern aus Spanien und auf dem amerikanischen Kontinent aus Mexiko stammen. Es ist mühsam, solche Berufungen ausfindig zu machen und ganz besonders, sie über einen längeren Zeitraum zu behalten.

Heutzutage ändern sich die sozialen Strukturen rapide, und der Dienst im Haus als solcher ist nicht mehr attraktiv, höchstens für ein paar Stunden, vorausgesetzt er wird gut bezahlt. In diesem Punkt will das Opus Dei die Zeichen unserer Zeit nicht zur Kenntnis nehmen und hält hartnäckig an Modellen fest, die ihm günstig erscheinen, aber nicht der christlichen und sozialen Realität entsprechen.

Die *sirvientas* und wir Numerarierinnen des Opus Dei in der Zentrale in Rom erhielten keinerlei Lohn für unsere Arbeit: Man bezahlte uns das Essen. Das war alles. Es bestehen auch keinerlei soziale Verpflichtungen, was ernsthafte Schwierigkeiten verursacht, wenn eine *auxiliar* das Opus Dei aus irgend einem Grund verlassen will.

Jahreskurse. Castel Gandolfo: ‹Villa delle Rose›

Die Jahreskurse sind Schulungen, die von allen Mitgliedern der Prälatur zu absolvieren sind. Sie dauern drei bis vier Wochen.

Als ich nach Rom kam, wurden die Jahreskurse in Castel Gandolfo zusammen mit der Region Italien veranstaltet.

In Castel Gandolfo gab es eine kleine Villa auf einem ziemlich großen Landbesitz, die Seine Heiligkeit Pius XII. dem Opus Dei zum Geschenk gemacht hatte. Es wurde immer davon gesprochen, den Hauptsitz der Ausbildung für die Frauenabteilung des Opus Dei nach hier zu verlegen; etwas, was zu meiner Zeit in Rom weder Hand noch Fuß hatte, aber dreizehn Jahre später Realität wurde. ‹Villa delle Rose› beherbergt heute das Colegio Romano de Santa María, in dem Berufene aus verschiedenen Ländern ihr internes Philosophie- und Theologiestudium sowie einige andere ihr Spezialstudium der Pädagogik abschließen.

Das Haus in Castel Gandolfo wurde von Anfang an ‹Villa delle Rose› genannt. Es war ein altes, häßliches und ungemütliches Haus. Wir Numerarierinnen mußten auf dem Fußboden des Eßzimmers schlafen, und ich weiß noch, daß der Boden vibrierte, wenn die Straßenbahn vorbeifuhr. Der schönste und gemütlichste Teil des Hauses war den Männern vorbehalten. Gewöhnlich war dort ein Priester mit einigen Numerarios untergebracht, und manchmal kam Monseñor Escrivá zu Besuch.

In der Villa Sacchetti hatte man uns gesagt, wir würden nacheinander zu unserem Jahreskursus nach Castel Gandolfo fahren. Zwei Wochen vor Beginn eröffnete mir Encarnita, ich solle unverzüglich nach Castel Gandolfo fahren, Pilarín wüßte schon Bescheid und würde mich erwarten. Sie gab mir keinen Grund für die Eile an, sondern ermahnte mich nur, keinesfalls den Bus zu versäumen. Später sollten dann die anderen hinzukommen, um an dem Jahreskurs teilzunehmen.

Ich fuhr also allein. Bei meiner Ankunft zeigte sich Pilarín Navarro, die Leiterin der Region Italien und des Sonderkursus für die Berufenen Italiens, überrascht und fragte mich:

«Weshalb bist du gekommen?»

Ich hatte nicht die geringste Ahnung. Und das sagte ich ihr auch.

Ich grübelte darüber, weshalb Encarnita mir nicht die Wahrheit gesagt hatte, daß nämlich Pilarín Navarro überhaupt keine Ahnung von meinem Kommen hatte. Besonders im Hinblick auf die umfangreiche Arbeit, die wir in der Villa Sacchetti zu bewältigen hatten, war es unbegreiflich, warum man mich so viele Tage vor Beginn des Jahreskurses so überstürzt nach Castel Gandolfo geschickt hatte.

Wenn mich etwas wütend machte, dann waren es Anordnungen, denen ich ohne Angabe von Gründen zu folgen hatte. Ich überlegte mir, ob man mich fortgeschickt hatte, weil ich etwas Schlechtes getan hatte, damit ich einsichtig werden konnte. Doch dann erinnerte ich mich auch daran, wie freundlich Encarnita gewesen war, als sie es mir mitgeteilt hatte. Mir gingen alle nur erdenklichen Möglichkeiten durch den Kopf, und am Ende beschloß ich, da ich keine Antwort finden konnte, in tiefes Schweigen zu versinken, bis mir Encarnita, die zwei Tage später kommen sollte, alles erklärte.

Encarnita kam und wollte nach dem Unterricht flugs davoneilen. Es gelang mir, sie einzuholen und zu fragen: «Was ist los? Warum hast du mich hierher geschickt?»

Sie gab mir nicht nur keine Antwort, sondern sagte mir auch noch, ich solle mich sputen, damit ich den Bus nicht versäume, um rechtzeitig zum Abendessen des Padre zu erscheinen.

Ihr Lächeln irritierte mich noch mehr. Es erschien mir, als mache sie sich über mich lustig.

Infolge meiner Verärgerung verschloß ich mich in ein beinahe absolutes Schweigen, ohne deshalb unhöflich zu werden, bis dieser unselige Kurs zu Ende war und ich wieder nach Rom zurückkehren konnte.

Ich dachte daran, mit Monseñor Escrivá zu sprechen und ihn nach den Gründen zu fragen, die Encarnita veranlaßt hatten, sich in solcher Weise zu verhalten, aber dazu hatte ich keine Zeit. Einmal lief mir im Haus Don Alvaro in Begleitung von Encarnita über den Weg und sagte überraschend zu mir:

«Du hast dich in Castel Gandolfo wie ein Tier benommen und ein schlechtes Beispiel abgegeben.»

Zwei Tage später rief mich der *Padre* zu sich und beschimpfte mich vor Don Alvaro und María Luisa Moreno in einer Weise, wie ich es bisher in meinem Leben noch nie erlebt hatte.

Wie üblich schrie er. Er habe von Encarnita gehört, wie schlecht ich mich auf der Reise nach Rom benommen hätte, indem ich mit einem Italiener geflirtet hätte. Daß ich ihm die Telefonnummer gegeben hätte. Daß ich die arme *sirvienta* in skandalöser Weise durch die Lektüre schweinischer Zeitschriften in Aufregung versetzt und darüber hinaus in Castel Gandolfo, in meiner Funktion als eine seiner Sekretärinnen, durch das Schweigen, in das ich mich versenkt hätte, das denkbar schlechteste Beispiel abgeben hätte.

Zu alledem hätte María Luisa Moreno de Vega nicht die geringste Ahnung von meiner Reise gehabt; die Arme sei völlig verstört worden. Sie leide ganz offensichtlich.

Nachdem er mich so wütend angeschrien hatte, wollte ihn Don Alvaro beruhigen und sagte:

«*Padre*, ich habe ihr bereits gesagt, sie habe sich wie ein Tier benommen.»

«Schlimmer noch als ein Tier», schrie der Padre. «Wie kann sie nur als meine Sekretärin ein so schlechtes Beispiel für die neuen Berufenen abgeben…»

Und als Don Alvaro erneut versuchte, seinen Zorn zu beschwichtigen: «Aber *Padre*, das sind doch bereits Dinge von vorgestern», womit er sagen wollte, inzwischen sei viel Zeit vergangen, antwortete Monseñor Escrivá:

«Nichts da, von wegen vorgestern!» schrie er. «Es sind Dinge von gestern!»

Und damit mir auch wirklich aufging, wie schlecht ich mich betragen hatte, setzte er abschließend hinzu:

«Daß du es nur weißt: Ich gedenke, zwei Monate lang kein Wort mit dir zu sprechen.»

Ich berief mich darauf, daß María Luisa Moreno de Vega Hauptoberin war, mit der eine normale Numerarierin wie ich gelegentlich vertraulich sprechen durfte, und erklärte ihr, was im Zug geschehen war. Sie hörte mir mit aufrichtigem Bedauern zu, und ich bin sicher, sie glaubte mir. Sie riet mir, ich solle noch einmal mit Encarnita sprechen, um ihr zu versichern, daß alles, was ich vordem gesagt hatte, die Wahrheit gewesen sei.

Obwohl ich nicht gerade sehr erpicht darauf war, mit Encarnita, aufgrund der Art und Weise, in der sie mich beim *Padre* angeklagt hatte, zu sprechen, tat ich es dennoch – nach all den Monaten, die ich in Rom war. Zu wissen, daß der *Padre* zwei Monate lang nicht mit mir sprechen würde, machte mir angst, denn ich wußte, daß er diese Drohung einhalten würde. Jene zwei Monate erschienen mir wie eine Ewigkeit. Monseñor Escrivá gab vor allen eindeutig zu erkennen, daß er nicht das Wort an mich richten würde. Diese Bestrafung kostete mich so manche Träne in meinen Gebeten.

Es waren mehr als zwei Monate vergangen, als er sich eines Tages mit allergrößter Selbstverständlichkeit, als sei nichts geschehen, an mich wandte. Wenn ich heutzutage an diese Vorkommnisse zurückdenke, muß ich gestehen, daß mich die Ausdauer erstaunt, zu der ein Mensch fähig ist, der blind einem Führer folgt. Ich frage mich auch, wie es im Herzen von Monseñor Escrivá aussehen mochte, daß es ihm möglich war, in einer solch unsensiblen Weise mit den Gefühlen von uns allen zu spielen. Dieses genannte Beispiel ist nur eines von vielen, und seine Handlungsweise erscheint mir nicht gerade im Hinblick auf das Vergeben von Sünden dem evangelischen Geist zu entsprechen, wenn er so den Beleidigten spielen kann.

Am 15. August 1952 erfuhren wir, daß Monseñor Escrivá im Sanktuarium von Loreto das Opus Dei dem *unbefleckten Herzen Mariens* geweiht hatte. In allen Häusern wurde an diesem Tag die Weihe vorgenommen und jedes Jahr am selben Tag erneuert. Die Worte dazu werden immer von der Leiterin in der Kapelle verlesen.

‹*Terracina*›: *Salto di Fondi*

Eines Tages rief uns Monseñor Escrivá zu sich und erzählte uns von einem Haus in Terracina. In diesem Haus verbrachten die Schüler des Colegio Romano de la Santa Cruz den Sommer. Er erzählte uns, es sei für uns nicht angebracht, am Strand zu baden, doch dürften wir ‹mit den Füßen im Wasser› spazierengehen. Dieses Opfer sollten wir für Gottes Werk und für unsere Brüder darbringen und uns somit heiligen.

Er sagte, es gebe zur Zeit in ‹Terracina› keine richtige Verwaltung. Deshalb habe er gedacht, seine Schwester Carmen, die bald nach Rom käme, könne dort mit einer von uns, zum Beispiel Enrica Botella, wohnen, bis man ein Haus für sie und seinen Bruder Santiago hergerichtet habe. Er fügte hinzu, das Haus stünde anschließend dem Werk zur Verfügung. Er erklärte uns, das Haus müsse noch vor Eintreffen der Handwerker sauber gemacht werden, da es völlig verschmutzt sei; und er habe sich gedacht, daß dies Encarnita und ich, begleitet von Dora und Rosalía, tun sollten, ohne daß irgend jemand im Haus ein Sterbenswörtchen davon erführe.

Tía (Tante) Carmen

Ich glaube nicht, daß ich mich nach allem bisher Gesagten noch sehr anstrengen muß, um unsere – meine – Freude angesichts dieses Vertrauensbeweises von Monseñor Escrivá zum Ausdruck zu bringen: Niemand wußte, daß *Tante* Carmen um diese Zeit nach Rom kommen sollte, und ebensowenig, daß man dabei war, ein Haus für sie und Santiago in Rom einzurichten. Das Haus befand sich in der *Viale degli Scipioni*.

Gegen Mittag riefen uns Don Alvaro und der *Padre* zu sich, um uns mitzuteilen, an welchen Nachmittagen wir hinausfahren sollten. Das Haus war eine kleine Villa in einer entzückenden Umgebung, und wir stellten uns alle vor, wie hübsch es sein würde, wenn wir es erst sauber gemacht hätten. Wir verabredeten, daß jede von uns einen anderen Teil ‹in Angriff nehmen› sollte, denn es handelte sich dabei tatsächlich um einen ‹Angriff›. Das Haus war so schmutzig, daß ich mich noch genau daran erinnern kann, wie ich den Schmutz von den Kacheln in einem der Bäder mit einem Küchenmesser und beiden Händen abkratzen mußte. An einem Sonntagmorgen besuchten uns Monseñor Escrivá und Don Alvaro und brachten uns gesalzene und süße Plätzchen mit. Man konnte deutlich erkennen, daß sie extra für uns in einer Konditorei gekauft worden waren. Muß ich noch betonen, wie sehr wir uns freuten. In dieser Zeit lernten wir auch Javi kennen; ein blutjunger Numerarier, den viele von uns nicht sympathisch fanden. Nach ein paar Jahren wurde dieser junge Mann Sekretär und *custode* des *Padre*; 1956 empfing er die Priesterweihe. Als Monseñor Escrivá davon erzählte, verzogen wir alle das Gesicht. Durch Rosalía wußte Monseñor Escrivá, daß Javi von uns Numerarierinnen nicht gerade mit offenen Armen aufgenommen worden war; und durch dieselbe *sirvienta* ließ er uns ebenfalls mitteilen, daß an jenem Nachmittag der kürzlich geweihte Priester ‹Don Javier› kommen würde, um uns einer Meditation zu unterziehen. Dieser Priester war Don Javier Echeverría, der gegenwärtige Hauptvikar der Opus Dei-Prälatur.

Tante Carmen blieb mehrere Monate in ‹Terracina› und mit ihr eine ganze Reihe von Numerarierinnen. Encarnita verbrachte dort mehr als einen Monat. Als man die Renovierung des Hauses in Rom beendet hatte, bezog sie es zusammen mit Santiago. Sie wohnten beide zusammen in der kleinen Villa. Zwei *sirvientas* wurden ihnen von der Region Italien zur Verfügung gestellt.

Als sich Tante Carmen in Rom eingerichtet hatte, bestimmte der *Padre* einige Numerarierinnen, die sie besuchen sollten, damit sie am Nachmittag nie allein sei. Aus der Villa Sacchetti durften nur Encarnita Ortega und María José Monterde zu ihr fahren. Aus der Region Italien kamen gewöhnlich Mary Altozano, Mary Carmen Sánchez Merino und noch eine andere, an die ich mich nicht mehr erinnere. Ich war überrascht, daß ich sie nicht besuchen durfte. Und auch sie war erstaunt. Eines Tages fragte sie mich:

«Sag mir doch, warum besuchst du mich nie.»

Und ich antwortete ihr aufrichtig:

«Tante Carmen, man hat mir nicht erlaubt, zu kommen. Und als ich einmal nachfragte, wurde mir geantwortet, der *Padre* habe darüber kein Wort verlauten lassen.»

Ich weiß noch, wie sie ihre Miene verzog, als wollte sie sagen: Wie ärgerlich!

Ich lachte und fand mich damit ab.

Ich verstand mich gut mit Tante Carmen. Wenn sie von Zeit zu Zeit zum Mittagessen zu uns ins Haus kam, war es ihr lästig, von den anderen geküßt und an den Armen gezerrt zu werden. Sie fühlte sich in Italien sehr unwohl. Es gefiel ihr nicht, außerhalb Spaniens zu leben;

auch wenn ihr Haus sehr hübsch war, fühlte sie sich doch im Grunde wie in einem goldenen Käfig. Sie konnte nicht tun, was sie wollte, da ihr alles direkt oder indirekt vom *Padre* vorgezeichnet wurde. Zum anderen besuchte Monseñor Escrivá sie nicht sehr oft, und wenn er es tat, entwickelte sich zwischen ihnen kein rechtes Gespräch. Encarnita, die mehrere Male bei diesen Besuchen anwesend war, erzählte, daß sie sich unter dem Schweigen von Tante Carmen und dem Schweigen des *Padre* sehr unwohl gefühlt habe.

Von einem seiner Besuche erzählte uns Monseñor Escrivá, daß Carmen ziemlich unfreundlich gewesen wäre und er zu ihr gesagt habe: «Also wirklich, für alle Welt bin ich der Gründer und Generalpräsident des Opus Dei, und was bin ich für dich? Ein Taugenichts?» Mutig erwiderte ihm Tante Carmen:
«Genau das. Ein Taugenichts.»
Monseñor Escrivá erzählte dies amüsiert und lachte sogar darüber.

Ich hatte Tante Carmen in den Anfangszeiten von ‹Lagasca› nicht kennengelernt, sondern erst nachdem ich meine *admisión* geschrieben hatte. Aber es gibt ältere Numerarier des Opus Dei, die keine gute Erinnerung an Tante Carmens Aufenthalt in ‹Lagasca› verbinden, da sie ihr alle immer gewissermaßen zu huldigen hatten.

Santiago sah ich ein paarmal, wenn er zum Mittagessen in die Villa Sacchetti kam, etwa zum Geburtstag des *Padre* oder aus Anlaß eines anderen Festes, doch ich kann mich gut an ihn erinnern. Wir sprachen nur wenige kurze Minuten miteinander. Er war ein ganz anderer Mensch als Monseñor Escrivá – er erschien mir viel redlicher.

Persönlich empfand ich immer Mitleid mit Carmen und Santiago, denn sie kamen mir vor wie Goldfische im Glas. Sie waren keine Mitglieder des Opus Dei und dennoch hing ihr Leben vom Werk ab. Zum anderen prahlte Monseñor Escrivá damit, daß er sich unabhängig von seinen Geschwistern versorgen ließ, mit der Begründung, sie hätten ihm ihr Vermögen überlassen – etwas worüber ich niemals die ganze Wahrheit herausgefunden habe. Weiter bemerkte er, daß er sie nicht nur in der Villa, die er ihnen zur Verfügung gestellt hatte, wie Fürsten behandelte, unter dem Vorwand, an dem Tag, an dem sie Rom verließen oder stürben, fiele das Haus dem Werk zu, sondern daß er es auch zur Tradition gemacht hatte, daß zum Namenstag von Tante Carmen und Santiago sowie zu deren Geburtstag und zu Weihnachten, von überall her Geschenke an sie geschickt würden. Man tat das sehr gern, denn es waren Ausnahmefälle, die einzig darauf basierten, daß es sich um die Geschwister des Gründers handelte. Deshalb waren wir um so erstaunter, als uns in Venezuela – Tante Carmen war bereits verstorben – die Nachricht ereilte, wir sollten in Zukunft Santiago keine Geschenke mehr machen. Kurze Zeit später erfuhren wir, daß er geheiratet hatte.

Tante Carmens Tod schmerzte mich sehr. Wir hatten gewußt, daß es sehr schlimm um sie stand, denn allen Regionen war mitgeteilt worden, daß sie an Krebs litt. Als ich im Oktober 1965 nach Rom zurückkehrte, suchte ich ihr Grab auf, das sich kaum an einem ungemütlicheren Ort befinden konnte. Ich befragte dazu Lourdes Toranzo, die die ganze Zeit über bis zu ihrem Tod bei ihr gewesen war. Sie erzählte mir, daß Tante Carmen immer wieder darum gebeten hatte, in Spanien sterben zu dürfen, aber Monseñor Escrivá hatte es ihr nicht erlaubt. Dagegen sei ihr immer wieder vorgebetet worden, sie solle ‹für den *Padre* und das Werk in Rom bleiben›. Da man hartnäckig geblieben war, habe sie sich schließlich gefügt. Ich kann mich noch genau an Lourdes' Worte erinnern:

«Es war entsetzlich, sie wollte um keinen Preis bleiben, und es kostete uns alle Mühe, sie umzustimmen.»

Diese Worte sind mir wie ins Gedächtnis gemeißelt, seit mir Lourdes Toranzo alles in Rom – wie es ihre Art war – erzählt hatte. Und ich grübelte über die Starrköpfigkeit von Monseñor Escrivá. Warum ließ er sie nicht friedlich in ihrer Heimat sterben, wie sie es sich gewünscht hatte? Warum wollte er auch noch über das Leben seiner Familienangehörigen bestimmen und dabei sogar noch einer Sterbenden einen Wunsch verwehren? Diese Skrupellosigkeit habe ich niemals verstanden und kann sie auch nach all den Jahren immer noch nicht verstehen. Widerspricht dies nicht auch dem, was Vázquez de Prada versicherte und Monseñor Escrivá dauernd wiederholte: «Ich bin ein Freund der Freiheit, denn sie ist eine Gabe Gottes und ein Recht des Menschen…» Carmen schien ihrer nicht würdig gewesen zu sein, denn man ließ sie nicht so sterben, wie sie wollte.

‹Asesoría Central›

So nennt sich die zentrale Leitung der Frauen des Opus Dei. Wie bereits erwähnt, befand sich diese zentrale Leitung in Spanien und war in einer Madrider Wohnung in der Calle Juan Bravo 20 untergebracht.

Monseñor Escrivá war ziemlich beunruhigt, weil er dachte, Rosario de Orbegozo, die zentrale Sekretärin, verzerrte den Geist des Opus Dei und verzog die jungen Numerarierinnen des Werkes, die die zentrale Leitung bildeten, besonders im Hinblick auf die *unidad* innerhalb des Werkes. Ebenso dachte er auch über Fragen der Leitung, bei denen man mit den kirchlichen Assistenten für die Frauenabteilung, dem Generalsekretär und dem Priester des Zentralsekretariats zu tun hatte, sowie über die Leitung der Region Spanien selbst, deren Leiterin zu der Zeit María Teresa Arnau war.

Es ist hier festzustellen, daß die *unidad*, so wie Monseñor Escrivá sie auffaßte, monolithischen Charakters war. Es waren keine Abweichungen von seiner Meinung erlaubt. Ein Dialog bestand im Opus Dei nicht, denn die Dinge wurden ‹so und nicht anders› ausgeführt. Damit meine ich, daß alles gemäß den Verfügungen und Anweisungen, die der *Padre* erteilte, zu geschehen hatte, und niemand, der den ‹guten Geist› besaß, es wagen durfte, einen Fingerbreit davon abzuweichen. Und das nicht etwa, weil es einen Mangel an Gehorsam bedeutete, sondern einen Mangel an *unidad*. All das gründete sich darauf, daß ‹Gott es so wolle›. Dieser monolithische Geist war, wie gesagt, allen Mitgliedern so eingetrichtert worden, daß es einen schwerwiegenden Mangel an *unidad* darstellte, eine Sache nicht in der Form auszuführen, wie sie der *Padre* angeordnet hatte.

Aus diesem Grund veranlaßte Monseñor Escrivá, daß nach und nach gruppenweise einfache Numerarierinnen nach Rom kamen, um die Doktrin des *unidad*-Geistes des Opus Dei zu empfangen. Es waren einige von denen, die zur Leitung gehörten, wie zum Beispiel: María Sánchez de Movellán, María Teresa Arnau, Lourdes Toranzo, Pilar Salcedo und andere. Das führte dazu, daß die vakanten Posten dieser leitenden Numerarierinnen durch Personen übernommen werden mußten, die der *Padre* sorgfältig aussuchte.

Jede der ankommenden Numerarierinnen hatte, zweifellos auf Anweisung von Monseñor Escrivá, ein langes, privates Gespräch mit Encarnita Ortega zu führen, das über Stunden, teilweise über Tage andauern konnte. Wir hätten schon taub und blind sein müssen, um nicht das Schluchzen der Ankömmlinge zu hören und dann die geröteten Augen zu sehen. In vielen Fällen wurden sie ersucht, jene Geschehnisse, die nicht der *unidad* des Werkes entsprachen, aufzuschreiben.

Wenn wir auch zu der Zeit nicht den Gegenstand jener Gespräche kannten, erfuhren wir ihn doch Monate später. Encarnita selbst teilte ihn uns, die wir die zentrale Leitung bildeten, mit. Dabei wies sie darauf hin, daß es ‹Vorsehung gewesen sei›, diese Numerarierinnen nach Rom kommen zu lassen, und daß das Schimpfen notwendig gewesen sei, um ‹das Übel mit der Wurzel auszureißen›. Zu lesen: ‹Mangel an *unidad*›.

Es ging mir durch den Kopf, daß dieses ‹Beichten von Vergehen›, die *unidad* des Opus Dei nicht richtig gelebt zu haben, und den Frauen Schuldgefühle aufzulasten, eine gewisse Ähnlichkeit mit den Taktiken Stalins hatte, wenn er von den Leuten verlangte, sie sollten ihre Vergehen hinsichtlich ihrer ‹abweichenden Auslegungen› des kommunistischen Dogmas gestehen. Zudem schaffen die erzeugten Schuldgefühle eine Art Abhängigkeit von der ‹Quelle›, aus der die Wahrheit sprudelt; in meinem Falle von Encarnita und Monseñor Escrivá.

Mit dem Thema *unidad* im Opus Dei ließen sich ganze Bücher füllen. Es ist im Opus Dei immer opportun, bei allen möglichen Äußerungen die *unidad* anklingen zu lassen. Es wird von ihr so viel gesprochen, weil man sie als den Schatz des Werkes ansieht. Das Kapitel ‹Die *unidad* zu lieben› in den *Cuadernos* beharrt in jedem seiner Absätze geradezu aufdringlich darauf. ‹Wir müssen das Werk mit Leidenschaft lieben. Und einer der deutlichsten Beweise für diese Liebe ist die Liebe zur *unidad*, die sein eigentliches Leben ausmacht, denn wo es keine *unidad* gibt, herrschen Tod und Zerfall›. Und der folgende Absatz besagt, daß man ‹die *unidad* des Werkes behüten und bewachen muß, was voraussetzt, daß man bereit sein muß, sie im Falle eines Angriffs zu verteidigen›. Die Art und Weise, in der das Opus Dei empfiehlt, die *unidad* zu leben, bedeutet, daß man sie in der Nachfolge des *Padre* leben muß. Und jegliches, das nicht dem, was der *Padre* sagt, huldigt, bedeutet ein Vergehen an ihr. Man durfte Monseñor Escrivá nichts entgegnen und schon gar nicht widersprechen, da dieses als ein Mangel an *unidad* angesehen wurde. Die gleiche Doktrin galt auch für den jeweiligen Consiliarius eines Landes. Die regionale Leiterin muß prinzipiell die Meinung hinnehmen, die von einem der beiden kirchlichen Assistenten, sowohl dem Consiliarius als auch dem Priester des regionalen Sekretariats, vorgetragen werden kann; anderfalls man im Begriff ist, sich an der *unidad* zu vergehen.

Es besteht kein Zweifel daran, daß Encarnita von einer Aureole umgeben war, zum einen als Numerarierin mit dem ‹besten Geist› des Werkes, zum anderen, weil sie ‹das ungeteilte Vertrauen des *Padre* genoß. Desgleichen umschwebte Monseñor Escrivá eine Aureole von ‹Heiligkeit›. Alle Kleidungsstücke, die er nicht mehr benutzte, wurden aufbewahrt, angefangen von Taschentüchern bis hin zur Unterwäsche, und es bedeutete ein ‹sagenhaftes Glück›, wenn eine von uns ein abgelegtes Kleidungsstück des Gründers ergatterte. Ich besitze zum Beispiel noch eine dieser kleinen, sonderbaren Scheren, ähnlich einer Nagelschere, die er nicht mehr benutzte, weil eine der Klingen leicht angerostet war. Aus Gewohnheit hatte ich sie in meinem Arbeitszimmer behalten, bis eines Tages ein befreundeter Dominikaner, José Ramón López de la Osa, der sich vorübergehend in Santa Barbara aufhielt, vorwurfsvoll zu mir sagte: «Heb doch bloß keine Schere von Monseñor Escrivá auf.» Drei Tage später besuchte er mich wieder und legte mir eine richtige Papierschere auf den Schreibtisch, wobei er bemerkte: «Damit du diese ‹verdammte› (er benutzte noch einen anderen Ausdruck) Schere des Gründers in den Müll werfen kannst.»

Gegen Ende des Sommers 1953 rief Monseñor Escrivá uns Numerarierinnen sowie die *auxiliares* zusammen in die Küche der Villa Sacchetti. Bei ihm war Don Alvaro del Portillo. Als er sich vergewissert hatte, daß auch wirklich alle, die im Haus wohnten, anwesend waren, sagte er, er habe uns eine wichtige Mitteilung zu machen. Niemand wagte zu atmen.

Monseñor Escrivá erklärte uns, er dächte bereits seit geraumer Zeit daran, die zentrale Leitung der Frauenabteilung des Werkes ‹ganz in seiner Nähe› zu halten, um die Gesamtleitung zu übernehmen. Infolgedessen habe er zusammen mit Don Alvaro del Portillo beschlossen, daß die *Asesoría Central* von diesem Tage an von Rom ausgehe. Der Kader sehe dann folgendermaßen aus:

Leiterin oder zentrale Sekretärin: Encarnita Ortega
Sekretärin der Asesoría Central: María Sanchez de Movellán
Vizesekretärin von San Miguel: María del Carmen Tapia
Vizesekretärin von San Gabriel: María José Monterde
Vizesekretärin von San Rafael: Lourdes Toranzo
Studienpräfektorin: Pilar Salcedo
Präfektorin der sirvientas: Gabriela Duclos
Delegierte für Spanien: María Luisa Moreno de Vega
Delegierte für Italien: María del Carmen Tapia
Geschäftsträgerin: Cathérine Bardinet
Die Überraschung war unbeschreiblich. Das hatte keine von uns erwartet. Er wandte sich mir zu und sagte:

«Dir verleihen wir zwei Ämter, damit du die Bürde wie eine gute Eselin besser tragen kannst.»

Zudem sagte er uns, da Encarnita jetzt zentrale Leiterin sei, würde Begoña Mujica, eine Numerarierin aus Bilbao, die vor einigen Monaten aus der zentralen Leitung Spaniens in die Verwaltung von Villa Sacchetti gekommen war, von nun an Leiterin dieser Verwaltung sein. Die Leiterin jener Region sei jetzt Crucita Taberner.

Diese Asesoría Central zusammen mit Monseñor Escrivá, Don Antonio Pérez Tenessa, Priester des Generalsekretariats, Don Alvaro del Portillo, dem Generalbevollmächtigten, und Don José María Hernández Garnica, Priester des Generalsekretariats, bildeten die zentrale Leitung der Frauenabteilung des Opus Dei weltweit.

Sowohl Monseñor Escrivá als auch die anderen Priester, die dieser Leitung angehörten, besaßen alle innerhalb dieser Asesoría General – wie es auch im Consejo General der Männerabteilung üblich ist – beratendes Stimmrecht, einige auch Vetorecht. Dabei hielt sich als einziger Priester Don Alvaro del Portillo in Rom auf. Die anderen blieben weiterhin in Spanien, wo sich auch wie bisher der Sitz des Generalrats – die zentrale Leitung – für die Männerabteilung des Opus befand. Gemäß der Konstitutionen des Opus Dei sind die Verantwortlichkeiten folgendermaßen verteilt: Die Leiterin der Asesoría Central setzt ihre ganzen Bemühungen, unter der Führung des Generalpräsidenten und des Priesters des Zentralsekretariats, in alles, was die Leitung und Aktivitäten der Frauenabteilung betrifft.

Die Sekretärin der Asesoría Central verteilt die Arbeit auf die Vizesekretärinnen und die übrigen Mitglieder der Asesoría und fordert getreuliche Erfüllung ihrer Pflichten. Außerdem vertritt sie die Zentralsekretärin in deren Abwesenheit und faßt die Sitzungsberichte der Asesoría Central ab.

Die Vizesekretärin von San Miguel ist für die Schulung aller Numerarierinnen und Oblaten des Opus Dei in allen Ländern, in denen es Mitglieder des Werkes gibt, verantwortlich sowie für die Förderung jeglicher Aktivitäten bezüglich dieser Mitglieder.

Die Vizesekretärin von San Rafael ist für Apostolat und Bekehrung der Jugend in allen Häusern des Werkes weltweit zuständig, sowie für die Förderung jeglicher Art von Aktivitäten, die zu einer Zunahme von Berufenen und Jugendarbeit führt.

Die Studienpräfektin ist zuständig für alle Angelegenheiten, die in

Zusammenhang mit der sowohl geistlichen als auch intellektuellen Bildung der assoziierten Numerarierinnen stehen. Die Präfektin der sirvientas ist angewiesen, die religiöse und spezielle Schulung der sirvientas zu leiten.

Die Mission der Delegierten besteht darin, die Angelegenheiten der betreffenden Region zu prüfen. Sie vertreten das Land innerhalb der Asesoría Central, haben in der regionalen Leitung umgehend das Amt der regionalen Leiterin zu besetzen und besitzen in besagter Asesoría Regional Stimm- und Vetorecht.

Die zentrale Geschäftsträgerin muß alle fünf Jahre selbst die Bücher der Verwaltungen aller Regionen überprüfen, bzw. andere damit beauftragen, so daß alle Mängel behoben und den Normen der Generalverwaltung des Instituts angeglichen werden können; zudem erhält sie jedes Trimester die Abrechnungen aus jeder Region, die der Zentralleiterin und der Asesoría zur Prüfung vorgelegt werden müssen. Die Dauer dieser Ämter beträgt fünf Jahre.

Die Leitung des Opus Dei bestand in all den Jahren, in denen ich ihm angehörte, offiziell in Form eines Kollegiums, war aber in der Praxis in Händen des Gründers. Oder, um es etwas milder auszudrücken: die Art der Leitung war die einer ‹gelenkten Demokratie›. Ich will ein Beispiel nennen: Monseñor Escrivá glaubte, man müsse der Region Kolumbien größere Impulse vermitteln. Aus dem Grunde sei es zweckmäßig, eine von uns Numerarierinnen aus der Asesoría Central hinzuschicken. Er rief Encarnita und mich zu sich und fragte uns, was wir davon hielten, wenn er Pilar Salcedo als Leiterin der Region nach Kolumbien schickte, um den Platz von Josefina de Miguel, die die Niederlassung der Frauen in dem Land eröffnet hatte, zu übernehmen. Obwohl Pilar Salcedo zu der Zeit das Amt der Studienpräfektin in der Asesoría Central bekleidete, antworteten wir umgehend, daß wir das für eine sehr gute Idee hielten.

Daraufhin befahl uns Monseñor Escrivá, Pilar in den Eßsaal der Villa zu rufen. Als Pilar eintrat, sagte der Padre ganz liebevoll, daß er ihr eine sehr wichtige Aufgabe zu übertragen habe, die Entscheidung aber bei ihr liege. Er schmeichelte ihr mit Worten wie: ‹Meine Tochter, du weißt, welches Vertrauen ich in dich setze›, ‹Ich weiß, daß du ein gutes Werk vollbringen wirst, denn du hast ja eine ganze Zeitlang in meiner Nähe gelebt und weißt, wieviel Liebe der Padre für seine Töchter empfindet›. Pilar wurde ganz rot bei dieser Neuigkeit und war völlig bewegt über ‹das Vertrauen, das der *Padre* in sie setzte›. Und natürlich erwiderte sie, sie würde nach Kolumbien gehen. Unverzüglich darauf befahl uns Monseñor Escrivá, daß wir am Nachmittag die Asesoría Central versammeln sollten, damit ‹er es den anderen mitteilen konnte›. Und so geschah es auch: Die ganze Zentralleitung versammelte sich zusammen mit Monseñor Escrivá und Don Alvaro del Portillo im Eßzimmer der Villa Vecchia. Als wir uns gesetzt hatten, erklärte uns der *Padre*, er habe uns zusammengerufen, um uns mitzuteilen, daß Pilar Salcedo in wenigen Tagen nach Kolumbien gehen würde. Dann begann er, das Land zu rühmen. Er sagte einen Satz, der unvergeßlich blieb: «Kolumbien, meine Tochter, ist das Land der Smaragde. Aber die besten Smaragde sind meine Töchter, wenn sie mir treu sind.» Ich muß darauf hinweisen, daß Monseñor Escrivá, wenn er von Treue sprach, meistens sagte ‹Wenn ihr *mir* treu seid›, ‹seid *mir* treu›. Er stellte also die Treue *ihm gegenüber* der Treue gegenüber Gott oder der Kirche voran. Niemals hörte ich ihn sagen: ‹Seid der Kirche treu›. Niemals.

Aber ich kehre wieder zu meinem Bericht von der Abreise Pilar Salcedos nach Kolumbien zurück. Wie im Scherze fügte Monseñor Escrivá hinzu, er hätte ganz gerne einen Smaragd als Briefbeschwerer, während er mit einer Handbewegung die Größe des Steins, den er gerne hätte, andeutete. Wenn ich mich recht erinnere, hörte ich Jahre später, man hätte ihm den gewünschten Stein tatsächlich aus Kolumbien geschickt.

Dieses Beispiel demonstriert, daß die Art der Leitung nicht kollegial verlief. Andernfalls hätte Monseñor Escrivá seine Ideen der gesamten Zentralleitung unterbreiten müssen, wie ein zu erwägender Vorschlag, dessen Pro und Kontra, eine Numerarierin aus einer gerade erst gegründeten Leitung in ein anderes Land zu schicken, abzuwägen sei. Zudem hätte man der Betreffenden mindestens eine Woche Bedenkzeit gewähren müssen; zumal es im Opus Dei heißt, die Mitglieder besitzen die Freiheit, zu entscheiden, ob sie in ein ihnen fremdes Land gehen wollen oder nicht. Danach hätte in einer erneuten Plenarsitzung, nach Beratung mit der Asesoría, die Entscheidung, wie auch immer sie ausfallen sollte, bekannt gegeben werden müssen. Aber, wie gesagt, das geschah nicht; weder in diesem Fall, noch als man María José Monterde als Leiterin nach Mexiko, Gabriela Duclos als Leiterin in die USA, Lourdes Toranzo als Leiterin nach Italien oder mich als Leiterin nach Venezuela schickte.

Diese Art der Leitung basierte auf der Opus-Dei-Satzung Nr. 320, in der deutlich gesagt wird: ‹Der *Padre* besitzt die Macht über alle Regionen, die Zentren und jedes einzelne Mitglied sowie die Güter des Instituts, die er gemäß dieser Satzungen auszuüben hat.› Ich habe niemals den Fall erlebt, daß irgend jemand in der Asesoría Central einmal kein Einverständnis mit dem Padre geäußert hätte, und ich frage mich, was wohl passiert wäre, wenn jemand einmal nein zu einem seiner Vorschläge oder Anweisungen gesagt hätte. Die Versammlungen der Asesoría Central waren, wie ich noch einmal betonen möchte, eine ‹gesteuerte Demokratie›: Noch bevor die Versammlung stattfand, wurden die Leute für die Angelegenheiten, die Monseñor Escrivá in bestimmender Weise anwies, sensibilisiert.

Selbstverständlich gab es Abstimmungen, aber hauptsächlich nur dann, wenn es sich um die Aufnahme auf Ewigkeit einer Assoziierten, sowohl Numerarierin als auch *auxiliar*, ging. Zudem in wenigen anderen Fällen. Es war natürlich, daß man bei keiner Versammlung der Asesoría eine Gegenstimme zu der des Gründers vernahm. Darüber hinaus muß gesagt werden, daß ein Einwand ohnehin einen Mangel an *unidad* bedeutet hätte.

Da das Haus der Asesoría noch nicht fertiggestellt war, fanden die Versammlungen im Eßzimmer der Villa Vecchia statt. Dieser Eßsaal, familiär *Eßsaal des Padre* genannt, war einer der Räume der Villa, die nicht verändert wurden, sondern den Originalstil bewahrten. Er hatte zwei große Fenster, die auf den Garten der Villa Vecchia gingen, und zwei Türen, eine aus schwarzem Holz, die auf den Flur ging, und eine andere, schalldicht verkleidete zur Geschirrküche der Verwaltung hin. Ein Refektoriumstisch, an dem vierzehn oder fünfzehn Personen Platz fanden, stand in der Mitte, umgeben von zwei Sesseln und mehreren Stühlen, die alle mit purpurnem Samt bezogen waren.

An den Fenstern der Villa Vecchia waren weder Gardinen noch Vorhänge angebracht. Die meisten Fensterscheiben waren in Blei gefaßt. In kleine Vierecke unterteilt, versorgten sie die Räume mit hübschem, schillerndem Licht.

Solange das Haus der Asesoría, genannt ‹La Montagnola›, noch nicht fertiggestellt war, wohnten wir weiter in denselben Räumen der Villa Sacchetti. Unsere Pflichten hinsichtlich des Reinigens waren unverändert. Der einzige Unterschied bestand darin, daß wir weniger Stunden in der Bügelstube verbrachten; diese Zeit wurde dem gewidmet, was zuvor María Luisa Moreno de Vega und ich zu tun gehabt hatten und was jetzt auf alle verteilt wurde, da wir alle Hauptoberinnen waren.

Während der Arbeiten in der Asesoría Central standen uns zwei Zimmer in der Villa Sacchetti zur Verfügung. Zum einen das Sekretariat, in dem María Luisa Moreno de Vega und ich gearbeitet hatten – und das jetzt Encarnita Ortega und Marisa Sánchez de Movellán benutzten –, zum anderen das gegenüberliegende, das einer Numerarierin als Schlafzimmer gedient hatte. In dem Raum, in dem wir arbeiteten, standen zwei Tische, einer von normaler Höhe und ein niedriger. Ein paar Stühle vervollständigten das Mobiliar. Das Arbeiten gestaltete sich ziemlich unbequem, denn wir alle mußten uns diese beiden Tische teilen, aber wir ließen uns dadurch nicht im geringsten stören.

Nachdem Encarnita und Marisa am Morgen die Post durchgesehen hatten, gaben sie uns die Briefe aus dem jeweiligen Land, für das wir zuständig waren, zusammen mit einem Zettel, auf dem eine kurze Anweisung für die Beantwortung stand. Wir erhielten auch die Briefe, die an den *Padre* persönlich gerichtet waren.

Encarnita kam oft zu uns in unser Arbeitszimmer, um uns etwas zu sagen, uns um unsere Meinung zu fragen oder um Anweisungen zu erteilen.

Auch Monseñor Escrivá suchte uns oft zusammen mit Don Alvaro auf und erzählte etwas über den Geist des Opus Dei. Er war darin äußerst hartnäckig und trichterte uns den Geist der *unidad* regelrecht ein als unerläßliche Grundlage dafür, daß wir im ‹guten Geist› handelten. Was dem Leser hier leicht ermüdend erscheinen mag, bildete die Grundlage für Monseñor Escrivás Doktrin von der internen Funktion des Opus Dei. Aus seiner Sicht war das gewissermaßen auch logisch, denn so konnte er eine nichtdenkende, völlig unkritische Masse bestehend aus Menschen samt deren Seelen zu seiner Verfügung halten. Vom Apostolat sprach er nur sehr allgemein: «Wir müssen unser Salz und unser Licht allen Seelen darbringen.» Er erwähnte Jesus Christus bisweilen, jedoch erst nachdem er sich lange über das Opus Dei ausgelassen hatte. Die wenigen Male, die er von der Kirche sprach, dienten nur dem Zweck, darzulegen, in welcher Weise Alvaro del Portillo oder Salvador Canals darin tätig waren, ließ aber immer durchklingen, auf welches Unverständnis das Opus Dei so viele Male gestoßen sei.

Er sprach auch von der *Compania de Jesús*, wobei er die Jesuiten als ‹die von jeher› bezeichnete. Ich weiß noch, daß Monseñor Escrivá überhaupt nicht erfreut war, als ein Foto von ihm zusammen mit Pater Arrupe in *ABC* veröffentlicht wurde, auf dem in der Mitte die Kuppel des

Petersdoms zu sehen war. Er trug sich mit der Absicht, zu demonstrieren, daß es die Jesuiten auf das Opus Dei abgesehen hatten. Das waren zwar nicht seine Worte, aber alles deutete darauf hin.

Bei einem seiner Besuche bezog er sich auf die Jesuiten mit den Worten: «Ich ziehe es tausendmal vor, daß eine meiner Töchter stirbt, ohne die Sakramente empfangen zu haben, als daß sie sie von den Jesuiten erhält.»

Er sprach mit uns oft über das Saubermachen und insbesondere über das Saubermachen seines Zimmers. Er wiederholte immer wieder, sein Raum sei ein ‹Durchgangszimmer›, womit er recht hatte. Dagegen stimmte es nicht, daß sein Arbeitszimmer eines war, ebensowenig wie das Zimmer, in dem er Vitrinen stehen hatte, die speziell für seine Eselfiguren, die ihm von Numerariern und Numerarierinnen aus aller Welt geschickt wurden, angefertigt worden waren. Es war eine sehr bunte, sehenswerte Sammlung, die sich auf einen seiner Aussprüche stützte, den er einmal beim Beten tat: «Ich bin ein armer, räudiger Esel», woraufhin ihm vom Himmel her geantwortet wurde: «Ein Esel war mein Thron in Jerusalem». Das ist auch der Grund dafür, daß er, wenn er manchmal jemandem ein Foto von sich gibt, es mit ‹ut iumentum!› (wie ein Esel) signiert. Seltsamerweise verfährt der momentane Prälat des Opus Dei, Alvaro del Portillo, ebenso.

Ganz deutlich gab er uns mit den einen und anderen Worten zu verstehen, daß er die Kirche als einen zwar unverzichtbaren, jedoch leistungsunfähigen Organismus ansehe. Seine Überzeugung bestand darin, daß das Opus Dei der Kirche sowohl an Heiligkeit als auch an dogmatischer Schulung sowie in allem anderen weitaus überlegen sei. Wenn er von den Priestern des Opus Dei sprach, nannte er sie ‹seine Krone›.

Bei Besuchen legte er uns stets die wesentlichsten Punkte der Opus Dei-Doktrin ans Herz und wiederholte immer wieder: ‹Alle, die nach euch kommen, werden euch darum beneiden, daß ihr mich gekannt habt.›

Es stand außer Frage, daß wir Frauen mit einem Priester eine Freundschaft eingehen durften; dessenungeachtet gab es Ausnahmen, die ihm gelegen kamen, da sie für einen guten Ruf nach außen hin sorgten. Zum Beispiel: Er schickte María José Monterde, die aus Saragossa stammte, ziemlich oft zu Besuch zu Don Pedro Altabella. Er war Spanier, stammte ebenfalls aus Saragossa, lebte in Rom und bekleidete irgendein Amt im Vatikan. Sie sollte ihn nicht nur besuchen, sondern ihm auch jeden Monat ein Exemplar der Zeitschrift *Noticias* mitnehmen. Seltsamerweise erschien uns dieses widersprüchliche Verhalten ganz natürlich, da es sich um den *Padre* handelte; und wer hätte es zudem gewagt, ihm zu widersprechen?

Es war nicht leicht, im Haus von Monseñor Escrivá zu wohnen, aufgrund seiner vielfältigen Ansprüche. Zum einen wies er uns an, wir sollten uns besonders um unsere ‹kleinen Schwestern, die sirvientas› kümmern und sie niemals allein lassen, andererseits widmete er ihnen nie mehr als einige Minuten, wenn er kurz in der Bügelstube vorbeikam, immer auf dogmatische Belehrung aus. Er genoß das ‹Beisammensein› mit den Schülern des Colegio Romano de la Santa Cruz, aber ich kann mich nicht erinnern, ihn jemals bei einem Beisammensein der sirvientas gesehen zu haben; sehr wahrscheinlich weil er sich langweilte und nicht wußte, was er mit ihnen bereden sollte. Insofern beschränkte sich sein Umgang mit ihnen auf Belehrungen aus der Doktrin des Opus Dei. Deshalb erstaunt es mich, wenn ich heute in Biographien über Monseñor Escrivá lese, daß er Umgang mit Leuten aus unteren sozialen Schichten gepflegt haben soll. Es handelt sich dabei um sporadische Besuche bei armen Leuten, die er auf seinen Reisen in Lateinamerika kennengelernt hatte. Diese Biographen erzählen jedoch nicht die Wahrheit, daß er nämlich die meiste Zeit in seinem Haus in Rom verbrachte, um bei den Zusammenkünften mit seinen sirvientas über das Opus Dei zu schwatzen.

Wenn irgendein Bischof zu Besuch in sein Haus in Rom kam, gab er protokollarische Anweisungen, worauf beim Essen zu achten sei, etc. Sein ganzes Bestreben bestand darin, den jeweiligen Besucher zu blenden und für das zukünftige Werk des Opus Dei in dem jeweiligen Land, aus dem er kam, zu sensibilisieren. Wenn einer dieser Bischöfe sich angekündigt hatte, wies er Encarnita und mich an, ein gutes Essen zuzubereiten, da der betreffende Bischof gern viel äße. Das drückte er dann so aus: «Meine Töchter, es gilt, ihm soviel zu essen zu geben, bis er es mit den Fingern berühren kann», woraufhin er den Mund weit öffnete und die Finger hineinsteckte.

Unbestreitbar war es Monseñor Escrivás Wunsch, daß man die Universalität des Opus Dei bemerkte, während doch zu der Zeit alle Berufenen Spanierinnen waren, mit Ausnahme einer Mexikanerin und einem kleinen Grüppchen Irländerinnen, einer Französin, die sich in Rom aufhielt, und einer Japanerin, die eine kurze Zeit in die Villa Sacchetti kam, aber nachdem sie durch eine Opus Dei-Verwaltung in Spanien gegangen war, das Werk wieder verließ. Um einem Bischof, der zu Besuch ins Haus kam, die Universalität des Werkes zu demonstrieren, war die Verwaltung angewiesen, es solle sich keine Spanierin in der Galleria della Madonna aufhalten, wenn Monseñor Escrivá mit dem Gast dort entlang ging; und an bestimmten Stellen wurden die wenigen Ausländerinnen, die bei uns waren, aufgestellt, damit der *Padre* dann dem wichtigen Gast erklären konnte: «Diese Tochter kommt aus Frankreich. Cathérine, meine Tochter, möge Gott dich segnen...», und so weiter.

Monseñor Escrivá wollte, daß die Mexikanerin Gabriela Duclos und die Französin Cathérine Bardinet in der Asesoría Central tätig waren, einfach nur, um etwas ‹Farbe hineinzubringen›. Er übertrug ihnen aber keinerlei Verantwortung und fragte sie auch nie nach ihrer Meinung. Er hegte ein angeborenes Mißtrauen gegenüber allem, was nicht spanisch war, so daß er sich nur mit Spaniern umgab, die alle Vertrauens- und Schlüsselpositionen innehatten.

Encarnita mußte alle Länder Europas, in denen das Opus Dei vertreten war, bereisen und nahm selbstverständlich die Mexikanerin Gabriela Duclos mit, um gleichermaßen die Universalität des Werkes zu demonstrieren; zum anderen war Gabriela sehr fügsam und ließ keinerlei Probleme während der Reise befürchten.

In jenen Jahren löste sich das finanzielle Problem für die Arbeiten in der Villa Tevere. Zu verdanken war dies dem Konstrukteur Castelli, einem Freund von Don Alvaro, der in einer Weise, über die wir nie etwas erfuhren, dafür sorgte, daß Don Alvaro finanziell nicht in Verzug geriet. Und zu verdanken war diesem Herrn auch, daß besagte Arbeiten beendet wurden. Natürlich wurde dieses Sich-gut-stellen mit Don Alvaro von der anderen Seite erwidert. Uns war nur bekannt, daß die erste Kommunion des Castelli-Sohnes in der Zentrale des Opus Dei zelebriert wurde und Don Alvaro die Messe las. Uns wies Monseñor Escrivá an, wir sollten den Eßsaal des Colegio Romano de la Santa Cruz für ein Frühstück im großen Stil eindecken, mit den Mädchen in Uniform und weißen Handschuhen bis hin zum Silber, wobei wir genauestens darauf zu achten hatten, daß jede Kleinigkeit stimmte. «Diesem Mann verdanken wir alles», erklärte uns der *Padre* wiederholt über Castelli.

Wie man sieht, fällt mein Aufenthalt in Rom mit den Gründungsjahren des Opus Dei zusammen. Ich erlebte die ganze Reorganisation der

Leitung mit, sah Tag für Tag wie die Gebäude wuchsen, und hörte dem Gründer zu, wie er uns, die ersten Numerarierinnen, die sich in seinem Schatten heranbildeten, indoktrinierte.

Die Arbeit in der Leitung bestand folglich nicht nur darin, Gesetze zu erlassen, sondern auch materiell das Gelände zu ebnen, das die nachfolgenden Numerarierinnen in der Übernahme unserer Ämter betreten sollten. Insofern mögen viele Dinge, von denen ich berichte, überraschend erscheinen, zumal sie keiner geordneten Abfolge entsprechen, wie es eine methodologische Studie verlangt. Es handelt sich um Fragmente aus den ersten römischen Stunden des Opus Dei, wie ich sie erlebt habe, und jede Glättung hieße, die erlebte Wirklichkeit zu verfälschen.

Oftmals rief uns Monseñor Escrivá an den Sonntagmorgen, wenn keine Handwerker im Haus waren, zu sich, damit wir mit ihm und Don Alvaro die Arbeiten in der *Casa de Ejercicios* (Exerzitienhaus) begutachteten, wo das Colegio Romano de la Santa Cruz provisorisch untergebracht war. An einem Sonntag gingen wir allein mit ihm durch das Haus. Da wir zu dieser Stunde normalerweise saubermachten und daher den vorgeschriebenen weißen Kittel trugen, befahl er uns, ihn aus Gründen der Diskretion auszuziehen, denn wir sollten nicht die Aufmerksamkeit der Nachbarn auf uns lenkten.

Bei diesen Besuchen liefen wir also durch die neuen Gebäude, die wir später wesentlich gründlicher kennenlernen sollten.

Es gibt Unmengen von Begebenheiten aus der Zeit zu berichten, in der wir die Bauarbeiten begutachteten. Ich will mich aber auf einige wenige beschränken. Eine davon war, daß uns Monseñor Escrivá von dem Wasserproblem erzählte. Die Nachbarn hatten sich offiziell bei den Behörden darüber beschwert, daß unser Haus mit all den vielen Leuten mehr Wasser verbrauchte, als diesem Stadtteil zugewiesen war.

Ich weiß nicht genau, wie diese Angelegenheit geregelt werden konnte, erfuhr aber später, daß die *Casa de Ejercicios*, in der die Schüler des Colegio Romano de la Santa Cruz wohnten, einen nicht zugelassenen Brunnen besaß.

Bei anderer Gelegenheit teilte uns Monseñor Escrivá ganz vertraulich mit, man bekäme demnächst eine beim Kauf der Villa Tevere hinterlegte Bürgschaft zurückerstattet. Er erzählte uns, er habe zusammen mit dem einzigen Geld, das er besäße, den Besitzern eine ‹Handvoll Kleingeld› gegeben, das von seiner Mutter stamme, mit der Bitte, sie möchten es nicht verschwenden. Der Vollständigkeit halber möchte ich dieser Information noch eine weitere hinzufügen, die ich auch aus glaubwürdiger Quelle weiß: Eines Tages zog Monseñor Escrivá im Colegio Romano de la Santa Cruz Golddollars, sogenannte *eagles*, von der Größe amerikanischer Zehncentstücke hervor. Natürlich sind sie jetzt mehr als zehn Dollar wert. Sie befanden sich in einem Stoffbeutel, und an ihrer Existenz kann kein Zweifel bestehen, denn wir haben sie selbst in der Hand gehabt, wobei uns der Priester, der Monseñor Escrivá begleitete, nicht aus den Augen ließ. Monseñor Escrivá sagte, daß dies zehntausend Dollar, also tausend *eagles*, seien (wenn er auch nicht die Währung erwähnte). Er erklärte, sie seien eine Art Kaution für den Kredit gewesen, um die Villa und das Grundstück kaufen zu können. Außerdem behauptete er, es hätte sich dabei um die Aussteuer seiner Mutter gehandelt. Sie hätten letzten Endes die Schulden begleichen und sich das Geld zurückerstatten lassen können. Ich habe nie verstanden, warum solche Dinge immer unter dem Siegel der Verschwiegenheit behandelt wurden.

Bei anderen Gelegenheiten nutzte Monseñor Escrivá diese Besuche, um uns Dinge über das Werk zu erzählen. Zum Beispiel empfahl er uns wiederholt, den Frauen nicht zu trauen: «Ihr seid wie Zwiebeln; soviel Häute man euch auch nimmt, immer bleibt noch eine übrig.» Er bezog sich auch immer auf die Gründung der Frauenabteilung, wenn er uns ständig erklärte, daß er keine Frauen im Opus Dei wolle und in einem Dokument der ersten Stunde des Opus Dei festgelegt habe, daß ‹ein Unterschied zwischen dem Opus Dei und anderen Formen der Hingabe darin bestünde, daß es keine Frauen geben würde.› Zudem pflegte er hinzuzufügen: «Ich wollte euch nie. Ich wollte keine Frauen im Werk. Ihr könnt gerne sagen, es sei Gottes Wille.» Dann erzählte er weiter: «Ich begann die Messe, ohne irgendetwas zu wissen, und beendete sie, indem ich alles wußte.»

Ich muß sagen, daß mein Aufenthalt in Rom und meine Zugehörigkeit zur Zentralleitung der Frauenabteilung meiner fanatischen Einstellung innerhalb des Opus Dei ein Ende setzte. Wenn ich auch einerseits die Ämter verantwortungsvoll ausfüllte, die man mir auferlegt hatte, war ich doch andererseits während der ersten Jahre auch sehr streng, besonders mit den Numerarierinnen und Oberinnen der Region Italien.

An dieser Stelle sollte ich ein ‹mea culpa› anstimmen dafür, daß ich so streng mit den Oberinnen der *Asesoría Regional* verfuhr, besonders mit Pilarín Navarro Rubio, die in jenen Tagen Leiterin der Region war. Ich kam mit dem gezückten Schwert der *unidad*, dem geschriebenen Wort des ‹guten Geistes›, sowie ‹der Liebe zum *Padre*› auf den Lippen.

Es erschien mir, als herrsche dort stimmungsmäßig ein schlechter Geist, was ich auch entsprechend der *Asesoría Central* mitteilte, die natürlich umgehend Schelte auf die Oberinnen der Region niederprasseln ließ. Regionale Leiterin war Pilarín Navarro, Sekretärin dieser *Asesoría Regional* war María Teresa Arnau, die gerade erst aus Spanien gekommen war. María Teresa gehörte zu den Personen, die Monseñor Escrivá nicht um sich haben wollte. Sie war eine sehr intelligente und entschiedene Frau, die aber bei Monseñor Escriva in Ungnade fiel. Nach einem mehrjährigen Aufenthalt in Italien, versehen mit einem Amt in der *Asesoría Regional* des Landes, befahl man ihr, ohne die geringste Erklärung, nach Spanien zurückzukehren, wobei die Oberinnen des Opus Dei angewiesen wurden, sie heim zu ihrer Familie zu schicken. Sie war eine Waise, und ihre Familie (die im Haus des Opus Dei; Anm. d. Übers.) durchlief eine schwierige Phase. Das Problem war kompliziert: Sie bat darum, in die Häuser des Werkes zurückkehren zu dürfen, und, obwohl ihr die Oberinnen in Spanien dies gestatteten, wurde ihr dies von Monseñor Escrivá verweigert, als er davon Kenntnis erhielt. Ein typisches Beispiel für sein unverständliches Verhalten war aber, daß er sich bei einer seiner Reisen ihr gegenüber äußerst liebenswürdig zeigte. Niemals wird man die Gründe für seine Vorgehensweise erfahren.

Die beiden kirchlichen Assistenten für die Region Italien waren Salvador Moret als Conziliarius und Don Salvador Canals als Sekretariatspriester.

Die Situation der Region Italien war äußerst schwierig. Sie besaß keine finanziellen Mittel, und es gab kein solide errichtetes externes Apostolat. Ein Haus befand sich in Mailand, das andere in Neapel. Einmal fuhr ich dorthin, um die Numerarierinnen zu besuchen. Die Leiterin war Victoria López Amo. In Rom gab es nur das Haus von Marcello Prestinari, in dem die *Asesoría Regional* untergebracht war. Die Frauenabteilung wurde ebenfalls von der Verwaltung der *Comisión Regional* geleitet und in Castel Gandolfo von der ‹Villa delle Rose›.

Dagegen kamen viele Italienerinnen in das Haus von Marcello Prestinari, und das Apostolat schien dort sehr gut vonstatten zu gehen. Die San Rafael-Arbeit war sehr schwierig. Es gab eine Berufene namens Gabriella Filippone, die aus einer sehr guten, wohlhabenden und in Rom wohnhaften Familie aus den Abruzzen stammte. Encarnita Ortega war von Gabriella so sehr entzückt, daß sie nicht eher ruhte, als bis sie sie bei sich in der Zentrale hatte. Aus unerfindlichen Gründen arbeitete ich viel mit Gabriella in Rom zusammen, und ich muß sagen, sie war wirklich ein sehr feiner Mensch.

Man plante ein mögliches Studentenwohnheim mit Namen ‹Villa delle Palme›, das sich später als ein großer Erfolg herausstellen sollte, jedoch in jener ersten Zeit, von der hier die Rede ist, sah es in puncto Apostolat noch sehr düster aus. Es war auch eine deutsche Berufene namens Marga dabei, die eine Art Kindergarten aufzog. Dieses selbstverständlich nur mit Sondererlaubnis des *Padre*, da wir Numerarierinnen ein Kind weder auf den Arm nehmen, noch ihm über den Kopf streicheln oder gar einen Kuß (!) geben durften, da dies zu Lasten unserer Keuschheit ging. Mütterliche Gefühle zu entwickeln, lief der Keuschheit zuwider. Dessen ungeachtet zeigen die vom Opus Dei herausgegebenen Blätter immer wieder Bilder von Monseñor Escrivá mit Kindern auf dem Arm, und sogar, wie er sie küßt.

Mir erschien bis zur Zeit meines bis zum Äußersten gesteigerten Fanatismus alles, was der *Padre* tat, vollkommen. Was Encarnita tat, war für mich nicht so deutlich ersichtlich, und ich hatte Mühe, mir über sie eine Meinung zu bilden, aber ich tat es dennoch.

Die Gliederung der Zentralleitung drehte sich im wesentlichen um den Gründer. Das Verhältnis zwischen uns Frauen in der *Asesoría* war gut. Wir waren ihm gegenüber zwar in der Mehrzahl, hielten uns aber zurück. Sowohl María José Monterde als auch Lourdes Toranzo waren, wie ich es sehe, erbittert über seine plumpen Witze. María José besaß einen scharfen Durchblick, der Lourdes eher fehlte. Ihr war bloß völlig klar, daß Encarnita die erste Geige spielte. Sie und Marisa überließen uns ‹angeknabberte› Leitungsaufgaben. Anders gesagt, sie ließen durchblicken, daß alle ihre Vorschläge den unseren überlegen waren, wobei auch gemeint war, daß wir anderen Einflüssen unterlägen. Encarnita war auf einige Punkte fixiert. Einer davon war Pilarín Navarro. Sie versäumte keine Gelegenheit, um sie auf mehr oder weniger subtile Weise für ihren Mangel an ‹Liebe zum *Padre*› zu tadeln. Sie ließ auch ganz deutlich durchblicken, daß Monseñor Escrivá kein Vertrauen zu Pilarín hatte.

Die ‹Herrschaft› von Encarnita Ortega fand gegen 1965, infolge des Skandals um ihren Bruder Gregorio Ortega (Goyo), ein Ende. Gregorio Ortega kam am 16. Oktober 1965 nach Venezuela und wurde am 12. November des Jahres des Landes verwiesen, nachdem man ihn zuvor in seiner Suite im Hotel Tamanaco in Caracas gefangen gehalten hatte. Zweifellos lag Monseñor Escrivá nichts ferner, als die Schwester dieses Numerariers, der ihnen so viele Schwierigkeiten bereitet hatte, weiter um sich zu haben.

Encarnita wurde angewiesen, nach Spanien zu fahren, um mit ihrem Bruder zu reden. Daraufhin ließ man sie mehrere Jahre lang in Barcelona sitzen. Dann wurde sie nach Oviedo in ein Haus von geringer Bedeutung versetzt, schließlich nach Valladolid, wo sie noch heute wohnt.

In dieser Zeit unternahm der *Padre* auch seine Reisen. Wir wußten nicht, wohin, aber man gab uns zu verstehen, daß er mindestens einen Monat lang abwesend sein würde. Er pflegte seine Ferien während der Sommermonate zu nehmen. Meistens nahm er zwei Numerarierinnen und zwei sirvientas mit, die sich in dem Haus, in dem er sich erholte, um ihn kümmerten. Währenddessen waren die Männer des Opus Dei im Haus ‹Terracina› in Salto di Fondi, und wir Numerarierinnen verbrachten die ‹Ferien› mit außergewöhnlichen Säuberungen – besonders im Zimmer von Monseñor Escrivá.

Colegio Romano de Santa María

Zwei Geschehnisse veränderten den eingefahrenen Rhythmus in der *Asesoría Central*: erstens, die Eröffnung des Colegio Romano de Santa María, das von Monseñor Escrivá am 12. Dezember 1953 gegründet worden war, und zweitens die Tatsache, daß die Frauenabteilung die Druckerei in Rom übernahm. Am 8. September 1953 schrieb Monseñor Escrivá von Rom aus einen Brief an alle Mitglieder, Männer und Frauen, aus Anlaß der ‹Silberhochzeit› der Opus Dei-Gründung. Er feierte sie in ‹Molinoviejos›.

Ins Colegio Romano de Santa María kamen einige der ersten Berufenen aus fast allen Ländern.

Im Jahre 1954 überließ man uns das Haus der Asesoría Central, in dem wir fortan wohnten und im vierten Stock unser Arbeitsbüro einrichteten. Ich gestaltete fast alle Archive der Büros und ging voller Freude in diesen Räumen an die Arbeit. Wir hatten wunderbares Licht, und das entspannte Klima war zweifellos dem materiellen Wohlstand zu verdanken.

Im ersten Stock befanden sich ein kleiner sogenannter ‹Besuchersaal› und die Hauskapelle, die aber noch nicht fertiggestellt war. Im zweiten Stock lagen der *soggiorno*, das Wohnzimmer, sowie eine ganze Reihe Zimmer für die *asesoras*. Im dritten Stock die Suite der Zentralleiterin, sowie noch ein paar weitere Zimmer für die *asesoras*, und im vierten Stock, wie gesagt, die Büros der Asesoría Central. Alle Zimmer hatten eine eigene Dusche sowie ein Waschbecken. Lediglich die Suite der Zentralleiterin bestand aus einem Schlafzimmer, einem ziemlich großen Wohnzimmer und einem kompletten Badezimmer. Sie besaß auch einen eigenen Apparat des Haustelefons in ihren Räumen, ansonsten waren die Apparate auf dem Flur eines jeden Stockwerks angebracht.

Der Unterricht des Colegio Romano fand im *soggiorno* von ‹La Montagnola› statt. Nach dem Essen kam ein Priester herüber und unterrichtete Dogmatik und Moral. Es gab kein Buch, aber man durfte sich Stichworte aufschreiben. Uns wurde empfohlen, daß auch *asesoras*, die gerade nichts anderes zu tun hatten, am Unterricht teilnehmen sollten. Danach erfolgte Unterricht über den Geist des Werkes, über den *Catecismo* und zu Fragen der Verwaltung, der der Reihe nach von uns Mitgliedern der Asesoría erteilt wurde, wobei aber das größte Gewicht Pilar Salcedo und Lourdes Toranzo beigemessen wurde.

Als die Zahl der Schülerinnen im Colegio Romano anstieg, wurde es notwendig, die Gebäude in Castel Gandolfo, in der ‹Villa delle Rose› zu errichten.

Monseñor Escrivá sprach stets sehr zuvorkommend mit diesen Schülerinnen des Colegio Romano. Von Zeit zu Zeit pflegte er in den *soggiorno* von ‹La Montagnola› hinüberzugehen, um sich mit ihnen zu unterhalten. Bei einer dieser Zusammenkünfte wandte er sich an Pat Lind, die erste nordamerikanische Numerarierin, die ganz gut Spanisch sprach, und sagte zu ihr:

«Pat, ich habe gerade mit deinem Cousin Dick gesprochen.»

Daraufhin erklärte er uns, Dick sei ein Cousin von Pat, der zusammen mit ihr wie ein Bruder aufgezogen worden war, und jetzt ebenfalls der erste Numerarier der Vereinigten Staaten sei. Eines Tages würde er mit Gottes Hilfe Priester werden.

«Und Dick behauptet, er habe niemals gelesen, daß der heilige Thomas den Schwarzen eine Seele zugestanden habe. Was meinst du dazu?»

Daraufhin antwortete Pat mit einem etwas spöttischen Lächeln:

«Wenn es mein Cousin sagt...»

Eine Antwort, die Monseñor Escrivá mit großem Gelächter aufnahm, während er dauernd wiederholte:

«Wie köstlich! Einfach köstlich!»

So fanatisch ich zu dem Zeitpunkt auch gewesen sein mag, in meinen vertraulichen Gesprächen bezichtigte ich sie des Mangels an Barmherzigkeit und Gerechtigkeit. Ich war über die Bemerkung ziemlich verärgert. Natürlich sagte man mir, die Schuld liege bei Pat und nicht beim *Padre...*

Die Druckerei I: Anfänge

Im Jahre 1954 wies uns Monseñor Escrivá an, wir sollten, ähnlich ‹unseren Brüdern›, die die interne Betriebszeitschrift *Crónica* herausgaben, eine interne Zeitschrift für die Frauenabteilung auf die Beine stellen. Als Titel schlug er *Noticias* vor. Dies war der Name eines Blättchens gewesen, das die ersten Mitglieder des Opus Dei verlegt hatten, um den Gang der Dinge all denen mitzuteilen, die sich nicht in derselben Stadt wie der *Padre* aufhielten.

Monseñor Escrivá erzählte uns viel über die Pressearbeit in der ganzen Welt und sagte ausdrücklich: «Wir müssen die Welt mit bedrucktem Papier einwickeln.» Er erläuterte, wie wichtig es sei, viele Journalisten im Opus Dei (Männer und Frauen) zu haben, um zu vermeiden, daß Falschmeldungen von denen herausgegeben würden, die ihm nicht angehörten. Er erzählte uns ebenfalls von den Journalistenschulen auf der ganzen Welt und erwähnte, daß die Universität von Navarra auch bald eine besäße, an der sich dann ‹die unsrigen› in dieser Kunst ausbilden lassen könnten. Fortwährend erklärte er uns, daß wir Frauen bald die winzige Druckerei in Rom, die von den männlichen Numerariern des Opus Dei geführt wurde, übernehmen sollten, und daß daraus nicht nur die internen Zeitungen hervorzugehen hätten, sondern jegliche Art Dokumente und Informationsmaterial. Er verriet uns auch, daß die Männer dabei seien, eine weitere Zeitung mit Namen *Obras* zu konzipieren, die an Menschen, die nicht dem Werk angehörten, verteilt werden könnte. Er erzählte uns, sie sei schon so gut wie fertiggestellt.

Infolgedessen wies er uns an, Briefe an die Regionen zu schreiben, in denen wir sie um Zusammenarbeit baten, sowie um Material, damit wir hier in Rom mit der ersten Ausgabe von *Noticias* beginnen könnten.

Am nächsten Tag zog ich mit Gabriella Filippone los, um ‹eine Maschine für die Druckerei› zu suchen.

Was für eine Maschine sollte es sein? Ach! Wie sollte man das wissen. Kleinlaut begannen wir, uns gute Kopiermaschinen anzusehen, die mir alle ziemlich teuer erschienen. Ich machte eine Aufstellung von denen, die uns am besten erschienen, und begab mich am Abend, als mich der *Padre* nach dem Abendessen rufen ließ, zusammen mit Encarnita hinauf ins Eßzimmer der Villa. Monseñor Escrivá befragte mich über die Maschinen, die wir gesehen hatten.

«Hast du etwas gesehen, was dir gefällt?»

«Ja, *Padre*, ich habe eine Kopiermaschine gesehen, sie ist grün», antwortete ich ganz munter.

Das Gesicht, das Monseñor Escrivá daraufhin zog, war unbeschreiblich. Als er sich wieder gefaßt hatte, schrie er:

«Grün? Grün! Na, dann kauf’ sie doch, wenn sie uns dienlich ist.»

Also kaufte ich sie. Und die grüne Maschine hielt Einzug in die Büroräume der Asesoría, als diese sich noch in der Villa Sacchetti befand. Und als wir begannen, mit ihr zu arbeiten, konnte man über Wochen auf den Fluren der Villa unsere Stimmen hören, während wir keinen Blick von der Maschine wandten:

«Schlecht, schlecht, schlecht, schlecht – gut!»

Als Monseñor Escrivá vorbeikam, um unser ‹Kunstwerk› in Augenschein zu nehmen, fragte er uns:

«Wie viele Kopien macht sie pro Minute?»

Wir sahen uns alle niedergeschlagen an. Schließlich faßte ich mir ein Herz und antwortete:

«*Padre*, ich glaube nicht, daß dies ist, was Sie gewollt haben», wobei ich auf den großen Papierhaufen der ‹schlechten› und auf das Häuflein der ‹guten› Kopien wies.

Wir sahen ihn alle erwartungvoll an, und nach einem Blick zu Don Alvaro erwiderte er uns:

«Wir werden wohl einem eurer Brüder die Soutane überziehen müssen, damit er euch zeigt, wie eine Druckerei funktioniert.»

Dann wandte er sich mir zu und wies mich etwas verärgert an, die ‹grüne› Maschine wieder zurückzugeben. In ein paar Tagen sollten dann alle vorhandenen Maschinen aus dem *Pensionato* herübergebracht werden, damit wir mit ihnen arbeiten könnten.

Allein ich sollte für die Maschinen verantwortlich sein und mir ein paar Numerarierinnen, die mir behilflich sein könnten, suchen. Außerdem drückte er uns ein Exemplar von *Crónica* in die Hand.

Wir überlegten, welche Numerarierinnen in der Druckerei mitarbeiten konnten. Keine aus der Asesoría wollte sich auf ein so unbestimmtes Unternehmen einlassen. Jede zog es vor, sich lieber dem Verfassen von Artikeln zu widmen. Insgesamt wurde mir gesagt, ich solle Numerarierinnen vorschlagen, die mir für diese Art der Arbeit gut geeignet seien. Ich dachte an zwei, die äußerst sorgfältig arbeiteten: Elena Serrano, die ich von Córdoba her kannte und die gut photographieren konnte, und Blanca Nieto, die in Spanien zur Buchbinderin ausgebildet worden war. Dann war da noch die katalanische Numerarierin María aus Vic, sehr enthusiastisch und eine Seele von Mensch, die auf Empfehlung von Encarnita zu unserer Gruppe stieß.

Telefonvermittlungen

Parallel dazu hatte uns Don Alvaro del Portillo einige Tage zuvor darauf vorbereitet, daß wir für die Telefonvermittlungen der *Procura Generalizia* des Opus Dei und des Colegio Romano de la Santa Cruz zuständig sein würden. Die Vermittlungsstellen waren am Ende der ‹Galleria delle Anfore› untergebracht, die zu unserem Haus, genauer gesagt, zur ‹Galleria degli Uccelli›, führte. Dort lag ein kleines Zimmer mit einem verriegelten Fenster, das offenbar auf das Haus der Männer hinausging. In diesem Raum residierte künftig wie eine Königin ‹Catalina›, unsere Druckmaschine. Eine Treppe führte zu einem Eßzimmer für Besucher, das neben der Pförtnerloge des Männerhauses in der Viale Bruno Buozzi 73 lag. Diese Tür am Ende der Treppe war eine der ‹Verbindungstüren›, entsprechend dem bereits erwähnten internen Reglement für die Verwaltungen. Die Papierladungen wurden für uns in diesem Eßsaal hinterlassen und mußten hinauf in die Druckerei getragen werden. Die

Unmengen von Papier reichten aus, um meinen Rücken zu verbiegen. Als Erinnerung daran ist mir ein sporadischer Schmerz im Rücken geblieben, der durch die geringste Anstrengung ausgelöst wird.

Die Fenster dieses weitläufigen Raumes waren aus Mattglas und gingen auf die Viale Bruno Buozzi hinaus. Da sie sich auf Höhe der Zwischengeschosse des Männerhauses befanden, ließen sie sich nur wenig öffnen, damit man von der Straße aus nicht gesehen werden konnte.

Don Alvaro und der *Padre* gaben mir Anweisungen, wie ich die telefonischen Anfragen zu beantworten hatte und die Verbindungen zu den Personen herstellen konnte, die angerufen wurden. Außer den genau von Monseñor Escrivá oder Don Alvaro del Portillo angegebenen Personen, mußte ich immer, wenn der *Padre* verlangt würde, sagen, er befinde sich zur Zeit nicht in Rom.

Sodann wurde uns ein Stapel vorgedruckter Seiten übergeben, in die wir sämtliche Anrufe einzutragen hatten. Diese Seiten wurden in einer eigens dafür hergestellten Mappe aufbewahrt, die Don Alvaro del Portillo nach dem Mittag- und Abendessen von Rosalía López ausgehändigt wurde, die ihn bei Tisch bediente sowie auch dem Rektor des Colegio Romano de la Santa Cruz. Insofern kontrollierte der Rektor sämtliche Anrufe, die im Haus eingingen.

Man nannte mir die Namen aller Männer, die im Exerzitienhaus wohnten, damit ich eine alphabetisch geordnete Liste anfertigen konnte, die ständig in den Telefonzellen auszuliegen hatte. Infolgedessen besaßen sowohl Julia Vázquez als auch ich Kenntnis von den Vor- und Familiennamen aller Männer des Colegio Romano de la Santa Cruz, zudem war uns auch bekannt, wer Don Alvaro oder Monseñor Escrivá anrief. Selbstverständlich waren wir verpflichtet zu schweigen und durften nichts von dem erzählen, was sich in den ‹Kabinen›, wie dieser Teil des Hauses genannt wurde, zutrug. Auch während unseres wöchentlichen vertraulichen Gespräches hatte wir über diese Dinge Stillschweigen zu bewahren. Die ‹Kabinen› durften auch von niemandem, der nicht mit Julia oder mir das brüderliche Gespräch führte, betreten werden.

Die soeben geschilderte Arbeit mußte ich im Wechsel mit einer zweiten Person ausführen. Daher schlugen wir mit Einverständnis von Encarnita Julia Vázquez vor, eine der Vizeleiterinnen aus der Verwaltung von Via della Villa Sacchetti. Julia und ich sprachen Italienisch, und die strikte Anweisung, die wir sowohl von Monseñor Escrivá als auch von

Don Alvaro del Portillo erhielten, lautete, wir dürften *unter keinen Umständen* Spanisch antworten. Wir hielten dies unbedingt ein.

Ich begann meine Arbeit um acht Uhr morgens, und Julia löste mich nach dem Mittagessen gegen halb drei Uhr nachmittags ab. Währenddessen kümmerte ich mich dort bereits um die gesamte Arbeit in der Druckerei. Und Julia führte am Nachmittag das vertrauliche Gespräch mit allen sirvientas, für die sie zuständig war.

Oftmals unterhielten wir uns mit dem *Padre* oder mit Don Alvaro. Ich kann mich erinnern, daß Monseñor Escrivá eines Tages zur Stunde des Angelusgebets anrief. Zusammen mit mir betete er am Telefon, und als er am Ende das Stoßgebet ‹Sancta María, Sedes Sapientiae› sagen wollte, hielt er ein – er befand sich in Gesellschaft von Männern – und sagte stattdessen: ‹Sancta María, Ancilla Domine›. Als ich daraufhin ‹Ora pro nobis› erwiderte, fügte er kichernd hinzu: ‹que se aguanten› (daß sie sich zurückhalten mögen). Es ist bekannt, daß er vor Männern den Frauen gern diesen Streich spielte.

Bei dieser ‹Kabinen›-Arbeit gab es weder Samstage, Sonn- oder Feiertage, noch außergewöhnliche Meditationen.

Tatsache ist, daß mich die Arbeit in den ‹Kabinen› und in der Druckerei sehr erfüllte. Julia Vázquez war nicht nur die Güte selbst, sondern auch verständnisvoll und intelligent. Zudem konnte man mit ihr sprechen, ohne zu befürchten, daß sie hinterher alles ‹weitergab›. Sie war eine gestandene Frau, die es mit der Welt aufnahm. Zum anderen stellte die Arbeit in den Kabinen etwas Neues und Interessantes dar, auf das man sich konzentrieren konnte. Es war, als entferne man sich vom übrigen Haus, von den oft spannungsvollen Situationen, die man mit dem Padre zu gewärtigen hatte, davon, daß man jederzeit gerufen werden konnte. Nicht etwa, daß ich in der Villa Sacchetti unglücklich gewesen wäre, aber es gab dort schon so viele Leute, daß ich mich ständig unter Druck fühlte. Ich bin kein Mensch, der viele Leute um sich braucht, bin es nie gewesen. Die Kabinen waren für mich eine Quelle des Friedens. Ich war glücklich, wenn ich hinter mir die Tür schließen und den Lärm außen vor lassen konnte.

In jenem Jahr 1954 geschah etwas für mein persönliches Leben sehr Bedeutendes. Wir, die wir die *fidelidad* (die immerwährenden Gelübde) noch nicht abgelegt hatten, baten den *Padre*, er möge uns die Zeit, die uns noch bis zum Abschluß der verlangten fünf Jahre fehlte, erlassen und außerdem die Zeremonie selbst vornehmen. Nach den Vorschriften mußten alle Numerarierinnen, die der zentralen Leitung angehören, nicht nur die ‹fidelidad› abgelegt haben, sondern außerdem noch assoziierte *inscritas* sein. Zu unserer großen Freude ging der Padre auf unsere Bitten ein. Er wies uns aber darauf hin, daß er die Zeremonie der *fidelidad*, während er sie für einige sirvientas ‹in farbiger Kleidung›, also mit allem Pomp der Hausprälatur Seiner Heiligkeit, vorgenommen hatte, für uns in ‹seinen alten Schuhen› vornehmen würde. Und tatsächlich wurde am 24. November 1954, dem Namenstag von Cathérine Bardinet, in der Villa Sacchetti sowie in der Hauskapelle des ‹Inmaculado Corazón de María›, die Zelebration der *fidelidad* vorgenommen. Die dafür notwendigen Ringe sind beliebig. Mein Ring war der erste Schmuck, den ich im Alter von fünfzehn Jahren von meinen Verwandten aus Córdoba geschenkt bekommen hatte. Er erschien mir besonders wertvoll, da sie mir erzählt hatten, dies sei während ihrer Verlobungszeit das erste Geschenk meines Onkels an meine Tante gewesen. Ich verwahre ihn immer noch sorgfältig.

Die Zeremonie der *fidelidad* umfaßt die Ewigen Gelübde der Armut, Keuschheit und des Gehorsams fürs ganze Leben im Sinne des Opus Dei. Nach dem Küssen des Holzkreuzes und den Antworten auf die in diesem Zeremoniell vorgegebenen Gebete wurden auch die Ringe vom Priester geweiht und uns zurückgegeben. Diese Weihe, erklärte uns Monseñor Escrivá, sei vergleichbar mit der von Eheringen. Nachdem die Ringe geweiht waren, reichte der Priester sie uns, steckte sie uns aber nicht an den Finger. Dann endete die Zeremonie mit dem Beten der *Preces*, dem offiziellen Gebet des Opus Dei.

Am Ende sagte Monseñor Escrivá zu uns: «Ich möchte diese Zeremonie nicht beenden, ohne euch noch einige wichtige Worte mitzugeben» und erklärte uns danach, wie bewegt er sei, wenn er daran dächte, daß wir in ‹dieser Gründungsstunde› zum Opus Dei gefunden hätten. Dann legte er uns noch einmal unsere Treue zum Opus Dei ans Herz. Wir sollten immer den Geist der *unidad* bewahren, der die Grundlage unserer Beharrlichkeit im Werke Gottes bilde. Danach segnete er uns.

Der nächste Schritt bestand darin, die verbindlichen Eide abzulegen. Darauf hatte uns Tage zuvor Don Manuel Moreno, der geistliche Leiter des Colegio Romano de la Santo Cruz, vorbereitet. Diese Eide werden gesondert nach der Zeremonie abgelegt. Wir taten dies im *soggiorno* der Villa Sacchetti. Als Folge der von uns für alle Ewigkeit übernommenen Verpflichtung implizieren die Eide: 1) gegenüber dem Institut: tunlichst alle Worte oder Taten, die sich gegen die geistliche Einheit desselben, ob moralischer oder juristischer Art, richten, zu vermeiden, und deshalb, wann immer nötig, den brüderlichen Tadel zu praktizieren; 2) gegenüber allen und jedem einzelnen Superior des Instituts: a) jegliches Gerede zu vermeiden, das den Ruf schädigen oder die Autorität herabsetzen könnte, sowie auch das Gerede anderer Mitglieder zu bekämpfen; b) den brüderlichen Tadel unverzüglich mit dem Superior durchzuführen.

Wenn nach einem angemessenen Zeitraum erkennbar wird, daß der Tadel vergeblich war, soll die ganze Angelegenheit dem Haupt-Superior oder dem Padre mitgeteilt und völlig in seine Hände gelegt werden; 3) uns selbst gegenüber: sich immer unmittelbar mit dem Haupt-Superior oder dem Ranghöchsten beraten, je nach Bedeutung des Falls, Sicherheit oder Effizienz der Entscheidung, seien es berufliche, soziale oder andere Fragen, auch wenn sie nicht direkt Gegenstand des Gehorsamkeitsgelübdes darstellen, ohne dabei von besagtem Superior zu verlangen, er habe die Pflicht, darauf zu antworten.

Mit anderen Worten, die sogenannte ‹Freiheit› innerhalb des Opus Dei ist durch diesen Eid *immer mediatisiert*, andernfalls man des Meineids bezichtigt werden kann. Auch wenn das Opus Dei heute als Prälatur behauptet, es gäbe keine Gelübde, sondern Versprechen und Verträge gegenüber der Prälatur, so ist es doch im wesentlichen dasselbe: Die Bezeichnung hat sich geändert, aber der Inhalt ist gleichgeblieben.

Ein paar Tage später verkündete Monseñor Escrivá, er habe alle Numerarierinnen der Asesoría Central als wahlberechtigt anerkannt, davon ausgenommen seien María Luisa Moreno de Vega und ich.

Im Grunde machte es mir nichts aus, nicht als wahlberechtigt anerkannt zu werden, aber ich wunderte mich doch darüber. Mit Sicherheit hatte da Encarnita ihre Finger im Spiel, denn, wie gesagt, ich war überzeugt, daß sie mir nicht traute.

Die Druckerei II: Arbeiten

Aber zurück zur Druckerei: Der nächste Schritt bestand darin, daß Monseñor Escrivá uns verkündete, ‹er habe bereits Fernando Bayo, den Maler, zum Diakon geweiht›. Und dann habe man ‹Don Fernando› die Soutane übergezogen, damit er uns Unterricht erteilen könne, wie eine Druckerei funktioniere. Außerdem würde ein Schüler des Colegio Romano namens Remigio, ‹den wir bald mit der Soutane bekleiden werden›, herüberkommen und sowohl Blanca Nieto als auch die beiden sirvientas, die täglich für ein paar Stunden halfen, in der Buchbinderei unterrichten. Wir entschieden uns für Carmen, eine sirvienta aus Galizien, und für Constantina aus Mexiko, die beide außergewöhnlich geschickt waren.

Die Maschinen wurden angeliefert und in unserer Abwesenheit aufgestellt. Als wir sie am nächsten Morgen entdeckten, fühlten wir uns wie Kinder, die neues Spielzeug bekommen hatten.

Monseñor Escrivá kam mit Don Fernando Bayo, der uns noch einmal erzählte, ‹man habe ihn zum Diakon geweiht, damit er uns unterrichten könne; dies stelle aber eine Ausnahme innerhalb des Werkes dar, denn es würde eigentlich gar keine Diakone geben. Natürlich legte er uns ans Herz, sehr aufmerksam zu sein und schnell zu lernen.

Als wir mit Don Fernando alleine waren, sah dieser uns halb amüsiert, halb widerwillig an, zupfte an seiner Soutane und sagte:

«Da hat man mir diese Röcke übergezogen, damit ich euch was beibringe und gebe Gott, daß ihr schnell begreift! Denn das hätte mir gerade noch gefehlt: Mein Atelier in Madrid jemandem zu überlassen, der nicht einmal einen Pinsel halten kann, mich mit einer Soutane zu behängen, um in einer Druckerei mit Frauen zu arbeiten!»

Daraufhin mußte ich laut loslachen und sagte:

«Sie dürfen uns nicht für gar zu schlimm halten, auch wenn wir Frauen sind. Außerdem kann ich Ihnen gleich sagen, ich hätte mich nicht im geringsten darum geschert, wenn Sie ohne Soutane gekommen wären, um uns zu zeigen, wie diese Druckerei funktioniert.»

Tatsächlich wurde Don Fernando Bayo für uns so etwas wie ein älterer Bruder. Er war reizend, sympathisch, voller Humor und mit einem bewundernswert praktischen Sinn dafür begabt, anderen etwas beizubringen. Wir alle verstanden uns mit ihm sehr gut, und er brachte uns nicht nur die Bedienung der Druckmaschinen mit viel Taktgefühl und Effizienz bei, sondern auch das Interesse am Druckerhandwerk an sich.

Ich liebte die Arbeit in der Druckerei. Es war zum Glück so, daß wir die Zeitschrift nach unseren eigenen graphischen Entwürfen gestalten konnten. Trotzdem versuchten wir bei der Gestaltung der *Noticias* den Geschmack der Zentralleiterin zu treffen. Encarnita kam in die Druckerei und erteilte uns Befehle. Ihre gesamten Anweisungen gingen auf eine Zeitschrift zurück, die ich mir schicken ließ: *Plaisir de France*. Sie wollte aus dieser Zeitschrift verschiedenes für *Noticias* kopieren. Das war nicht einfach, und Don Fernando Bayo hatte es eines schönen Tages so satt, daß er Encarnita vor uns allen mit ernstem Gesicht erklärte, es täte ihm leid, aber die Befehle in der Druckerei erteile ausschließlich er, mit dem Einverständnis des Padre, und niemand sonst. Als Encarnita gegangen war, sagten wir zu ihm:

«Don Fernando, das wird uns teuer zu stehen kommen.»

Aber da hatten wir uns getäuscht. Don Fernando Bayo erklärte dem Padre, er würde nicht weiter in der Druckerei arbeiten, wenn die Frauen darin nicht autonom vorgehen dürften. Das respektierte Monseñor Escrivá. Eines Tages rief er uns zu sich und sagte scherzend zu Encarnita, er wüßte bereits, daß Don Fernando sie angeknurrt habe. Aber zugleich erklärte er auch, man müsse einen unabhängigen örtlichen Rat für die Druckerei ernennen. Der sah dann so aus: Ich war die Leiterin, Blanca Nieto die Vizeleiterin und Elena Serrano die Sekretärin.

Auch wenn ich mich mit Elena gelegentlich im Fotolabor stritt, mochte ich sie doch sehr gern; sie besaß alle Geduld dieser Welt und ertrug einfach alles. Sie wußte, daß ich sie sehr mochte und darüber hinaus bewunderte, und wir vertrugen uns im Grunde sehr gut. Wir drei liebten unsere Arbeit sehr und waren mit ganzem Herzen dabei.

Heute, mit Abstand gesehen, fallen mir Dinge ein, die mich schon seinerzeit erstaunt hatten. Eines Tages kam Don Alvaro und erklärte uns auf Anweisung des Padre, daß auf einer Seite des Bandes mit den Statuten, vom Heiligen Stuhl für alle Ewigkeit approbiert und in Grottaferratta gedruckt, einige Worte und Zeichensetzungen geändert werden müßten. Wir mußten dieselbe Art Papier und Tinte beschaffen und den Band wieder genauso binden, so daß das Auswechseln der Seite nicht bemerkt werden konnte, ebensowenig natürlich wie die vorgenommenen Änderungen selbst. Ich fragte mich schon damals, ob der Heilige Stuhl davon Kenntnis hatte. Aber immer glaubte ich dann, daß er es einfach wissen mußte. Heute bin ich davon überzeugt, der Heilige Stuhl hatte nicht die geringste Ahnung davon, daß man die für alle Ewigkeit als heilig und unverletzbar approbierten Statuten schriftlich geändert hatte. Woran ich mich jedoch nicht mehr erinnern kann ist, an welcher Stelle diese kleinen Änderungen vorgenommen worden waren.

Etwas anderes, das relativ oft vorkam, war der Neudruck einiger Seiten aus *Noticias*, die bereits in alle Welt versandt war. Im allgemeinen war der Grund für diese Prozedur der, anhand bekannter Vorgehensweisen im Fotolabor Fotos neu zu entwickeln und dabei eine der darauf abgebildeten Personen zu entfernen. Wenn dann der Name jener Person im entsprechenden Artikel auftauchte, wurde der Text noch einmal ohne den Namen geschrieben und neu gedruckt. Diese *korrigierten* Seiten wurden dann in alle Länder verschickt, versehen mit einer kurzen Notiz der Asesoría Central, auf der einfach stand: «Vernichtet bitte die Seiten soundso und ersetzt sie durch die beiliegenden. Informiert uns, sobald ihr dieses ausgeführt habt.»

Auf diese Weise entledigt sich das Opus Dei jeder ‹persona non grata›, Personen die dem Opus Dei nicht mehr angehörten, und von denen dann später behauptet werden konnte, ‹in den Archiven seien keine Unterlagen über diese Personen vorhanden›.

Diese Art des Vorgehens, bei dem Print- und Foto-Medien ganz nach Belieben benutzt werden, ist eine Wiederholung polizeilicher Sicherheitssysteme in totalitären Staaten. Dabei darf man nicht vergessen, daß das Opus Dei immerhin als eine Institution innerhalb der Kirche angesehen wird.

Während meiner Zeit in der Druckerei wurden viele Instruktionen *ad usum nostrorum* (zum internen Gebrauch) des Opus Dei angefertigt sowie die ersten Bände der *Construcciones*. Dabei handelte es sich um Instruktionen über die Gestaltung der Häuser des Opus Dei, die von der Zentralleitung in Rom verschickt wurden.

Ebenfalls wurden Dokumente gedruckt, etwa Sonderbriefe oder ähnliches, die an den Heiligen Vater gerichtet waren.

Die sirvientas, die in der Buchbinderei arbeiteten, waren entzückt. Zum ersten Mal in ihrem Leben taten sie etwas anderes als Reinigen.

Währenddessen wurden in der Villa Sacchetti und in der Asesoría Central im Sommer 1956 eine Reihe Jahreskurse in großem Umfang abgehalten, zu denen Numerarierinnen aus vielen Ländern kamen. Auch ich wirkte bei diesen Kursen als Vizesekretärin von San Miguel mit und gab auf Anweisung der Zentralleiterin Unterricht im ‹Geist des Werkes›.

Eine der Numerarierinnen war Sabina Alandes, meine ehemalige Leiterin aus Córdoba. Jetzt war sie regionale Leiterin in Argentinien. Als ich eines Tages die Druckerei verließ, begegnete ich ihr in einer der Galerien. Sie sagte, sie müsse mit mir reden.

«Ich bete zu Gott, daß man dich von hier fortschickt. Du bist in diesem Haus völlig isoliert. Du weißt überhaupt nicht, was in der Welt vor sich geht. Du brauchst frische Luft, Du mußt das wirkliche Leben sehen. Du trocknest aus. Ich mag dich sehr, und es hat für mich keine Bedeutung, daß du Hauptoberin bist und mich mit Tadeln überhäufst. Du mußt einmal erfahren, wie ein Land aus der Nähe aussieht, und nicht nur dauernd diesen Quatsch voller Verfügungen und Zensuren.»

Ich hörte sie ernsthaft an und erzählte niemandem davon, denn ich mochte Sabina sehr gern und hätte es mir nicht verziehen, wenn sie deshalb Schwierigkeiten bekommen hätte. Ich nahm ihre Worte als einen ernst gemeinten Tadel und vergaß sie nie.

Eines Abends nach dem Abendessen rief mich Monseñor Escrivá zu sich in den Eßsaal der Villa. Zusammen mit Encarnita ging ich hinauf. Er wirkte abgespannt. Er sagte, er sei mit der Druckerei sehr zufrieden und fügte hinzu:

«Carmen, wir behalten dich sieben weitere Jahre hier. Aber nicht länger. Anschließend schicken wir dich zum Arbeiten hinaus.»

Selig vor Glück verließ ich das Zimmer und erzählte allen in der Druckerei davon. Es ist vielleicht schwierig, zu verstehen, was es für jemanden wie mich, fanatisch vom Opus Dei überzeugt und voller Liebe zu Monseñor Escrivá, bedeutete, vom *Padre* selbst zu hören, ich würde noch einmal sieben Jahre lang in Rom bleiben.

Aber nichts wirklich Gutes und nichts wirklich Schlechtes hält für immer an, wie das Sprichwort sagt; meine Glückseligkeit dauerte knappe vierundzwanzig Stunden. In der Post vom nächsten Tag befand sich ein Brief aus der Region Venezuela, in dem berichtet wurde, daß man seit langer Zeit nur eine einzige Berufene zählte und daß die Dinge finanziell nicht zum besten stünden. Zum anderen gehörte Marichu Arellano, eine der ersten des Werkes und Leiterin der Region Venezuela, ein bißchen zu der ‹Clique› von Rosario de Orbegozo, der ehemaligen Zentralleiterin, von der Monseñor Escrivá behauptete, sie verziehe die jungen Numerarierinnen, da sie den Geist der *unidad* nicht korrekt vorlebe.

Zu jener Zeit hatte Monseñor Escrivá bereits alle von ihm persönlich ausgebildeten Numerarierinnen in andere Länder verschickt: Pilar Salcedo nach Kolumbien, um Josefina de Miguel zu ersetzen, María José Monterde nach Mexiko für Guadalupe Ortiz de Landázuri, Gabriela Duclos in die USA für Nisa Guzmán, Marina Sánchez de Movellán als Delegierte nach Spanien und Lourdes Toranzo als regionale Sekretärin in Italien. Die Arbeiten in der Asesoría Central funktionierten nicht reibungslos. Monseñor Escrivá fragte uns, wen man aus Spanien kommen lassen könnte, um die Stelle der Sekretärin in der Asesoría Central zu besetzen. Als Vizesekretärin von San Miguel empfahl ich Mercedes Morado, die Vizesekretärin von San Gabriel in Spanien war. Man hörte auf mich, und Mercedes Morado kam nach Rom, ohne jedoch zu wissen, daß sie die Sekretärin der Asesoría Central werden würde. Diese Nachricht teilte ihr der *Padre* persönlich mit. Tatsache ist, daß ich Mercedes mit offenen Armen empfing. Ich sagte sogar zu Encarnita, sie könne ihr mein Zimmer geben, das eine Dusche hatte, solange der Jahreskurs, der unser Haus völlig überfüllte, andauerte. Als ich Jahre später nach Rom zurückkehrte, sollte ihre Art, mich zu empfangen, entschieden anders aussehen...

An jenem Morgen las ich den Brief aus Venezuela und dachte: Ich bin die einzige, die noch hier ist, aber dann sagte ich mir, daß das Unsinn sei, zumal mir Monseñor Escrivá noch am Vortage mitgeteilt hatte, ich würde die nächsten sieben Jahre in Rom bleiben. Nun ja, noch am selben Tag vor dem Mittagessen rief mich Monseñor Escrivá zu sich. (Wir hatten ihm den Brief aus Venezuela direkt ins Eßzimmer bringen lassen.) Ich ging mit Encarnita hinauf, und er sagte zu mir:

«Schau nur, meine Tochter, wie wenig konnte ich ahnen, daß dieser Brief heute mit der Post kommen würde! Aber ich kann einfach nur daran denken, daß du nach Venezuela fahren mußt. Du weißt, wie gern ich dich hier behalten würde und daß wir gar nicht wissen, wie wir ohne dich zurechtkommen sollen. Denke darüber nach, meine Tochter, und teile mir morgen deine Entscheidung mit.»

Ich war todernst und sagte, was ich darüber dachte. Als wir in die Küche kamen, sagte ich zu Encarnita: «Ich fahre nicht nach Venezuela. Ich will nicht nach Südamerika. Venezuela macht mir angst. Allerhöchstens nach Frankreich, aber nicht nach Venezuela.» Ich weiß noch genau, daß ich mich an dem Tag nicht konzentrieren konnte. In der Nacht träumte ich, daß die ganze Landkarte von Kanada bis Patagonien über mich hereinstürzte, und wachte erschrocken auf. Während der Messe und der Kommunion dachte ich weiter ernsthaft darüber nach und führte mir vor Augen, daß ich, wenn ich verheiratet wäre und mein Ehemann in irgendein anderes Land versetzt würde, mit ihm gehen würde. Natürlich umschlich mich Encarnita wie ein Schatten und sagte mir, ich dürfe das Vertrauen, das der *Padre* in mich setze, nicht enttäuschen; zudem müsse ich mir vor Augen führen, daß es Gott sei, der wieder etwas von mir verlange. Kurz gesagt: Nach dem Mittagessen stieg ich hinauf in den Eßsaal der Villa und erklärte dem *Padre*, daß ich nach Venezuela gehen würde. Sofort wies er Encarnita an, sie solle noch am selben Nachmittag Doktor Odón Moles, den Consiliarius von Venezuela, sowie Don Severino Monzó, den Priester und Zentralsekretär, in den Eßsaal der Villa einladen, damit ich sie kennenlernen und mit ihnen sprechen könnte.

Zuerst ging ich in die Druckerei und teilte die Entscheidung den Frauen aus dem örtlichen Rat mit. Nie in meinem Leben habe ich traurigere Gesichter gesehen. Sie mochten mich alle gerne. Besonders Elena Sorreno war untröstlich. Aber das Schlimmste würde sein, es Don Fernando Bayo beizubringen. Am Nachmittag, als er herüberkam, um nach dem Rechten zu sehen, sagte ich es ihm, während er dem Fall der bedruckten Seiten aus der Maschine namens ‹Catalina› zusah. Abrupt hielt er die Maschine an und sagte zu mir:

«Du fährst nicht, weil ich es sage, und damit *basta*.»

«Aber Don Fernando», erwiderte ich, «es ist nicht Encarnita, sondern der Padre, der mich darum gebeten hat.»

«Dann sagst du eben zu ihm nein! Wie kannst du denn ausgerechnet jetzt, wo du alles beherrschst und ich in ein paar Monaten weg bin, fortgehen? Sind denn alle verrückt geworden? Du kannst nicht wegfahren!»

Er war so wütend, daß er sagte, er wolle sofort mit dem Padre sprechen.

Zwei Tage lang erschien er nicht in der Druckerei. Und als ich ihn anrief, um ihm zu sagen, wir bräuchten seine Hilfe bei einer schwierigen Angelegenheit, erwiderte er:

«Ruf deine Leiterin und sag ihr, sie soll sich um die Nachwehen kümmern.»

Eines Tages kam er mit Totengräbermiene schließlich wieder und war offensichtlich böse auf mich. Ich sagte zu ihm:

«Geben Sie nicht mir die Schuld. Es kostet mich bereits genug Überwindung, fortzugehen! Oder glauben Sie etwa, ich sei aus Eisen? Bitte helfen Sie denen, die hierbleiben.»

Mir standen die Tränen in den Augen, und er sah es. Aber es war das letzte Mal, daß ich ihn sah. Ich rief den Leiter des Colegio Romano wenige Tage später an, um ihm mitzuteilen, daß ich nach Venezuela abreise und mich von Don Fernando verabschieden wolle. Er antwortete, er wüßte schon, daß ich fortginge. Don Fernando sei aber so wütend, daß man ihn nach ‹Terracina› gebracht hätte, damit er endlich seine Wutausbrüche beende.

Im Eßsaal der Villa lernte ich Doktor Moles kennen, der auf mich einen exzellenten Eindruck machte. Ich stellte fest, daß er Venezuela von ganzem Herzen liebte. Ohne irgendetwas Besonderes zu sagen, half er mir mit seinem ganzen Verhalten enorm. Er war nicht umsonst ein guter Psychiater!

Monseñor Escrivá bestimmte, ich solle nicht allein nach Venezuela fahren, sondern eine Numerarierin eigener Wahl zur Hilfe mitnehmen. Ich entschied mich für Lola de la Rica, eine spanische Numerarierin aus Las Arenas. Sie war eine junge, sehr ernste und sehr reife Frau. Am 23. September 1956 verließen wir unter allen Segnungen des Padre und Don Alvaros das zentrale Haus; mein Herz war von Liebe gegenüber dem Padre in erster Linie und ganz allgemein gegenüber dem Werk erfüllt. Ich verließ Rom mit dem ganzen Register erlernter Gesetze, fest entschlossen, mit all meinen Kräften für die *unidad* des Werkes zu kämpfen. Aber abgesehen davon, trug ich in mir, als große Stärkung meiner Seele und als Schutzwehr für meine Hoffnungen, die Gewißheit, daß mir der Padre, was auch geschehen mochte, immer Glauben schenken würde.

Venezuela

L ola de la Rica und ich brachen zusammen mit Carmen Berrio auf, die nach Kolumbien abreiste. Wir verließen Rom am 23. September 1956, nicht ohne zuvor unseren Eltern in Spanien unseren neuen Zielort mitgeteilt zu haben.

Am 24. September kamen wir drei in Barcelona an, genau an dem Tag, an dem *Nuestra Señora de la Merced,* die Schutzheilige dieser Stadt, gefeiert wurde. Wir begaben uns in die Verwaltung von ‹Monterols›, in der ich vor mehreren Jahren ein paar Monate verbracht hatte. Als erstes fiel mir diesmal auf, wie alt das Haus wirkte. Möglicherweise weil der Kontrast zum römischen Stil, an den ich mich inzwischen gewöhnt hatte, so groß war. Einige der Numerarierinnen, die dort wohnten, kannte ich, aber daneben gab es eine mir unbekannte Gruppe. Ich freute mich, Mercedes Roig wiederzusehen, die mir erzählte, daß ihr Sohn Barto, ebenfalls ein Numerarier, auch in Caracas lebte und als Ingenieur in einer Textilfabrik arbeitete. Diese Fabrik hieß ‹Textilana› und war im Besitz der Familie eines anderen Numerarier, der gleichfalls nach Caracas berufen worden war.

Da unser Zug am frühen Nachmittag angekommen war, begleiteten sie uns zur Messe in eine der Kirchen der Stadt. Als wir zurückkehrten, verlangten alle Numerarierinnen, daß wir ihnen Geschichten aus Rom vom Padre erzählen sollten. Es war für sie, als wären Lola, Carmen und ich gerade von einer Pilgerfahrt ins Mekka des Opus Dei wiedergekehrt; aber wir waren so erschöpft, daß wir wenig erzählten und nur darum baten, schlafengehen zu dürfen.

Am darauffolgenden Tag brachen Lola de la Rica und Carmen Berrio ziemlich früh nach Bilbao auf, damit sich Lola von ihrer Familie in Las Arenas und Carmen von der ihren in Bilbao verabschieden konnten. Mein Zug nach Madrid sollte erst am Abend fahren, also begab ich mich in das Sanktuarium von *Nuestra Señora de la Merced.*

Ich bat die Jungfrau um Hilfe, denn ich hatte ziemliche Furcht, als regionale Direktorin in ein Land zu gehen, das ich nicht kannte. Aufgrund dessen, was uns Doktor Moles über ‹Etame› mitgeteilt hatte, besaß ich nur ungefähre Vorstellungen von dem, was in der Haushaltsschule vor sich ging. Beim Lesen der schriftlichen Informationen waren mir die Fragen aufgefallen, die den Schülerinnen bei der Prüfung im Religionsunterricht gestellt wurden. Sie erschienen mir merkwürdig und setzten nur sehr spärliche religiöse Kenntnisse voraus. Zum Beispiel: «Soll man, wenn jemand gestorben ist, lieber einem Heiligen zwei Kerzen spenden, oder für seine Seele eine Messe lesen lassen?» Ich war verwirrt. Über die Geographie des Landes wußte ich nur Elementares, über seine Geschichte nur wenig. Inständig bat ich die Jungfrau, sie möge mir beistehen und mich leiten.

In Madrid wohnte ich im Haus der Asesoría Regional Spaniens, die in einem Teil des Gebäudes ‹Montelar›, der ‹Schule für Kunst und Heim› in der Calle de Serrano, einen halben Häuserblock von meinem Elternhaus entfernt, untergebracht war.

Sowohl Crucita als auch Marisa Sánchez de Movellán und besonders María Ampuero kümmerten sich rührend um mich. Sie sahen meine Kleider durch, ergänzten Dinge, die sie ihrer Meinung nach gebrauchen könnte, und gaben mir sogar die Sondererlaubnis, meine Familie jederzeit zu besuchen. Sie fanden, es sei schon so lange Jahre her, daß ich sie gesehen hätte, und man sollte mich, ebenso wie einige meiner alten Freundinnen, in guter Erinnerung behalten, zumal ich Spanien für immer verlassen würde. Sie wiesen mich an, ich sollte mit meinen Oberinnen abstimmen, wohin ich jeden Tag gehen wollte. Diese Möglichkeiten waren für das Opus Dei absolut nicht selbstverständlich.

Ich war erst ein paar Stunden im Haus, als mir Crucita, die regionale Leiterin Spaniens, erklärte, Don Antonio Pérez Tenessa wolle mich sprechen. Don Antonio Pérez war zu der Zeit Priester und Generalsekretär, also der Superior, der gleich an zweiter Stelle hinter Monseñor Escrivá rangierte. Crucita und Marisa bestimmten, daß mich María Ampuero begleiten solle. Niemandem war der Grund, warum er mich sprechen wollte, bekannt.

Also begaben sich María Ampuero und ich an jenem Nachmittag hinüber nach ‹Lagasca› und stiegen hinauf in den Eßsaal von *Diego de León 14*.

Wie bereits erwähnt, habe ich für Don Antonio stets nicht nur großen Respekt und Bewunderung, sondern wahre Zuneigung empfunden. Er erschien mir immer aufrichtig und vertrauenswürdig. Ich hatte den

Eindruck, als würde ihn Monseñor Escrivá, aus welchem Grund auch immer, meiden.

Wir gingen also hinauf in den Eßsaal von Diego de León. Don Antonio trat ein und ließ uns Platz nehmen. Er saß an einem Ende des großen Tisches, wir ganz am anderen Ende vor den Fenstern. Nachdem er sich erkundigt hatte, wie unsere Reise verlaufen sei und wie es dem Padre gehe, steuerte er direkt auf das eigentliche Thema zu, weswegen er mich hatte sprechen wollen. Sein Ton war sehr ernst, aber nicht ärgerlich. Ich kann mich noch an jedes Wort erinnern:

«María del Carmen, vor einigen Tagen hat mich dein Vater aufgesucht. Er erzählte mir, du habest ihm aus Rom geschrieben, daß du nach Venezuela gehen würdest. Natürlich habe ihn diese Nachricht außerordentlich traurig gestimmt, zumal du seine einzige Tochter und die Älteste seiner Kinder bist. Hauptsächlich aber sei er um deine Mutter besorgt, die bei Erhalt der Nachricht krank wurde. Dein Vater fragte mich, ob es keine Möglichkeit gäbe, dich in Spanien zu behalten. Ich sagte ihm: Wenn er nicht damit einverstanden sei, würdest du nicht nach Venezuela gehen. Schließlich sei er dein Vater und habe ein Recht darauf, dich in seiner Nähe zu wissen.»

Ich hörte mir all das schweigend an und wußte, da ich meinen Vater ganz genau kannte, daß die Worte von Don Antonio der Wahrheit entsprachen. Er bemerkte, ich sei nicht sehr liebevoll im Umgang mit meinen Eltern gewesen, da ich ihnen nur selten geschrieben und niemals all das mitgeteilt habe, was Familienangehörige so gern wissen wollten. Auch das stimmte.

Don Antonio fuhr fort:

«Aber dein Vater ist ein wahrer Gentleman. Er besuchte mich noch einmal und erklärte mir, ‹er wolle nichts tun, was dir nicht gefiele, und erst recht nicht deiner Karriere im Wege stehen...›»

Hier mußte ich lächeln, denn mir war bewußt, daß mein Vater dem Opus Dei in dessen Jargon geantwortet hatte. Don Antonio hob hervor, wie sehr mich mein Vater liebte und betonte, wie wenig ich ihm geschrieben hätte. Ich mußte mich tatsächlich zusammenreißen, um nicht gleich in Tränen auszubrechen, denn ich habe meinen Vater immer geliebt, und es fiel mir sehr schwer, ihn und Spanien zu verlassen.

Don Antonio betonte, er habe mir all das sagen wollen, bevor ich meinen Vater wiedersähe. Dies geschah am 26. September 1956; eine Woche später war meine Abreise nach Venezuela vorgesehen.

Zurück zu ‹Montelar›. Ich war völlig zerknirscht. Ich muß sagen, alle *asesoras* fühlten mit mir. Ihnen war klar, daß ich einerseits Monseñor Escrivá zu gehorchen hatte, andererseits jedoch auch Don Antonio, der meinem Vater gegenüber die menschliche Seite sehr betont hatte, im Gegensatz zu meinem eigenen Verhalten meiner Familie gegenüber. Das mußte ich zugeben.

Im Gespräch mit einer der *asesoras* erkundigte ich mich, ob Don Antonio von all den Restriktionen wußte, die uns für den Umgang mit unseren Familien auferlegt worden waren. Und wir waren der Meinung, daß er allem Anschein nach nichts davon wußte, so unglaublich dies auch erscheinen mag. Zur Feier des Tages verkündeten Crucita und Marisa, daß wir am Abend ein Fest mit allen aus der *Asesoría* feiern würden. Sie fragten mich, wann ich zum letzten Mal einen Film gesehen hätte, und schlugen die Hände über dem Kopf zusammen, als ich ihnen erwiderte, das sei 1950 gewesen, als man in ‹Los Rosales› den berühmten *Botón de ancla* vorgeführt hatte. Man versprach mir einen guten Film, um mich der Realität näher zu bringen. Es wurde der wunderbare Film *Ana* mit der großartigen Silvana Mangano ausgeliehen, der nicht nur von der schauspielerischen Leistung, von der Musik oder den Tanzeinlagen her damals von großem Interesse war, sondern auch vom Thema her, das von der Beharrlichkeit einer Nonne handelte. Das Abendessen und der Film waren Zeichen ihrer Liebenswürdigkeit. Das Fest war aus dem Wunsch entstanden, mich die harten Momente des Tages und alle, die mich noch erwarten sollten, vergessen zu lassen.

Über eine Reihe widersprüchlicher Eindrücke nachsinnend, begab ich mich zu Bett; einerseits war da all das, was mir Don Antonio gesagt hatte, sehr menschlich, durchdacht und mit einem ausgeprägten Sinn von Hochachtung für meine Familie; dem entgegen stand die Haltung von Monseñor Escrivá, dem jeder Sinn für die Familie als solche völlig fremd war. Dagegen stand auch der unbefangen-liebevolle Empfang aller Numerarierinnen der Asesoría, ihre fröhliche und schlichte Lebensart und gleichzeitig diese erstaunlich heitere apostolische Atmosphäre. Die Asesoras wirkten nicht angespannt, sondern verantwortungsbewußt und unkompliziert.

All das war für mich ein Beispiel dafür, wie innerhalb des vom Opus Dei gesteckten Rahmens ein Familienleben und die Erfüllung des Leitungsanspruchs möglich war. Dieses Bild paßte besser in meine Vorstellungen vom Opus Dei als die unterkühlte Entsagung einer Encarnita in Rom. Am nächsten Tag traf ich meinen Vater zum Nachmittagskaffee am gleichen Ort wie seinerzeit. Das letzte Mal hatte ich ihn während einer äußerst kurzen Geschäftsreise in Rom gesehen. Ich hatte ihn in seinem Hotel aufgesucht, wo ich auch eine knappe Stunde lang meine Mutter zu Gesicht bekommen hatte. Die Atmosphäre war aber dermaßen angespannt und verhärtet gewesen, denn meine Mutter hatte sich geweigert, mit mir zu sprechen, woran ich noch immer schmerzlich zurückdenke. Seit jenem Treffen in Rom waren mehr als drei Jahre vergangen. Hier in Madrid konnte ich mich jetzt mit Erlaubnis der Asesoría Spaniens zeitlich viel freier bewegen. Und tatsächlich war mein Verhalten gegenüber meinen Familienangehörigen dadurch auch viel verständnisvoller und herzlicher. Auch mir fiel es schwer, sie zu verlassen, aber meine Gefühle waren sehr verschieden zu den ihren. Für sie würde ich unbestimmt viele Jahre lang abwesend sein. Für mich war die mir von Monseñor Escrivá übertragene Mission der Preis, den ich für die Erfüllung des Willens Gottes zu zahlen hatte.

Befreit von den Scheuklappen des Fanatismus, kann ich heutzutage die Traurigkeit meines Vaters besser verstehen. Ich bin der Ansicht, das Opus Dei hätte versuchen sollen, den Familien eher mit Herzenswärme zu begegnen als mit stereotypen Phrasen.

Ich hatte auch Gelegenheit, meine Jugendfreundin Mary Mely Zopetti und ihren Ehemann Santiago Terrer zu besuchen und mich von ihnen zu verabschieden. Die ganze Woche über traf ich mich mit meinem Vater und meinen Brüdern, wann immer es ihnen möglich war. Es tat mir sehr weh, daß meine Mutter nicht dabei war; wer konnte wissen, wie viele Jahre lang ich sie nicht sehen würde. Mein Vater und meine Brüder rieten mir davon ab, ins Haus zu kommen, um jede Reaktion von seiten meiner Mutter zu vermeiden. Ich fühlte mich die ganze Zeit über ziemlich unbehaglich.

Lola de la Rica und Carmen Berrio kamen zwei Tage vor unserer Abreise nach Madrid. Am 4. Oktober flogen wir nach Caracas und Carmen nach Kolumbien.

Ich weiß noch, wie ich im Flughafen zu Lola sagte: «Heute ist der 4.Oktober, der Tag, an dem wir *expolio* vorzunehmen haben; und durch diese ganze Reisegeschichte hatte ich das völlig vergessen.» Lola de la Rica sah mich ernst an und erwiderte:

«Findest du es nicht genug *expolio*, das Heimatland zurückzulassen?»

Am Mittag des 5.Oktober 1956 kamen wir in Caracas an. Wir bekamen die schwüle Hitze gleich am Flughafen *Maiquetía* zu spüren. Wir gingen durch den Zoll und nahmen unser Gepäck problemlos in Empfang. Wir stellten fest, daß niemand zu unserem Empfang gekommen war, was uns nicht allzu sehr überraschte, da die Post in Venezuela zu jener Zeit schlecht funktionierte und unser Brief möglicherweise noch gar nicht angekommen war. Wir nahmen uns ein Taxi und fuhren über die gerade fertiggestellte Autobahn in Richtung Caracas.

Unser erster Eindruck war, daß gerade ein Militärputsch stattgefunden haben mußte. Auf der Autobahn wimmelte es von bewaffneten Soldaten. Wir wagten es nicht, unseren Taxichauffeur danach zu fragen. Schließlich erreichten wir die Stadt und gelangten in die Siedlung Altamira. Die Adresse, die man uns gegeben hatte, war richtig, und wir erkannten sofort das Haus wieder, das wir auf Bildern in Rom gesehen hatten. Der Name der *Escuela de Arte y Hogar* (Schule für Kunst und Heim) war in schmiedeeisernen Buchstaben auf der Vorderfront angebracht: ‹Etame›.

Marichu, die regionale Leiterin, war mir nicht unbekannt. Begoña Elejalde kannte ich von Bilbao her und freute mich, sie wiederzusehen. Dann war da noch María Teresa Santamaría, die ich aus Rom kannte. Ana María Gibert kannte ich nur vom Hörensagen, da ihr Schwager ein Kollege meines Vaters war. Unbekannt waren mir Carmen Gómez del Moral und Marta Sepúlveda.

Sie öffneten gleich die Türen zu der Kapelle, damit wir dem Herrn unseren Gruß darbringen konnten. Die Kapelle war ganz im Barockstil gehalten. Dann gingen wir in den Innenhof. Das Haus erschien mir wunderschön. Mein Verhältnis zu Venezuela begann wirklich als ‹Liebe auf den ersten Blick›. Das Haus mit seinem Innenhof, der Palme in der Mitte und dem Korridor, von dem alle Zimmer abgingen, erschien mir so vertraut, als hätte ich mein ganzes Leben darin gewohnt. Das Haus atmete Klarheit. In einer Ecke des Korridors befand sich der Eßsaal. Ich mußte an Andalusien denken. Man erzählte mir, daß Caracas ‹die Stadt der roten Ziegel› genannt wird. Vom Innenhof aus waren die Berge zu sehen. Das Haus umgab ein Garten mit Rasen, und um das ganze Grundstück zog sich eine von Ziegeln gekrönte weiße Mauer. Das Klima war ideal. Carmen Berrio begutachtete die Türen und fuhr dann mit der Hand darüber: «Das ist Mahagoni! Alle Türen sind aus Mahagoni!»

Kurz nachdem ich in Caracas angekommen war, rief ich Doktor Moles, den Consiliarius, an. Ich sagte ihm, daß mich das Haus entzücke. Er antwortete mir: «Schön, daß dir dein Arbeitsplatz gefällt.»

An jenem Nachmittag kam Don José María Peña, Priester und regionaler Sekretär, um die Beichte abzunehmen. Bevor er den Beichtstuhl betrat, stellte mich Marichu ihm vor.

Es kamen mehrere Frauen, um bei ihm die Beichte abzulegen, darunter zwei ältere venezolanische Supernumerarierinnen, die beinahe einstimmig ausriefen: «Töchterchen, wie jung du noch bist! Du bist ja noch ein halbes Mädchen.»

Lächelnd erwiderte ich: «Leider regelt sich das schneller als wir denken.» Tatsächlich war ich erst 31 Jahre alt, und die Damen waren leicht doppelt so alt wie ich.

Als erstes bemerkte ich, es gefiel den Damen überhaupt nicht, daß Marichu fortging und ich in meinem jungen Alter als Leiterin des Landes da blieb. Mir wurde klar, daß ich es nicht gerade leicht haben würde, machte mir aber deswegen keine allzu großen Sorgen.

Das Werk von San Gabriel, also die Arbeit mit den Supernumerarierinnen, sollte María Teresa Santamaría übernehmen. Dadurch fühlte ich mich ziemlich beruhigt, denn María Teresa war an den Umgang mit den Damen gewöhnt. Sie war äußerst intelligent, bereits in Rom gewesen und vollbrachte unglaubliche Leistungen in ihrem Amt als Sekretärin der Asesoría Regional. Erst vor wenigen Jahren war sie nach Venezuela gekommen. Wir beide hatten zwar oft verschiedene Ansichten, vielleicht dadurch, daß ich fanatischer war als sie, aber ich habe sie immer bewundert und gern gemocht. Nach einem Besuch von Don José Luis Múzquiz, den der Padre auf eine Besuchsreise nach Venezuela geschickt hatte, wurde María Teresa nach Kanada geschickt. An ihre Stelle trat Lola de la Rica als regionale Sekretärin.

Meine erste Erfahrung mit den Tropen war die, daß ich in der ersten Nacht furchtbar fror. Mit stolzer Verachtung hatte ich die Decke, die man mir vor dem Schlafengehen gab, zurückgewiesen. Um Mitternacht knipste ich halb erfroren meine Nachttischlampe an, um nach dem Gabardinekostüm, das ich während der Reise getragen hatte, zu greifen, und entdeckte voller Ekel, daß sich in der Bluse eine Kakerlake von gut fünf Zentimetern Länge versteckt hielt. Mit angehaltenem Atem lief ich ins Bad, griff nach einem Stück Toilettenpapier, packte das Scheusal und spülte es im Klosett herunter.

Als ich am nächsten Tag erfuhr, daß fliegende Kakerlaken hier nichts Ungewöhnliches waren, und zudem bemerkte, daß mir die Moskitos die Beine zerstochen hatten, gab ich als erstes Anweisung, vor allen Fenstern Fliegengitter anzubringen, wie es die meisten Leute hier taten. Am nächsten Tag traf ich Doktor Moles, der mit uns die Messe feiern wollte. Nach der Messe unterhielten Marichu und ich uns mit ihm. Marichu sollte noch diese Woche nach Rom aufbrechen und dabei Post und Geld für den Padre mitnehmen.

In zwei, drei Tagen bereiteten wir Carmen Berrios Reise nach Kolumbien vor und organisierten Marichus Reise nach Rom. Marichu sprach mit mir nur, wenn es notwendig war. Sie machte mich mit der wirtschaftlichen Lage des Hauses vertraut. Das Haus gehörte nicht uns, sondern einer kulturellen Zweigstelle der Männer, der wir monatlich Miete zahlten.

Ich sprach mit Marichu über Rom, den Padre und die *unidad*. Ich war zweifelsohne mit dem ‹römischen› Modell im Kopf gekommen und vertrat unerbittlich diese Doktrin, ohne zu erkennen, daß ich weder Monseñor Escrivá, noch daß Venezula Rom war. Nachdem ich meine Vorstellung als ‹Trägerin des guten Geistes› gegeben hatte, schrieb ich in meinem fanatischen Eifer einen Brief nach Rom, in dem ich Marichus ‹schlechten Geist› anprangerte sowie ihren schlechten Einfluß auf die ersten Berufenen Venezuelas. Und selbstverständlich ließ ich auch nicht unerwähnt, daß der Geist der *unidad* nicht in aller Vollkommenheit gelebt würde, denn es gab Äußerungen wie: ‹der Padre ist Bolívar ähnlich›. Ich war darüber entsetzt, denn schließlich war Bolívar doch ein Politiker gewesen, Monseñor Escrivá aber ein ‹Heiliger› ... So dachte ich jedenfalls während meiner fanatischen Jahre im Opus Dei.

Marichu reiste nach Rom, und ich weiß, daß ihr dort Vorhaltungen gemacht wurden. Zu neunzig Prozent durch meine Schuld. Eine Sache, die mir mein Leben lang leid tun wird und die ich mir nicht verzeihe; denn niemand hatte getan, was ich tat: Ich hatte geurteilt, ohne die Zusammenhänge ergründet zu haben, einfach indem ich die in Rom angewandten Kriterien der ‹Verteidigung der *unidad*› und des ‹guten Geistes› wie eine Fahne vor mir her trug. Es war der erste und einzige herabsetzende Bericht, den ich je über jemanden aus dem Werk nach Rom geschickt habe.

Nach all den Jahren ist mir klargeworden, daß Monseñor Escrivá sich erlaubte, über Dinge zu sprechen, von denen er nicht das Geringste wußte; über Länder, Sitten, etc. Und zusätzlich urteilte er über seine Söhne und Töchter, ohne vollständige Kenntnis der Beweggründe, was meiner Meinung nach seine nicht vorhandene Menschenkenntnis sowie seine ziemliche Anmaßung widerspiegelte. Und wir Frauen, die er als seine Marionetten von einem Land ins andere schickte, tanzten im Rhythmus der Fäden, die er von Rom aus bewegte.

Am zweiten Tag nach meiner Ankunft erschien ein anderer Priester des Opus Dei. Sein Name war Don Rodrigo, er hatte bereits viele Jahre in Caracas zugebracht und war Absolvent des Colegio Romano de la Santa Cruz. Er besaß großen Bekehrungseifer und leitete geistlich eine ausgewählte Gruppe junger Mädchen aus Caracas, von denen die meisten einem sehr gut organisierten Verein angehörten, der sich ‹El Comité de Santa Teresita› nannte und Sozialarbeiten leistete. In der Leitung befanden sich neben anderen María Evita und María Teresa Vegas Sarmiento, María Elena Benzo, María Margarita del Corral und Eva Josefina Uzcátegui. Doch die beiden erstgenannten bildeten Kopf und Seele des Comités. Diese Mädchen stammten aus Familien der Oberschicht. Sie hatten zuerst die Beichte bei Doktor Moles abgelegt, dann am Unterricht in der ‹Etame› teilgenommen hatten und jetzt, da Doktor Moles vor allem die Damen leitete, standen die meisten von ihnen unter der geistlichen Obhut von Don Rodrigo.

Außer Doktor Moles, der die venezolanische Staatsbürgerschaft angenommen hatte, waren alle anderen Priester Spanier.

Die Frauen des Opus Dei in Venezuela waren alle Spanierinnen. Nur Lola de la Rica und ich nahmen vier Jahre später die venezolanische Staatsangehörigkeit an, und zwar so schnell, wie es uns nach dem Gesetz dort erlaubt war.

Caracas: ‹Etame› – Schule für Kunst und Heim

In vielen Ländern waren die ‹Schulen für Kunst und Heim› jahrelang für die Frauen des Opus Dei das Apostolat schlechthin. In Costa Rica, Venezuela, Kolumbien, Ecuador, Chile und Peru war die erste Einrichtung für die Frauen des Opus Dei die ‹Schule für Kunst und Heim›.

Als ich nach Venezuela kam, wohnte ich, wie gesagt, in der ‹Etame›.

Die Asesoría Regional war in diesem Haus untergebracht, in dem wir *asesoras* gleichzeitig auch Unterricht erteilten. Als die Schule in ein anderes Gebäude verlegt wurde, blieb diese Unterkunft und Arbeitsstätte für die Asesoría Regional des Landes. Das gesamte Mobiliar aus ‹Etame› wurde in das neue Haus geschafft. Es wurde ausgesprochen hübsch. Wir nutzten einen Besuch von Luis Borobio, der Maler und Numerarier des Opus Dei in Bogotá war, und ließen ihn durch den Consiliarius bitten, er möge uns das Titelbild für unsere ‹Etame›-Broschüre entwerfen, die ich, mit meiner in der Drukkerei in Rom gesammelten Erfahrung bereits skizziert hatte. Und er tat uns den Gefallen. Diese Broschüre war die erste Propaganda, die in koorporativer Arbeit der Frauen des Opus Dei entstand und als Vorbild für viele nachfolgende Broschüren des Werkes diente.

Das *Pensum* der Schulen basierte auf der Grundidee, all den jungen Mädchen, die nicht die Universität besuchten, etwas Allgemeinwissen zu vermitteln. Bis in die sechziger Jahre hinein zog man es in verschiedenen sozialen Schichten vor, einem Mädchen eher ein wenig oberflächliches Wissen zu vermitteln, als es auf die Universität zu schicken. Aus diesem Grund erschien es Monseñor Escrivá eine großartige Idee, aus diesen ‹Schulen für Kunst und Heim› Mädchen aus den gehobenen Schichten zu rekrutieren. Des öfteren hieß es unter den Superioren und Priestern des Opus Dei, daß die Fachlehrer in den meisten Fällen eher auf das hübsche Aussehen der Mädchen Wert zu legen schienen als auf deren intellektuelle Fähigkeiten. Infolgedessen wurden durch diese Art des Apostolats Frauen darauf vorbereitet, später in der Gesellschaft relevante Stellungen einzunehmen.

Spanien war das einzige Land Europas, in dem diese Art Schule existierte: ‹Llar› in Barcelona und ‹Montelar› in Madrid. In Barcelona war es schwierig, Berufene ausfindig zu machen, deshalb erleichterte der Unterricht in ‹Llar›, da es sich dabei um eine offizielle und öffentliche Schule handelte, den Frauen des Opus Dei die Bekehrungsarbeit ungeheuer.

‹Montelar› in Madrid entstand Ende der fünfziger Jahre. Und seit dieser Zeit befindet sich diese Schule auch in der Serrano Nr. 130, einer bekanntermaßen schönen Wohngegend, was dazu beiträgt, die sogenannte ‹Elite› Spaniens anzulocken. Auf demselben Grundstück wurde auch ein Flügel als Unterkunft für die Oberinnen des Opus Dei errichtet.

Der Unterricht in der ‹Schule für Kunst und Heim› in Caracas fand nur am Morgen statt. ‹Etame› hatte eine ausgezeichnete Philosophielehrerin namens Ana María Gibert, die an der Universität von Madrid promoviert hatte und über große Erfahrung als Dozentin vor ihrem Beitritt zum Opus Dei verfügte. In den Fächern Kunsthandwerk und Dekoration war Begoña Elejalde überragend, eine wahre Künstlerin. Ihr sind die wunderbaren Wandmalereien und die Wappen beider Häuser, sowohl für ‹Etame› als auch ‹Casavieja›, zu verdanken.

Seit meiner Ankunft in Venezuela hatte ich Lebensart und Sitte der jungen Leute hier gründlich studiert, und mir war klargeworden, daß die Bekehrungsarbeit in der Art, wie wir sie in Spanien durchführten, hier problematisch sein würde, da die Mädchen alles ihren Müttern erzählten. Ich setzte alles daran, um ihre Familien kennenzulernen und mit ihnen zu sprechen, damit ich vorbereitet war.

Der ersten jungen Frau, der ich die Berufung nahelegte, war María Teresa Vegas – natürlich erst nachdem ich Doktor Moles zu Rate gezogen hatte. Sie wurde die zweite berufene Numerarierin Venezuelas. Ihr folgte Eva Josefina Uzcátegui, die in allen Kreisen Caracas' sehr bekannt war. Sie war zwar von durchschnittlicher Intelligenz, aber fügsam und voller guten Willens. Sie tendierte zu Servilität gegenüber den Superioren, was sie zu einem leicht manipulierbaren Instrument machte. María Margarita del Corral war eine außergewöhnlich intelligente Frau, voll Bekehrungseifer, lebhaft, fröhlich, mit Führungsqualitäten. Als sie um die Aufnahme ins Opus Dei bat, wurde dies zu einem wahren Familiendrama: Ein Bruder ihrer Mutter war Gesundheitsminister unter dem Diktaturregime von Pérez Jiménez. Die Gattin dieses Herrn ließ unser Haus vierundzwanzig Stunden lang polizeilich überwachen, um festzustellen, ob ihre Nichte ein- und ausging. Was ihren Vater betraf, war die Lage nicht ganz so schlimm. Schließlich wurde María Margarita für eine mehrmonatige Reise ins Ausland mitgenommen. Woraufhin sie anschließend zu uns ins Haus zog. Ebensowenig wie María Teresa Vegas hatten Eva Josefina oder María Margarita eine universitäre Ausbildung. Nach ihnen ersuchte ein junges Mädchen von sechzehn Jahren um Aufnahme: Mercedes Mújica, die von Familie und Freunden ‹Amapola› (Klatschmohn) genannt wurde. Sie war gerade dabei, ihr Abitur in einer von Nonnen geführten Schule abzulegen. Ihr Wunsch war es, Soziologie zu studieren, aber im Laufe der Jahre wurde sie auf das Colegio Romano de Santa María in Castel Gandolfo gesandt, um Pädagogik zu studieren.

Nachfolgende Numerarierinnen waren Elsa Anselmi, die zu jener Zeit ihre Ausbildung als Pharmazeutin beendete, und Sofía Pilo, die Architektur studierte. Zweifellos eine gute Gruppe von Mädchen, die in dem Jahr, bevor ich nach Venezuela kam, zum Opus Dei gestoßen waren. Kein Wunder, daß Monseñor Escrivá und die Asesoría Central sich sehr erfreut über die Entwicklung des Opus Dei in Venezuela zeigten.

Als Doktor Moles noch Consiliarius in Caracas war, beschlossen wir folgende Berufene als erste Schülerinnen auf das Colegio Romano de Santa María zu schicken: Julia Martínez, Eva Josefina Uzcátegui, Sofía Pilo und María Teresa Vegas. Sie alle schienen ihrer Berufung sicher zu sein. María Teresa war ein sehr feiner, intelligenter Mensch. Speziell sie und Julia waren von Doktor Moles geleitet worden; Eva Josefina von Don Rodrigo und Sofía Pilo von José María Peña. Den Familien mißfiel diese Nachricht überhaupt nicht. Sie wußten, daß es ein Privileg war, auf diese Schule nach Rom geschickt zu werden, und das gefiel ihnen.

Nachdem alle Reisevorbereitungen abgeschlossen waren und ich ihnen ein wenig die Komplexität der Zentrale in Rom erläutert hatte, reisten sie ab. Über Monseñor Escrivá sprach ich stets sehr liebevoll, genau entsprechend meinen Empfindungen.

María Teresa hatte als einzige Probleme. Ihre Reise nach Rom, bzw. ihre Rückkehr aus Rom ließ mich zum ersten Mal an der Barmherzigkeit und Gerechtigkeit der zentralen Leitung sowie an der Liebe Monseñor Escrivás zu seinen Töchtern zweifeln. Was in Rom vorgefallen war, erfuhren wir niemals in aller Klarheit, aber aus unserer Sicht waren die Fakten folgende: Eines schönen Tages erhielten wir ein Telegramm, in dem uns kurz und bündig mitgeteilt wurde, daß mit dem Flug soundso am Tage soundso María Teresa Vegas aus Rom eintreffen würde. Wir sollten sie vom Flughafen abholen und zu ihren Eltern zurückschicken, da sie «dem Hause» nicht mehr angehöre. Mit anderen Worten, sie war kein Mitglied des Opus Dei mehr.

Ich unterrichtete unverzüglich den Consiliarius, der mir antwortete, Maiquetía und ich sollten selbstverständlich zum Flughafen fahren.

Ich kann mich noch genau daran erinnern, wie María Teresa bei ihrer Ankunft ihr unverkennbares Lächeln zeigte, aber wie geistesabwesend wirkte. Wir holten ihr Gepäck; sie schien sich darüber zu freuen, blieb aber abweisend. Sie schien nicht traurig zu sein, Rom verlassen zu haben. Während der Autofahrt bemerkte ich, daß María Teresa unter dem

Einfluß von Medikamenten oder Drogen stehen mußte. Ich wagte nicht, sie zu ihren Eltern zu schicken, und beschloß, sie in einem ruhigen Zimmer des Hauses unterzubringen. Meine Entscheidung hätte leicht als Rebellion ausgelegt werden können, aber in dem Augenblick blieb keine Zeit, jemanden zu befragen.

Doktor Moles kam, und wir versuchten ihm die Umstände zu erklären; wir wußten nichts Konkretes, außer der Tatsache, daß María Teresa unter Drogeneinfluß angekommen war, und es mir überhaupt nicht angebracht schien, sie zu ihren Eltern zu schicken. Doktor Moles war einverstanden. Mehrere Tage lang stand María Teresa nur für eine kurze Zeit auf, ging in die Kapelle und legte sich anschließend wieder hin. Die Eltern hatten wir von ihrer Rückkehr aus Rom noch nicht unterrichtet.

Eine Woche später kam María Teresa eines Tages in mein Arbeitszimmer und fragte mich, was sie in Caracas tue. Ich erklärte ihr, sie habe sich nicht wohlgefühlt, und die Superioren hätten es deshalb für angebracht gehalten, daß sie zurückkehre. Später teilte man uns aus Rom mit, María Teresa habe eine Geistesverwirrung erfahren. Sie erzählte mir Dinge, die nicht dem gesunden Menschenverstand entsprachen. Ich ließ sie sprechen, so lange sie wollte, und hörte ihr zu – ebenso wie Doktor Moles im Beichtstuhl. Unter anderem hegte sie eine heftige Abneigung gegen den Padre und die Superioren in Rom. Als wir meinten, ihr Zustand erlaube es, sie nach Hause zu schicken, überlegten Doktor Moles und ich, wer den Eltern die Nachricht übermitteln sollte. Doktor Moles erklärte sich dazu bereit. María Teresas Vater sagte, die Geistesstörung sei von der Mutter ererbt worden. So kehrte María Teresa in den Schoß ihrer Familie zurück, aber das Schmerzlichste stand noch aus: ihr beizubringen, daß sie keine Numerarierin des Opus Dei mehr sei. Es bedurfte Monate, ehe man ihr die Lage erklären konnte, ohne ihr wehzutun. Die Jahre verstrichen, sie heiratete, bekam Kinder und ist heute Supernumerarierin des Opus Dei.

Warum zweifelte ich am Sinn für Barmherzigkeit und Gerechtigkeit der zentralen Leitung und behaupte, Monseñor Escrivá empfand keine Liebe für seine Töchter? Ganz einfach: Mir will immer noch nicht in den Sinn, daß man einen unter Drogen stehenden Menschen einfach in ein Flugzeug setzt, ohne jemanden über die Umstände zu unterrichten. Ich werde niemals begreifen, warum man in Rom nicht ein paar Wochen gewartet hatte, bis sie die Krise überstanden hatte, oder warum sie nicht von einer der Oberinnen begleitet worden war. Ich sehe es als eine skrupellose Ungerechtigkeit an, einen Menschen wie María Teresa ohne die geringste Sicherheit reisen zu lassen, zudem als einen Beweis mangelnder Liebe von seiten des Padre, dem einzig daran gelegen war, eine seiner ‹Töchter› wegen ihres Geisteszustandes loszuwerden. Diese Angelegenheit war ein Alarmsignal, das latent vorhandene Zweifel in mir weckte.

Sekretariatsschulen

Seit 1964 geht das Opus Dei in vielen Ländern, so auch in Venezuela, von den ‹Schulen für Kunst und Heim› zu Sekretariatsschulen über. Aber de facto war die einzige *Escuela Oficial de Secretariado*, die funktionierte, die ‹Kianda›-Schule in Nairobi, Kenia. Aus politischer und soziologischer Sicht war dies ein entscheidender Moment für den Wandel der Frau in jenem Land. Und durch seine Sekretariatsschule gelang es dem Opus Dei auch, einige Berufene zu rekrutieren.

Seit einigen Jahren sind die Sekretariatsschulen und die Schulen für Kunst und Heim aufgrund der enorm veränderten Bildungsmöglichkeiten der Frauen so gut wie verschwunden. Einige davon sind zu Mittelschulen umgewandelt worden.

Sprachschulen

Die einzige Sprachschule für Frauen, die das Opus Dei offiziell eingerichtet hat, ist ‹Seido› in Kyoto, Japan.

‹Casavieja›: Asesoría Regional

Im Zusammenhang mit ‹Etame› habe ich erwähnt, daß in ‹Casavieja› die Asesoría Regional Venezuelas untergebracht ist, im ehemaligen Gebäude der Schule für Kunst und Heim. Als das ganze Mobiliar überführt wurde, mußten wir das Haus nach und nach neu möblieren. Die Kapelle wurde wunderschön; eine Dame namens Dora McGill de las Casas, die viele Jahre lang Supernumerarierin des Opus Dei war, kaufte uns eine Statue der Jungfrau aus vielfarbigem Holz im mittelalterlichen Stil.

Diese Frau, die sich uns gegenüber als so gut erwiesen hatte, beendete ihre Mitgliedschaft als Supernumerarierin, da sich keine der Numerarierinnen des Opus Dei mehr um sie kümmerte. Bei meinem letzten Besuch in Caracas suchte ich sie mit meiner Freundin Cecilia Mendoza de Gunz in der Residenz auf, in die man sie abgeschoben hatte. Sie konnte nicht mehr sprechen und war unfähig, sich mitzuteilen. Nur das Lächeln von einst war ihr geblieben. Wir leisteten ihr Gesellschaft, sprachen mit ihr und mit der Krankenschwester, die sich um sie kümmerte und uns erzählte, daß niemand sie besuche, abgesehen von gelegentlichen Besuchen einzelner Familienangehöriger.

Erneut mußte ich diesen Mangel an Nächstenliebe feststellen, anders kann man es wohl kaum nennen, mit dem das Opus Dei Personen behandelt, die nicht mehr Mitglieder der Prälatur sind. Nach allem, was diese Frau für das Opus Dei getan hatte! Sogar Stipendien für das Colegio Romano de la Santa Cruz hatte sie gestiftet. Als Cecilia und ich die Residenz verließen, mußten wir auf offener Straße weinen. Wenige Monate später starb sie.

Eines habe ich nie verstanden. Seit meiner Ankunft in Venezuela stand mir Lola de la Rica hilfreich zur Seite, rackerte sich in den Verwaltungen ebenso ab, wie mit den sirvientas. Niemandem schlug sie etwas ab. Sehr erschöpfend für sie waren die Ansprüche, die der Consiliarius an sie stellte. Das war zu jener Zeit nicht mehr Doktor Moles, sondern Don Roberto Salvat Romero. Und dann kam der Tag, als Lola nicht mehr konnte: Sie wurde krank. Der Consiliarius verlangte von uns Frauen absolute Perfektion in der Führung der drei Verwaltungen. Eine davon stand unter Lolas Leitung. Es waren keine kleinen Häuser, und das Dienstpersonal war knapp und leistungsschwach; es waren in der Mehrzahl junge Mädchen im Alter von dreizehn, vierzehn Jahren, denen Lola von Zeit zu Zeit ein Märchen erzählen mußte, um sie zur Arbeit zu bewegen.

Zu all dem kam die Strenge eines inneren Lebens hinzu, das aus Gebeten, Selbstgeißelung und einem ernsthaft ausgeführten Lebensplan bestand. Darüber hinaus trug Lola die Verantwortung für den Unterricht in der Schule für Kunst und Heim sowie für die gesamte Leitung und zukünftige Struktur der Frauenabteilung des Opus Dei in Venezuela. Das alles sagt sich so leicht, aber es war keine kleine Aufgabe für Lola mit ihren gerade sechsundzwanzig Jahren. So jung man auch sein mochte, die tägliche Last der Verantwortung war schwer zu tragen.

Und Lola war sehr verantwortungsbewußt. Sie führte alles mit viel Feingefühl durch, mir gegenüber jedoch öffnete sie sich, und mir wurde klar, daß sie sich über die Dinge, die das Opus Dei von ihr verlangte, nicht beschweren durfte, da dies als Mangel an *unidad* ausgelegt worden wäre.

In Übereinstimmung mit ihr fragten wir in der Asesoría Central an, ob sie für ein paar Monate nach Mexiko gehen dürfe, wo die Arbeit in ruhigeren Bahnen verlief, damit sie sich dort erholen könnte. Und so geschah es dann auch. Ich stand in ständigem Briefwechsel mit María José Monterde, die zu der Zeit regionale Leiterin Mexikos war und mit der ich in der Asesoría Central gewesen war. Sie berichtete mir, daß es Lola immer besser ginge. Als ich Lola de la Rica schrieb, sie solle zurück nach Venezuela kommen, erhielt ich von María José Monterde einen Brief, in dem sie mir mitteilte, daß man nach vorausgegangener Konsultation der Asesoría Central beschlossen habe, Lola de la Rica in Mexiko zu behalten. Ich war wütend, denn Lola war uns in Venezuela eine Stütze, und nun beraubte man uns ihrer. Ohne die geringste Erklärung. Später erfuhr ich, daß sie nach Spanien zurückgekehrt war. Wie gesagt, ich habe die ganze Geschichte nie verstanden, aber dem Geist des Opus Dei entsprechend, durfte ich auch in diesem Fall keine Fragen nach den Hintergründen stellen.

Mein erstes Jahr in Venezuela widmete ich ganz dem Werk von San Rafael, d. h., ich gab diesen jungen Mädchen einen letzten Anstoß, damit sie den entscheidenden Schritt unternahmen und dem Opus Dei beitraten. Anfangs führte ich mit ihnen die vertraulichen Gespräche. Nach und nach, wenn sie sich gegenüber den Sitten und dem Geist des Opus Dei konform zeigten, überließ ich die jungen Seelen den anderen aus der Asesoría und den Leiterinnen der Häuser. Ich konzentrierte mich auf die interne Ausbildung der Numerarierinnen und auf die Leitungsaufgaben im Land.

Die Führung der Finanzen nahm einen Großteil meiner Zeit in Anspruch, ließ mich viele verdrießliche Besuche machen und brachte mir aber auch viel Freude, wenn sich die Gespräche positiv entwickelten.

Gleich bei meiner Ankunft wurde mir klar, daß die Schule für Kunst und Heim von der Asesoría abgesondert werden mußte, und dazu bedurfte es eines neuen Hauses. Dafür wiederum war es unumgänglich, neue Geldquellen aufzutun. Als ich mich mit dem Consiliarius Doktor Moles beriet, schlug er mir vor, Doña Cecilia Gonzáles Eraso, die in der

Quinta Anauco wohnte, zu bitten, sie möge uns ihr Haus schenken. Woraufhin ich Doktor Moles entgegnete:

«Und wenn sie einwendet, sie wohne darin?»

«Dann erinnerst du sie daran, daß sie noch ein anderes Haus in der Avenida Principal von El Bosque besitzt.

«Und wenn sie es mir abschlägt?»

«Ach, dann sagst du ihr, sie soll dir 40 000 Bolívares für die erste Anzahlung auf ein Haus geben.» (Zu der Zeit waren 40 000 Bolívares etwa 20 000 Dollar, ein ausreichender Betrag, um eine erste Anzahlung auf ein Grundstück zu leisten.)

Gesagt, getan. Ana María Gibert vereinbarte mit Señora Eraso einen Besuchstermin für vier Uhr nachmittags.

Ich war von dem Besitz und den Gärten tief beeindruckt. Señora Eraso war einfach reizend, und unsere Unterhaltung verlief völlig unbefangen. Ich hatte nicht gewußt, daß sie die Witwe eines Spaniers war, den die Kommunisten während des spanischen Bürgerkrieges umgebracht hatten. Mir fiel auf, wie fromm, intelligent und charmant sie war. Zudem stellte sich heraus, daß die Verlobte ihres einzigen Sohnes als Schülerin die ‹Etame› besuchte, woraufhin ihr Ana María bestätigte, was für ein guterzogenes, junges Mädchen sie sei. Somit neigte sich der protokollarische Teil unseres Besuches dem Ende zu, und ich mußte nun über unser wirtschaftliches Anliegen sprechen. Mit allergrößter Gemütsruhe legte ich ihr dar, daß wir ein größeres Haus für ‹Etame› bräuchten und uns gedacht hätten, sie würde uns vielleicht ihr Haus schenken. Sie fing an zu lachen und antwortete scherzend:

«Und wo soll ich Ihrer Meinung nach wohnen?»

Woraufhin ich ihr ohne Umschweife erwiderte:

«Warum nicht in Ihrem Haus in El Bosque?»

Sie sagte nein. Daraufhin zog ich natürlich mein letztes Register:

«Glauben Sie denn, daß Sie uns 40 000 Bolívares für den Kauf eines neuen Hauses schenken können?»

Woraufhin sie erwiderte:

«Ja, das kann ich tun. Ich schicke es euch in vierzehn Tagen mit dem *Chauffeur*.»

Und mit der gleichen Unbefangenheit, mit der wir gekommen waren, gingen wir auch wieder.

Zurückgekehrt von meiner Mission rief ich Doktor Moles zu mir und erzählte ihm alles. Er konnte es kaum glauben. Er meinte, wir hätten uns verhört. Aber tatsächlich kam nach vierzehn Tagen der *Chauffeur* mit einem Scheck über 40 000 Bolívares. Doktor Molares erklärte mir daraufhin, er sei felsenfest davon überzeugt gewesen, ich hätte seinen Vorschlag, Señora Eraso um ihr Haus zu bitten und alles andere, nicht ernstgenommen. Deshalb sei er über das Ergebnis unseres Besuches so erstaunt gewesen.

Das zweite bedeutende Gesuch richtete ich an Napoleón Dupouy, deren Tochter ebenfalls unsere Schülerin war. Wir erhielten noch einmal 40 000 Bólivares. Wir konnten also ernsthaft mit der Suche nach einem Haus beginnen.

Nach diesen beiden großen Schritten besuchte ich den Direktor des *Banco Mercantíl y Agrícola*, um über den ersten Bankkredit, der unserer Frauenabteilung in Venezuela gewährt wurde, zu verhandeln.

Unsere andere sprudelnde Quelle gewichtiger Einkünfte waren die Beiträge der Supernumerarierinnen. Jeden Monat schickten uns Beatriz Roche de Imery und ihre Mutter ungefähr 3000 Bolívares, durch die wir zum einen die Miete für ‹Casavieja› bestreiten und sogar noch 1000 Bolívares monatlich nach Rom schicken konnten: dreihundert Dollar für drei Stipendien für Männer, die auf dem Colegio Romano de la Santa Cruz für das Amt des Priesters ausgebildet wurden, der Rest für das Werk. Wir schickten mehr Geld nach Rom, als uns selbst zum Lebensunterhalt blieb.

Jeden Monat, wenn das Geld einging, beauftragten wir unsere Bank mit der Ausstellung eines Schecks in Dollar, den wir Don Alvaro sandten. Wir besaßen ein Konto bei der ‹Bank of London & South America› auf die Namen von Ana María Gisbert, Elsa Anselmi und meinen. Es mußten immer zwei von uns dreien die jeweiligen Bankpapiere unterzeichnen.

Die Schecks wurden auf Anweisung der Asesoría Central auf den Namen ‹Alvaro del Portillo› ausgestellt, mit dem Zusatz: ‹Per le Opere di Religione›. So wurden über zehn Jahre, die ich in Venezuela war, nicht weniger als zehntausend Dollar pro Jahr nach Rom geschickt, was zu jener Zeit eine beachtliche Summe darstellte.

Mir wurde in den ersten Tagen im Opus Dei gesagt, wir dürften keine Almosen geben, da wir arm seien und sich zudem die Superioren in Rom darum kümmerten. Dies war eine der vielen Aussagen, die ich aus tiefstem Herzen glaubte. Als mir bei meiner Ankunft gesagt wurde, wir sollten soviel wie möglich ‹per le Opere di Religione› schicken, war ich

272

völlig davon überzeugt, daß dieses Geld großen caritativen Werken, die das Opus Dei von Rom aus steuerte, zukäme. Und ich verließ das Opus Dei auch in diesem Glauben. Aber durch Lebensumstände, die Gott allein ersichtlich sind, lernte ich in Rom ein junges Ehepaar kennen, mit dem mich bald eine tiefe Freundschaft verband: Mino Buonomini und Teresa Mennini, beide waren Ärzte.

Als ich an einem Neujahrstag bei ihnen zu Gast war, erfuhr ich im Gespräch, daß Teresas Familie eng mit dem Heiligen Vater befreundet war, und daß die ganze Familie den Pontifex am Dreikönigstag besuchte (Teresas Vater war Finanzverwalter im Vatikan). Und aus irgendeinem Grund erwähnte ich den Namen der ‹Banco per le Opere di Religione›. Ich traute meinen Ohren nicht, was ich zu hören bekam …Das Geld, das wir aus Venezuela nach Rom geschickt hatten, ging direkt auf ein Konto, das das Opus Dei auf den Namen von Don Alvaro del Portillo bei dieser Bank unterhielt.

Ich weiß nicht, ob es einen desillusionierteren Menschen als mich gab, als ich dies erfuhr. Und angesichts all dieser Geschehnisse stellte ich mir wieder einmal die Frage, was die Kirche von solchen Praktiken wußte. Was für Werke vollbringt denn das Opus Dei nun wirklich für die Armen, die Bedürftigen, für diejenigen, die kein Dach über dem Kopf haben, die ohne Arbeit sind? Wo sind diese Werke? Wohin geht das ganze Geld, das aus allen Ländern nach Rom geschickt wird?

Es besteht ein Mißverhältnis zwischen den Geldmengen, die in Rom eingehen, und den zwei, drei sozialen Werken, die das Opus Dei erst vor wenigen Jahren in Zentralamerika einzurichten begann. Erschwerend wirkt noch der Umstand, daß jedes Land dafür verantwortlich ist, dieses wohltätige Werk zu finanzieren. Das Geld, das nach Rom ge langt, wird für solche Zwecke nicht genutzt. Und es ist das Ergebnis des guten Willens vieler Mitglieder des Opus Dei, die an die Superioren glauben und sich persönlich dafür enorm einsetzen, um es zusammen- zubekommen. Vielleicht werden mich einige Leute für naiv halten, wenn ich in meinem Alter und nach allem, was vorgefallen ist, noch zu fragen wage: Weiß die Kirche von alldem? Wieviel Geld erhält das Opus Dei in Rom, und wohin geht es?

Aber weiter mit meinem Bericht über Venezuela und die regionale Leitung. Wie gesagt, ich glaube, wir in der regionalen Leitung verstan- den uns sehr gut. Jedoch stellte ich fest, daß Eva Josefina im alltäglichen Familienleben bei vielen Numerarierinnen nicht beliebt war. Und tatsächlich schien es große Mühe zu kosten, Eva Josefina als Oberin zu akzeptieren. Ich glaube, das war darauf zurückzuführen, daß sie intellektuell von keiner aus ihrer Generation ernstgenommen wurde. Zudem tendierte sie dazu, sich als Mitglied der gesellschaftlichen ‹Crème de la crème› von Caracas zu fühlen und dies herauszustellen.

Doch den Asesoras der zentralen Leitung in Rom gefiel Eva Josefina Uzcátegui außerordentlich gut, besonders Mercedes Morado, der damaligen zentralen Leiterin, und man befand, sie besäße einen ‹sehr guten Geist›, da sie ihnen mit großer Willfährigkeit begegnete und jedem gegenüber katzbuckelte. Ein guter Beweis dafür war, daß sie zur Delegierten von Venezuela ernannt wurde. Damit überging man uns völlig in Rom, uns, die wir auf Wunsch der Asesoría Central, gemäß den Anweisungen der anderen *asociadas inscritas*, den Namen der Delegierten unserer Wahl schriftlich an die Zentrale in Rom übermittelt hatten. Unsere Wahl war auf Elsa Anselmi gefallen, da sie eine besonnene, ernsthafte Frau mit beruflichem Verantwortungsbewußtsein war (zu der Zeit war sie Leiterin eines toxikologischen Laboratoriums der *Seguridad Social* in Caracas).

Als Eva Josefina Uzcátegui zur Delegierten Venezuelas nominiert wurde, begann ich wirklich zu zittern, denn ich wußte, das Land befand sich nun in den Händen einer ignoranten Frau ohne eigene Persönlichkeit, die Stimm- und Vetorecht in der regionalen Leitung des Landes, zudem Stimmrecht in der zentralen Leitung besaß, und imstande war, sich ‹um des guten Geistes willen› der geringsten Forderung von seiten des Consiliarius oder der zentralen Leitung in Rom zu unterwerfen, als konkretes Zeichen dafür, daß sie die *unidad* lebte. Zum anderen erinnerte ich mich daran, daß Monseñor Escrivá zu sagen pflegte, ‹im Opus Dei taugten *große Köpfe* nichts, da ihnen das *leicht zu Kopfe* stiege. Die *mittelmäßigen*, meine Töchter, sind viel tauglicher, denn sie sind artig und akzeptieren leicht, was man ihnen sagt.› Das habe ich ihn verschiedene Male in Rom sagen hören. Deshalb fügte ich mich in die Gegebenheiten und bereitete, zusammen mit Begoña Elejalde ihr Zimmer vor, während Eva Josefina auf der Delegierten-Sonderversammlung in Rom weilte. Wir bezogen die Möbel neu und erstellten Karteien, Wandschränke, etc., gemäß der Vorschrift, die wir von der Asesoría Central erhalten hatten, in der genau angegeben war, wie die Zimmer der Delegierten auszusehen hatten. Natürlich überließen wir ihr exklusiv ein Badezimmer sowie einen eigenen Telefonanschluß. Ihr Zimmer war wirklich wunderschön, außerdem sehr funktionell.

Das Amt der Delegierten ist sehr bedeutend; es steht an zweiter Stelle nach der regionalen Leiterin. Die Delegierten besitzen Stimm- und Vetorecht in Fragen der Leitung und nehmen auch einen Posten in der zentralen Leitung in Rom ein. Sie sind Repräsentanten der zentralen Leitung in der regionalen Leitung und umgekehrt.

Das Haus der Asesoría war im Kolonialstil erbaut worden und wirklich sehr hübsch und gemütlich. Nachdem die ‹Etame› ausgezogen war, kehrte auch Ruhe ein, und man konnte die Vögel im Innenhof singen hören.

Ich gab mir immer die größte Mühe, die ‹Zusammenkünfte› als einen wirklichen Moment der Entspannung aller zu gestalten. Jede sollte sich wohlfühlen. In diesen Dingen lebte ich den Geist Christi, nicht die Doktrin des Opus Dei. Und wenn ich mich, den Worten der Priester zufolge, ‹um meine Schwestern zu kümmern hatte›, dann gab ich ihnen nicht einfach nur eine Aspirintablette gegen ihr Kopfweh.

Mir wurde klar, daß unser Apostolat sich an die Damen der gehobenen Gesellschaft richtete, wo Vermögen und Macht beieinander waren; Damen, deren Ehemänner oder Familien im Lande zu den oberen Zehntausend gehörten. Unsere Freundschaft mit solchen Leuten erhob uns auf ein vom Volk, von den Armen weit entferntes Niveau. Ich war von dem, was mir das Opus Dei sagte, sehr überzeugt: daß das Apostolat für die Armen nicht unsere Angelegenheit, sondern die anderer religiöser Kongregationen der Kirche sei. Dieses Prinzip basierte auf folgender Definition des Opus Dei: ‹...Das Apostolat ist in allen sozialen Schichten durchzuführen, besonders bei den Intellektuellen›. Ich würde aber eher sagen, anstatt den humanistisch gebildeten Intellektuellen, die selten reich sind, widmet das Opus Dei sein Apostolat der ‹Technokratie›, d.h. den weltlichen Intellektuellen aus Naturwissenschaft, Bankwesen und Jurisprudenz. In einem Wort: mit der leitenden Schicht eines Landes. Es sind die Ehefrauen dieser Männer, mit denen die Frauen des Opus Dei ihr Apostolat betreiben, die sie ‹behandeln›, wie es im Jargon des Opus Dei heißt. Ich habe Monseñor Escrivá oft sagen hören: ‹Die Ärmsten sind oftmals die Intellektuellen, da sie sich weit von Gott entfernt haben und sich niemand um sie kümmert›.

Tatsache aber ist, daß die Häuser des Opus Dei dem Niveau der Gesellschaftsschicht, an die sich ihr Apostolat richtet, angepaßt sind.

Die Art der Numerarierinnen, sich zu kleiden, ist nicht gerade luxuriös zu nennen, aber doch recht gediegen. Das soll nicht heißen, daß unser Kleiderschrank uns auch gehörte, zumal wir durch unser Armutsgelübde immer imstande sein mußten, uns jeglicher Dinge zu entledigen, wenn dies ein Superior von uns verlangte, um sie dann einer anderen zu überlassen, die sie aus welchem Grund auch immer nötiger hatte. Was mich selbst angeht, so hatte ich im Wandschrank gewöhnlich die Kleidung verstaut, die ich die ganze Woche über trug. Wenn ich dann nach einem Monat feststellte, daß ich etwas nicht benutzte, gab ich es einer anderen im Haus, von der ich glaubte, sie könnte es nötiger gebrauchen als ich. Darüber hinaus habe ich den Eindruck, die Numerarierinnen des Opus Dei kleiden sich besser als viele Frauen der gehobenen Mittelklasse, zudem besitzen die Häuser des Opus Dei einen Stil, aufgrund dessen Frauen aus dem Volk lediglich als Sirvientas beizutreten wagen.

Das Wesen der Armut innerhalb des Opus Dei bestand weniger im ‹Nicht besitzen› als vielmehr im ‹Sich trennen von›. Heute sehe ich natürlich ganz klar, was mir damals nicht so aufgegangen war, wenn mir auch immer bewußt gewesen war, daß wir Umgang mit den gehobenen, und insofern auch über Geld verfügenden, Schichten hatten. Mehrmals hatte Monseñor Escrivá uns Frauen in der zentralen Leitung mit Bezug auf das Haus gesagt: ‹…kein Ehemann hätte euch bieten können, was euch das Werk bietet›.

Zurück zum Alltag in unseren Häusern in Venezuela. Jeden Tag wurde in alle Häuser der Frauenabteilung die Zeitung geliefert, und es gab keine Entschuldigung dafür, sie nicht zu lesen. Wenn wir schon mit den Menschen Umgang pflegten, mußten wir über die Dinge, die überall vor sich gingen, auf dem laufenden sein. Und ich sorgte dafür, daß alle Leiterinnen der Häuser dies von den Numerarierinnen verlangten. Ich wollte nicht, daß sie hinter dem Mond lebten, wie mir das viele Jahre lang passiert war.

Desgleichen kamen wir in der Asesoría Regional überein, Bücher zu lesen. Damit meine ich nicht nur geistliche Lektüre. Wir beschlossen, mit Bestsellern zu beginnen, über die Leute, die zu uns ins Haus kamen, am meisten sprachen. Ich kann mich erinnern, daß eines der ersten Bücher, das wir lasen, *Exodus* war. Dann empfahlen wir Numerarierinnen einander gegenseitig Bücher; je nach Interessegebiet. Langsam schienen wir alle aus dem dunklen Tunnel, in dem wir uns jahrelang bewegt hatten, herauszufinden.

Das gleiche galt auch für Musik. Jedes Haus besaß einen Plattenspieler und Schallplatten, die man sich entweder geschenkt hatte oder die von einer Numerarierin mitgebracht worden waren. Besonders an Sonn- und Feiertagen, wenn im Opus Dei gewöhnlich ein Aperitif genommen wurde, legte man Schallplatten auf.

Die wöchentlichen Ausgänge wurden um jeden Preis eingehalten, jedoch nicht gezwungenermaßen in der Gruppe. Jede konnte ihren Ausgang für das Apostolat, den Proselytismus oder auch den Besuch einer Kunstausstellung nutzen, zu dem wir uns dann für die Fahrt ein Auto teilten.

Als ich nach Venezuela kam, konnten nur Carmen und Begoña Auto fahren, und die Armen saßen dann den ganzen Tag am Steuer. Dem setzte ich ein Ende: ich veranlaßte, daß alle Numerarierinnen einen Führerschein zu machen hatten.

‹Sichere Aufbewahrungsorte›

Was die Aufbewahrung von Dokumenten betraf, befolgten wir die äußerst konkreten Befehle aus Rom, nach denen wir einen (geheimen) ‹sicheren Ort› einzurichten hatten, an dem sowohl alle Dokumente als auch die Durchschriften aller Karteikarten mit den persönlichen Daten der assoziierten Numerarierinnen, Supernumerarierinnen, Oblaten und Sirvientas zu archivieren waren; die Originale brachte ein Kurier persönlich nach Rom in die Asesoría Central. Diese Karteikarten umfaßten, neben einem Foto, alle bekannten persönlichen Angaben: Geburtsdatum, etc., zudem alle Einzelheiten über die Aufnahme ins Opus Dei. Das Abkürzungszeichen für Venezuela in der Frauenabteilung war Vf. Diese Karteikarten waren nach dem Datum der Aufnahme ins Opus Dei klassifiziert. Meine Klassifizierung war z.B. Vf–1/50, was bedeutete, daß ich die Nummer 1 war und die Darbringung im Jahre 1950 geleistet hatte.

Diese Karteikarten wurden also, wie gesagt, an jenem ‹sicheren Ort› aufbewahrt, zusammen mit den Testamenten der Numerarierinnen, den Satzungen des Opus Dei (an den Tagen, an denen der Consiliarius sie uns überließ), den Anweisungen, Reglementierungen, Briefen von Monseñor Escrivá, etc. Kurz, alle Dokumente *ad usum nostrorum* (für den internen Gebrauch). Neben dem geheimen Ort befand sich ein Kanister mit Benzin, damit gegebenenfalls alles verbrannt werden konnte. Zum Beispiel hatte die Architektin Alicia Alamo im Boden meines Wandschranks im Badezimmer eine Grube ausgehoben, diese mit Zement verkleidet und mit einer Falltür aus Holz bedeckt. Darüber befand sich ein Mosaik, das die Falltür verdeckte und abgenommen werden konnte, wenn man die Falltür aufklappen wollte. Diese Arbeit wurde niemals einem Handwerker von draußen überlassen. Alicia Alamo war nicht nur Architektin, sondern auch über mehrere Jahre Numerarierin des Opus Dei gewesen. Danach wurde sie Supernumerarierin, da sie mehr Bewegungsfreiheit brauchte und als Numerarierin glaubte, ersticken zu müssen.

Schlüssel

Aus Rom wurde uns, natürlich mit einem Kurier, das Buch mit den Schlüsseln zum Abfassen der Berichte geschickt. Es trug den Titel *San Gerólamo*, war ganz unscheinbar gebunden und ruhte still für sich in einem Regal im Zimmer der regionalen Leiterin. Es besteht aus einer Reihe Kapitel, in denen nicht die geringste Erklärung auftaucht. Es gibt einfach nur ein paar Punkte mit einigen aufeinanderfolgenden Worten. Genauer gesagt: Es erscheint eine römische Zahl wie bei einem Kapitel, dann eine Reihe aufeinanderfolgender arabischer Ziffern, beispielsweise:

1. guter Geist
2. schlechter Geist
3. ordiniert
4. respektvoll gegenüber den Superioren
5. schwerwiegende Mängel an *unidad*
6. Vergehen an der Armut, etc., etc.

Hier ein Beispiel: Nehmen wir an, die Asesoría Regional will einen Bericht darüber schreiben, daß die Numerarierin Isabel López einen schwerwiegenden Mangel an *unidad* gezeigt hat. Also wird auf einem Blatt Papier folgendes vermerkt: oben links das Erkennungszeichen des Landes und die Kennzahl dieses Blattes, in der Mitte Vf–3/53 (was Isabel López entspricht) und auf dem unteren Rand das Datum. Auf einem anderen Blatt, das in einem *gesonderten Umschlag* verschickt wird, steht oben links das Erkennungszeichen des betreffenden Landes zusammen mit der Kennzahl dieses neuen Blattes, und rechts die Referenz (Ref.) auf das vorausgegangene; in der Mitte nur: IV.I.5.

Bei Erhalt der Mitteilung wird im *San Gerolamo* das Kapitel IV, Absatz I, Nummer 5 aufgeschlagen, wo dann zu lesen ist: ‹schwerwiegende Mängel an unidad›. Das Ergebnis lautet also, daß sich Isabel López, die dritte Numerarierin mit im Jahre 1953 geleisteter Darbringung, schwerwiegend an der unidad vergangen hat.

An Vorschriften, Anweisungen und Mitteilungen besteht im Opus Dei kein Mangel, und kurios daran ist, daß uns Oberinnen aus der Asesoría Central empfohlen wurde, diese Vorschriften als geistliche Lektüre zu lesen und ebenfalls zum Gegenstand persönlicher Gebete zu machen. Wieder einmal ist erkennbar, daß die Indoktrinierung im Geiste des Opus Dei weit über die christliche hinausgeht. Zweifellos gab es auch in den Büros der Zentrale einen ‹sicheren Ort› für Dokumente. Bei zwei Gelegenheiten hörte ich, wie Monseñor Escrivá erwähnte, eine der Wände seines Arbeitszimmers sei verschiebbar und gewähre Zugang zu den geheimen Archiven. Dann fügte er gleich hinzu, es würden dort nicht etwa großartige Dinge aufbewahrt, sondern bloß Familienunterlagen, die niemanden interessierten.

Diese ‹sicheren Orte› legte uns Monseñor Escrivá eindringlich ans Herz. Angefangen bei den Hauskapellen. Er wiederholte des öfteren, und es gibt Unmengen an schriftlichem Material, in dem diese obsessive Idee Ausdruck findet: «Unsere Hauskapellen sollen sichere Orte sein, zu denen niemand Zugang hat.»

Was die Sicherheit betrifft, so ist das Haus in Rom eine wahre mittelalterliche Festung (ich spreche weiterhin vom Haus der Frauen). Angefangen beim gepanzerten Hauptportal, das außen keine Türgriffe hat, sondern nur an der Innenseite. Um sie aufzuschließen, muß man den Schlüssel fünfmal im Schloß drehen. Der Schlüssel zum Portal des Frauenhauses in Rom, Via di Villa Sacchetti 36, darf niemals auf einem Tisch oder Tablett herumliegen. Er befindet sich stets am Gürtel der Pförtnerin, also derjenigen, die mit dem Türdienst beauftragt ist. Will jemand auf die Straße gehen, muß er eine Klingel neben der Tür betätigen und auf die Pförtnerin warten, die dann die Tür aufschließt. Wird die Türklingel von außen betätigt, so kommen zwei Sirvientas oder eine Numerarierin und eine Sirvienta aus dem kleinen Raum neben der Galleria della Madonna, wo sie das Läuten hören. Die Pförtnerin schließt die Tür auf, während sich die Begleiterin im Hintergrund hält.

Es gibt noch einen anderen Eingang, den sogenannten ‹Lieferanteneingang›, der aus zwei Teilen besteht. Läutet jemand an dieser Tür, öffnet die Pförtnerin zuerst die Verbindungstür zum Flur, dann eine Tür mit einer Art Fensterchen zur Straße hin. Wenn sie den Schlüssel dieser Tür umgedreht hat, tritt sie zurück und stellt sich hinter die Tür, um den dort angebrachten Riegel zur elektrischen Türöffnung zu betätigen. Ganz zweifellos sehr kompliziert. Dann gibt es noch eine dritte Tür zur anderen Straße hin. Doch dieser Trakt des Gebäudes wurde gebaut, als ich Rom schon verlassen hatte, so daß ich mit den Einzelheiten der Funktion der dritten Tür nicht vertraut bin.

Was ich in aller Deutlichkeit sagen will, ist, daß in Rom ABSOLUT NIEMAND direkt eine Tür öffnen und auf die Straße hinausgehen kann.

In Venezuela hingegen, in ‹Casavieja›, installierten wir einen elektrischen Türöffner, den ich von meinem Tisch aus betätigen und somit die Tür ohne aufzustehen öffnen konnte, da das Dienstpersonal nur aus ein paar jungen Mädchen bestand, die uns in der Küche und bei der Wäsche zur Hand gingen. Und wenn jemand das Haus verlassen wollte, brauchte er bloß mit dem Schlüssel, der neben der Tür hing, aufzuschließen, denn die Tür zum Garten ließ sich wie jede andere Tür im Haus handhaben.

Eine Zeitlang war die Sicherung der Häuser äußerst notwendig, da es sehr viele Einbrüche und Diebstähle gab, und die kirchlichen Assistenten rieten uns, Waffen im Hause zu haben. Die Numerarierinnen, die zu Hause bei ihren Eltern immer Waffen parat hatten, brachten vier oder fünf Revolver nebst Munition mit, die ich in einer Schachtel im Schrank neben meinem Tisch verwahrte. Jeden Abend überprüfte ich ‹unser Waffenarsenal›. Ich habe in meinem ganzen Leben niemals eine Waffe benutzt, aber Elsa Anselmi, als Tochter eines Militärs, konnte mit Waffen sehr gut umgehen und anscheinend auch treffen. Eines Tages fragte sie mich, was sie im Notfall tun solle, ‹…nur verletzen oder töten?› Daraufhin rief Ana María Gibert aus: «Um Himmelswillen nicht töten!» Ich dagegen war völlig verblüfft und sagte ihr, wir sollten am besten die kirchlichen Assistenten fragen. Und das taten wir auch. Die Antwort fiel ziemlich vage aus, etwa: ‹Tu in dem Moment, was du kannst.›

Als ich Venezuela verließ, waren die Revolver immer noch da. Viele Jahre später erzählte ich Raimundo Panikkar von dem Vorfall. Er hörte mich aufmerksam bis zum Ende an, schließlich erwiderte er: «Diese

Dinge kann man nicht vergleichen! Wie willst du das Töten eines Menschen mit dem persönlichen Trauma, das eine Schändung hervorgerufen hätte, gleichsetzen?»

Testamente

Weitere Dokumente, die an besagtem ‹sicheren Ort› aufbewahrt wurden, waren die Testamente all jener Assoziierten, die *fidelidad* gelobt hatten. Als ich nach Venezuela kam, mußte ich eingestehen, daß ich besagtes Testament nicht besaß – wir hatten es während unseres *fidelidad*-Gelöbnisses nicht aufgesetzt. Einige andere hatten ebenfalls keines. Wir baten den Consiliarius um die entsprechende Vorlage und schrieben es mit eigener Hand. Am Anfang standen die gewöhnlichen Angaben zur Person, gefolgt von der Versicherung, dem katholischen Glauben gemäß gelebt zu haben und sterben zu wollen, sowie der ausdrückliche Wunsch, den wir auf Anweisung des Padre folgendermaßen formulierten: «Ich wünsche, nach meinem Tode in ein schlichtes weißes Laken gehüllt zu werden.» Was die Verfügung unseres Besitzes anging, setzten wir das Testament dem Gesetz Venezuelas entsprechend auf. Wir hatten zu berücksichtigen, daß unsere Eltern, wenn sie lebten, ihren Pflichtteil erhielten, alles übrige jedoch zwei Mitgliedern des Opus Dei, deren Namen offen blieben, vermacht würde. Als die Frauenabteilung die entsprechende ‹sociedad auxiliar› besaß, hatten wir auf Anweisung des Consiliarius all unser Hab und Gut, abgesehen natürlich von jenem Pflichtteil, dieser Gesellschaft, genannt ASAC, zu vermachen. Uns allen wurde gesagt, wir könnten frei entscheiden, wem wir unsere Habe hinterlassen wollten, wobei es natürlich absurd gewesen wäre, alles jemandem zu hinterlassen, der nicht dem Opus Dei angehörte, genauso wie eine verheiratete Frau alles ihrem Mann und ihren Kindern hinterläßt und nicht denen der Nachbarin von gegenüber.

Als solche wurden unsere Geschwister oder irgendwelche anderen Personen aus unseren Familien angesehen, die unsere Hinterlassenschaft wahrhaftig gebrauchen könnten. Kurioserweise gibt es Orden und Kongregationen, in denen das Testament zugunsten einer Person, nicht aber zugunsten der Vereinigung, der sie angehören, aufgesetzt werden muß. Monseñor Escrivás Lieblingsbeispiel war die Geschichte von der Sirvienta, die ‹schlechten Geist› besaß, da sie in ihrem Dorf einen Esel besessen und diesen in ihrem Testament einem Verwandten vermacht hatte. Wir erfuhren nie, wer diese Sirvienta gewesen war, noch was das Opus Dei mit einem Esel angefangen hätte. Von jedem Testament wurde eine Kopie nach Rom geschickt, das Original an besagtem ‹sicheren Ort› verwahrt.

Wenn ein Mitglied des Opus Dei sein Amt niederlegt, bzw. niederzulegen hat, wird ihm sein Testament nicht ausgehändigt. Und es wird kaum überraschen, wenn ich anmerke, daß wir nach unserem Austritt unverzüglich ein neues Testament abfassen.

Interne Studien: Urkunden und Zertifikate

Es ist völlig sicher, daß ebenso wie von den Dokumenten auch von den Examensunterlagen eines jeden Faches, das Bestandteil des offiziellen *Pensums* der Opus Dei-internen Philosophie- und Theologiestudien war, das Original nach Rom zur Asesoría Central geschickt wurde. Die Kopie wurde am ‹sicheren Ort›, zuweilen auch im Archiv aufbewahrt. In diesen Examensunterlagen wurde natürlich zunächst das Lehrfach aufgeführt, dann die Namen einer jeden Numerarierin, die an diesem Examen teilgenommen hatte, und schließlich in der anschließenden Spalte die erreichte Note, die von 1 bis 20 rangierte. Weiter unten auf der Seite unterschrieb zuerst der Lehrer eines jeden Faches, dann die regionale Studienleiterin, der regionale Consiliarius, der regionale Priester des Sekretariats und die Leiterin der Region. Zum Schluß wurde der Stempel des Opus Dei aufgedrückt.

Durch den *Catecismo*-Unterricht wußten wir alle, daß diese internen Studien im Opus Dei Gültigkeit besaßen und öffentlich anerkannt werden konnten. Wenn nämlich einer der Männer des Opus Dei zur Dissertation nach Rom an eine kirchliche Universität ging, brauchte er höchstens zwei Jahre, um seinen Doktortitel zu erlangen, da ihm die Zeit besagter interner Studien von diesen Universitäten angerechnet wurde. Gleichzeitig wurde uns aber auch mitgeteilt, daß diese Studien von keiner staatlichen Universität anerkannt würden.

Ich habe wirklich niemals verstanden, warum sich das Opus Dei so hartnäckig weigert, offen anzugeben, daß seine Mitglieder diese Studien absolviert haben, und warum es also lügt. Den Mitgliedern, die als Lehrer an den Studienzentren des Opus Dei intern, regional oder interregional unterrichtet hatten, werden nach ihrer Demission die Zertifikate weder ausgehändigt, noch angegeben. Dies ist meiner Meinung nach eine große Ungerechtigkeit gegenüber all jenen, die rechtschaffen ihre Zeit opferten, um Unterricht im Sinne des Opus Dei-Studienprogramms zu erteilen. Zudem ist es ein Vergehen gegen die Berufsethik von seiten des Opus Dei. Wie ließe sich eine solche Vorgehensweise in einer Bildungsanstalt, die sich nicht das Charisma der ‹Heiligkeit in der Arbeit› zuschreibt, rechtfertigen?

Mehrere Monate nach meiner Ankunft in Venezuela kam Doktor Moles eines Tages in unser Haus zum Mittagessen hinüber und verkündete, man habe ihm gerade mitgeteilt, er solle nach Rom kommen, um seine Dissertation in Theologie vorzubereiten. Ich traute meinen Ohren kaum. Jetzt, da die Berufenen ankamen und es so viel zu tun gab, sollte er nach Rom! Aus Gründen der Diskretion gegenüber Doktor Moles, den ich immer sehr respektiert und geschätzt habe, will ich nicht weiter auf die Einzelheiten des Gesprächs, das wir miteinander führten, eingehen. Das Wichtigste daran war jedenfalls die Tatsache, daß er fortfahren und seinen Platz Don Roberto Salvat Romero, der erst vor kurzem die Weihe erhalten hatte, überlassen würde. Ich konnte es nicht fassen.

Und tatsächlich verließ Doktor Moles zu unserem Leidwesen Venezuela, und Don Roberto Salvat Romero wurde Consiliarius. Bei der ersten Versammlung der Asesoría, die wir mit ihm abhielten, erklärte er uns von vornherein: «Von jetzt an wird alles ganz anders werden.» Mit dieser Präambel begann die Sitzung.

Ein weiteres Mal in meinem Leben nahm ich die Anweisungen der Superioren hin, aber es ist gewiß so, daß Don Robertos Verhalten einen tiefen Wandel in meinem Inneren erzeugte. Ich mußte erkennen, wie wenig man uns Frauen im Opus Dei schätzte und wie sehr man uns verachtete. Das brachte mich Gott, meiner einzigen Stütze, viel näher; sogar bei meinen Aufgaben in der Leitung, so daß ich den mir anbefohlenen Assoziierten gegenüber noch mehr Liebe empfand. Er sagte nicht direkt, daß er uns nicht mochte, sondern ließ uns spüren, daß wir kein Hirn hätten und dumm waren. Und natürlich begann er Befehle zu erteilen. Er war ein Hitzkopf, nervös und angespannt, und kaute an seinen Fingernägeln. Er verbreitete weder Frieden noch Sicherheit oder Ruhe. Er trug nicht zur Lösung von Problemen bei, sondern regte sich schnell auf. Er war ein Rechtsanwalt aus Madrid, ohne daß er diesen

Beruf je ernsthaft ausgeführt hatte. Er war in Rom gewesen, als Laie nach Venezuela gekommen, hatte die Priesterweihe erhalten und den Platz von Doktor Moles eingenommen.

Ich weiß noch, wie er reagierte, als wir ihn das erste Mal um die Statuten des Opus baten. Anstatt uns das Buch herauszugeben, das wir in der Asesoría auf Anweisung Roms lesen durften, fragte er uns:

«Wozu wollt ihr denn die Satzungen, wenn ihr doch kein Latein versteht?»

Ich versicherte ihm, daß es unter uns mehrere gab, die sehr gut Latein verstanden, was auch stimmte. Er brachte uns das Buch, und natürlich mußte ich ihm per Quittung bestätigen, daß wir es für drei Tage behalten würden.

Wir wollten die Statuten, um in Rom anzufragen, ob wir Numerarierinnen kurze Ärmel tragen dürften, wie ich eingangs bereits erklärte.

Die Versammlungen der Asesoría bereiteten wir stets sehr sorgfältig vor. Vor jedem lag eine Tagesordnung, die wir im voraus erstellten. Bei dieser Gelegenheit führten wir einen Entwurf des Briefes vor, den wir nach Rom schicken wollten. Das erste, was er zu uns sagte, war, daß die Sache mit den kurzen Ärmeln ‹eine Dummheit› sei. Wir sollten es lieber so halten wie bisher. Schließlich, dank der Intervention von Don José María Peña, der sehr gütig, wenn auch viel zu passiv war, erhielten wir seine Erlaubnis, den Brief abzuschicken. Als man uns aus Rom antwortete, wir dürften kurze Ärmel tragen, entgegnete er mir als erstes: «Du aber nicht.»

Auf meine Frage, warum nicht, wußte er keine Antwort.

Die erste berufene Oblate in Venezuela, heute *agregada* genannt, war Trina Gordils, eine Rechtsanwältin und ein wunderbarer Mensch. Sie wohnte in der Nähe von ‹Casavieja›. Ich hatte viel mit ihr zu tun. Sie erklärte mir, sie sei aufgrund ihrer Liebe zu den Armen der Ideologie des Kommunismus sehr zugeneigt gewesen, habe aber nach der Lektüre des Evangeliums gesehen, daß Christus derjenige sei, der die Armen wahrhaftig geliebt habe. Trina war nicht nur sehr intelligent und besaß einen ausgezeichneten Sinn für Humor, sondern war auch zutiefst kontemplativ veranlagt. Sie deutete den Geist des Gebets auf ihre Weise und lebte die Gegenwart Gottes in Freude und Schlichtheit, ohne darin jemals nachzulassen. Sie war mehrere Jahre lang Oblate, und ihr apostolisches Bewußtsein vom Leben bewirkte, daß Berta Elena Sanglade dem Opus Dei beitrat. Nachdem Trina also mehrere Jahre lang Oblate ge-

284

wesen war, sagte sie mir, sie wolle das Opus Dei verlassen und dem Karmeliterorden beitreten. Sie habe in der vor kurzem eröffneten Niederlassung des Karmeliterordens vorgesprochen und fühle sich von dem dortigen kontemplativen Leben sehr angezogen. Sie wurde vom Opus Dei stark unter Druck gesetzt. Das Ganze setzte ihr hart zu. Ich versuchte sie – so gut ich konnte – davon zu überzeugen, daß sie nicht gehen und weiter im Opus Dei bleiben sollte, aber es kam der Moment, in dem ich begreifen mußte, daß sie wirklich entschlossen war zu gehen. Als Oblate hatte sie die ‹oblación› (das Darbringungsgelübde) geleistet, und wenn sie dem Karmeliterorden vor dem nächsten San-José-Fest beitreten wollte, würde sie die Entbindung aus den Gelübden beim Padre beantragen müssen. Trina empfand für den Padre nicht diese außergewöhnliche Liebe wie wir es taten. Sie machte mich darauf aufmerksam, daß wir oftmals den Padre Gott voranstellten und daß ihr das gar nicht gefiel. Auch wies sie mich in ihrer offenen Art wiederholt darauf hin, wir sollten, anstatt zu sagen ‹der Padre sagt dies›, ‹der Padre sagt das› oder ‹dem Padre gefallen die Dinge so›, lieber den Namen Christi an die Stelle des ‹Padre› setzen.

Trina war eine unbestritten versierte Rechtsanwältin und tat auf juristischem Gebiet viel für das Opus Dei. Wofür ich ihr immer dankbar sein werde, ist, wie schnell sie bei den Behörden erreichte, daß ich die venezolanische Staatsangehörigkeit erhielt, das gilt auch für Lola de la Rica. Als die neuen Reisepässe ankamen, überreichte sie sie uns in ihrer typischen humorvollen Art mit den Worten: «Also, meine Damen, jetzt sind Sie offiziell dazu befugt, schlecht über die venezolanische Regierung zu reden.»

Nachdem sie dem Karmeliterorden beigetreten war und den Namen Schwester Isabel de la Trinidad angenommen hatte, blieben wir auch weiterhin in tiefer Freundschaft verbunden.

In einem ernsten Gespräch, das ich mit ihr führte, bemerkte sie hinsichtlich des Prozesses von Monseñor Escrivá: «Mädchen, erst haben sie (die Priester des Opus Dei) sich nicht im geringsten um uns geschert. Aber seit der Padre tot ist, wimmeln seine Priester hier (im Karmeliterorden) nur so umher: dieser Don Roberto (Salvat) und noch einer und noch einer, damit wir um die Heiligsprechung von Monseñor bitten. Und sie geben uns Heiligenbildchen und Aussteuern.» Und als ich sie fragte: «Trina, glaubst du, daß der Padre ein Heiliger war?», antwortete sie mir:

«Aber woher denn, Kindchen! Wie sollte jemand nach all dem, was er dir in Rom angetan hat, ein Heiliger sein! Und ‹Der da oben› (so nannte sie Unseren Vater im Himmel) weiß das genauso gut wie wir. Und wenn er damit durchkommt, dann durch menschliche Schliche, oder weil der Heilige Geist gerade im Urlaub war.»

Jeder, der Trina Gordils näher gekannt hat, wird sie an dieser Tonart erkennen.

Zweiggesellschaften

Der erste Schritt, den das Opus Dei tut, wenn es sich in einem Land niederläßt, ist der, eine vom Gesetz her gestattete Vereinigung zu gründen, die keinen Profit abwirft. Dies sind die Plattformen, von denen das Opus Dei seine Pfeile, in Form irgendwelcher Apostolate, abschießt. Auf diese Weise kann man ganz legal finanzielle Unterstützung erlangen und Steuerzahlungen vermeiden sowie völlige Handlungsfreiheit in jenem Land wahrnehmen.

Die Personen, die im Rat dieser Vereine sitzen, sind gewöhnlich von den Superioren vorgeschriebene Numerarierinnen, die das Einverständnis des Consiliarius des Landes und der Asesoría Central haben. Hat sich der Verein etabliert, liegt es im Ermessen der regionalen Superioren, ob eine bestimmte Numerarierin aus diesem leitenden Rat des Vereins austreten oder – ganz im Gegenteil – ihm angehören wird.

Diese non-profitablen Vereine stellen also legale Instrumente dar, derer sich das Opus Dei zum eigenen Vorteil bedient. Schon seit mehreren Jahren ist es in vielen Ländern ein geläufiges Kriterium, daß Männer und Frauen des Opus Dei unterschiedlichen Vereinen angehören, die keinen finanziellen Gewinn erzielen.

In Ländern, in denen das Opus Dei aus Gründen der Diskretion anfänglich ‹unbemerkt› bleiben will, ist eine Zweiggesellschaft für jede Art von Arbeit außerordentlich hilfreich.

In den USA besitzt das Opus Dei eine non-profitable Gesellschaft an der Ostküste und eine andere an der Westküste, eingetragen unter der ‹State registration number› 09730 und der ‹Corporate No.› D–5381860. Die Adresse, die das Opus Dei am 12. Mai 1992 für diesen Verein bekanntgibt, ist: 4906th Avenue, Apartment 221, San Francisco, California 94118. Als Kassenwart wird Mark Baur angeführt, der offiziell erklärt, daß vom 1.Januar bis zum 31. Dezember 1991 Einkünfte in Höhe von 985 670 Dollar zu verzeichnen sind und sich der Wert an Gütern in Form von Gebäuden und Möbeln im selben Jahr auf 5525.593 Dollar beläuft.

Wenn auch nach außen hin diese non-profitablen Vereine legaler Art sind, werden sie vom Opus Dei intern als Instrumente zum eigenen Nutzen gebraucht. Dazu einige Beobachtungen:

a) In den USA besteht gemeinsam für Männer und Frauen des Opus Dei die sogenannte ‹Association for Educational Development› und steht damit im Gegensatz zu dessen Politik, den Satzungen und den Worten des Gründers entsprechend, wonach ‹Männer und Frauen zwei verschiedene und völlig von einander getrennte Werke› sind. Dennoch erscheint auf der Spenderliste der Name Janie Pansini. Diese Frau gehört dem Opus Dei an und ist wohnhaft im Haus der Frauenabteilung des Opus Dei in San Francisco (2580 Chestnut Street). Die Höhe ihres Beitrags beläuft sich auf 18 815 Dollar. Und ich frage mich, wie eine Frau, die sich der völligen Armut verschrieben hat, einem non-profitablen Verein eine solche Spende zukommen lassen kann. Die Numerarierinnen des Opus Dei dürfen niemandem Geschenke irgendwelcher Art machen, egal ob die Begünstigten Mitglieder des Opus Dei sind oder nicht. Die Worte des Gründers sind wohlbekannt: «Unser Apostolat ist ein Apostolat des ‹Nicht-Gebens›.» Immerhin besteht die Möglichkeit, daß besagte Assoziierte die Geldsumme durch Arbeit erworben hat, jedoch wird diese Summe gegenüber der Regierung der Vereinigten Staaten als Spende ausgewiesen. Nichtsdestoweniger bleibt die Geschichte unklar und ambivalent.

b) Auf der Spenderliste der ‹Association for Educational Development› sind vermerkt: ‹The Woodlawn Foundation› (dem Opus Dei zugehörig), ‹Clover Foundation› (dem Opus Dei verbunden) und die ‹Association for Cultural Interchange› (ebenfalls dem Opus Dei zugehörig). Es handelt sich also um eine ‹legalisierte› Umschichtung von Finanzen innerhalb der ‹non profit organisations› des Opus Dei.

c) Auf der Liste der leitenden Personen des gleichen Vereins erscheinen die Namen Diana Jackson und Kathryn Kelly, beide Numerarierinnen des Opus Dei, wohnhaft 2580 Chestnut Street, San Francisco. Kathryn Jackson erscheint mit einer finanziellen Vergütung von ‹0› und Diana Jackson mit einer jährlichen Vergütung von 9240 Dollar für fünf Stunden Arbeit wöchentlich, was einem Stundenlohn von 38,50 Dollar gleichkommt. Das ist in diesem Lande und in dieser Art von Verein ziemlich ungewöhnlich.

d) Zudem wird auf der Liste der leitenden Mitglieder John G. Layter angeführt, dem auf einem gestempelten Formblatt des ‹Department of Physics› der University of California der Titel ‹Adjunct Professor› bestätigt wird. Dieser Mann besaß die Dreistigkeit, dem Chefredakteur der ‹International Herald Tribune› in Paris am 22. Mai 1992 einen Brief zu schreiben, in dem er behauptet, ich sei gar nicht die Sekretärin von Monseñor Escrivá gewesen. Als ich davon Kenntnis erhielt, setzte ich mich sofort mit Dr. Layter in Verbindung und fragte ihn, ob er mich kenne. Natürlich verneinte er dies. Als Begründung für diese Behauptung habe ihm das Opus Dei mitgeteilt, ‹dieses würde bedeuten, daß Escrivá sich alleine mit einer Frau in einem Zimmer befunden hätte, was undenkbar wäre›. Ich konnte Dr. Layter nur bestätigen, daß María-Luis Moreno de Vega oder ich gelegentlich allein mit Monseñor Escrivá in dessen Arbeitszimmer waren.

e) Obwohl in den USA auch Währungsumtausch und finanzielle Transaktionen mit ausländischen Instituten und Banken legal sind und frei vorgenommen werden können, haben wir hier eine für das Opus Dei, bzw. für dessen Zweiggesellschaft, typische Art der Amtsführung: alle bankmäßigen Operationen, sowohl Anleihen als auch Hypotheken, werden in der Schweiz bei der Limmat Stiftung, Patronat Rhein, Zürich abgewickelt. Ein Beweis dafür ist, daß das gegenwärtige ‹unsecured› Darlehen in Höhe von 131 358 Dollar lediglich mit 1% verzinst wird … Andere offizielle Darlehen, ebenfalls ‹unsecured›, hat das Opus Dei vom Credit Andorra empfangen, das ihm gänzlich verbunden ist. Weitere Darlehen wurden von drei anderen Personen gewährt; eine davon ist die (verstorbene) Mutter von Dr. Layter, als deren Alleinerbe er auftritt. Von den beiden anderen Darlehen verweist eines in Höhe von 75 000 Dollar auf Federico Vallet, das zweite in Höhe von 45 000 Dollar auf Elisa Herrera.

Am 7. September 1961 eröffnete ich mit Zustimmung der Superioren in Rom und getreu den Gesetzen Venezuelas mit einer Gruppe Numerarierinnen des Opus Dei den non-profitablen Verein ASAC (Asociación de Arte y Ciencia), von dessen Satzungen sich eine beglaubigte Kopie in meinen Akten befindet.

Durch einen kuriosen Zufall erhielt ich Fotokopien der Seiten 4 und 5 des ASAC-Aktenordners, auf denen, mit Datum vom 19. November

1962, von der Eröffnung des Universitäts-Studentenwohnheims ‹Dairén› in der Avenida El Bosque in Caracas die Rede ist. Es stimmt, ich nahm an der ASAC-Versammlung teil. Mit Datum vom 1. März 1963 belegt eine andere ASAC-Akte die Eröffnung des Universitäts-Studentenwohnheims ‹Albariza› in Maracaibo. Auch an der Versammlung nahm ich teil.

Zusammen mit den Fotokopien dieser Akten erhielt ich zwei weitere Blätter, die Seiten 14 und 15 desselben Aktenordners über diesen Verein – ein Dossier, das gewöhnlich im Archiv der Asesoría Regional aufbewahrt wird. Darin wird eine falsche Information wiedergegeben. Die Präsidentin des ASAC, Eva Josefina Uzcátegui, behauptet, ich habe, ebenso wie Ana María Gibert, um die Entlassung aus dem ASAC ersucht, in dem wir beide aktive Mitglieder waren. Diese Akte besagt, daß alle Anwesenden abgestimmt und einstimmig unsere Entlassungen angenommen hätten. Diese Aussage ist falsch. Im allgemeinen habe ich für solche Dinge ein gutes Gedächtnis. Zu dem Zeitpunkt war ich noch regionale Leiterin in Venezuela, und ich kann mich nicht im mindesten entsinnen, daß Ana María Gibert oder ich unsere Entlassung mündlich oder in schriftlicher Form beantragt hätten. Natürlich wird alles durch die Unterschriften der Numerarierinnen rechtsgültig. Aber ich bin sicher, es handelt sich um eine Verfälschung der Wahrheit, auf Veranlassung der Superioren des Opus Dei geschehen, seitdem ich dem Werk nicht mehr angehöre.

Nachdem ich viele Jahre über das eben Gesagte nachgedacht hatte, kam ich zu dem Schluß, daß das Opus Dei ein gefälschtes Gesuch mit einem weit vor meiner Entlassung liegenden Datum zu stellen mußte, damit ich diese Vereinigung verlassen konnte, ohne daß eine Bekanntgabe von Gründen nötig war. So konnten die Superioren des Opus Dei die Spuren meiner Person und meiner Tätigkeiten als Numerarierin, besonders in Venezuela, verwischen.

Des weiteren muß ich auf die Politik des Opus Dei gegenüber jeder Person, die von ihrer Berufung abließ, bzw. von ihr zurücktrat, hinweisen: sie bestand darin, den Betreffenden wie eine ‹Unperson› in kommunistischen Regimen zu behandeln – sowohl gegenüber einer legalen Institution, als auch gegenüber dem Vatikan. Ich möchte gleichfalls das Verfahren in der Druckerei in Rom ins Gedächtnis rufen, wo man Fotos und Artikel von Personen, die das Opus Dei verlassen hatten, aus den internen Zeitschriften verschwinden ließ.

Für die Leiterinnen gibt es zudem noch die Anweisung, daß sie, wenn sie verreisen, egal ob für kurze oder längere Zeit, mehrere Blanco-Seiten mit ihrer Unterschrift versehen. Bevor ich das zweite Mal nach Rom aufbrach, versah ich mindestens sechs Blanco-Seiten mit meiner Unterschrift.

Eine der Fragen, die ich mir heute noch stelle, ist, warum innerhalb des Opus Dei so große Furcht herrscht, jemand könnte einen Brief abfangen und sich den Inhalt zu eigen machen; dieses Streben nach einer ans Geheimnisvolle grenzenden Diskretion, wie die Verschlüsselung der Berichte beweist. Meine Erklärung dafür ist die ständige latente Angst, ‹entdeckt zu werden›, und es will mir einfach nicht in den Kopf, daß eine Institution, die sich ‹transparent› gibt, solche Ängste aussteht. Ich kann mir beispielsweise auch nicht vorstellen, daß eine Mutter, die erfährt, daß ihr Kind Drogen nimmt, und dies einem ihrer anderen Kinder mitteilen will sich dazu eines verschlüsselten Briefes bedient. Der Schmerz dieser Mutter gibt jemandem, der den Brief versehentlich liest, eher Anlaß zu Mitleid. Und genau hier besteht, meiner Meinung nach, im Opus Dei ein Mangel an Liebe: Ist es ein schmerzliches Empfinden über die Verfehlungen seiner Mitglieder, oder Angst davor, andere könnten davon erfahren? Und dasselbe geschieht mit denen, die das Werk verlassen: Das Opus Dei löscht sie aus Gegenwart und Vergangenheit. Ohne darüber zu sprechen. Denen, die zurückbleiben, wird befohlen, nicht über diejenigen, die ausgetreten sind, zu reden. Und selbstverständlich gibt es keine Statistik darüber, wie viele Männer und Frauen, aus welchem Grund auch immer, das Opus Dei verlassen haben. Es gibt nur Statistiken über die globale Anzahl der von ihnen angegebenen Mitglieder, ohne daß daraus hervorgeht, wie viele Mitglieder Numerarier, Priester, Supernumerarier oder Kooperatoren, und insofern – juristisch gesehen – keine Mitglieder der Prälatur, sind. Unbekannt bleibt auch, wie viele davon Männer oder Frauen sind.

Jagdquoten

Jugendzentren und -clubs

Ich möchte an dieser Stelle ganz deutlich aufzeigen, wo und wie das Opus Dei junge Leute rekrutiert. Die Orte sind: Hochschulen, Clubs jeder Art, außerschulische Jugendzentren und universitäre Studentenheime.

Für sich gesehen sind diese Zentren und ihr Werk gut, aber ihre eigentliche Absicht über die vorgegebenen Ziele hinaus ist die, Leute für die Reihen des Opus Dei zu rekrutieren, genauer gesagt, junge Leute, Erwachsene, Sirvientas, Arbeiter, Priester, etc., wobei jeder Fall für sich an einem bestimmten Ort stattfindet.

In der Art und Weise, junge Leute zu rekrutieren, ist das System des Opus Dei identisch mit dem jeder anderen Sekte. Das Opus Dei kann sozusagen innerhalb der katholischen Kirche als Beispiel für eine katholische Sekte genommen werden.

Vor dreißig Jahren erklärte Monseñor Escrivá uns Numerarierinnen in der Asesoría Central in Rom, wir sollten, ähnlich wie die religiösen Institute in ihren sogenannten Apostolischen Schulen, aus denen viele Berufene zu uns kamen, mit den sehr jungen Mädchen, den ‹Aspirantinnen›, wie er sie wörtlich nannte, ein Apostolat vornehmen (wobei natürlich innerhalb des Opus Dei niemals eine religiöse Sprache benutzt werden durfte, da wir ja Laien waren). Er war davon überzeugt, daß diese Art, mit jungen Mädchen umzugehen, viele Berufungen, insbesondere zur Numerarierin, hervorbrächte.

Aus diesem Grund begannen wir, mit blutjungen Mädchen zu arbeiten, wobei wir den Begriff *juniors*, in Nachahmung der amerikanischen Bezeichnung, benutzten. In dieser Kategorie rangierten Schülerinnen höherer Schulen, Mädchen, die zwischen 12 und 14 Jahre alt waren. Erst mit 14 1/2 Jahren wird ihnen die Aufnahme in die Kategorie ‹Aspirantinnen› gewährt.

Ein gutes Beispiel, um aufzuzeigen, wie Monseñor Escrivá die Idee von der Bekehrung dieser kleinen Mädchen unterstützte, ist das von Alida Franceschi, die mit ihren vierzehn Jahren ‹Aspirantin› war. Dieses junge Geschöpf war die Tochter einer Supernumerarierin, einer Ärztin gleichen Namens. Während des letzten Besuchs von Monseñor Escrivá in Venezuela, und Monate bevor sie ein Alter von vierzehneinhalb Jahren erreichte, luden sie die Oberinnen des Landes zu einem Beisammensein mit dem Padre, an dem nach offiziellem Wortlaut nur Numerarierinnen teilnehmen konnten. Die Oberinnen waren davon überzeugt, daß es für dieses junge Mädchen, wenn es Monseñor Escrivá persönlich kennenlernte, den letzten Anstoß bedeuten würde, Numerarierin zu werden. Und so geschah es auch.

Diese Jugendlichen sind einer sanften, langsamen und subtilen Indoktrinierung ausgesetzt. Man lädt sie ein, entweder in der Gruppe oder allein, eines der Häuser des Opus Dei zu besuchen, besonders an Samstagen, wenn in den meisten höheren Schulen kein Unterricht stattfindet. Sie werden auch in Clubs jedweder Art eingeführt, deren Propaganda nicht unbedingt darauf hinweist, daß die Aktivitäten vom Opus Dei ausgehen. Im äußersten Fall wird darauf hingewiesen, daß die geistliche Führung vom Opus Dei oder den Priestern des Opus Dei betrieben wird. Die Aktivitäten dieser Clubs umfassen, den verschiedenen Altersgruppen entsprechend, Ausflüge, Wochenendunternehmungen, Exerzitien, Beisammensein, Unterricht in Kochen, Kunst, Dekoration, Sprachen – in einigen Ländern auch Rechnungswesen. Kurzum: alles Mögliche, was ein junges Mädchen in dem Alter interessieren könnte.

Es ist ein gut ausgeklügeltes System, das Jugendliche in dem Alter zur Berufung als Numerarierin des Opus Dei führen soll. Wie gesagt, ein junges Mädchen kann mit 14 Jahren darum ersuchen, als ‹Aspirantin› im Opus Dei aufgenommen zu werden, ohne daß ihre Eltern davon erfahren. Das Gesuch muß dann in Form eines Briefes schriftlich an den regionalen Vikar (früher Consiliarius genannt) gerichtet werden. Das junge Mädchen muß seinen Brief der Numerarierin, die sich gewöhnlich um sie kümmert, oder der Leiterin des Hauses oder Zentrums, das sie besucht, übergeben. Zu Lebzeiten von Monseñor Escrivá wurde der Brief an ihn gerichtet. Auch wenn dieses Gesuch juristisch nicht verbindlich ist und es der Kandidatin frei steht, jederzeit ihre Meinung zu ändern, ist es unvermeidlich, daß besagte Numerarierin oder Leiterin sie geradezu ‹in die Zange nehmen›, um einen eventuellen Rückzug zu vermeiden. Wenn dann das junge Mädchen bei Vollendung seines 16. Lebensjahrs immer noch Numerarierin des Opus Dei werden will, muß es einen weiteren Brief schreiben, diesmal gerichtet an den Prälaten (den Padre). Es kann auch vorkommen, daß man ihr sagt, sie brauche keinen neuen Brief schreiben, sondern nur den erneuern, den sie mit 14 Jahren geschrieben hatte. Oftmals zählt für die Aufnahme ins Opus Dei ohnehin nur die Zeit, die seit dem ersten Gesuch, ‹Aspirantin› zu werden, vergangen ist.

In den angelsächsischen Ländern verursachte die Art und Weise der Bekehrung blutjunger Mädchen starke Kontroversen und Kritik, die so weit gingen, daß S.E. Kardinal Basil Hume in England eine Anmerkung verfaßte, eine der ernsthaftesten und zu befolgenden Empfehlungen, die je ein Prälat in seiner eigenen Diözese veröffentlicht hat. Und es war eine liebenswürdige Geste S.E., mir zum Zeitpunkt der Veröffentlichung eine Kopie zukommen zu lassen.

Wer sind denn die Kandidatinnen, die Numerarierinnen des Opus Dei werden wollen? könnte man fragen. Welche Umstände sind diesen Frauen gemeinsam?

Die Antwort lautet: Es handelt sich um junge, fröhliche, glückliche Mädchen aus bekannten und geachteten Familien, die nicht unbedingt reich, aber gesellschaftlich wohlsituiert sind – Leute ohne Probleme. Es sind eher idealistische, großzügige Menschen, die bereit und fähig sind, sich für ein bestimmtes Ziel ganz und gar einzusetzen. Es sind gesunde, verantwortungsbewußte Menschen, aufgeschlossen und extravertiert. Und um so besser, wenn zu all dem ihre Familien wohlsituiert sind. Das Opus Dei weiß, es kann mittels dieser Menschen, die gesellschaftliches Ansehen genießen, überall hin gelangen und viele Leute erreichen. Manchmal wird die Lokomotive als Beispiel angeführt: Wenn man sich an ihr festhakt, hat man den gesamten Zug im Schlepptau, hängt man sich nur an einen Waggon, hat das keinen großen Effekt.

Kränkliche oder körperlich behinderte Personen werden dazu angeleitet, ‹agregadas› und nicht Numerarierin zu werden. Gemäß den Satzungen des Opus Dei kommen auch solche Personen, die einem Säkularinstitut angehört haben, nicht als Numerarierin in Betracht, sondern höchstens als ‹agregada› oder als Supernumerariecin, was von Fall zu Fall entschieden wird. Dies sind die Spielregeln, die die mit der San-Rafael-Arbeit beauftragten Numerarierinnen stets vor Augen haben müssen.

Auch wenn es nicht ausgesprochen wird, ist es doch in der Praxis gang und gäbe, daß ein sehr häßliches Mädchen nicht als Numerarierin in Frage kommt.

Wie ich zu Anfang des Buches bereits andeutete, gibt es eine von Monseñor Escrivá verfaßte, sogenannte *Instrucción de San Rafael*, ein Dokument *ad usum nostrorum* (nur von Mitgliedern zu benutzen), das wir während meiner Zeit in Rom in unserer Druckerei herstellten und das Anlaß zu vielen Gesprächen mit Monseñor Escrivá gab.

«Niemals werden wir Schulen haben», hatte Monseñor Escrivá viele Jahre lang immer wieder gesagt. Ausdrücklich hatte er angeführt, einer der bedeutendsten Unterschiede zu den religiösen Orden sei der, daß wir niemals Schulen haben würden. Dessenungeachtet eröffnete das Opus Dei 1951 die erste Schule für Kinder in Las Arenas mit Namen ‹Gaztelueta›. Gemäß den Worten von Monseñor Escrivá würde dies die einzige Ausnahme bleiben.

Man möge sich vor Augen halten, daß die Kinder durch das System des Opus Dei wie eine weiche Masse regelrecht geknetet und geformt werden. Bereits vom Kindergarten an erklimmen sie so Stufe für Stufe bis hinauf zur Universität.

Ich betone noch einmal, daß sich meine Beobachtungen auf die Frauenabteilung des Opus Dei beziehen, und möchte folgendes klar herausstellen: Sobald ein Mädchen als Schülerin in eine Schule des Opus Dei aufgenommen wird, folgt das Opus Dei Schritt für Schritt dessen Ausbildung, unabhängig vom jeweiligen Wohnort des Mädchens. Sein Name verbleibt für immer in den Archiven des Opus Dei als mögliche ‹Beute›. Und auch gesetzt den Fall, daß sie dem Opus Dei niemals angehören wird, sorgen die Mitglieder des Opus Dei schon dafür, daß man in irgendeiner Weise ihrer Hilfe gewiß ist, sei es als *cooperadora* oder Spenderin finanzieller Mittel oder Vermittlerin gewinnbringender Geschäfte. Es findet sich immer etwas, worum man eine ‹ehemalige Schülerin› bitten kann.

Insofern dienen die Schulen des Opus Dei als Sprungbrett zur künftigen Rekrutierung. Offiziell ist Bekehrungsarbeit in diesen Schulen verboten. Nicht verboten ist aber, eine Atmosphäre zu schaffen, die Berufungen fördert. So kann das Opus Dei ganz offen behaupten, in seinen Schulen würde keine Bekehrung der Mädchen betrieben. Und aus seiner Sicht gesehen stimmt das auch, denn die Lehrerinnen sprechen ihren Schülerinnen gegenüber niemals *direkt* von Berufung. Da diese Schulen aber katholisch ausgerichtet sind, wird den Schülerinnen gesagt, es sei notwendig, dort einen Seelsorger zu haben. Der Schulkaplan ist in diesen Schulen immer ein Priester des Opus Dei. Weiterhin wird den Schülerinnen dringend ans Herz gelegt, an den Veranstaltungen der sogenannten ‹Centros de Actividades Extrascolares› (Außerschulische Veranstaltungszentren), die ebenfalls vom Opus Dei geleitet werden, teilzunehmen.

Eine Schülerin, die bereits ‹Aspirantin› des Opus Dei ist, dient in diesen Veranstaltungszentren als Lockvogel, um ihre kleinen Freundinnen zu rekrutieren, ganz egal, ob sie eine Schule des Opus Dei besuchen oder nicht. Und diese wiederum, sind sie erst einmal ‹Aspirantinnen›, ziehen andere aus ihrem jeweiligen Umfeld an. Die Mädchenschulen des Opus Dei arbeiten im Rahmen der ‹Asociaciones Culturales› und lassen sich grob in zwei Gruppen unterteilen:
A) *Schulen, die nur von Mitgliedern des Opus Dei geleitet werden*, als korporatives Werk.

B) *Schulen, die vom Opus Dei kontrolliert werden*: Sie sind offiziell keine ‹Schulen des Opus Dei›, werden aber de facto von Leuten, die Mitglied des Opus Dei sein können, aber nicht müssen, geleitet. Man nennt das ‹gemeinschaftliches Werk›. Die Seelsorge liegt in den Händen des Opus Dei. Luis Reyes veröffentlichte in der Ausgabe des *Tiempo* vom 11.4.1988 einen Artikel über die vom Opus Dei kontrollierten Schulen in Spanien. Im allgemeinen gibt es in diesen Schulen keine Koedukation, lediglich im Kindergarten dürfen Jungen und Mädchen zusammensein.

Als Beispiel führe ich die Mädchenschule von ‹Los Campitos› an, eine Schule, die sich in einer Wohngegend von Caracas befindet. Die Leitung dieser Schule besteht aus fünf Mitgliedern, die die vom *Ministerio de Educación* (Ministerium für Bildung) Venezuelas gesandten Schulleiterinnen in Empfang nehmen. Die Mitglieder des Direktionsausschusses sind assoziierte Numerarierinnen des Opus Dei, worunter gelegentlich eine *agregada* oder Supernumerarierin sein kann. Die Geisteshaltung der Schule entspricht dem System und der Doktrin der Opus Dei Prälatur. Einige der Lehrerinnen sind Numerarierinnen, andere haben einen Vertrag mit dem Direktionsausschuß, gehören aber nicht dem Werk an. Eine Klasse hat höchstens 30 Schülerinnen.

‹Los Campitos› ist gut ausgestattet, sowohl seine Laboratorien, als auch seine Sportanlagen. Es gibt sogar eine Ballettklasse, die lange Zeit von Pascuita Basalo geleitet wurde. Doch der Unterricht in den musischen Fächern, besonders der Schauspielunterricht, ist nicht sehr profund.

Die Schulbibliothek ist nicht sonderlich reich bestückt, und die Lektüre wird von den Leiterinnen des Opus Dei kontrolliert, besonders die humanistische. Und das gilt auch für alle anderen Lehrzentren des Werkes. Überall werden, wie beispielsweise an der *Universidad de Navarra* in Pamplona, die Bücher, die nach Kriterien der geistlichen Autoritäten des Opus Dei als ‹gefährlich› angesehen werden, aus der Universitätsbibliothek genommen und ins ‹El Infierno› (die Hölle) verbannt, wie der Lagerraum im Keller von den Schülern genannt wird.

Die Verwaltungsarbeiten in ‹Los Campitos›, wie Rechnungswesen, etc. werden von einer Gruppe Angestellter ausgeführt, die dem Opus Dei angehören können, aber nicht müssen.

Die Basis der Opus Dei-Schulen bilden die *preceptoras* (Lehrerinnen). Sie alle sind Numerarierinnen, deren Mission darin besteht, als Brücke zu den Familien der Schülerinnen zu fungieren. Jede *preceptora* verfügt über ein kleines Arbeitszimmer, wo sie die ihr zugeteilten Schülerinnen besuchen und sich zu allen möglichen Fragen Rat holen können. Einmal im Monat spricht die *preceptora* mit den Eltern oder Vertretern der Schülerinnen, die ihr zugeteilt wurden, und berichtet über Verhalten und Vorankommen der jeweiligen Schülerin im Unterricht.

Die *preceptora* besitzt als Numerarierin große Autorität über die Schülerin, wobei das Mädchen an sie glaubt und ihr blind gehorcht und sie als ihre beste Freundin in der Schule ansieht. Besonders dieses blinde Vertrauen verleiht der ‹preceptora› maximalen Einfluß auf die Schülerin. Sie kann jedes Thema ansprechen, sei es schulischer, familiärer oder religiöser Art. Auch das Apostolat diskutieren die Schülerinnen gewöhnlich mit den *preceptoras* und dürfen mit deren Einverständnis an Zusammenkünften, Clubveranstaltungen, Exerzitien, etc. teilnehmen, die von den Centros de Actividades Extraescolares organisiert und vom Opus Dei geleitet werden. Selbstverständlich erhält die Leiterin, noch bevor die Schülerin aus ‹Los Campitos› das erste Mal eines der Zentren betreten hat, eine Karteikarte von der entsprechenden *preceptora*, die mit Zeichen über das ‹Bewußtsein› der Schülerin versehen ist, sowie mit Hinweisen darauf, ob sie als künftige Numerarierin in Frage kommt.

Die *Preceptora* rät der Schülerin auch, an den direkten Apostolaten teilzunehmen. Eines der beliebtesten sind die Besuche im Landesinnern bei armen Familien, denen man durch Unterricht im ‹Katechismus der christlichen Doktrin› Hilfe leistet und Lesen und Schreiben beibringt. Diese armen Familien erhalten von den Schülerinnen keinerlei Geschenke. Höchstens verkaufen sie einmal ein Kleidungsstück zu allerniedrigsten Preisen. Von diesem Geld kaufen sie dann den ‹Katechismus der christlichen Doktrin› und schenkten ihn den armen Familien auf dem Lande.

Dies ist eines der Apostolate, die den Schülerinnen von den *prescriptoras* empfohlen werden, da sie meistens während der Ferien stattfinden. Unter diesem Vorwand bleibt der Kontakt zwischen *preceptora* und Schülerin dann auch während der Ferien bestehen.

Studentenwohnheime: Ursprung und Ziele

Es wäre schier unmöglich, über die Studentenheime des Opus Dei zu sprechen, ohne zuvor den Beweggrund zu nennen, der Monseñor Escrivá veranlaßte, die ‹Intellektuellen›-Apostolate vorzunehmen.

Monseñor Escrivá wollte gern eine der führenden Persönlichkeiten des Wandels zu intellektueller Liberalität in Spanien sein, wollte zeigen, daß ein ‹Intellektueller› auch ein Mann Gottes sein konnte. Er wünschte sich eine Gruppe Intellektueller, die ihr Leben völlig Gott geweiht hatten. Außerdem wollte er, daß diese ‹neuen› Intellektuellen das Bild Christi an die Spitze aller menschlichen Aktivitäten stellten.

a) *Freie Lehrinstitute*

Monseñor Escrivás Ideal war ebenso gut wie ehrgeizig, aber es gab bereits im Ansatz ein Problem: Er wollte der Führer dieser Gruppe sein, und zwar der einzige Führer. Die gleiche Geschichte, die in jeder beliebigen Sekte abläuft: Der Gründer einer Gruppe erachtet sich selbst als die einzige Person, die fähig ist, der ganzen Welt ‹die aus dem Himmelreich empfangene Botschaft› zukommen zu lassen. Der grundlegende Gedanke war insofern, das Werk mit einem Studentenwohnheim zu beginnen, um junge Intellektuelle zu Jüngern Christi zu konvertieren und so unter seiner Leitung eine Gruppe zu bilden, die die Welt verbessern sollte. Er behauptete und ließ die Mehrzahl der ersten Mitglieder des Opus Dei in dem Glauben, daß alle Dinge, die er in die Tat umsetzen wollte, aus ‹göttlicher Eingebung› stammten. Nur einigen wenigen Mitgliedern vertraute er seinen innigsten Wunsch an, nämlich einen Kreuzzug (ohne daß er es so nannte) gegen die *Institución Libre de Enseñanza* zu führen, die bekanntermaßen 1876 von Francisco Giner de los Ríos gegründet worden war und unablässig kulturelle Freiheit und humanitäre Wissenschaft verteidigte, und sich niemals aus politischen oder sektiererischen Gründen auf die Freiheit berief. Kurioserweise war Monseñor Escrivás ‹Kreuzzug› zur Neutralisierung der *Institución Libre de Enseñanza* nichts anderes als ein Versuch zur Nachahmung eines jeden ihrer Projekte. Unter anderem die Arbeit der *Junta de Ampliación de Estudios e Investigaciones Científicas* (Ausschuß zur Ausweitung von Studien und wissenschaftlicher Forschung), und ganz konkret etwas zu schaffen wie das Wohnheim von Pinar. Dieses Wohnheim wurde von einer Stiftung verwaltet, deren Präsident Don Ramón Menéndez Pidal war und eines der Mitglieder Don José Ortega y Gasset. Das Wohnheim war in ganz Spanien bekannt, da es nicht nur Studenten verschiedenster Fakultäten der Universität Madrid beherbergte, sondern auch spanische Intellektuelle, Dichter, Wissenschaftler, Philosophen, viele von ihnen weltberühmt, wie beispielsweise: Miguel de Unamuno, Federico García Lorca, Federico de Onis, Negrín, Calandre, etc. Auch wohnten in Pinar Intellektuelle aus anderen Ländern, wie Albert Einstein, Wells, Henri Bergson, Paul Valéry, Marie Curie, Paul Claudel, Charles Edouard Jeanneret (Le Corbusier), Darius Milhaud, Maurice Ravel und andere.

Aufgrund ihrer multikulturellen Atmosphäre war die Residenz Pinar ein Ort, an dem sich Intellektuelle und Künstler zu Diskussionen zusammenfanden.

Zweifellos schwebte Padre Escrivá eine Residenz in diesem Stil vor, aber natürlich sind der ‹Kreuzzug› und die Ziele Monseñor Escrivás unmöglich mit den Zielen eines Menéndez Pidal oder Ortega y Gasset zu vergleichen. Das Versagen, ja das Scheitern der Opus-Dei-Residenzen liegt darin begründet, daß sie nie Intellektuelle von derartiger Statur beherbergten, was möglicherweise daran lag, daß Monseñor Escrivá selbst kein Intellektueller solchen Niveaus war.

b) *Junta de Ampliación de Estudios. Consejo Superior de Investigaciones Científicas*

Die *Junta de Ampliación de Estudios e Investigaciones Científicas* hatte unter anderem Einfluß auf das *Museo Pedagogico* und die *Casa del Niño* in Madrid, sowie auf das *Colegio de España* in der Pariser Cité de l'Université. Diese *junta* wurde nach dem Ende des spanischen Bürgerkriegs von der Regierung unter General Franco abgeschafft, und unter dem

Minister für nationale Bildung, Don José Ibañez Martín, wurde der *Consejo Superior de Investigaciones Científicas* (etwa: *Oberster Rat für wissenschaftliche Forschung*) gegründet. Dies war für Monseñor Escrivá ein wahrer Glücksfall, da er unverzüglich das Opus Dei unter die Fittiche dieser gerade ins Leben gerufenen Institution stellen konnte, dank des Umstandes, daß José María Albareda, einer der ersten Numerarier und ein enger Freund von Ibañez Martín, zum Generalsekretär des Consejo ernannt worden war. Alles ging außerordentlich diskret vor sich: Albareda und Escrivá konnten ihre ersten jungen Intellektuellen in Schlüsselpositionen des ganz neuen *Consejo* unterbringen und mittels dieses Instituts mit dem intellektuellen Apostolat beginnen. Hier tauchen die Namen von Rafael de Balbín, dem Direktor des *Arbor*, der Zeitschrift des *Consejo*, und des Vizedirektors Raimundo Panikkar auf. Panikkar kann sich noch gut an die Versammlung im Opus Dei erinnern, als er für die Zeitschrift den Namen ‹Arbor› vorschlug, als Symbol für die vielen Verzweigungen des Organismus. Als offizielles Wappen des *Consejo* fungierte dann auch der ‹Baum der Weisheit›. Rafael Calvo Serer, Florentino Pérez Embid, Alvira und andere erste Numerarier des Opus Dei wurden die ‹wichtigen Männer› der neuen intellektuellen Ära Spaniens. Als Architekten der neuen Gebäude wurden Miguel Fisac und Ricardo Vallespín, beide Numerarier aus der ersten Reihe des Opus Dei, unter Vertrag genommen.

Der *Consejo Superior de Investigaciones Científicas* wurde Monseñor Escrivás bedeutendstes Instrument, das er mittels seiner Mitglieder steuerte und das möglicherweise auch heute noch vom Werk gelenkt wird.

Besessen von der Idee, die Säkularität des Opus Dei immer wieder zu verdeutlichen, tragen die Residenzen des Werkes niemals Namen von Heiligen. Gewöhnlich wird der Name der Straße oder des Viertels, in dem die Residenz liegt, verwendet.

In den Studentenwohnheimen wird von den Frauen des Opus Dei die größte Bekehrungsarbeit an Studentinnen im Alter von 18 bis 24 Jahren vorgenommen. Zu Beginn dieser Arbeit konnten diese Residenzen höchstens dreißig Studentinnen aufnehmen, und es wurden bereits vorhandene Gebäude benutzt. Heutzutage baut das Opus Dei gänzlich neue Residenzen, sowohl für Männer als auch für Frauen. Man achtet darauf, daß die Architekten dem Opus Dei angehören. Sie sind verpflichtet, die Anweisungen aus Rom zu befolgen, die sie in Form einer Zeitung mit Namen *construcciones* zugeschickt bekommen.

Wie sieht nun das Leben in den Residenzen für Studentinnen aus? Wie werden sie vom Opus Dei rekrutiert? Die Universitätsresidenzen des Werkes für Frauen zeigen überall dasselbe Grundmuster. Junge Mädchen aller Fakultäten wohnen darin.

Die Leiterinnen der Residenzen sind sämtlich Numerarierinnen. Einige besitzen bereits ihren akademischen Titel, andere sind kurz davor, ihn zu erlangen. Die Leiterin der Residenz bildet zusammen mit zwei weiteren Numerarierinnen den sogenannten ‹consejo local› (örtlichen Rat), der alle Aktivitäten in der Residenz im Sinne des Opus Dei leitet.

Eine andere Gruppe Numerarierinnen kümmert sich um die Verwaltung der Residenz und ist dafür verantwortlich, daß alles bestens in Ordnung ist: angefangen beim Saubermachen bis hin zu den Mahlzeiten und dem Rechnungswesen. Diese Verwaltung ist von der Residenz an sich unabhängig, hat aber natürlich die von der Residenzleitung erteilten Anordnungen auszuführen.

Niemand aus der Residenz hat Zutritt zur Verwaltung, und keine Numerarierin aus der Verwaltung kann am Leben in der Residenz teilhaben. Die Verständigung erfolgt über das Haustelefon, und es wird lediglich über die Vorgänge im Haus gesprochen.

Die Residenzbewohnerinnen haben die vorgeschriebenen Zeitspannen für Mahlzeiten und Ruhezeiten einzuhalten. Auf diese Weise entsteht ein Klima der Ordnung, Ruhe und des Lerneifers, das den Studentinnen zugute kommt.

Die Mahlzeiten in diesen Residenzen sind von großer Wichtigkeit. Früher war es leicht, ein familiäres Klima während des Essens herzustellen. Heutzutage ist es sehr schwierig, angesichts der großen Anzahl von Residenzbewohnerinnen, besonders in den neu errichteten Gebäuden, eine gemütliche Stimmung aufkommen zu lassen. Zudem trägt die bereits in einigen Residenzen des Opus Dei vorhandene Selbstbedienung nicht gerade dazu bei.

Der consejo local überwacht die Studentinnen bei den Mahlzeiten und läßt sie stets durch eine Numerarierin beaufsichtigen. Dies kann eine Numerarierin sein, die sich unbemerkt unter die Mädchen mischt und dem consejo local als ‹Informantin› dient.

Die Schlafräume sind meistens für eine oder drei Personen bestimmt, niemals jedoch für zwei, um die geringste Möglichkeit zur Entfaltung lesbischer Beziehungen, die ‹besonderen Freundschaften›, wie sie das Opus Dei nennt, zu vermeiden.

Es gibt wöchentliche Studienkurse, die von einem der Mitglieder des *consejo local* geleitet werden und an denen teilzunehmen jeder Residenzbewohnerin empfohlen wird.

Ebenfalls wird ihnen empfohlen, ‹in der Familie› den Rosenkranz in der Hauskapelle zu beten.

Täglich wird in den Hauskapellen der Residenzen von einem Priester des Opus Dei eine Messe gelesen. Dieser Priester kommt gewöhnlich fünfzehn Minuten vor Beginn der Messe, falls die Hausbewohnerinnen die Beichte ablegen möchten. In jedem Land wählt der *vicario regional*, der zuvor Consiliarius genannt wurde, die Priester aus, die sich um die Frauenabteilung kümmern sollen. Es gibt zwei Grundtypen: den eher jüngeren Mann, der zwar nicht unbedingt blendend aussehen muß, aber doch genügend Charme besitzt, um attraktiv zu wirken – ein Mann, der imstande ist, einem jungen, an seiner Berufung zweifelnden Mädchen zu versichern, daß auch er eine Frau verlassen habe, um seiner Berufung zum Opus Dei zu folgen. Der andere Typus ist der ‹väterliche› Priester, ein Mann zwischen vierzig und fünfzig Jahren mit Erfahrung – nicht nur aufgrund seines Alters, sondern durch seine Aufenthalte in anderen Ländern und den Erfolg in seinem ehemaligen Beruf, den er aufgeben mußte, um Priester des Opus Dei zu werden. Ein Mann von ausgeglichenem Wesen, der zuhört und versteht und zu dem die Residenzbewohnerinnen Vertrauen haben.

Außer dem geistlichen Austausch während der Beichte darf keine Frau Umgang mit einem Priester pflegen. Sollte doch einmal in einem großen Ausnahmefall ein Priester mit einer Frau sprechen müssen, muß die Tür des Raumes sperrangelweit offen stehen – ein weiteres Beispiel für die sexuellen Obsessionen innerhalb des Opus Dei.

In den Residenzen werden auch Kolloquien organisiert, meistens abgehalten von einem Universitätsprofessor oder von jemandem mit Renommee auf dem jeweiligen Gebiet. Diese Lehrpersonen müssen nicht unbedingt Mitglieder des Opus Dei sein, meistens sind sie aber Freunde oder Bekannte eines Supernumerariers, bzw. einer Supernumerarierin. Auch kommt es vor, daß sie das Opus Dei nicht einmal kennen und es ihnen gerade durch die Einladung zu einem Kolloquium nähergebracht werden soll. Bei der Auswahl von Hochschullehrern haben die Supernumerarier und Kooperatoren großen Erfolg.

Neben der Unterstützung, die die ‹Supernumerarierinnen› den Residenzen zukommen lassen, besteht in einigen von ihnen so etwas wie eine ‹akademische Gruppe›, an deren Spitze eine *agregada* steht. Auf diese Weise arbeitet die Gruppe aktiv am Werk der Residenzen mit und entlastet den *consejo local*.

Externe Rekrutierung

Der Vorgang, ein junges Mädchen, das nicht in der Residenz wohnt, für das Opus Dei zu rekrutieren, läuft gewöhnlich folgendermaßen ab: Eine in der Residenz wohnende Numerarierin lädt eine Kommilitonin ihrer Fakultät (oder einer anderen) zum Lernen in ‹ihre Residenz› ein. Mit ziemlicher Sicherheit ist diese dann vom Komfort und der angenehmen Atmosphäre beeindruckt. Gewöhnlich wird sie auch zum Nachmittagstee eingeladen. Diese Einladung ist nicht kostenlos. In angemessen eleganter Manier wird dem Gast gezeigt, wo er für den Verzehr bezahlen kann.

Der nächste Schritt besteht darin, die Besucherin für den darauffolgenden Samstag zu einem Kolloquium, das in der Kapelle von einem Priester abgehalten wird, einzuladen. Und hier wird die ‹Neue› dann in allen Einzelheiten über die Eigenschaften dieses Priesters unterrichtet, sowie über sein großes Talent, viel Verständnis für junge Leute zu zeigen.

Selbstverständlich wurde der Priester zuvor über die Teilnahme der Studentin bei seinen Meditationen unterrichtet, damit er seine Worte genau auf diese ‹mögliche Berufene› ausrichten kann. Und das ist dann der Ausgangspunkt für ihre ‹Fangzeit›. Zudem verhält sich die Numerarier-Studentin, die die junge Studentin in die Residenz eingeladen hatte, die ganze Woche über im universitären Alltag ausgesprochen zuvorkommend. Sie läßt kein Wort über ihre Zugehörigkeit zum Opus Dei verlauten, bis zu dem Moment, in dem der künftigen Numerarierin Zweifel an ihrer Berufung kommen und sie eines letzten Anstoßes für die Entscheidung zum Beitritt bedarf.

Interne Rekrutierung

Innerhalb der Opus Dei-Residenzen nimmt die Rekrutierung gewöhnlich folgenden Gang: Der *consejo local* teilt jeder Numerarierin eine bestimmte Anzahl von Residenzbewohnerinnen zu, die sie zu ‹behandeln› hat. Mit anderen Worten, sie soll sich mit ihnen befreunden und sie von Grund auf kennenlernen. Die Numerarierinnen des Opus Dei, die in der Residenz wohnen, versuchen, durch ihre täglichen Gebete und Selbstgeißelungen jeder Art das Vertrauen der ihnen zugeteilten Mädchen zu gewinnen. Ist das Vertrauen endlich gewonnen, beginnt die eigentliche ‹Rekrutierung›, die grundsätzlich darin besteht, ihnen zu verstehen zu geben, daß die Berufung zum Opus Dei eine ‹Frage der Großzügigkeit› ist.

Jeden Tag findet in den Residenzen des Opus Dei ein Beisammensein statt, meistens nach dem Abend- oder Mittagessen, je nach Sitte des Landes. Bei diesen Gelegenheiten setzen die Numerarierinnen ihren ganzen Charme ein, um mit den ihnen zugeteilten Residenzbewohnerinnen besser in Kontakt zu kommen.

Informantinnen

Jawohl, es gibt ‹Informantinnen› in den Opus Dei-Residenzen für Studentinnen, ohne daß sie so genannt werden, auch wenn sie dies de facto sind.

Es sind jene Numerarierinnen des Opus Dei, die sich als solche nicht zu erkennen geben und ebenfalls in der Residenz wohnen. So fühlt sich jeder Bewohner unbeobachtet und spricht unbefangen über alles mögliche. Die ‹Informantinnen› sind meistens Neuberufene, deren Eltern keine Ahnung von ihrer Zugehörigkeit zum Opus Dei haben; auf Empfehlung der Oberinnen, damit ihre Familien die Kosten für die Unterkunft in einer Residenz ihrer Wahl während des Studiums übernehmen.

Die ‹Informantinnen› sind äußerst wichtig für den *consejo local* der Residenz: Durch sie ist er ständig auf dem laufenden über alles, was passiert und wer als Numerarierin-Kandidatin in Frage kommt.

Nachträglich empfinde ich die Rolle der ‹Informantin› nicht bloß als überaus erbärmlich, sondern auch als etwas sehr Trauriges.

Was mich aber noch betroffener macht, ist die Tatsache, daß diese Dinge während meiner Zeit in Venezuela gang und gäbe waren. Ich kann also nicht behaupten, ich habe davon nichts gewußt oder es nicht gebilligt. Traurig aber wahr ist, daß ich all dies als völlig normal und durch den Bekehrungseifer gerechtfertigt ansah. Ebensowenig kann ich behaupten, die Asesoría Central habe davon nichts gewußt, da viele der Asesoras als Numerarierinnen in den Residenzen gewohnt hatten oder als Leiterinnen in Länder geschickt wurden, in denen sich ähnliches abspielte. Wieder einmal muß ich mir die Frage stellen, ob Leute außerhalb des Opus Dei, ohne die Fakten zu kennen, eine Ahnung davon haben, wenn sie ihrem Mißtrauen gegenüber der Institution Ausdruck geben.

Ungeachtet der emphatischen Versicherung des Opus Dei gegenüber den Familien der Residenzbewohner und anderen Leuten, in den Residenzen herrsche Aufrichtigkeit und Offenheit, ist die Wahrheit die, daß es dort keinerlei Spontaneität gibt. Jeder einzelne Fall einer Residenzbewohnerin ist genauestens berechnet und geplant, einzig mit dem Ziel, die besten Studentinnen als Numerarierinnen für das Opus Dei zu rekrutieren. Und selbstverständlich, um den anderen, die nach Einschätzung der Oberinnen nicht zur Numerarierin taugen, ihre Berufung als Agregada oder Supernumerarierin, schlimmstenfalls als Kooperateurin, zu suggerieren.

Sexualität

Man darf nicht außer acht lassen, daß Monseñor Escrivás Ansicht über die Ehe den Numerarierinnen bei ihrer Bekehrungsarbeit sehr gegenwärtig ist.

Meine Arbeit in Venezuela folgte dem durch die Superioren des Opus Dei festgelegten Rhythmus. Die Frauenabteilung nahm einen großen Aufschwung, was nicht nur daran lag, daß die Numerarierinnen aus guten Familien stammten, sondern auch daran, daß die meisten von ihnen einen Beruf hatten und sehr tüchtig darin waren. Es kamen viele Berufene zu uns.

Der damalige Consiliarius, Don Roberto Salvat Romero, wollte um jeden Preis, daß wir in der bereits beschriebenen Weise mit kleinen Mädchen arbeiteten. Mir war die Arbeit mit Kindern, die noch nichts vom Leben wußten, überhaupt nicht vorstellbar, aber er beharrte darauf, daß es besser sei, wenn ein junges Mädchen ‹ohne die geringste Erfahrung zum Opus Dei käme›, womit er die sexuelle Erfahrung meinte, die, wohlgemerkt, zu jener Zeit noch eine andere Bedeutung hatte als heute. Ich stellte mich gegen die Idee, mit so jungen Mädchen zu arbeiten, denn die Tatsache, daß sie noch niemals im Leben Umgang mit Jungen gehabt hatten, löste in ihnen Phantasien aus, die jeder Grundlage entbehrten. Es gab zwei Arten von Mädchen: die einen waren grausam, die anderen tendierten zum Fanatismus und gerieten in der Beurteilung ihrer ‹Schwestern› sowie der Dinge des Lebens im allgemeinen auf einen gefährlichen Irrweg. Es gab Fälle, da weckten mich Numerarierinnen mitten in der Nacht, fragten mich, ob sie in ihren Phantasien nicht über das normale Maß hinausgeschossen waren, indem sie im Traum einen Priester die Messe abhalten sahen, oder sich angesichts der Kinder einer Supernumerarierin ebenfalls heftig gewünscht hatten, Mutter zu sein. De facto hatte das Opus Dei Anweisung gegeben, daß die Supernumerarierinnen niemals ihre Kinder zu den Numerarierinnen mitbringen sollten. Nach meiner Erfahrung wußten all diejenigen, die mit jungen Männern zusammen gelebt hatten, was sie beim Eintritt ins Opus Dei aufgaben. Mehrmals sah ich mich in die moralische Pflicht genommen, einem jungen Mädchen, das die Gelübde der Armut, der Keuschheit und des Gehorsams ablegen sollte, klare Vorstellungen davon zu vermitteln. Was Armut und Gehorsam anging, gab es meistens keine Schwierigkeiten. Aber in bezug auf die Keuschheit gab es Numerarierinnen, die keine deutliche Vorstellung davon hatten, was sie da eigentlich aufgaben, da die meisten von ihnen keinen normalen, sozialen Umgang mit jungen Männern gehabt hatten. Zum Beispiel gab es ziemlich viele Numerarierinnen, die, wenn wir über Keuschheit sprachen, wehmütig der Tatsache nachtrauerten, nie einen Mann geküßt zu haben.

Auch gab es den Fall, daß Numerarierinnen die Worte von Monseñor Escrivá, gemäß denen wir ‹Jesus Christus aus fleischlichem Herzen lieben› sollten, allzu wörtlich nahmen und das Kruzifix in der Hauskapelle in ziemlich unkeuscher Weise küßten. Dies erscheint mir gefährlicher, als wenn sie gewöhnlichen Umgang mit einem jungen Mann gehabt hätten.

Interne Studienzentren

Es kam der Tag, an dem die Bildung, die wir im Opus Dei erfuhren, ziemlich ungenügend wurde: Während der Ausbildungszeiten basierte alles auf dem *Catecismo*, sowohl die Beichte als auch das wöchentliche Gespräch mit dem Priester – beides dauerte kaum fünf Minuten –, sowie natürlich das vertrauliche Gespräch, das Amen zum eigenen inneren Leben einer jeden, auf der Grundlage von Gebet, Selbstgeißelung, etc.

Deshalb stellten wir in der regionalen Leitung Überlegungen an und schlugen bei der darauffolgenden Versammlung in der Asesoría vor, interne Lehrstunden mit Betrachtungen, die den Satzungen entnommen wurden, abzuhalten, sowie ein Studienzentrum für die neuen Berufenen einzurichten.

Don Roberto Salvat war von den Ideen nicht sonderlich begeistert, widersetzte sich ihnen aber auch nicht (man darf nicht vergessen, daß der Consiliarius in der Frauenleitung Stimm-, aber auch Vetorecht besitzt), woraufhin wir mit unseren internen Philosophiestudien begannen.

Der Umstand, daß die drei ersten Opus Dei-Priester Venezuelas vom Colegio Romano de la Santa Cruz zurückkehrten, ermöglichte es, daß einer von ihnen, Don Alberto José Genty, vom Consiliarius zu unserem Professor für Kosmologie ernannt wurde. Der Consiliarius selbst wollte uns die Einführung in die Philosophie vortragen. Ausgenommen Ethik und Kritik, die beide vom Consiliarius gelehrt wurden, unterrichtete uns Don Alberto José Genty in allen philosophischen Disziplinen.

Diese Unterrichtsstunden nahmen viel Zeit in Anspruch. Sogar als die Kirche ihren berühmten *Index* verbotener Bücher aufhob, durften wir im Opus Dei nur die von der internen Zensur erlaubten Bücher lesen.

Bei den internen Studiengängen des Opus Dei sind für die Männer zwei Jahre Philosophie und vier Jahre Theologie vorgeschrieben. Bei den Frauen waren beide Fächer in zwei Jahren zu absolvieren. Die Gebiete im Fach Philosophie waren: Einführung in die Philosophie, Kosmologie, Logik, Ethik, Psychologie, Geschichte der Philosophie, Kritik, Erkenntnistheorie, Theodizee und Metaphysik.

Die Weltreligionen wurden überhaupt nicht behandelt. In einer Zeit, in der die ökumenische Bewegung ein aktuelles Thema war, wurden weder Judentum, noch Islam und schon gar nicht Hinduismus erwähnt. Man sprach ausführlich über Teilhard de Chardin, gab uns zu verstehen, daß er geirrt habe, ohne auf Einzelheiten einzugehen. Zur *Christian Science* wurde uns nur mitgeteilt, sie sei völlig ‹ohne Bedeutung›, was sich Jahre später bei meinem ersten Besuch in Boston als absolut unwahr herausstellte.

Im Jahre 1961 begannen die Oberinnen in Rom, das Lateinstudium nachdrücklich zu unterstützen. Für die Frauen begann es später, ungefähr im Jahre 1966. Heutzutage ist es Pflichtfach, das während der einzelnen Bildungsphasen immer wieder ‹aufgefrischt› wird.

Wir Oberinnen verständigten uns mittels der kirchlichen Helfer mit den Priestern und anläßlich der wöchentlichen Versammlungen in der Asesoría. Über die Arbeit in der Leitung wurde mit den Priestern nicht einmal im Beichtstuhl gesprochen.

Mit Don Joaquín Madoz aus Ecuador, wo er eine Niederlassung eröffnet hatte und Consiliarius gewesen war, konsolidierte sich das Werk von San Rafael, sowie das von San Gabriel (mit den erwachsenen Damen).

Um das Werk von San Rafael (mit den jungen Mädchen) kümmerte sich mit Erfolg Don Alberto José Genty. Viele von ihnen, die er seelsorgerisch leitete, erbaten die Aufnahme ins Opus Dei. Zugleich kümmerte er sich auch um die Sirvientas in ‹Etame›. Er verstand diese bescheidenen Frauen sehr gut und mochte sie gerne, und sie waren ihm dankbar dafür.

Als Don Joaquín Madoz nach Spanien versetzt wurde, waren die Frauen völlig orientierungslos. Sie wollten den Beichtvater nicht schon wieder wechseln, wobei sie zu mir sagten, ‹alle Guten nimmt man uns weg›. Die Supernumerarierinnen, die geistlich zu Gehorsam verpflichtet sind, wies ich an, bei Don Francisco de Guruceaga oder Don José María Peña zu beichten, aber einige der Kooperateurinnen waren nicht so einfach zu überzeugen.

Es störte mich außerordentlich, daß mich der Consiliarius anwies, wenn ich Leute um Geld bat – und es gab viele Leute in Venezuela, die wir um Geld baten –, ich solle Señora de Sosa, die er die ‹reiche Alte› nannte, ebenfalls um Geld bitten. Es machte mich innerlich wütend, denn es stimmte, sie gab uns jährlich mindestens 30000 Bolívares, einfach weil es ihr gefiel. Aber es stimmte auch, daß meine Freundschaft aufrichtig war und ich niemals Nutzen aus ihrem Reichtum für mich oder für die Frauenabteilung zog. Ich erinnere mich genau, daß der Consiliarius nicht nachließ, bis er Julio Sosa Rodriguez kennenlernte. Er unternahm das Unmögliche: Er freundete sich mit der Mutter an, um dann ebenfalls die Freundschaft des Sohnes zu erwerben. Tatsächlich erhielt die Männerabteilung des Opus Dei nach dem Tode von Señora de Sosa eines ihrer Anwesen in Caracas, El Trapiche, und erlangte durch

Julio, ich weiß nicht in welcher Weise, eine Reihe weiterer Grundstücke für die Männerabteilung.

Es gab einen doppelten Grund dafür, Geld auftreiben zu müssen: zum einen unseren Beitrag für das Colegio Romano de la Santa Cruz und Santa María, der nicht weniger als 600 Dollar monatlich betrug, und zudem mußten wir noch einen ansehnlichen monatlichen Betrag für ‹die Bauten in Rom› beisteuern. Zum anderen war die Anzahl der Numerarierinnen, die einem gut bezahlten Beruf nachgingen, noch ziemlich gering. Heutzutage basiert der Finanzplan der Opus Dei-Häuser darauf, daß jede Numerarierin für sich selbst aufzukommen hat. Das soll nicht etwa heißen, daß sie das Geld, das sie in ihrem Beruf verdient, auch selbst verwaltet, sondern daß ihr finanzieller Beitrag zu den veranschlagten Kosten und die Beiträge aller anderen, die in diesem Hause wohnen, dazu führen, daß das Haus sich nicht nur selbst trägt, sondern daß darüber hinaus noch Geld übrigbleibt, das sozusagen zum Einkommen des Hauses beiträgt. Die Numerarierin hat eine detaillierte monatliche Aufstellung ihrer Ausgaben vorzulegen und verfügt, gemäß ihrem Armutsgelübde, nicht frei über Geld.

Die Supernumerarierinnen, Kooperateurinnen und befreundeten Damen arbeiten das ganze Jahr über zusammen für den sogenannten ‹Bazar›. So nannten diese Frauen die Ansammlung von Gegenständen, die sie selbst zusammentrugen und kurz vor Weihnachten verkauften. Der Ertrag aus diesem ‹Bazar› lag nie unter 10000 Dollar.

Offiziell war dieser Erlös für die *Escuela de Sirvientas* bestimmt, die wir in ‹Etame› hatten, aber in Wirklichkeit wurde das gesamte Geld nach Rom geschickt.

In einigen Ländern, so auch in Venezuela, gibt es Schulen für Hausangestellte. In der Schule ‹Los Campitos› in Caracas gibt es so etwas wie eine Parallelschule mit Namen ‹Los Samanes›. Diese Schule hat ein *pensum*, das vom Erziehungsministerium anerkannt wird. Es soll Erwachsenen die Möglichkeit geben, das Abitur zu machen. An diesem Unterricht nehmen einige wenige Hausangestellte aus der Opus Dei-Verwaltung teil. Das *pensum* dieser Studien entspricht einer mittleren Grundschulbildung.

In ‹Resolana› wird mehr oder weniger theoretischer Unterricht erteilt, das entspricht in Wirklichkeit eher der pragmatischen Handhabung von Studienzentren oder Studentenheimen, was, wie in diesem Fall, auf einen kostenlosen Dienst an den Residenzen der Männer hinausläuft. Zudem wird die Schule von Staat und Privatiers subventioniert. Hervorzuheben ist bei diesen Schulen, daß es ihnen nicht darum geht, Hausangestellte auszubilden, sondern um die Zahl der *auxiliares (sirvientas)* im Opus Dei zu vergrößern.

In diesem Zusammenhang muß ich von einem Fall berichten, der sich letztes Jahr in Caracas zutrug. Francisca, eine Sirvienta des Opus Dei seit 1965, fühlte sich gesundheitlich nicht wohl. Die Numerarierinnen schickten sie zum Arzt, einem mexikanischen Supernumerarier, der seinen Titel in Venezuela erneuert hatte. Besagter Doktor gab Francisca Beruhigungstabletten und erklärte, alles sei nur psychosomatisch begründet. Das arme Mädchen wiederholte immer wieder, daß es sich ganz elend fühle und daß man sie doch zu einem anderen Arzt bringen möchte, aber man schickte sie immer wieder zu demselben Arzt, der sie unter Betäubungsmitteln hielt – in so hoher Dosis, daß ihre Mutter sie einmal besinnungslos auffand.

Eines Tages sagte Francisca, sie wolle das Opus Dei verlassen. Man hielt sie mit aller Macht zurück, befahl ihr und bat sie, zu bleiben, verbot ihr praktisch, zu gehen. Bis zu dem Tage, als sie in einem Fieberanfall einfach ausriß und sich zu dem Haus begab, in dem ihre Mutter seit dreißig Jahren arbeitete. Ihre Mutter und die Dame des Hauses brachten sie zu einem bekannten Arzt, der völlig entsetzt folgende Diagnose stellte: Francisca hatte ein sehr großes Fibrom, der Blinddarm war entzündet und die Galle voller Steine. Es mußte unverzüglich operiert werden.

Natürlich fragte der Arzt nach ihrer Krankenversicherung, und Francisca antwortete, sie habe keine. Der Arzt wollte es nicht glauben und fragte, wo sie denn all die Jahre gearbeitet hätte. Francisca antwortete, in Häusern des Opus Dei. Der Arzt wollte einfach nicht glauben, daß das Mädchen nicht versichert sei. Dies ist nicht nur bei den auxiliares gang und gäbe, sondern auch bei allen Numerarierinnen, die ausschließlich in Häusern des Opus Dei, etwa in den Verwaltungen, arbeiten.

Als Francisca das Opus Dei verließ, gaben ihr die Oberinnen 3000 Bolívares, was ungefähr 60 Dollar entspricht. Die Kosten für die Operation, die an ihr vorgenommen werden mußte, beliefen sich auf über 3000 Dollar. Schließlich konnten die Kosten, die durch Aufenthalte in verschiedenen Krankenhäusern entstanden waren, durch das Einschreiten der Familie, bei der Franciscas Mutter arbeitete, sowie durch die

Vermittlung einer ehemaligen Numerarierin des Opus Dei reduziert werden.

Seltsamerweise wurde Francisca, als diese Geschichte an die Öffentlichkeit gelangte, von der Opus Dei-Numerarierin Marisol Hidalgo aus Sevilla bedrängt, wieder ins Opus Dei einzutreten. Glücklicherweise besitzt Francisca einen Dickkopf und hat besagter Numerarierin in aller Deutlichkeit die Wahrheit gesagt: daß nämlich im Opus Dei kein Geist der Nächstenliebe herrsche, und man sich bei all dem heiligen Getue keinen Deut um die Bedürftigen schere.

Francisca ist leider kein Einzelfall. Das Opus Dei hat Sirvientas nach fünfzehn Jahren Dienst im Werk ohne irgendwelche Kranken- oder Sozialversicherung und ohne Aussicht auf Arbeit auf die Straße gesetzt.

In einigen Fällen wurden sie im Haus irgendeiner Supernumerarierin untergebracht, die sie überhaupt nicht gut behandelte, so daß sie auch von dort wieder fortgehen mußten.

Man möge sich noch einmal vergegenwärtigen, daß ich von einer Institution spreche, die von sich behauptet, sie sei der Kirche treu ergeben und deren Kritik an den Orden hart ist, weil sie ihre Mitglieder angeblich nicht als Menschen ansehen. Das, was ich hier berichte, ist eines der vielen Vorkommnisse, die man erst entdeckt, wenn man die Schwelle zum Opus Dei überschritten hat.

Wenn ich auf meine Jahre in Venezuela zurückblicke, sind meine Erinnerungen sehr vielfältig. Darüber könnte ich ein ganzes Buch schreiben. Was Venezuela betrifft, so hatte ich das ungeheure Glück, den Wechsel von der Diktatur zur Demokratie mitzuerleben. Persönlich habe ich durch meine völlige Identifikation mit dem Geist des Opus Dei und der Liebe zu Monseñor Escrivá, sowie meinem unerschütterlichen Glauben an ihn dem Werk einen sehr positiven Aufschwung gegeben.

Gelegentlich entsetzt mich der Gedanke an die Verantwortung, die ich Gott gegenüber dafür trage, daß ich so viele Berufungen dem Opus Dei, speziell in diesem Land, zugeführt habe, angesichts der Erkenntnis, daß das Werk imstande ist, in aller Öffentlichkeit Lügen über Menschen zu verbreiten, die ihm einst angehörten. Es entsetzt mich, daß die Superioren imstande sind, das Leben von Monseñor Escrivá in unglaublicher Weise zu dramatisieren, nur um ‹ihren eigenen Heiligen› zu bekommen. Mich bestürzt diese Verantwortung vor Gott, da es Personen gibt, die sich nicht, nachdem die Maske des Opus Dei gefallen ist, dem zu stellen vermögen, was sie sehen, und die in ihrer Angst, Verzweiflung und Ohnmacht versuchen, sich das Leben zu nehmen, wie die Fälle in England, Spanien und USA zeigen.

ROM II: RÜCKKEHR INS UNBEKANNTE

Zuallererst möchte ich den Leser darauf aufmerksam machen, daß ich alles, was ich jetzt berichten werde, so detailgetreu darzustellen vermag, weil ich nach meinem Austritt aus dem Opus Dei sozusagen als Übung, um meinen Verstand wieder ins rechte Lot zu bringen, alle Fakten, Gespräche und Namen von Personen, die dabei eine Rolle spielten, aufgeschrieben habe. Ich dachte mir, daß ich im Laufe der Jahre eventuell Fakten und Namen vergessen könnte, und etwas in meinem tiefsten Innern sagte mir, ich solle diese Ereignisse zusammentragen, nicht aus Rachsucht, sondern um dies wahrheitsgetreu darstellen zu können.

Am 11. Oktober war ich mit Ana María Gibert, der Leiterin der *Escuela Hogar*, gerade beim Einkaufen, als Roberto Salvat Romero, der Consiliarius, in ‹Casavieja› anrief und befahl, man solle mich überall suchen, es sei sehr dringend. Wenn ich ausging, rief ich gewöhnlich von einer Telefonzelle aus im Haus an, um mich zu erkundigen, ob etwas Dringendes anliege. Diesmal telefonierte Ana María, und man gab die Nachricht an sie weiter.

Wir begaben uns unverzüglich zur Verwaltung von ‹La Trocha›, wo der Consiliarius wohnte. Über die Sprechanlage kündigten wir uns an. (Ana María Gibert war meine interne Leiterin, saß in der regionalen Leitung, in der Asesoría, und war zudem *asociada inscrita*.) Als der Consiliarius kam und Ana María und mich sah, fragte er:

«Kannst du jetzt nach Hause gehen?»

«Ja, selbstverständlich», erwiderte ich.

«Ist Eva Josefina dort?»

Sie war, wie gesagt, die Delegierte und Sekretärin der Asesoría Regional.

«Ja, sie ist da», antwortete ich.

«Dann werden Don José María Félix und ich auch gleich dorthin kommen.»

Wir gingen nach Hause, und tatsächlich kamen sie eine Viertelstunde später zu uns. Im Besuchersaal stand Don Roberto und sagte zu mir:

«Sieh mal, ich habe gerade eine Nachricht aus Rom erhalten, die besagt, du sollst so schnell wie möglich dorthin reisen. Der Padre möchte, daß du dich dort ein paar Tage erholst. Du sollst direkt, ohne Zwischenstopp zu ihm kommen. Er hat wohl wieder ein Pöstchen für dich!»

Ich blieb ganz ernst und fragte ihn:

«Finden Sie das nicht seltsam?»

«Seltsam? Warum denn? Du weißt doch, daß der Padre die Obersten sehen will, denn er sagt, es sei wie das Lied ‹si fa sera nella sua vita› (etwa: sein Lebensabend bricht an). Welche netten Einzelheiten willst du denn noch wissen? Kauf dir ein Hin- und Rückflugticket. Logischerweise wirst du vierzehn Tage in Rom bleiben, dann wird dir der Padre in seiner väterlichen Art sagen, du sollst über Spanien zurückreisen, damit du dort wenigstens für ein, zwei Wochen deinen Vater besuchen kannst, und dann kommst du wieder hierher zurück.»

«Aber glauben Sie denn allen Ernstes, daß ich wiederkomme?»

«Wie dumm du doch bist. Anstatt dich auf ein paar glückliche Tage in Rom zu freuen, verdirbst du dir die ganze Reise. Am besten ist es, wenn du so schnell wie möglich abreist. Noch in dieser Woche solltest du in Rom sein, denn wenn der Padre ruft, will er, daß man unverzüglich erscheint.»

Ich erklärte dem Consiliarius, daß mein Reisepaß nicht mehr gültig sei und ich weder ein Visum noch einen internationalen Impfpaß hätte.

Der Consiliarius beharrte darauf, daß ich die Reise so schnell wie möglich antreten sollte.

Währenddessen bestätigte die Delegierte all seine frohlockenden Versicherungen mit einem Kopfnicken.

Es erschien mir merkwürdig, daß er die Nachricht aus Rom nicht dabei hatte, da uns der Consiliarius stets jede Mitteilung für die Frauenabteilung zu lesen gab.

Ich sprach mit Don José María Peña, der mir vorschlug, ich solle den Consiliarius anrufen und darauf bestehen, daß er mir die Nachricht aus Rom vorlesen solle. Ich fragte Don José María Peña auch, ob es von schlechtem Geist zeuge, wenn ich dem Padre, gesetzt den Fall, er wiese mich an in Rom zu bleiben, erklärte, daß ich gern zu meiner Arbeit nach Venezuela zurückkehren wollte. Don José María sagte mir ganz eindeutig, daß dies keinesfalls von schlechtem Geist zeuge, da es stets geheißen habe, die Mitglieder des Werkes sollten in den Ländern leben, in denen sie auf ihre Weise innerhalb des Opus Dei am besten Gott zu Diensten sein konnten. Dieser Gedanke beruhigte mich zutiefst. Ich rief ihn also an, und da er nicht anwesend war, sprach ich mit Pater Felix. Der war etwas verblüfft über meine Hartnäckigkeit und wiederholte beinahe wörtlich, was mir der Consiliarius am Morgen mitgeteilt hatte. Man ließ mich jedoch weder die Mitteilung sehen, noch las man sie mir vor. Es wurde mir nur noch einmal gesagt, der Padre wünsche, daß ich für einige Tage zur Erholung nach Rom kommen sollte.

Dieser Mangel an Klarheit ließ mich vermuten, daß etwas anderes hinter der Mitteilung steckte, etwas, von dem ich nichts wissen sollte; und das verursachte in mir ein unbehagliches Gefühl. Ich hatte so eine Vorahnung, daß dem Consiliarius und der Delegierten meine forschende Haltung gegenüber den Dingen, die aus Rom kamen, nicht gefiel, und sie mir nicht, wie geboten, einen brüderlichen Tadel erteilten, sondern darüber die Zentrale in Rom informiert hatten, damit man mich aus dem Land abriefe. Das war sehr wohl möglich, dem Verhalten nach zu urteilen, das ich seit einiger Zeit sowohl beim Consiliarius, als auch bei der Delegierten, nachdem sie aus Rom zurückgekehrt war, feststellen konnte. Die Art und Weise, in der sie einer Leiterin mitteilten, sie habe sich auf den Weg nach Rom zu machen, um sie dann dort für alles, was nicht im Einklang mit dem Geist des Opus Dei stand, Prügel beziehen zu lassen, war hinterhältig.

Nach allem, was da anscheinend zusammen mit der Delegierten ausgeheckt worden war, hatte ich das Gefühl, als hätte man mir einen Schlag vor den Kopf versetzt. Wenn mich auch Ana María Gibert ein dringlich bat, mich von dieser Idee zu lösen, es gelang mir nicht. Meine bisherige Gutgläubigkeit hatte ein Ende gefunden. Es gab zu viele Indizien, die meine Befürchtungen, daß sich über mir etwas zusammenbraute, bestätigten.

Die Nachricht war mir am Morgen des 11. Oktober mitgeteilt worden, und vier Tage später, am 15. Oktober um 23.30 Uhr, saß ich im Flugzeug nach Rom.

Ich verabschiedete mich von niemandem. Der Consiliarius und die Delegierte versicherten mir, es sei nicht der Mühe wert, daß ich mich für ein paar Tage Abwesenheit groß verabschiedete, und schon gar nicht von den höchsten Vorgesetzten der Kirche. Es war vorgesehen, daß ich etwa vierzehn Tage lang fortbleiben würde. Nichtsdestoweniger hinterließ ich alles geordnet und unterschrieb mehrere Blancoseiten, wie es vorgeschrieben war.

Die drei Tage bis zu meiner Abfahrt verbrachte ich damit, meine Papiere in Ordnung zu bringen, ein Visum für Italien einzuholen und mir Winterkleidung zu kaufen. Am wenigsten war mir jetzt nach Einkaufen zumute. Ich war traurig, klammerte mich aber dennoch an die Hoffnung, der Consiliarius sage die Wahrheit, so wie sich eine Ertrinkende an einen Strohhalm klammert. Aber mein sechster Sinn sagte mir, daß alles nicht stimmte. Natürlich hörte die Delegierte gar nicht auf, Monseñor Escrivás Güte zu preisen, daß er mich zur Erholung nach Rom kommen ließ. Sonderbarerweise bestätigten mir alle Asesoras, wie seltsam ihnen meine Reise erschien und wie erschrocken sie darüber waren. Uns allen war klar, daß ich nicht würde schreiben dürfen, aber ich versprach ihnen, sie in irgendeiner Weise über die Geschehnisse zu informieren. Ich bat sie, für mich zu beten.

Eines Morgens, ohne irgendjemandem ein Wort zu sagen, begab ich mich ins Zentrum von Caracas, zur *Plaza Bolívar*, betrachtete die Reiterstatue des *Libertador* und mußte lächeln beim Gedanken daran, daß ich bei meiner Ankunft den Vergleich mit Monseñor Escrivá als eine Beleidigung angesehen hatte. Ohne mir dessen bewußt gewesen zu sein, hatte ich in den vergangenen zehn Jahren gelernt, die Vorkämpfer der südamerikanischen Befreiung zu bewundern, und war zu der Ansicht gelangt, daß kein Land das Recht hatte, sich als Besitzer eines anderen anzusehen. Instinktiv übertrug ich diese Idee auf die Tatsache, daß die Leiter des Opus Dei in den meisten Ländern Spanier sind, ebenso in Rom in der zentralen Leitung. Am Nachmittag vor meiner Abreise aus Caracas suchte ich die Kirche *La Pastora* im Stadtzentrum auf. Ich weiß nicht mehr, welches Fest gefeiert wurde, ich erinnere mich nur noch daran, daß es sehr geräuschvoll zuging. Ich betrachtete die Statue der Jungfrau, dargestellt als Schäferin, und bat sie um Vergebung für all die Fehler, die ich begangen hatte. Zudem bat ich sie inständig, sie möge die junge ‹Schar›, die ich zurückließ, behüten.

Es schmerzte mich, dieses Land zu verlassen. Ich hatte ihm all meine Mühe und Kraft gegeben; hatte mich völlig mit ihm identifiziert und stets versucht, den Geist des Opus Dei zu übermitteln.

Zudem kostete es mich große Anstrengung, Eva Josefina nicht eine Heuchlerin zu nennen. Ich war im tiefsten Inneren davon überzeugt, daß sie es war, die alles angezettelt hatte. An meinem Amt selbst hing ich nicht besonders. Dreimal war es verlängert worden. Ich wollte bloß in diesem Land arbeiten. Die Ämter an sich bedeuteten nichts anderes, als daß man sie auszuführen hatte. Den Reisesegen erteilten mir der Consiliarius von Venezuela und der von Kolumbien, der mich anwies, in Rom nichts von seiner Anwesenheit in Venezuela verlauten zu lassen, da nur der Padre und Don Alvaro in der Lage seien, diese Reise zu verstehen. Der Consiliarius Venezuelas sagte: «Wir erteilen dir beide den Segen. Einer für die Hinfahrt, der andere für die Rückkehr.»

Als man von meiner Abreise nach Rom erfuhr, sagte Lilia Negrón, eine Ärztin und bereits verheiratet, die ich seit fünfzehn Jahren kannte, in sehr ernstem Ton zu mir: «Du kommst nicht zurück. Dich behalten sie da.» Lilia war eine meiner treuesten Freundinnen. Wir kannten uns von der Schule her. Lilia gehörte zu den Personen, von denen das Opus Dei sagte, ich solle ihnen nicht so viel Zeit widmen, da sie als Numerarierinnen nicht in Frage kämen. Ich habe diese Anweisung nie weiter beachtet. Ich habe meine Zeit immer denen gewidmet, die mich darum baten oder sie benötigten, aus dem einfachen Grund, weil ich niemals glaubte, daß ‹meine Zeit› mein Eigentum sei, sondern überzeugt war, daß Gott sie mir nur überlassen hatte, um sie zu verwalten. Und daran glaube ich noch immer.

Cecilia und Héctor Font, beide Supernumerarier, die mich sehr gerne hatten, brachten mich zum Flughafen, zusammen mit meiner Leiterin Ana María Gibert. Das Warten auf dem Flughafen *Maitcquía* war sehr traurig. Es war ein schwieriger Moment für alle, ganz besonders aber für mich, da ich eine Reise mit ‹Kurs ins Unbekannte› antrat. Wo würde der Weg enden?

Die andere Seite der Medaille

Wieder ein Sprung über den Atlantik. Als wir am nächsten Tag in Rom landeten, war es bereits dunkel. Am Busterminal standen die beiden Numerarierinnen Marga Barturen und Maribé Urrutia. Beide gehörten zu den Älteren im Werk und kannten mich. Sie freuten sich, daß ich gekommen war und fragten mich zu meiner großen Überraschung: «Warum kommst du eigentlich?»

Aufrichtig antwortete ich: «Ich weiß es nicht.»

Dann fuhren wir in die Villa Sacchetti 36. Im September 1956 hatte ich dieses Haus verlassen.

Wir standen noch in der Eingangshalle, als die zentrale Leiterin Mercedes Morado zusammen mit Marlies Kücking, der Studienpräfektin, die Treppe hinunterkam. Nachdem wir uns überschwenglich begrüßt hatten, fragte Mercedes:

«Wo sind deine Koffer?»

«Meine Koffer?» fragte ich. «Ich habe bloß ein kleines Handgepäck für vierzehn Tage mitgebracht.»

Ich sah, wie Mercedes Marlies einen Blick zuwarf und lächelte. Dann sagte sie schnell:

«Sie sollen dir dein Zimmer zeigen.»

Lourdes Toranzo begleitete mich auf mein Zimmer.

Das Zimmer war schön hergerichtet worden: Blumen, Zimmer mit Dusche und Bad. Mich überraschte, daß mein Bett mit einer dicken Matratze ausgestattet war, wie man sie nur Kranken unterlegte, da die Numerarierinnen gewöhnlich auf der nackten Holzunterlage schliefen. Als ich die Türen des Waschkabinetts öffnete, entdeckte ich auf dem Fußboden einen Nachttopf. Befremdet fragte ich: «Was macht dieser Nachttopf hier?»

Mir wurde erwidert, der Padre habe angeordnet, daß den Numerarierinnen ab deren 40. Lebensjahr ein Nachttopf ins Zimmer gestellt werden sollte. Seit einigen Monaten hatte ich mein 40. Lebensjahr vollendet.

Ich hatte meine Reisetasche noch nicht ganz ausgepackt, als man mir über das Haustelefon, das im Flur hing, mitteilte, ich solle unverzüglich ins Eßzimmer der Villa Vecchia kommen, wo mich der Padre erwarte.

Zusammentreffen mit dem Padre

Rosalia, die Sirvienta, sagte mir, man würde mich erwarten und ich solle eintreten, ohne anzuklopfen. Ich betrat den Eßsaal der Villa, wo Monseñor Escrivá und Don Alvaro del Portillo gerade das Abendessen beendet hatten. Monseñor Escrivá saß am Kopfende des Tisches, Don Alvaro zu seiner Linken, die zentrale Leiterin zu seiner Rechten, und die Präfektin der Sirvientas, die Ärztin María Jesús de Mer, war ebenfalls anwesend. Ich trat an Monseñor Escrivás Stuhl und küßte ihm die Hand, ein Knie auf dem Boden, wie es im Opus Dei angeordnet ist.

«Wie war deine Reise?»

«Sehr gut, Padre, vielen Dank.»

«Wie geht's den anderen da unten?» Er meinte die Numerarierinnen in Venezuela.

«Gut, Padre. Nur Begoña (Begoña Elejalde war gerade operiert worden, sie litt an der Hodgkinschen Krankheit) macht mir große Sorgen in ihrer unglücklichen Lage.»

«Unglückliche Lage nennst du den Umstand, daß sie bald bei Gott sein wird? Ein Segen ist das! Was für ein Glück sie hat! Wie glücklich kann sie bei dem Gedanken daran sein, bald zu sterben! Und wer ist Begoña überhaupt? Seit wann hat sie das?» Die zentrale Leiterin hatte Monseñor Escrivá etwas zugeflüstert. Mir fiel auf, daß der Padre eine *asociada inscrita*, Gründerin der Region Venezuela und Mitglied der Asesoría Regional (mit zwei Ämtern) nicht kannte. Natürlich wußte er auch nicht, daß sie krank und gerade operiert worden war, was mich verwunderte, denn wir hatten zu gegebener Zeit sofort die Asesoría Central davon in Kenntnis gesetzt. Aber ich erklärte es mir damit, daß man den Padre damit nicht weiter behelligen wollte.

Monseñor Escrivá fuhr fort:

«Und wie steht es mit deiner Gesundheit?»

«Sehr gut, Padre», antwortete ich ihm.

«Weshalb hat dich kein Arzt untersucht?»

«Doch, Padre, jedes Jahr wird eine gründliche ärztliche Untersuchung durchgeführt.»

«Wie auch immer! Chus», er wandte sich an die Ärztin, «sieh sie dir an! Sie soll essen, schlafen und ausruhen. Wir haben hier viel Arbeit für dich. Darüber sprechen wir noch. Jetzt ruh' dich aus, iß und schlaf'.»

Und mit diesen Worten verließ er mit Don Alvaro del Portillo das Eßzimmer.

Da ich Monseñor Escrivá kannte, hatte ich bemerkt, daß in seiner Stimme etwas lag, das seinen Ärger verriet, obwohl er sich große Mühe gab, höflich zu sein. Ich wies den Gedanken wieder von mir und glaubte erneut, meine Phantasie spiele mir einen Streich.

Als ich aus dem Eßzimmer ging, fragte ich Mercedes im Vertrauen:

«Sag' mir nur eines, Mercedes. Warum sollte ich nach Rom kommen?

Ich fahre doch wieder zurück nach Venezuela, oder?»

«Was hat man dir gesagt?»

«Nur daß der Padre will, daß ich mich hier ein paar Tage erholen soll.»

Den 18., 19. und 20. Oktober verbrachte ich in meinem Zimmer – ohne geringste Tätigkeit. Ich durfte nur zu den für die Gemeinschaftstätigkeiten angegebenen Zeiten das Zimmer verlassen und mußte die restliche Zeit mit der Asesoría Central verbringen. Jedesmal, wenn ich einen Versuch unternahm, mein Zimmer zu verlassen, etwa um in den Garten zu gehen, stieß ich auf Lourdes Toranzo, deren Zimmer neben meinem lag und die mich fragte, wohin ich gehen wollte. Ich sagte ihr einfach, zum Beten des Rosenkranzes oder in den Garten. Sie fand dann immer einen anderen Vorwand, wie etwa: in dem Teil des Hauses befinde sich gerade Besuch, oder die Handwerker seien dabei, etwas zu reparieren, und riet mir, wieder in mein Zimmer zurückzugehen. Mir war es jedoch gestattet, am regelmäßig stattfindenden Gottesdienst teilzunehmen.

Im Vergleich zu den meisten anderen genoß ich eine bevorzugte Behandlung, da ich an den Gemeinschaftstätigkeiten der zentralen Leitung teilnehmen durfte; nach all der Zeit, die ich dem Opus Dei angehörte, war mir bewußt, daß ich unter strikter Überwachung stand. De facto fühlte ich mich überwacht, seit ich nach Rom gekommen war.

Einige Tage später wies mich eine der Asesoras an, das vertrauliche Gespräch mit Marlies Kücking zu führen, einer Deutschen, die Studienpräfektin in der Leitung der Asesoría Central war und heute zentrale Leiterin der Frauenabteilung des Opus Dei ist.

Marlies war die einzige in der Asesoría Central, die ich noch nicht kannte. Mir wurde klar, daß sie im Familienleben der Satellit der zentralen Leiterin war und dem Padre außerordentlich gut gefiel.

Mir wurde deutlich, daß man Mary Carmen Sánchez-Merino, die Sekretärin der Asesoría Central, beiseite gedrängt hatte, um Marlies Kücking Platz zu verschaffen.

Nachdem ich vier Tage lang *absolut nichts* getan hatte und auch nur zur Erfüllung der Gemeinschaftstätigkeiten mit der Asesoría Central aus meinem Zimmer herausgekommen war, bat ich Mercedes Morado, man möge mir irgendeine Arbeit übertragen. Sie beauftragten mich damit, eine Kartei des gesamten Büchermagazins, das man nicht Bibliothek nannte, anzulegen, sowohl von der Männer- als auch von der Frauenabteilung. Und zwar sowohl in alphabetischer Ordnung als auch nach thematischen Einheiten. Mir war klar, daß dies Knochenarbeit bedeutete, zudem Monate in Anspruch nehmen würde. Trotz allem arbeitete ich eifrig daran, war jedoch im Haus völlig isoliert.

Unbekannte Gründe

Zwei Wochen vergingen, ohne daß mir jemand den Grund für meinen Aufenthalt in Rom nannte. Ich sprach darüber mit Marlies Kücking und erzählte ihr, meine Abreise aus Venezuela sei so überstürzt gewesen, daß mir der Consiliarius geraten habe, meinen Eltern nach meiner Ankunft aus Rom zu schreiben. Marlies sagte, ich solle ihnen schreiben, aber sie würden den Brief nach Venezuela schicken, damit man ihn dann von dort meinen Eltern nach Spanien senden konnte. Es erschien mir eine Farce, den Brief von Rom aus erst nach Venezuela und dann von dort aus nach Spanien zu schicken. Ich erfuhr nie, warum.

Aus Venezuela besuchte uns das Ehepaar Betancourt, die die Niederlassung des Opus Dei in Maracaibo ermöglicht hatten.

Die Besuche, die Monseñor aus dem einen oder anderen Land erhielt, wurden sorgfältig vorbereitet und protokolliert, denn das zentrale Haus hatte mit Billigung des Padre festgelegt, daß 1) die Leiter des jeweiligen Landes eine Erklärung abgeben mußten, warum bestimmte Personen von Monseñor Escrivá empfangen werden wollten; 2) man in diesen Ländern demjenigen, der den Padre in Rom zu besuchen wünschte, von den ‹notwendigen Dingen›, derer Monseñor Escrivá bedurfte, Mitteilung machte. Das hatte nichts anderes zu bedeuten, als daß ein Geschenk ‹in bar›, also Geld, mitzubringen war, neben anderen ‹Kleinigkeiten›. Viele Leute sandten lange im voraus einen Scheck, bzw. übergaben ihn bei ihrer Ankunft, keiner der Besucher kam mit leeren Händen.

Im Familienleben der Asesoría Central fühlte ich mich total überwacht. Die brüderlichen Tadel, die man mir erteilte, waren absurd. Beispielsweise, daß mein Akzent venezolanisch geworden sei. Aber zusammen mit dem brüderlichen Tadel warf man mir immer wieder dasselbe vor: daß ich mich ungeheuer selbstsüchtig zeige und versuche, andere in den Schatten zu stellen. Wenn ich sagte, sie sollten mir ein

Beispiel nennen, damit mir mein Vergehen klar würde, wußten sie keine Antwort. Infolgedessen beschränkte ich mich darauf, im Familienleben nur noch wenige Antworten zu geben.

Zu alledem gab mir niemand Auskunft darüber, ob ich meine Eltern in Spanien würde besuchen können, oder ob ich gar nach Venezuela zurückkehren könnte. Nichts von alldem verlautete. Es zeichnete sich nur schemenhaft ab, daß man Pläne mit mir hatte, über die mir Monseñor Escrivá Näheres mitteilen würde. Man versuchte mich wie ein Kind abzulenken. Ich spürte den Boden nicht mehr unter meinen Füßen. Dennoch ging ich eines Tages mit einer der Asesoras aus, um ein paar Dinge einzukaufen. Wenn die Leiterin eines Landes nach Rom kommt, geht man gewöhnlich mit ihr aus, um ein paar Kleinigkeiten, die in der jeweiligen Region gebraucht werden, einzukaufen. Aber mir wurde deutlich, daß alles nur ein Schwindel war. Sie machten sich über mich lustig.

Ich legte die Beichte bei Don Carlos Cardona, dem ordentlichen Beichtvater des Hauses, ab, der zuvor, soviel ich weiß, Seelsorger der zentralen Leitung gewesen war. Bei meiner ersten Beichte berichtete ich ihm in meiner großen Angst von der seltsamen Art, mit der mich die Superioren behandelten, die völlig im Gegensatz zu der Erklärung stand, die mir der Consiliarius für meine Reise nach Rom gegeben hatte. Zudem hatte ich den Padre seit dem Abend meiner Ankunft nicht wiedergesehen. Während der ersten beiden Beichten zeigte sich Don Carlos Cardona liebenswürdig und verständnisvoll, aber nach ein paar Tagen wandelte sich seine Art. Er sagte mir immer wieder, meine Abreise aus Venezuela sei von der göttlichen Vorsehung bestimmt worden, da mein Seelenheil in Gefahr gewesen sei, und zwar aufgrund eines feinen Hochmuts, den er als Beichtvater im Namen Gottes verstünde, zu dem er mir aber weiter nichts Konkretes sagen konnte, als ich ihn darum bat. Er wiederholte immer wieder, er sehe mein Seelenheil gefährdet. Mir war klar, daß er entweder vom Padre oder von den Oberinnen, auf Anordnung des Padre, Anweisungen erhalten hatte, wie mit mir zu verfahren sei. Meine Beklemmungen wurden immer schrecklicher.

In den vertraulichen Gesprächen und bei der Beichte ließ man durchblicken, daß ich in Venezuela furchtbare Dinge getan hätte, die sich, wie man mir zu verstehen gab, gegen den Padre und den Geist des Werkes richteten. Als ich jedoch darum bat, man möge mir deutlich sagen, wovon die Rede sei, damit ich mich korrigieren und Reue zeigen könnte, erhielt ich als einzige Antwort, es sei ja wohl kaum möglich, daß ich von nichts wüßte. Und diesen Standpunkt vertraten alle.

Meine Beklemmungen waren inzwischen so fürchterlich geworden, daß ich eines Abends nach dem Abendessen beschloß, mit Mercedes Morado, der zentralen Leiterin, zu sprechen. Ganz offen sagte ich ihr, daß ich eine große Anspannung um mich herum verspürte und daß sie mir doch sagen solle, was man mit mir zu tun gedenke, da jetzt ein Monat seit meiner Ankunft aus Venezuela vergangen sei und ich immer noch nicht wüßte, warum ich nach Rom hatte kommen sollen. Dann fing ich an zu weinen. Sie reagierte äußerst kühl, und als wollte sie das Gespräch damit beenden, sagte sie:

«Glaub mir, ich weiß nichts.»

Woraufhin ich antwortete, daß es mich Mühe koste, zu glauben, daß sie, die zentrale Leiterin, nicht wüßte, warum ich in Rom sei. Aber schließlich sagte ich:

«Doch, ich glaube dir. Ebenso wie ich auch an die Mitteilung des Padre glaube, in der er bestimmte, ich solle für ein paar Tage lang hierher kommen, um mich auszuruhen.»

Im vertraulichen Gespräch gab ich verschiedene Punkte an, die mir im zentralen Haus sehr aufgefallen waren: Mangel an Universalität; eine von spanischer Lebens- und Denkungsart außerordentlich beherrschte Atmosphäre. Man sprach kein Italienisch, und das Land, um das sich alles drehte, war Spanien. Es herrschte ein ungemütliches Klima, und die Leiterinnen verhielten sich unpersönlich und verbreiteten so eine Aura völliger Gefühlskälte; dem Padre wurde eher Servilität entgegengebracht als Liebe, zudem wurde ein exzessiver Kult um seine Person betrieben. Im Familienleben gab es keine Unbefangenheit, dazu konnte niemand von uns entscheiden, wann er kommen oder gehen wollte. Und vor allem, betonte ich während dieses vertraulichen Gesprächs, herrsche eine Art von Diskretion, die ich eher als mysteriös bezeichnen würde, aber auch zugleich als ziemlich dumm. Beispielsweise wurde mir nie gesagt, daß und wann eine Numerarierin aus einem anderen Land kam, und ich stellte dies erst dann fest, wenn wir uns zufällig auf dem Flur oder in der Kapelle begegneten.

Natürlich sagten mir sowohl Marlies Kücking während des vertraulichen Gesprächs als auch Don Carlos Cardona bei der Beichte, daß dies meinem kritischen Geist entspringe. Und dafür, daß ich über irgendeine dieser Anmerkungen flüchtig mit einer Numerarierin oder Sirvienta gesprochen hatte, wurde mir ein scharfer Tadel erteilt; wobei man mir sagte, ich verhielte mich skandalös, sei verleumderisch und ein schlechtes Beispiel. Ich war an einem Punkt angelangt, an dem ich nicht mehr wußte, was ich sagen sollte.

Nicht ein einziges Mal sprachen die Oberinnen mit mir über Venezuela. Ich hatte beinahe das Gefühl, ein außerirdischer Eindringling zu sein.

Eines Abends sagte Rosalía López, die Sirvienta des Padre, zu mir: «Der Padre hat mich gefragt, wie es Ihnen geht.»

Ich hatte den Padre seit dem Abend meiner Ankunft nicht mehr gesehen.

«Und was haben Sie ihm gesagt?» fragte ich sie.

«Na ja, daß Sie sehr venezolanisch sind und auch so sprechen.»

Ich gab acht, daß ich in ihrem Beisein nichts Unbedachtes sagte, da ich genau wußte, daß sie sofort dem Padre darüber berichten würde.

Die Stimmung in der Villa Sacchetti und im zentralen Haus erinnerte mich lebhaft an eine Szene aus dem Film *Geschichte einer Nonne*, nach dem Roman von Catherine Hulme, in der die Titelfigur das zentrale Haus des Ordens in Belgien streichen muß und ihre Oberinnen ‹wandelnde Regeln› nennt. Genau dasselbe Gefühl hatte ich auch: ich hatte es mit ‹wandelnden Regeln› zu tun, und nicht mit menschlichen Wesen.

Die Atmosphäre im Haus in Rom ähnelte der in einem Kriminalroman: die Kälte der Oberinnen, das Eingesperrtsein, die Gesetzestafeln und das Leben der Schrift des Geistes, anstatt den Geist der Schrift zu leben, eingehüllt in diese ‹mysteriöse Diskretion› und das ewige ‹der Padre sagt›, ‹der Padre mag es, wenn…›, ‹der Padre hat gesagt,…›, ‹der Padre ist hier entlang gegangen›, etc., etc.

Meine Gedanken waren zwiespältig: Einerseits dachte ich, Rom, wie ich es in den Jahren 1952 bis 1956 erlebt hatte, war nicht offener gewesen als jetzt. Wir hatten damals wie die Verrückten geschuftet, aber in meiner Erinnerung war der Umgang miteinander menschlicher gewesen. Andererseits hatte mich der offene und aufrichtige Charakter Venezuelas verändert, und ich fühlte mich jetzt, da ich in das Haus der zentralen Leitung zurückgekehrt war, dem Ersticken nahe. Über die Kirche wurde nicht gesprochen, ebensowenig über das Apostolat, lediglich über die Bekehrung. Gott wurde nicht annähernd so oft erwähnt wie der Padre. Das Vatikanische Konzil wurde gefeiert, aber nicht während eines einzigen Beisammenseins erwähnt. Ich fühlte mich zermalmt.

Ich kann mich noch gut daran erinnern, daß Rosalía López, das Dienstmädchen von Monseñor Escrivá, zu mir sagte:

«Señorita, Sie können sich von ihrer Heimat gleich verabschieden, denn Sie werden nicht nach Venezuela zurückkehren.»

Als Antwort darauf erinnerte ich sie daran, daß sie die Dinge, die sie in der Verwaltung hörte, niemals weitersagen durfte. Jedenfalls wiederholte ich ihre Worte der zentralen Leiterin, die mir erwiderte: «Und wem schenkst du mehr Gehör, dem, was ich dir sage oder dem Gerede einer Sirvienta?»

«Natürlich dem, was du mir sagst», gab ich zur Antwort.

«Dann achte nicht weiter auf das Geschwätz der Sirvienta.»

So begab ich mich in gewisser Weise etwas beruhigter zur Wache vor das Allerheiligste.

Enttäuschung

Im November wurde mir gesagt, der Padre verlange nach mir. Ich ging hinüber in den Versammlungsraum der Asesoría Central. Der Raum ist nicht sehr groß; um dorthin zu gelangen, muß man die Kapelle der Asesoría durchqueren. Die Wände und Sitzgelegenheiten in der Kapelle sind mit rotem Stoff bezogen, in der Mitte steht ein Refektoriumstisch. In einer der Wände ist eine bogenförmige Nische eingelassen, in der eine Skulptur der Jungfrau Maria steht.

Es war zwölf Uhr mittags. Ich betrat den Raum. Monseñor Escrivá saß am Kopfende des Tisches. Don Alvaro del Portillo war nicht anwesend, doch zu seiner Linken saß Don Javier de Echeverría, der zu dem Zeitpunkt nicht das Geringste mit der Frauenabteilung zu tun hatte. Rechts neben Monseñor Escrivá saß die zentrale Leiterin Mercedes Morado und neben ihr die Studienpräfektin Marlies Kücking. Monseñor Escrivá befahl mir, neben Marlies Platz zu nehmen.

«Schau Carmen, ich werde dich nicht María del Carmen nennen, wie du es gern hast», sagte er, wobei er seinen Blick über die Anwesenden schweifen ließ, als suchte er Bestätigung. «Ich habe dich rufen lassen, um dir etwas zu sagen. Ich möchte, daß du hier in Rom arbeitest. Du fährst nicht zurück nach Venezuela! Wir haben dich mit Schwindeleien

327

hierhergeholt», sagte er mit einem amüsierten Lächeln, «denn andernfalls wärest du mit deiner Wesensart zu wer weiß was imstande gewesen. Damit du es also weißt: Du kehrst nicht nach Venezuela zurück. Dort braucht man dich nicht, du wirst also nie wieder dorthin fahren. Ich hatte dich für eine Zeitlang dort gewähren lassen, damit du die heißen Kastanien aus dem Feuer holst, und das hast du ganz gut gemacht. Doch jetzt genug mit deinen ruchlosen Übertretungen! Es ist besser, wenn du nicht wieder zurückfährst.»

Meine Stimme erklang vollkommen unerwartet in dieser Versammlung, und alle Blicke richteten sich erstaunt und abweisend auf mich, als ich mit allem gebotenem Respekt sagte:

«Padre, ich möchte gern in Venezuela leben und sterben.»

Monseñor Escrivá erhob sich von seinem Stuhl und schrie mich in völlig verbittertem Ton an:

«Nein, nein und nochmals nein!! Hast du gehört? Du fährst nicht zurück, weil ich es nicht will, und ich habe die Macht dazu, dich hierhin zu schicken und einen anderen dorthin und so weiter, du hochmütiges Geschöpf!» Stehend deutete er mit dem Finger auf jeden der Anwesenden. «Du bleibst hier!!»

Mir war, als fiele es mir wie Schuppen von den Augen.

Betrübt erwiderte ich:

«Padre, das ist sehr schwierig für mich.»

«Wenn es schon schwierig für dich ist, dann ist es für mich», schrie er, wobei er sich einen Schlag auf die Brust versetzte, «noch viel schwieriger, nicht nach Spanien zurückzukehren. Und hier bin ich: in Rom, angeekelt! Und wenn du Venezuela so sehr liebst, dann liebe ich Spanien noch viel mehr! Mit anderen Worten: Du hast es gefälligst hinzunehmen!»

Monseñor Escrivá stand auf und wir alle mit ihm. Und während er auf die Reliquienkapelle zuging, wandte er sich keuchend um und sagte zu mir:

«Außerdem ist es Hochmut! Ich werde jetzt die Messe abhalten und für dich beten. Bleib gefälligst eine Weile in der Hauskapelle.» Und er ging hinüber in die Reliquienkapelle.

Ich blieb eine Weile in der Hauskapelle und sagte der zentralen Leiterin, ich würde sie gern sprechen. Ich begleitete sie in ihr Arbeitszimmer und konnte gar nicht wieder aufhören zu weinen. Unter Schluchzen brachte ich hervor, daß es mich am meisten schmerze, daß man mich betrogen hatte, daß mich der Padre belogen und andere dazu gebracht hatte, zu lügen, und das wollte mir einfach nicht in den Kopf. Zudem sagte ich ihr, es erschiene mir verlogen, daß der Padre einen Brief hatte drucken lassen, in dem er behauptete, man würde jeden befragen, ob er in ein Land gehen wolle oder nicht. Mich hatte man nicht nur nicht gefragt, sondern sogar noch die ganze Zeit über belogen. Und ich schluchzte immer wieder, wie sehr es mir das Herz breche, daß mich der Padre belogen hatte.

Ich ging zurück in mein Zimmer und wollte nichts essen. Ich verbrachte dort den ganzen Nachmittag. Die Ärztin María Jesús de Mer kam zu mir und zwang mich, gegen meinen Willen einige Tabletten zu schlucken, ohne mir zu sagen, was sie bewirkten. Es handelte sich um Schlaftabletten.

Am nächsten Morgen um zehn Uhr ließ mich Mercedes Morado, die zentrale Leiterin, in den *soggiorno* von ‹La Montagnola› (das Haus der Asesoría Central) rufen. Bei ihr waren Mary Carmen Sánchez Merino, die Sekretärin der Asesoría, und Carmen Puente, die Geschäftsträgerin. Die zentrale Leiterin fragte mich, ob ich mich beruhigt hätte. Ich erwiderte ihr, ja, zuckte dabei aber mit den Schultern, um anzuzeigen, daß mir nichts anderes übrigbliebe. Sie fragte mich auch, ob ich immer noch glaubte, daß man mich belogen und daß der Padre mich betrogen hätte. Ich sagte:

«Ja. Selbstverständlich glaube ich das immer noch.»

Als mir bewußt wurde, daß sie mir diese Fragen vor den *asesoras*, die am Vortage nicht an der Versmmlung teilgenommen hatten, gestellt hatte, fügte ich hinzu:

«Und was ist dies hier? Ein Verweis?»

Woraufhin Mercedes sagte:

«Aber nein. Wir sind besorgt und wollten sehen, wie es dir geht. Genug jetzt. Geh in dein Zimmer.»

Erster kanonischer Verweis

Ich war noch keine zwanzig Minuten in meinem Zimmer, das ganz am anderen Ende des Hauses lag, da wurde mir über das Haustelefon auf dem Flur mitgeteilt, ich solle mich unverzüglich in den Versammlungssaal der Asesoría Central begeben.

Ich trat ein. Monseñor Escrivá stand da, und man konnte den Zorn von seinem Gesicht ablesen. Zu seiner Linken saßen Don Javier Echeverría (heute Monseñor Echeverría) und Don Francisco Vives, beide mit bedeutungsvollen Mienen. Zur Rechten des Padre saßen die zentrale Leiterin Mercedes Morado, die Ärztin María Jesús de Mer und die Studienpräfektin Marlies Kücking. Alle blickten sehr böse drein. Bei diesem Anblick fühlte ich mich völlig niedergeschmettert.

Die Zusammenkunft verlief folgendermaßen:

«Diese hier haben mir mitgeteilt», begann Monseñor Escrivá und zeigte mit dem Finger auf die zentrale Leiterin und die beiden anderen anwesenden *asesoras*, «du hättest die Nachricht, daß du nicht nach Venezuela zurückkehrst, mit Hysterie und Geschluchze aufgenommen.» Außer sich vor Wut schrie er mich an: «Was für ein schlechter Geist!!! Du wirst nicht nach Venezuela zurückkehren, weil du dort ein selbstsüchtiges Werk verrichtet hast, und schlecht dazu! Außerdem hast du Dokumente von mir verfälscht und verleumdet! Dokumente von mir!!! Einfach verfälscht!!»

All das schrie er mir keuchend entgegen, während er mit der geballten Faust vor meinem Gesicht herumfuchtelte. Dann fuhr er fort:

«Und das ist schwerwiegend! Sehr schwerwiegend!!! Ich erteile dir einen kanonischen Verweis! Und zwar aktenkundig!» Mit diesen Worten wandte er sich Javier Echeverría zu, der, wie gesagt, keinerlei Amt in der Asesoría Central bekleidete. «Beim nächsten Mal landest du auf der Straße! Immer wieder diese Techtelmechtel, seit 1948! Du und die andere! Und jetzt kommst du mir damit! Und hör auf zu heulen, was dir hier widerfährt, liegt an deinem Hochmut, einzig an deinem Hochmut…» Und während er diese Worte dauernd wiederholte, ging er durch den Raum auf die Sakristei zu.

Ich war wie versteinert. Zu keiner Bewegung imstande. Schäumend vor Wut befahl mir die zentrale Leiterin: «Verschwinde, bei all dem Verdruß, den du dem Padre bereitest!»

An dieser Stelle möchte ich eine Begebenheit einfügen, auf die sich Monseñor Escrivá zweifellos bezogen hat: Als ich mir im Jahre 1948 die Frage stellte, ob es mir mit meiner Berufung ernst war, unternahm ich eine Reise nach Valladolid, um an einer Versammlung ehemaliger Schülerinnen der Schule der Französischen Dominikaner teilzunehmen. Ich sprach darüber flüchtig mit Mère Marie de la Soledad, die, wie bereits erwähnt, meine Berufung zum Opus Dei nicht ganz verstand. Dennoch war ich zu der Schlußfolgerung gelangt, ich durfte, wenn Gott es so befahl, nicht länger zweifeln und mußte ein für allemal meinen Verlobten vergessen. Ich sprach erneut darüber mit jener Nonne, die mir den Rat gab, meinen endgültigen Entschluß so schnell wie möglich Pater Panikkar mitzuteilen. Und mir kam nichts anderes in den Sinn, als ihm ein Telegramm nach ‹Molinoviejos›, wo er ein paar Tage verbrachte, zu schicken. Der Text des Telegramms lautete ungefähr so: ‹Ich habe alles für meine Mission geopfert, obwohl meine Liebe größer ist als je zuvor.› (Dabei bezog ich mich selbstverständlich auf meinen Verlobten.) Dann unterschrieb ich. Natürlich verstand mein Beichtvater den Text, aber nicht der Leiter jenes Hauses, der das Telegramm zur Durchsicht öffnete und für einen Superior des Opus Dei mit einer Bemerkung versah, wie man mir später berichtete. Mehrere Monate vergingen, und während einer meiner Reisen nach Madrid rief mich Encarnita Ortega (die bereits in Rom lebte) in ‹Zurbarán› an, um mir in der gröbsten Art und Weise mitzuteilen, ‹ich habe einem Priester des Opus Dei per Telegramm meine Liebe erklärt›. Ich war wie versteinert. Nichts hatte mir ferner gelegen. Und das sagte ich ihr. Ich traute meinen Ohren kaum, als sie mir sagte, sie und der Padre glaubten dies aber. Ich erklärte ihr die ganzen Zusammenhänge, aber sie wollte nicht verstehen. Schließlich erwiderte ich, es täte mir sehr leid, daß die Geschichte so verdreht ausgelegt worden sei, daß ich sie aufrichtig bedaure und meinen Beichtvater und Monseñor Escrivá um Verzeihung bitten würde. Ich fügte noch hinzu, nichts liege mir ferner, als einen der Priester des Padre zu beleidigen, der zudem noch mein Beichtvater sei. Danach fuhr ich eine Zeitlang seltener nach ‹Zurbarán›. Bei der Erteilung seines Verweises hatte mich Monseñor Escrivá wieder an jenen unseligen Zwischenfall, der jeder Grundlage entbehrte, erinnert.

Alle *asesoras* verließen den Raum und ließen mich in meinem angsterfüllten Elend allein. Nur eine Anweisung war mir erteilt worden: «Komm pünktlich zum Mittagessen.»

Ich konnte einfach nicht glauben, was ich da gehört und gesehen hatte: Jener gutherzige, liebevolle Padre, dem ich alle Liebe entgegengebracht und für den ich seit meinem Beitritt zum Opus Dei mein ganzes Leben geweiht hatte, hatte mir einen Verweis erteilt und gedroht, mich aus dem Opus Dei zu werfen. In der Verworrenheit, die in meinem Kopf herrschte, schienen mir alle Dinge aus dem Gleichgewicht gebracht. Ich konnte es einfach nicht hinnehmen, daß Monseñor Escrivá so hart mit mir verfuhr, ohne mir Gelegenheit zu geben, mit ihm unter vier Augen zu sprechen, damit ich ihm meine Version darlegen konnte, bevor er mich verurteilte, noch dazu in aller Öffentlichkeit. Ich hatte den Eindruck, einer Gerichtsverhandlung beizuwohnen, bei der es keinen Verteidiger, nur den Staatsanwalt gab. Ich besaß kein Recht, das Ganze zu erklären. Vor allem aber hatten mich die Art und Weise des Padre verletzt, dieser völlige Mangel an Barmherzigkeit und Verständnis.

Monseñor Escrivás Worte ‹das nächste Mal landest du auf der Straße› wirbelten mir im Kopf umher, und ich war fassungslos.

Ich nehme an, wenn Monseñor Escrivá von ‹verfälschten› Dokumenten spricht, meint er folgende: a) meine zwar offenen, aber nicht gerade verfälschend und verleumderisch zu nennenden Bemerkungen gegenüber dem Consiliarius und dem Priester des regionalen Sekretariats in Venezuela. Sie hatten sich darauf bezogen, daß man den Assoziierten des Opus Dei nicht freistellte, bei wem sie beichten wollten, ohne in ihnen ein Schuldgefühl zu erzeugen, wenn sie bei irgendeinem amtlichen Priester beichteten. In den Dokumenten des Opus Dei wird das dann als ‹schlechter Geist› bezeichnet. b) Ich erachtete dies als eine Einschränkung der echten Freiheit, die im Gegensatz zu der Art von Freiheit stand, als deren Pioniere wir uns innerhalb des Opus Dei ansahen. c) Meine ebenfalls offenen Kommentare gegenüber den Oberinnen der Asesoría Regional in Venezuela zu schriftlichen Anweisungen, wie beispielsweise diese: ‹unsere Frauen unternehmen monatlich einen Ausflug aufs Land›. Da es in Venezuela kein ‹Land› in dem Sinne gibt, sondern nur Urwald, legten wir diese Anweisung in der Form aus, daß wir uns an einen stillen Privatstrand begaben und ein Appartement, das uns von einer Freundin oder Kooperateurin zur Verfügung gestellt wurde, benutzten. Außerdem war uns aus Rom befohlen worden, Abonnenten für die frisch herausgegebene Opus Dei-Zeitschrift *Actualidad Espanola* zu gewinnen, aber weil diese Zeitschrift nicht sonderlich qualitätvoll war und zudem nicht pünktlich zugestellt wurde, interessierte sich in Venezuela niemand für sie.

Einzelhaft

Aber zurück zu jenem Nachmittag, an dem mir der erste Verweis erteilt wurde. Marlies Kücking kam in mein Zimmer und sagte mir, der Padre habe folgendes bestimmt: a) ich dürfe nicht mehr nach Venezuela schreiben; b) man würde mir keinen Brief mehr, der von dort für mich ankommen sollte, aushändigen; c) man würde Besuchern aus Venezuela, die nach mir fragten, erklären, ich sei ‹krank oder zur Zeit nicht in Rom›; d) ich hätte mit meinem Leben den Schaden, den ich in Venezuela angerichtet hätte, wiedergutzumachen; e) man würde dafür sorgen, daß mich alle in Venezuela vergäßen, und alles Erdenkliche tun, damit mein ‹schlechter Geist› für alle sichtbar würde; f) ich hätte den Geist des Werkes deformiert; g) *einzig Gebete und blinder Gehorsam würden meine Seele retten*; h) niemand im Haus dürfe von meiner ‹traurigen Lage› wissen. Man wolle versuchen, mir aus meinem ‹Tiefpunkt›, in den ich mich durch Hochmut gebracht hätte, wieder herauszuhelfen. Ich schwieg. Ich nahm hin, was mir Marlies sagte und bat nur darum, man möge mir mitteilen, wie es um das Befinden von Begoña Elejalde stünde, da sie vor kurzem operiert worden war. Tage später wurde mir auf diese Frage durch Mercedes Morado mitgeteilt, ich dürfe nicht nach Begoña fragen, auch wenn mir der Gedanke käme, aber der Wille müsse vom Verstand fordern, nicht danach zu fragen. Das hieß, daß man den Willen über den Verstand setzte.

Nachdem Marlies gegangen war, wurde ich in ein anderes Zimmer verlegt und damit beauftragt, für alle Kapellen im Haus Sorge zu tragen. Im zentralen Haus in Rom gab es vierzehn oder fünfzehn Kapellen, darunter mehrere kleinere, die den größeren angeschlossen waren. In den größeren wurde der Kirchenschmuck für die kleineren Kapellen aufbewahrt. Meine Aufgabe war es, den Kirchenschmuck für jede Messe vorzubereiten, die Leinentücher zu bügeln, die Kerzen in allen Leuchtern auszuwechseln und die Hostien auszulegen. Es war eine Arbeit zum Verrücktwerden, da die Kapellen ziemlich weit auseinander lagen, in jeder einzelnen mehrere Messen gelesen wurden und am Nachmittag die Zeit für diese Arbeit äußerst knapp war. Morgens hatte ich den während der Messen gebrauchten Kirchenschmuck einzusammeln und die schmutzigen Leinentücher mitzunehmen.

Niemand half mir bei dieser Arbeit, außer an Feiertagen, wenn die reich verzierten Kelche benutzt wurden, die gewöhnlich im sogenannten ‹Kelchsaal› aufbewahrt wurden. Jeder Kelch hatte sein eigenes Futteral, in dem er auch transportiert werden mußte. Im zentralen Haus des Opus Dei gibt es eine reichhaltige Kelchsammlung. Jede Region hat dem Padre entweder einen Kelch geschickt oder zur Herstellung eines solchen beigetragen. De facto übergibt eine Numerarierin bei ihrem Beitritt dem Opus Dei ihren gesamten Schmuck, der durch einen ‹sicheren Handkurrier› nach Rom gebracht wird. Ich kann gar nicht abschätzen, wieviel Schmuck, kostbare Perlen und Edelsteine wir nach Rom versandt hatten, der Wert war unschätzbar. Eine Numerarierin, die viele Jahre in Venezuela verbracht hatte, erinnerte mich eines Tages daran, daß ich ihr befohlen hatte, den Edelstein aus ihrem Ring, einen großen Brillanten, herauszunehmen, damit wir ihn nach Rom schicken konnten, und an seine Stelle einen falschen Stein einsetzen zu lassen. Als sie mir daraufhin sagte, ihre Mutter könnte es bemerken, hatte ich ihr geantwortet, sie solle ihrer Mutter sagen, der Stein würde gerade gereinigt. Auch ich verstrickte mich in Lügen, in meinem Eifer, dem Padre in Rom zu helfen.

Des öfteren sprach Monseñor Escrivá davon, daß er einen Kelch wolle, dessen Klemmschraube den Fuß einziehen könne und dessen Schale aus einem ‹riesigen Brillanten› bestehe. Dabei betonte er immer wieder, er wolle dies nicht zur Schau, sondern für Unseren Herrn…

Als nächstes erhielt ich die Anweisung, mich auch um die Säuberung des verwalteten Hauses zu kümmern. Möglicherweise würde ich meine inneren Ängste mit Hilfe der Arbeit zum Erlöschen bringen.

Ich wollte meine Leiterin und die anderen aus der Asesoría in Venezuela über meine Lage in Rom, und daß ich nicht mehr zurückkehren würde, in Kenntnis setzen. Da dies nach den Bestimmungen des Opus Dei ‹über legale Kanäle› unmöglich war, gelang es mir eines Tages, mit einer anderen *asesora*, die kein Italienisch sprach, auszugehen. Unter dem Vorwand, ich müßte nachsehen, ob das Ehepaar Betancourt etwas für den Padre hinterlassen habe, begab ich mich zu dem Hotel, in dem die Betancourts seinerzeit übernachtet hatten. Ich hatte eine Nachricht bei mir, die ich dem Manager mit der Bitte zusteckte, er möge sie weiterleiten, während ich ihn fragte, ob die Betancourts etwas für mich geschickt hätten. Dieser Angestellte war ziemlich intelligent. Da er mich in Begleitung einer Unbekannten sah und sich daran erinnerte, was ihm die Betancourts aufgetragen hatten, bat er mich höflich, einen Moment zu warten. Er verschwand. Zwei Minuten später war er wieder da, ohne Zettel, und erklärte mir in aller Liebenswürdigkeit und Diskretion, er würde mich sofort davon unterrichten, wenn etwas für mich käme, während er hinzufügte: «Tutto a posto, signorina» (Es ist alles geregelt). Und ich nehme an, daß das Telegramm Venezuela erreichte, in dem lediglich stand, daß ich auf endgültigen Befehl des Padre in Rom zu bleiben hatte.

Von dem Tag an, im November 1965, bis zum März 1966 hielt man mich völlig abgeschnitten von jedem Kontakt zur Außenwelt; ich wurde mit dem absoluten Verbot belegt, unter keinen Umständen auf die Straße zu gehen, keinerlei Telefongespräche zu führen oder zu empfangen und keine Briefe zu schreiben oder zu empfangen. Ich nahm auch nicht am sogenannten ‹wöchentlichen Ausgang› oder dem ‹monatlichen Ausflug› teil. Ich war eine Gefangene.

Mein Verstand arbeitete wie der eines Sträflings: Ich erkannte die Menschen an ihrem Schritt und rekonstruierte die Uhrzeit aus der jeweiligen Arbeit einer jeden. Ich fragte nichts. Julia, die Hauptsirvienta, die mich noch aus der Zeit vor vielen Jahren kannte, sagte eines Tages in der Bügelstube zu mir: «Señorita, vergessen Sie nicht, daß Gott alles sieht und Sie nicht verlassen wird», wobei sie ihren Kopf verdrießlich schüttelte: «Also wirklich, also wirklich.» Obgleich ich den Mund nicht aufmachte und nicht die geringste Klage über meine Lippen kam, war allen im Haus klar, daß ich mich nicht frei bewegen durfte; ebenso wußte man um die völlig respektlose Art, in der mich Marlies behandelte.

Fast zwei Wochen nach meinem Verweis wurde ich in den Versammlungssaal der Asesoría Central gerufen. Beim Betreten des Raumes begann ich zu zittern.

Es waren versammelt: Don Francisco Vives, zentraler Sekretär für die Frauenabteilung weltweit, Don Javier Echeverría, der keinerlei Amt in Bezug auf die Frauenabteilung bekleidete, die zentrale Leiterin Mercedes Morado und die Studienpräfektin Marlies Kücking, die auch das vertrauliche Gespräch mit mir führte.

Don Francisco Vives sagte, ich solle mich setzen, da er mir den Verweis, den mir der Padre erteilt hatte, detaillierter ausführen wolle. Die Ausführung beinhaltete folgendes:

a) ‹Ich hätte Schriften des Padre verfälscht und beabsichtigt, die vom Padre an die Regionen verschickten Schriften der internen Zensur grundlos zur Revision vorzulegen, sowie die Dreistigkeit besessen, Schriften des Padre nicht zu beachten.›

b) ‹Ich würde mit ganzem Herzen an Venezuela hängen, und das sei fatal.›

c) ‹Ich besäße satanischen Hochmut, da die Leute in Venezuela begonnen hätten, mich so sehr zu mögen, daß sie lieber bei mir verweilten als für das Werk zu arbeiten.›

d) ‹Ich hätte persönlich dem Werk Schaden und Makel zugefügt.›

e) ‹Ich hätte jede Verbindung mit Venezuela abzubrechen und keinerlei Beziehung mehr zu jemand dort zu unterhalten.›

f) ‹Man habe erfahren, daß ich in meinem vertraulichen Gespräch darum gebeten hätte, von Rom nach Spanien fahren zu dürfen; dabei dürfte ich doch nicht aus den Augen verlieren, daß ich mein Problem in Rom würde lösen müssen, so daß der Padre aus besonderer Liebe zu mir veranlaßt habe, daß ich in Rom bliebe.›

g) ‹Ich würde meinen Tagesablauf intensiv mit Arbeit ausfüllen müssen.›

h) ‹Ich müsse wieder ganz von unten, und noch weiter darunter, anfangen. Ich müsse alles, was ich wüßte oder getan hätte, vergessen und wie ein Kind absolut alles bei meiner Leiterin erfragen: angefangen von der Art, die Unterhosen zu tragen, bis hin zum Zuhaken des Büstenhalters.›

i) ‹Ich solle meine Erfahrung und mein bisheriges Leben vergessen und Gott bitten, mir die Demut eines Kindes zu schenken.›

j) ‹Das würde mir aufgrund meines schrecklichen, satanischen Hochmuts sehr schwerfallen, aber alle würden für mich beten, damit ich aus diesem Tiefpunkt, in den ich gefallen sei, wieder herausfände.›

k) ‹Ich solle nicht daran denken, Rom zu verlassen, oder daß mein Aufenthalt in Rom etwa nur vorübergehend sei. Die Art und Weise meines Aufenthalts würde mir vom Padre gewiesen werden.›

l) ‹Niemand im Haus dürfe von meiner *traurigen Lage* Kenntnis erhalten.›

m) ‹Meine Worte, ich wolle «in Venezuela leben und sterben», würden als ungehört gelten, da noch niemals jemand im Werk dem Padre auf dessen Worte etwas erwidert habe.›

Zu alledem fügte er noch hinzu, ‹ich sei nichts und niemand innerhalb des Werkes›. Ich höre noch genau den abschätzigen Ton, sehe noch den abwertenden Gesichtsausdruck, der seine Worte während dieses ‹Gesprächs› begleitete.

Von Don Francisco Vives stammte die Idee, ich solle mich unverzüglich zur Beichte begeben.

Während ich mir das alles anhörte, hatte ich den Eindruck, einen Alptraum zu durchleben, wenn es auch praktisch eine genaue Wiederholung dessen war, was mir Marlies Kücking bereits vor Tagen gesagt hatte.

Mir war klargeworden, daß meine vertraulichen Gespräche und Beichten offen ausgebreitet wurden, und unter dem Vorwand, mir aus meinem ‹Tiefpunkt heraushelfen zu wollen›, wurde meine Seele öffentlich zur Schau gestellt.

Selbstverständlich darf man nicht vergessen, daß, wenn mir ein Priester wie Don Francisco Vives eine derartige ‹Andacht› zu den vergangenen Geschehnissen erteilen konnte, er zuerst darüber mit Monseñor Escrivá gesprochen haben mußte. Daran gab es für mich nicht den geringsten Zweifel.

Über Monate war die Anspannung grausam und die vertraulichen Gespräche mit Marlies Kücking eine wahre Folter.

Für diese vertraulichen Gespräche mußte ich ganz protokollarisch vorgehen: Ich mußte sie anrufen, sie daran erinnern, daß dies der Tag meines vertraulichen Gesprächs sei, und sie fragen, zu welcher Zeit es ihr recht wäre. Während ich pünktlich im Besucherzimmer von ‹La Montagnola› erschien, ließ sie mich manchmal länger als eineinhalb Stunden warten. Eines Tages sagte ich zu ihr, es sei möglicherweise ein ‹Vergehen am Geist›, aber ich würde mir große Gedanken um den Zustand von Begoña machen. Sie antwortete darauf, daß dies sehr wohl von schlechtem Geist zeuge, denn ich hätte an nichts und niemanden, der in irgendeiner Beziehung zu meinem Aufenthalt in Venezuela stünde, zu denken.

Mehrere Numerarierinnen aus Venezuela studierten in der ‹Villa delle Rose›, dem Sitz des Colegio Romano de Santa María. Sie hatten das Land einen Monat vor mir verlassen. Es handelte sich um Mirentxu Landaluce, Mercedes Mújica und Adeltina Mayorca. Sie alle hatten ein Amt in den *consejos locales* in verschiedenen Häusern in Caracas gehabt, bevor sie nach Rom gereist waren. Selbstverständlich hatte ich noch keine von ihnen gesehen. Als ich gerade in Rom angekommen war, hatte mir die zentrale Leiterin gesagt, ich solle das Haus zusammen mit der katalanischen *asesora* Montse Amat aufsuchen. Als wir dort ankamen, stellte sich – welche Überraschung! – heraus, daß sich alle Schülerinnen auf einem Ausflug befanden. Lediglich Adeltina Mayorca und Blanca Nieto, eine andere aus dem *consejo local*, die Vizeleiterin der Druckerei wurde, als ich Rom zum ersten Mal verlassen hatte, waren da. Vielleicht hätte ich das Märchen eher geschluckt, wenn Montse Amat, die, wie gesagt, der zentralen Leitung angehörte, mir gegenüber nicht beteuert hätte, sie habe keine Ahnung davon gehabt, daß dies der Tag für den Ausflug sei. Mir wurde völlig klar, daß man mich in Rom nicht mit den anderen Schülerinnen bekanntmachen wollte. Mir fiel ein venezolanisches Sprichwort ein: ‹Was macht einem Tiger ein Streifen mehr aus?›, und nahm es hin.

So weit, so gut. Diese Schülerinnen kamen fast jede Woche nach Rom und aßen dann im zentralen Haus entweder zu Mittag oder nahmen einen Nachmittagsimbiß ein. Marlies Kücking befahl mir, nicht mit ihnen zu sprechen, besonders dann nicht, wenn sie aus Venezuela kamen. Als man mich eines Tages dabei sah, wie ich mit einer von ihnen auf der Treppe sprach, wurde ich einem höchst intensiven Verhör unterzogen, und, wie ich erfuhr, die andere auch.

Marlies fragte mich, über welche Themen wir gesprochen hätten, ob über Venezuela und über wen und über was. Dieses Verhör wurde dauernd wiederholt, wobei die Reihenfolge der Fragen wechselte. Sie erwies sich als eine wahre ‹Tscheka›. Die gewöhnlichsten Dinge wurden zu ‹Staatsverbrechen› erklärt. Zu der Zeit war mir noch nicht bewußt, daß diese Methode, tausendmal immer wieder die gleichen Fragen zu stellen, keine andere ist als die, die in allen repressiven Systemen angewandt wird. Doch ich kann einfach nicht akzeptieren, daß das Opus Dei sich dieser Methode im Namen Gottes und der Kirche bedient, um ‹Informationen einzuholen›. Und wieder einmal ist das Opus Dei mit dem System jeder x-beliebigen Sekte gleichzusetzen. Überdies ist die Inquisition schließlich seit Jahrhunderten abgeschafft.

Wenige Tage nachdem mir Monseñor Escrivá den ersten Verweis erteilt hatte, rief mich Marlies Kücking in den *soggiorno* der Asesoría Central. Sie erklärte mir, wie ich mir sicherlich vorstellen könne, sei ich nicht mehr Leiterin der Region Venezuela, und übergab mir eine Kopie der Verfügung Nr. 215, damit ich darüber nachsinnen konnte, wie sie der Padre angewiesen hatte. Diese eher umfangreiche, vom Padre verfaßte Schrift besagt, daß ‹die Ämter eine Pflicht sind, von denen man sich mit der gleichen Freude wieder trennen sollte, mit der man sie in Empfang genommen hat›. Ich erklärte Marlies, ich hätte mein Nachmittagsgebet bereits verrichtet, würde diese Meditation aber am nächsten Tag vornehmen. In aller Unbefangenheit fragte ich sie:

«Wer wird denn jetzt regionale Leiterin?»

Eine Frage, die sie außerordentlich irritierte. Sie entgegnete:

«Wie du vielleicht verstehen wirst, bedeutet es einen Mangel an Takt und Diskretion, daß du mir in deiner Lage eine solche Frage stellst. Du interessierst dich doch nicht wirklich dafür. Wie ist es dir bloß in den Sinn gekommen, so etwas zu fragen? Verstehst du denn überhaupt nichts?»

Meine Antwort lautete:

«Nein, das kann ich nicht verstehen. Aber es macht nichts, ich nehme es einfach so hin.»

Angesichts der Isolation, der ich ausgesetzt war, fragte ich Marlies während eines meiner vertraulichen Gespräche, ob ein kanonischer Verweis weitere Strafen nach sich zöge, was sie verneinte. Die gleiche Frage stellte ich auch der zentralen Leiterin Mercedes Morado, die mir die gleiche Antwort gab. Sowohl Marlies als auch Mercedes behaupteten, ich würde von niemandem ‹unterdrückt›, das geschehe nur in ‹meiner Phantasie›. Zudem fügten sie hinzu, alles, was sie täten, geschehe auf Anweisung des Padre, um mir den inneren Wiederaufbau zu erleichtern. Ich bat bei verschiedenen Gelegenheiten um Ausgang, die Antwort lautete jedesmal ‹nein›.

Besuch von Señora de Sosa

Im Dezember kam Señora Ana Teresa Rodríguez de Sosa, meine alte Freundin aus Venezuela, nach Rom.

Das Telefon klingelte, und aus irgendwelchen Gründen war ich zufällig allein. Angesichts der Tatsache, daß ich als einzige Italienisch sprach, nahm ich den Hörer ab. Sie verlangte nach mir, aber natürlich richtete ich mich nach den ‹Regeln› und gab mich nicht zu erkennen, sondern meldete der zentralen Leiterin über das Haustelefon, daß Señora de Sosa am Telefon sei, sodaß man sie zum Apparat in ihrem Arbeitszimmer durchstellen konnte. Sie erwiderte mir, man würde sich um sie kümmern.

An jenem Tag betete ich aus tiefster Seele und bat Gott inständig, man möge sie zu mir lassen. Am Abend sagte mir Marlies, ich solle Señora de Sosa in ihrem Hotel anrufen und mich entschuldigen, daß ich zum Zeitpunkt ihres Anrufs gerade abwesend gewesen sei (wieder eine Lüge), und daß sie mich am nächsten Tag nachmittags besuchen dürfe.

Als ich Señora de Sosa in ihrem Hotel anrief, sagte sie mir in ihrer direkten Art unumwunden, es sei ihr schon sehr merkwürdig vorgekommen, daß ich bislang nicht zurückgerufen hätte, nach all ihren Versuchen, mich telefonisch zu erreichen. «Kindchen, mir erscheint überhaupt alles merkwürdig. Ich habe dich mehrmals angerufen, und nie hast du zurückgerufen. Halten sie dich gefangen oder darfst du nicht telephonieren?» Sie hatte dies halb im Scherz gesagt, und da ich nicht wußte, ob man mein Gespräch von der Asesoría aus abhörte, antwortete ich auf Französisch, daß es genau so sei, und sie solle alles Erdenkliche tun, um mit mir unter vier Augen sprechen zu können, wenn sie mich am nächsten Tag besuchen würde.

Bei den vorausgegangenen Besuchen in Rom hatte sich immer wieder Lourdes Toranzo um Señora de Sosa gekümmert. Es irritierte mich über alle Maßen, wenn sie die Señora als ‹die, um die man sich gut kümmern muß, weil sie dem Werk soviel gegeben hat›, bezeichnete. Nicht ein Fünkchen Zuneigung lag in diesen Worten. Lourdes machte mir gegenüber die Bemerkung, daß Señora de Sosa morgens vorbeikommen wolle, um ein paar Blumen für die Kapelle zu bringen. Wie es der Zufall wollte, zeigte mir just an dem Morgen eine Numerarierin aus Peru, die für die Kapelle zuständig war, wie die Lichtschalter funktionierten, die direkt neben dem Lieferanteneingang angebracht waren. Diese Tür war offen, da die Pförtnerin saubermachte. Ich hörte plötzlich ganz deutlich die Stimme von Señora de Sosa, die beim Anblick der geöffneten Tür der Sirvienta einen Strauß Orchideen für die Kapelle in die Hand drückte. Spontan lief ich hinterher, um zu sehen, ob ich sie noch erwischte, denn ich befürchtete, man würde mich am Nachmittag nicht allein mit ihr sprechen lassen. Aber Señora de Sosa war bereits wieder in ihr Taxi gestiegen. Sie hatte mich nicht gesehen. Niedergeschlagen kehrte ich ins Haus zurück. Inzwischen hatte die Pförtnerin unverzüglich die Asesoría per Haustelefon davon unterrichtet, daß ich einen Fuß auf die Straße gesetzt hätte.

Ich ging zurück zum Lichtschalterbrett und sagte zu der Peruanerin: «Ich fürchte, man wird mir die Leviten lesen, weil ich versucht habe, Señora de Sosa zu begrüßen.» Die junge Frau entgegnete mir: «Was man mit dir macht, ist absurd, aber ich glaube nicht, daß sie das tun werden.» In genau dem Moment erschien Marlies mit dem für sie so charakteristischen Gesichtsausdruck, wenn sie wütend ist (bei alledem hat mir Gott meinen Sinn für Humor bewahrt, und sie und Mercedes erinnerten mich immer, wenn sie wütend waren, an die Dachse in den Trickfilmen von Walt Disney, wenn sie die Zähne zeigen). Sie fragte mich:

«Was ist hier mit Señora de Sosa vorgefallen?»

Ich sagte ihr, daß ich ihre Stimme gehört und versucht hatte, sie zu begrüßen. Daraufhin fauchte Marlies schäumend vor Wut: «Da du so weitermachst, muß ich anscheinend energischere und strengere Maßnahmen gegen dich ergreifen. Was du getan hast, ist unentschuldbar! Du hast gegen das kategorische Verbot, das Haus zu verlassen, verstoßen.»

Ich entschuldigte mich bei ihr, aber zweifellos würde ich Repressalien zu erwarten haben.

An dem Nachmittag wartete ich darauf, daß man mir die Ankunft von Señora de Sosa mitteilen würde, und genau in dem Augenblick, als das geschah, verkündete mir Marlies, daß auch Lourdes Toranzo bei ihrem Besuch zugegen sein würde, und ich solle Señora de Sosa in den *soggiorno* der Villa Sacchetti führen. Es blieb mir nichts anderes übrig, und so gehorchte ich. Als ich in den Saal für Besucher kam, fand ich Señora de Sosa allein vor. Ich übergab ihr einen Brief, den ich für sie vorbereitet hatte, und ging hinaus, um über das Haustelefon Marlies davon zu unterrichten, daß Lourdes nicht gekommen sei.

Als ich in den Raum zurückkam, erzählte mir Señora de Sosa, Lourdes Toranzo sei gekommen, um mit uns zusammenzusein, aber sie habe ihr klar und deutlich gesagt, daß sie sie bereits am Vortage getroffen habe und jetzt gekommen sei, um mich zu besuchen und sich mit mir zu unterhalten.

Wir gingen hinauf in den *soggiorno*, und mit einer Handbewegung deutete ich ihr außerhalb der Reichweite des Mikrophons, das in diesem Raum installiert war, Platz zu nehmen. Monseñor Escrivá hatte veranlaßt, daß man an verschiedenen Stellen des Hauses Verbindungen zu seinem Arbeitszimmer anbrachte: im *soggiorno*, im Aufenthaltsraum, in der Kapelle, in der Bügelstube und in den *camarillas* der Sirvientas, zudem an verschiedenen Stellen in ‹La Montagnola›, dem Haus der Asesoría.

Ich erklärte Señora de Sosa in aller Kürze meine Lage und schrieb ihr auf ein Stückchen Papier, das ich ihr zusteckte, daß die einzige Möglichkeit, mit mir zu Mittag zu essen, darin bestünde, dem Werk eine Spende zukommen zu lassen, die sie an eine solche Einladung knüpfen würde.

Und das tat sie auch. Sie sandte dem Werk einen Scheck über tausend Dollar, der auf meinen Namen ausgestellt war. Es blieb ihnen nichts anderes übrig, als mich allein zum Mittagessen ausgehen zu lassen, wobei ich angewiesen wurde, um 13.00 Uhr zu gehen und um 15.00 Uhr wieder zurück zu sein. Ich schüttete ihr mein ganzes Herz aus und erzählte ihr alles, was vorgefallen war. Sie reagierte darauf mit den Worten, ‹der Padre muß völlig senil geworden sein, denn was man mit dir gemacht hat, ist eine Ungerechtigkeit›. Sie kaufte mir einen Haufen Briefmarken, damit ich ihr schreiben könnte, und sagte mir, sie würde mir postlagernd nach Rom schreiben. Diese Dame verhielt sich mir gegenüber wie eine gute Freundin. Es war ihr Wunsch, daß ich nicht in die Villa Sacchetti zurückkehren, sondern bei ihr bleiben sollte. Ich schlug das aus. Man plane einen Generalkongreß der Frauenabteilung des Opus Dei, und ich sei davon überzeugt, daß sich die Dinge ändern würden.

Als ich glaubte, für einen kurzen Zeitraum unbemerkt telephonieren zu können, rief ich Señora de Sosas am Tage vor ihrer Rückfahrt nach Venezuela an. Ich teilte ihr mit, daß ich beabsichtigte, das Opus Dei zu verlassen, da mein Kopf und meine körperlichen Kräfte nicht mehr standhielten. Ich hatte von Mitte Oktober bis Mitte Dezember neun Kilo abgenommen, und mein Haar war völlig weiß geworden: Sie hatten es geschafft, mich zu brechen. Señora de Sosa versuchte mich zu trösten, so gut sie konnte. Als sie fort war, fühlte ich mich sehr, sehr einsam.

Abgefangener Briefwechsel

Aus Gründen der Ehrlichkeit war es mir ein Bedürfnis, meiner Leiterin in Venezuela die Wahrheit über alle Begebenheiten mitzuteilen; aber ich befürchtete, daß jemand die Briefe abholen könnte, wenn sie mir postlagernd antworten würde. Señora de Sosa schrieb mir postlagernd ein paar Briefe. Auch gelang es mir, den Briefkasten in Rom zu öffnen und ich gelangte so in den Besitz einiger weniger Schreiben der *asesoras* aus der regionalen Leitung in Venezuela. Es waren kurze Mitteilungen. Einmal war sogar eine Meditation beigefügt, die einer der venezolanischen Opus Dei-Priester verfaßt hatte. Darin versuchte er, mich aufzumuntern, indem er mich aufforderte, den Willen Gottes zu leben;

schließlich würde alles einmal vorübergehen, da die Superioren auch nur Menschen seien und irren könnten, Gott aber über allem und allen stehe. Das machte mir wieder Mut. Natürlich verbrannte ich alles, nachdem ich es gelesen hatte. Anscheinend war eine weitere Meditation von demselben Priester abgeschickt worden, dann aber verlorengegangen. Eine dritte, die ich in kleine Schnipsel zerrissen hatte, wollte ich gerade in meinem Waschbecken verbrennen, als zwei aus der Asesoría in mein Zimmer kamen und es von oben bis unten auf den Kopf stellten. Schließlich nahmen sie die kleinen Schnipsel mit, die ich noch am Vortage in einer Ecke des Wandschranks hatte verstecken können. Ich hatte den schwerwiegenden Fehler begangen, zwei Schülerinnen aus dem Colegio Romano de Santa María einen dieser Briefe zu zeigen. Nach allem, was darauf erfolgte, bin ich so gut wie sicher, daß sie darüber ihren Oberinnen Bericht erstattet hatten.

Wie ich bereits in meiner Einführung sagte, nenne ich in diesem Buch alle wirklichen Namen von Personen, die eine Rolle spielen, ausgenommen sind diejenigen, denen ich Repressalien seitens der Superioren ersparen will, da sie immer noch dieser sogenannten Prälatur, bei der es sich in Wirklichkeit um eine Sekte handelt, angehören. Dank der Hilfe einer Person, deren Namen ich hier nicht nennen werde, war es mir möglich gewesen, den Briefkasten in Rom zu öffnen und so vereinzelt Kontakt mit Venezuela zu halten. Ich erfuhr also damals in knapper, später in detaillierter Version aus verläßlicher Quelle, was in Caracas geschah.

Jeder einzelnen Numerarierin war mein Verbleib in Rom in folgender Form mitgeteilt worden: ‹María del Carmen kommt nicht wieder. Zu niemandem darüber den kleinsten Kommentar.› Selbstverständlich schuf dies ein angespanntes Klima in bezug auf meine Situation in Rom. Ana María Gibert hatte mir zwei oder drei Briefe nach Rom geschrieben. Dies war der Grund dafür, daß man sie aus ‹Casavieja› abzog und in völliger Abgeschiedenheit allein in einem Schlafsaal der ‹Escuela de Arte y Hogar› *Etame* einsperrte. Sie durfte nicht telephonieren, keine Briefe erhalten, noch Besuch empfangen, und hatte keinerlei Kontakt zu den anderen Numerarierinnen, die im Haus wohnten. Und das über einen Zeitraum von zehn, zwölf Tagen. Ana María war sechsundvierzig Jahre alt. Die Leiterin von ‹Etame› war damals Lucía Cabral. Aus Angst und Feigheit machte sie mit und fungierte als Ana María Giberts Gefängniswärterin. Sie hatte die Aufgabe, ihr die Mahlzeiten zu bringen. Der Arrest von Ana María Gibert zählt für mich zu den größten Ungerechtigkeiten, von denen ich damals gehört habe. Ana María war bei allen Numerarierinnen aufgrund ihrer gütigen, mütterlichen Art und ihrer Geisteshaltung sehr beliebt. Sie war eine Frau von hohem intellektuellem Ansehen, die ihre berufliche Karriere dem Opus Dei geopfert hatte. Nach diesem Arrest wurde Ana María in das Studentenwohnheim ‹Dairén› gebracht, das das Opus Dei in Caracas unterhielt. Von dort aus wurde sie nach Spanien geschickt.

Ich persönlich war erschöpft durch die angespannte Lage. Ich fand, daß man mich ungerecht behandelte, denn wenn ich wirklich ‹so schlecht› gewesen war, hätte man mir meine Vergehen und Sünden genau benennen müssen, damit ich Reue üben konnte. Aber alles hing in der Luft, und das war eine wahre Folter. Ein ums andere Mal bat ich darum, man möge mir ein konkretes Beispiel nennen, aber nie erhielt ich darauf eine Antwort. Man brachte mir schwerwiegende Klagen vor, aber diese waren immer allgemein gehalten. Ich mußte auch daran denken, daß man Leute durch Barmherzigkeit gewinnt, nicht indem man über sie Urteile fällt, ohne daß sie sich verteidigen können. Häufig ging mir der Spruch von Franz von Sales durch den Kopf, der lautete: ‹mit einem Löffelchen Honig lassen sich mehr Fliegen fangen, als mit einer ganzen Flasche Essig.›

Ich konnte die Ansicht der Superioren nicht teilen, die das, was ich als konstruktive Kritik empfand, ‹Verleumdung› nannten; schließlich war ich nicht durch die Straßen von Caracas gelaufen und hatte überall meine Meinung über die Verfügungen von Monseñor Escrivá herumposaunt. Ich hatte sie ‹kommentiert›, nicht verleumdet, und zwar gegenüber Personen, die leitende Ämter bekleideten. Zudem hatte ich Monseñor Escrivá in verschlossenem Umschlag meine Besorgnis über die Meinungsunterschiede, die wir mit dem Consiliarius ausfochten, geschrieben. Aber wenn man im Opus Dei nicht jederzeit ‹Amen› zu jeder Bemerkung der Superioren sagt, ‹verleumdet› man. Mir scheint, eines der Hauptkriterien für das Sektierertum des Opus Dei ist die fehlende Selbstkritik und dazu: die Vergötterung des Führers, bzw. die vorausgenommene Heiligsprechung des Gründers zu Lebzeiten. Es wurde als geradezu sündhaft angesehen, dem, was er gesagt oder geschrieben hatte, nicht zuzustimmen.

Meine körperliche Widerstandskraft wurde schwächer, und der Gedanke, das Opus Dei zu verlassen, kam mir immer häufiger. Nachts weinte ich bitterlich, und tagsüber plagten mich entsetzliche Kopfschmerzen. Ich dachte daran, Gott darum zu bitten, mir mein Leben zu nehmen, zumal das Opus Dei empfiehlt, ‹man muß Gott um den Tod bitten, wenn man das Leben nicht länger ertragen kann›. Mehrmals hörte ich diese Worte aus dem Mund von Monseñor Escrivá. Und es stimmt, ich bat Gott wirklich tausendmal, er möge mir das Leben nehmen. Ich dachte sogar daran, es selbst zu tun. Aber es besteht kein Zweifel daran, daß mein Verstand unversehrt geblieben war, und ich überwand diesen Gedanken durch Gebet und Selbstzucht. Ich bat um Erlaubnis, außerordentliche körperliche Geißelungen an mir vorzunehmen, und man gewährte mir dies. Damals ging ich sehr brutal mit meinem Körper um.

Selbstmorde

Jahre später hörte ich von den Selbstmordversuchen im Opus Dei. Ich erfuhr von einigen Fällen, daß es Numerarierinnen nicht gelungen war, sich das Leben zu nehmen, und sie sich für den Rest ihres Lebens übel zugerichtet hatten. Eine von ihnen war Rosario Morán (Piquiqui) in England. Ich glaube einfach nicht, daß sie verrückt war. Dagegen bin ich davon überzeugt, daß das Opus Dei sie verrückt werden ließ, was etwas völlig anderes ist. Wir besuchten als Kinder die gleiche Schule in Madrid, und ihr Bruder ging in meine Klasse. Wir trafen uns viele Jahre später in ‹Zurbarán› und baten zur gleichen Zeit um die Aufnahme ins Opus Dei. Sie durfte noch vor mir in den Häusern des Werkes wohnen. Wir liefen uns zufällig während des Kurses in ‹Molinoviejos› über den Weg, als sie ihre Reise nach Mexiko vorbereitete. Die Leute in Mexiko mochten sie sehr, und sie war dort sehr glücklich. Während meiner letzten Tage in Rom trafen wir uns wieder. Piquiqui war aus Mexiko gekommen und auf dem Weg nach England. Sie sagte mir, sie sei glücklich, dorthin zu gehen. Ich erinnere mich an ein Gespräch, das wir in der Villa Sacchetti führten, als 1966 der Generalkongreß der Frauenabteilung veranstaltet wurde und wir uns über die möglichen Ämter in der zentralen Leitung unterhielten. Wegen dieser Unterhaltung erteilte mir Mercedes Morado einen strengen brüderlichen Verweis, weil Piquiqui ihr tiefbetrübt mitgeteilt hatte, daß wir über mögliche Veränderungen in der Leitung gesprochen hatten. Ich habe nie verstanden, warum das tadelnswert gewesen sein sollte. Ich hörte dann, sie sei verrückt geworden, nachdem sie versucht hatte, sich in London das Leben zu nehmen. Dennoch: Piquiqui war im Jahre 1966 nicht verrückt. Zudem darf man nicht vergessen, daß eines der Kriterien, nach denen das Opus Dei seine Numerarierinnen aussucht, der Nachweis ist, daß es unter ihren Vorfahren keine Geisteskranken gegeben hat.

Ein weiterer Fall ereignete sich in den USA; eine amerikanische Numerarierin hatte in Rom das Colegio Romano de Santa María besucht. Bei ihrer Rückkehr in die Staaten ließ man in subtiler Weise durchblicken, daß sie einem Verwandten, der dem Opus Dei angehörte, sehr ‹zugetan› war. Ihre Besorgnis über diese Zuneigung, die sie niemals als tadelnswert angesehen hatte, wurde für sie zu einem Alptraum. Sie wohnte in Washington. Auf dem Weg von einem Haus des Opus Dei zum anderen begann sie stundenlang ziellos umherzustreifen. Sie gelangte in eine Kaserne, wo die Soldaten sie mit aufgerissenen Füßen – verschmutzt, orientierungslos und mit verwirrtem Verstand – fanden. Sie brachten sie in ein Krankenhaus.

Die Numerarierinnen aus ihrem Haus kamen und überführten sie aus dem Krankenhaus umgehend in eine Psychiatrische Anstalt. Eines Tages bat sie um den kleinen Spiegel, den sie immer bei sich getragen hatte, und versuchte, sich damit die Venen aufzuschneiden. Aus der Anstalt wurde sie ins Haus des Opus Dei gebracht, wo ihr die peruanische Numerarierin Maricucha, die der regionalen Leitung der USA angehörte, nicht die geringste Aufmerksamkeit zukommen ließ. Eine andere südamerikanische Numerarierin, die im selben Haus wohnte, kümmerte sich um sie und beruhigte sie besonders in der Nacht.

Es gibt weitere Fälle, die mir ebenfalls bekannt sind. Beispielsweise der von Aurora Sánchez Bella, die von den Superioren des Opus Dei nach England geschickt wurde, weil dort ihr Bruder ein bedeutendes Amt bekleidete. Die gute Aurora war nicht sehr begabt für Sprachen, und ich weiß noch, daß ich mich in der zentralen Leitung in Rom dagegen aussprach, sie nach England zu schicken. Nichtsdestoweniger wurde sie dorthin gesandt, im wesentlichen aufgrund der Tatsache, daß ihr Bruder über wichtige Kontakte verfügte. Als ich 1965 nach Rom zurückkam, sah ich sie wieder. Sie war völlig aus dem Gleichgewicht. Ihr Zimmer lag direkt neben dem meinen, und ich hörte, wie sie jede Nacht ständig auf- und abging.

Ich wies Mary Tere Echeverría darauf hin, die mir zur Antwort gab, sie wisse bereits von ihrem Zustand. Das Opus Dei schafft Situationen, die Menschen wahnsinnig werden lassen. Als mein Bruder Javier, der Arzt ist, Einzelheiten über meinen Aufenthalt in Rom erfuhr, sagte er: «Du kannst von Glück sagen, daß du genetisch für Wahnsinn nicht anfällig bist, denn es haben schon ganz andere wegen Geringerem durchgedreht.»

Tiburtino

Am 21. November 1965 erließ Monseñor Escrivá im Haus eine Generalorder, nach der wir alle an der Messe teilzunehmen hatten, die Seine Heiligkeit Paul VI. im Tiburtino zelebrieren würde, um die Pfarre von San Giovanni Battista dem Collatino zu übertragen, deren Pfarrer Don Mario Lestini zugleich der erste italienische Numerarier war. Weiterhin teilte der Padre mit, daß die Gebäude des Elis-Zentrums, das sich der beruflichen Ausbildung von Arbeitern widmete, gesegnet würden. Er verkündete, die Numerarier des Opus Dei würden für den Papst auf seinem Weg mit brennenden Fackeln Spalier stehen. Man erklärte uns, während der Messe des Papstes dürften nur die dafür ausersehenen Numerarierinnen das heilige Abendmahl empfangen. Unter ihnen befand sich Fernanda, die erste dominikanische Numerarierin, und es wurde gemunkelt, sie würde als Leiterin der dortigen Abteilung nach Venezuela gehen. Uns wurde gesagt, daß die internationale Presse im Tiburtino anwesend sein würde und daß alle Numerarierinnen der Region Italien dorthin kämen.

Nachdem uns der Padre dies mitgeteilt hatte, blieben noch ein paar von uns in der Galleria della Madonna zurück, und Mercedes Morado berichtete, der Padre habe gerade gesagt: «Meine Töchter, sagt euren kleinen Schwestern (den Sirvientas), ich wüßte, wie sehr sie mich lieben, aber dieses Mal sollten sie dem Papst mehr Beifall spenden als mir. Sie werden noch andere Gelegenheiten haben, mich zu sehen und es nachzuholen.»

Man sagte uns auch, daß zum ersten Mal in der Geschichte des Opus Dei ein Papst eine Verwaltung der Frauenabteilung besichtigen würde. Und deshalb war es unter allen Umständen strengstens verboten, daß sich jemand in der Verwaltung aufhielt. Nur Maribel Laporte würde als

Delegierte Italiens mit den Numerarierinnen des *consejo local* dieser Verwaltung dort sein.

Das andere Ereignis war, daß man die Statue der Heiligen Jungfrau, die gewöhnlich im zentralen Patio der *Universidad de Navarra* in Pamplona stand, von Spanien nach Rom transportiert wurde, damit der Papst sie segne. Mir wurde gesagt, ich sollte Tiburtino zusammen mit den beiden Sirvientas Concha und Asunción aufsuchen.

Dann kam der Padre und erteilte den Männern ein paar Befehle, wie sie aufgestellt werden solle. Sofort wurde gemurmelt: «Der Padre! Wo ist der Padre? Kannst du den Padre sehen?» Allen Sirvientas war befohlen und von uns wiederholt gesagt worden, daß sie ‹dieses eine Mal› dem Papst mehr Beifall zu zollen hatten als dem Padre.

Paul VI. sprach in seiner Predigt von der Übergabe dieser Pfarre an das Opus Dei, wobei er daran erinnerte, daß er einst in diesem Viertel als Priester tätig gewesen war. Er lobte das Opus Dei, aber eines der Worte, die er am meisten in diesem Zusammenhang hervorhob, war ‹der Geist der Freiheit›, wobei sich alles in mir sträubte und ich kurz davor war, mitten in der Kirche herauszuschreien: «Lüge, alles Lüge, Heiliger Vater!!» Die gesamte Weltpresse war anwesend, und mein Aufschrei in italienisch hätte einen Skandal für das Opus Dei, aber auch definitiv für die Kirche bedeutet. Aber mein katholischer Geist erwies sich gegenüber meiner geschundenen Seele als stärker. Dies strengte mich so sehr an, daß mir die Tränen ohne Unterlaß über die Wangen liefen. Und ich mußte an die falschen Informationen denken, die der Heilige Vater wahrscheinlich von den Superioren erhielt.

Meine Gedanken wurden unvorhergesehen dadurch unterbrochen, daß mir eine der Sirvientas zuflüsterte, sie müsse ganz dringend auf die Toilette, aber in der Umgebung gab es keine. Die Arme fühlte sich so elend, daß ich das Risiko einging und mit ihr die Verwaltung aufsuchte. Ich klopfte an die Tür, die mir Maribel Laporte öffnete. Als diese mich erblickte, stellte sie gar keine Frage, sondern sagte sogleich in garstigstem Ton: «Wie immer, du und dein schlechter, ungehorsamer Geist.» Die Worte und der Ton bewirkten, daß sich das Problem der armen Sirvienta vor Schreck von selbst löste, und sie nur noch imstande war, mich um Verzeihung zu bitten, daß ich durch ihre Schuld so barsch angegriffen worden war. Ich beruhigte sie und sagte, sie solle sich weiter keine Sorgen machen.

Am nächsten Tag wurde der Akt im Tiburtino im Fernsehen übertragen, und in der Bügelstube wurde der generelle Befehl erteilt, alle in der Verwaltung hätten in die Büroabteilung der Asesoría Central zu kommen, *um sich den Padre anzusehen* (nicht den Papst). Der damals einzige vorhandene Fernseher befand sich in einem großen Raum am Ende des Flurs in der Büroabteilung. Ich fragte die Leiterin der Verwaltung, ob sie ganz sicher sei, daß auch ich hinaufgehen dürfte, und sie bejahte meine Frage. Also ging ich dorthin. Es war das erste Mal seit 1965, daß ich die Büroabteilung betrat. Zusammen mit der bereits erwähnten Peruanerin ging ich den Flur entlang, und als wir am Arbeitszimmer von Mercedes Morado vorbeikamen, sah ich durch die geöffnete Tür, wie diese dastand und einen Brief las. Der Fernsehraum lag im Halbdunkel, und ich konnte Marlies nur undeutlich erkennen. Einen Augenblick später sagte jemand zu ihr: «Marlies, Mercedes will dich sprechen.» Eine Minute später konnten alle hören, wie ich im Flur ausgerufen wurde. Natürlich bemerkte man auch, daß ich nicht wieder kam. Marlies wies mich an: «Es ist besser, wenn du wieder hinunter in die Bügelstube gehst und mit deiner Arbeit für die Kapelle weitermachst.» Beim Hinuntergehen konnte ich nur mühsam meine Wut unterdrücken.

Wie nicht anders zu erwarten, rief mich Marlies nach dem Mittagessen in den Saal für Besucher der Asesoría Central. Sie sei sehr befremdet darüber gewesen, mich oben in der Büroabteilung zu sehen, wo es doch allgemein bekannt sei, daß sich dort niemand ohne Erlaubnis aufhalten dürfte. Ich antwortete ihr schlicht, die Leiterin der Verwaltung habe mich angewiesen, ich solle mit den anderen hinaufgehen. Daraufhin erwiderte Marlies:

«Ja, aber die Leiterin der Verwaltung kann ja auch nicht wissen, daß du nicht wie die anderen und in einer ‹traurigen Lage› bist.»

Ich schwieg.

Zwei Tage später rief mich Mercedes Morado, um mich allgemein über den Akt im Tiburtino zu befragen. Ich konzentrierte mich darauf, über die Messe und den Papst zu sprechen, obwohl ich wußte, daß sie nur darauf wartete, daß ich zu der Szene in der Verwaltung käme. Schließlich kam ich dahin. Ich ließ mich nicht weiter über Einzelheiten aus, sondern sagte ihr einfach, wir hätten gegen einen ausdrücklichen Befehl verstoßen. Dabei machte ich nicht die geringste Bemerkung über Maribel. Als sie darauf bestand, sagte ich nur: «Man muß sie verstehen. Maribel ist noch sehr jung.» Ich wußte, daß ihr mein Verständnis weniger zusagte als meine Kritik.

All das geschah, wie gesagt, Ende November. Am 8. Dezember, dem Tag der Unbefleckten Empfängnis, fand die Klausurtagung des Zweiten Vatikanischen Konzils statt. Ich bat inständig darum, daß man mich gehen ließe, von wem auch immer begleitet, denn als Christin erachtete ich es als ein sehr bedeutsames Ereignis, das zudem nur einmal zu meinen Lebzeiten stattfinden würde. Marlies und Mercedes verboten mir dies. Es gäbe viel Arbeit im Hause und ich hätte ‹wichtigere Dinge zu tun, als zu der Klausurtagung eines Konzils zu gehen›. Sie fügten hinzu, daß Don Alvaro und ‹einige unserer Brüder dort sein würden, und das reiche aus›.

Das Fernsehen übertrug das Ereignis direkt am Morgen, und eine Videoaufnahme wurde am Abend gesendet. Ich war die einzige Numerarierin im Hause, der nicht erlaubt wurde, es anzusehen. Keine der dreihundert Numerarierinnen, die wir im Haus gewesen sein mußten, begab sich zum Vatikan. Das habe ich nie verstanden, und wenn das Opus Dei behauptet, Monseñor Escrivá liebe die Kirche und den Papst, erscheint mir das nicht objektiv, wie es die Beispiele, die ich selbst durchlebt habe, gezeigt haben.

Zu Weihnachten riefen mich meine Eltern an. Offenbar wurde unsere Verbindung unterbrochen. Das geschah, weil man Lourdes Toranzo, meine ‹Aufpasserin›, nicht gleich fand und deshalb erst einmal meine Telefonverbindung unterbrach. Meine Eltern schickten mir ein Telegramm, in dem sie mir mitteilten, sie würden mich am Weihnachtstag anrufen. Ich durfte zwar mit ihnen sprechen, bemerkte aber, daß jemand das Gespräch abhörte, wahrscheinlich Lourdes Toranzo in Erfüllung ihrer Mission als meine Aufpasserin. Ich sagte ihnen immer wieder, wie gern ich sie sehen würde und daß sie kommen sollten, aber meine Mutter, die zu meinem großen Erstaunen ans Telefon kam, sagte mir, sie habe immer noch große Angst vorm Fliegen, und sie würden mich lieber im Frühjahr besuchen – mit der Bahn. So sehr ich auch darauf beharrte, sie erfüllten nicht meinen sehnlichsten Wunsch, nämlich mich zu besuchen. Sie waren schon zufrieden, mich wieder in ihrer Nähe zu wissen.

Im Haus war ich sehr zurückhaltend. Ich sprach wenig und verhielt mich friedlich. Ansonsten half ich den Sirvientas nach Kräften. Ich beschränkte mich darauf, zuzuhören. Der einzige Moment, in dem ich

mich sehr ernst äußerte, war, als man in Anwesenheit von lateinameri-
kanischen Numerariern darüber sprach, daß in den Ländern Latein-
amerikas die Leute ‹faul, arrogant und ungebildet› seien. Da mußte ich
die Menschen verteidigen. Ich stellte fest, daß alle im Haus schweigend
auf meiner Seite standen.

Von den Oberinnen hatte ich keinerlei Weihnachtsgruß zu erwarten.
Marlies erwähnte nur, für mich sei keine Post gekommen. Ich war davon
überzeugt, daß sie log, hatte aber keine Beweise. Eines Tages setzte ich
alles auf eine Karte: Da ich wußte, wo die Schlüsselduplikate aufbewahrt
wurden, darunter auch der für den Briefkasten, stieg ich hinauf in das
Sekretariat und nahm ihn mir. Durch das Tür-System beim Lieferanteneingang war das Öffnen des Briefkastens – ohne gehört zu werden – ein
regelrechtes Abenteuer. Mein Herz raste vor Aufregung. Es waren mindestens acht Briefe an mich vorhanden. Ich sah auf die Absender. Einen
von ihnen öffnete ich sogleich. Er kam von Lilia Negrón, die sich über
mein monatelanges Schweigen beschwerte. Sie und ihr Mann wollten
wissen, warum ich auf ihre Briefe nicht antwortete. Ich vernichtete diesen Brief, ließ die anderen sieben im Briefkasten und brachte das Schlüs-
selduplikat wieder an seinen Platz. Als ich in der Woche Marlies fragte,
ob keine Weihnachtspost für mich gekommen sei, verneinte sie dies.
Damit stand für mich fest, daß sie nicht die Wahrheit sagte.

Ich glaube, daß sie Angst hatten, ich könnte versuchen zu fliehen;
wobei mir nicht ganz bewußt ist, wie das aus einem Zimmer mit schrägen Wänden geschehen sollte. Jedenfalls mußte ich erneut umziehen.
Diesmal zog ich in ein Zimmer, das auf den Innenhof ausgerichtet war.

Es kam der 19. März, der aus verschiedenen Gründen für das Opus
Dei ein besonders bedeutender Festtag ist: erstens handelt es sich um
den Namenstag von Monseñor Escrivá, zweitens fand die Erneuerung
der Gelübde statt, die jetzt in der Prälatur Eide oder vertragliche Ver-
einbarungen genannt werden. Zudem wurde am Vorabend gewöhnlich
in allen Häusern des Opus Dei die sogenannte ‹San-José-Liste› angefertigt. Sie besteht aus einem gefalteten Zettel, auf den die Leiterin die drei
Namen der Personen schreibt, die ihr von jeder Numerarierin genannt
werden, und für die sie das ganze Jahr über beten und sich geißeln wird,
damit jene sich zur Numerarierin berufen fühlen. Wenn die Liste erstellt ist, wird sie in einen Umschlag gesteckt, verschlossen und der
Leiterin bis zum folgenden Jahr zur Aufbewahrung überlassen. Es werden die Litaneien der Heiligen und die *Preces* des Werkes gebetet. Im

folgenden Jahr wird dann der Umschlag geöffnet, und die Freude ist groß, wenn man einige von ihnen, deren Namen auf der Liste stehen, als neue Numerarierin begrüßen kann.

Ich beschloß, mir nicht das Leben zu nehmen, sondern etwas für mich zu tun, um diesen Strick, der mich zu erdrosseln drohte, zu lokkern. Deshalb schrieb ich Monseñor Escrivá ein paar Worte der Gratulation und teilte ihm mit, daß es mir gelingen würde, meine Verfehlungen (ich wußte immer noch nicht, welche) einzusehen und mich zu bessern.

Ein paar Tage später, als Monseñor Escrivá ‹La Montagnola› besuchte, wurden wir alle, die in der Verwaltung tätig waren, zusammengerufen. Er stand auf der Treppe, und alle im Haus waren zwischen dem Flur und den weißen Marmorstufen versammelt. Er wandte sich mir zu und erklärte, mein Brief habe ihm sehr viel Freude bereitet, mir jedoch war das alles völlig gleichgültig. Jahre zuvor noch hätte ich eine Karteikarte über seine Worte angefertigt und wäre ganz bewegt gewesen. Doch jetzt war ich so ernüchtert, so gebrochen, daß ich nur noch in Ruhe gelassen werden wollte, bis der Generalkongreß abgehalten und Änderungen in der zentralen Leitung des Werkes vorgenommen würden. Von dem Moment an würde meine Lage mit Sicherheit neu erörtert werden.

Gegen Ende März rief mich Marlies und schickte mich in den Saal für Besucher von ‹La Montagnola›, nicht, ohne mich zuvor gefragt zu haben: «Hast du dich zurechtgemacht?»

«Ja», antwortete ich.

«Dann geh um vier Uhr hinauf.»

Ich ging in den Saal und wartete dort etwa eine Stunde. Ich wußte nicht, was das Ganze sollte. Auf einmal erschienen Don Francisco Vives und Don Severino Monzó. Überraschenderweise blieb ich mit den beiden allein.

Sie wollten die Aussöhnung. Sie sagten mir, sie wollten mir helfen, aus ‹meinem Tiefpunkt herauszukommen›. Die Monate seien vergangen, und sie hätten keine Fortschritte bei mir feststellen können. Ich würde mich nicht bessern. Sie hätten vernommen, der Padre habe besondere Worte der Liebe an mich gerichtet, die ich aber nicht wie erwartet aufgenommen hätte. Ich solle ihnen erzählen, was mit mir los sei.

Daraufhin sagte ich ihnen ganz klar und ohne Umschweife, daß a) ich mich als Gefangene fühlte; b) man mich mit dieser aufgezwungenen Isolation zerbrechen würde; c) ich ein verlogenes, unfreundliches Klima um mich herum verspürte; d) man mir erklären solle, warum ich keinen Kontakt mit Venezuela unterhalten dürfe, warum man Lügen erfinde, damit die Leute mich nicht besuchten, mit mir sprachen oder mir schrieben; e) man mich nicht mit den Schülerinnen des Colegio Romano de Santa María sprechen lasse; f) man mir sagen sollte, warum ich nicht allein ausgehen dürfte; g) man mir die schrecklichen Dinge, die ich in Venezuela getan haben soll, nennen sollte, da ich ohne Kenntnis meiner Sünden auch keine Reue üben konnte; h) Marlies für mich eine Folter darstellte; i) ich nicht verstünde, warum man mich nicht in ein anderes Land schickte, da ich in Rom erstickte; j) es vielleicht wie Ketzerei klinge, wenn ich sagte, ich wolle nicht in der Nähe des Padre sein, dies sich aber nur auf das Klima aus Eifersucht, Mißtrauen, Überwachung und Unfreundlichkeit bezöge, das ich um mich herum fühlte. Ich sagte ihnen alles, was ich über Rom und das Haus dachte. Vor allem bestand ich darauf, man solle mir für das vertrauliche Gespräch eine andere Person als Marlies zuteilen, weil ich befürchtete, nicht aufrichtig zu ihr sein zu können, da sie in mir durch ihre böse Art, in der sie mit mir sprach, Entsetzen hervorrief, und daß ihre Gefühlskälte mich schon mehrmals hatte daran denken lassen, sie sei eine ‹Tscheka›. Zum Abschluß fügte ich hinzu: «Sie werden mich noch zerbrechen», und fing an zu weinen.

Dann wandte ich mich an Don Severino und sagte zu ihm:

«Don Severino, Sie kennen mich bereits seit vielen Jahren und wissen genau, daß ich schwierigen Situationen gegenübergestanden und nicht verzagt habe. Doch so langsam verlassen mich meine Kräfte.»

Ergebnis dieses Gesprächs war es, noch einmal um Entschuldigung zu bitten ... Selbstverständlich dürfte ich alleine auf die Straße und zur Messe gehen und auch nach Venezuela schreiben. Ich sollte schlicht, aufrichtig und demütig sein. Man wollte meinen Wunsch, eine andere Person für das vertraulichen Gespräch zu finden, überdenken. Aber Rom dürfte ich nicht verlassen, da der Padre dies nicht wolle. Wenn ich jedoch auf die Straße gehen wollte, bräuchte ich es nur anzumelden und könnte dies jederzeit tun.

Die Dinge änderten sich nicht. Wenn vorher die Antwort auf meine Bitte, einmal ums Viereck gehen zu dürfen, ‹nein› lautete, so hieß es jetzt: ‹Laß es mich erst einmal überlegen, ich sage es dir dann später›. Oder es war gleichfalls ein ‹Nein›.

Ich gelangte an den Punkt, an dem ich glaubte, alle anderen hätten recht, nur ich nicht; daß alles, was um mich herum geschah, so sein mußte, wie die Oberinnen es sagten und nicht wie ich es sah. Dadurch, daß Marlies immer wieder auf mich einredete, ich müsse vergessen, was ich in den vergangenen zehn Jahren erlebt und kennengelernt hatte, und von mir in vorwurfsvollem Ton verlangte, ich solle immer erst fragen, wenn ich etwas wollte, ließ mein Gedächtnis langsam nach. Manchmal konnte ich mich noch an Gesichter, aber nicht mehr an Namen erinnern. Ich verwechselte Orte und Umstände.

Und es kam der Moment, da zweifelte ich an meinem Verstand. Mein Gedächtnis ließ immer mehr nach. Es hat mich jahrelange Konzentrationsübungen gekostet, um mich wieder an Namen erinnern zu können, die mir seinerzeit höchst vertraut gewesen waren.

Im Laufe der Jahre wurde mir klar, daß mich das Opus Dei einer Gehirnwäsche unterzogen hatte, ausgeführt von Marlies Kücking und Mercedes Morado, sowie direkt oder indirekt von Monseñor Escrivá.

Bedingte Freiheit

Durch einen Brief aus Caracas, der mir in mein abgelegenes Zimmer gebracht wurde, erfuhr ich, daß Don José Ramón Madurga, der zu der Zeit in Japan wirkte, ihnen dort einen gewöhnlichen Besuch abgestattet habe. Er hatte mit allen Frauen aus der Asesoría Regional gesprochen. Mehrere Oberinnen schrieben mir ihre eigene Meinung über diesen Besuch. Alle stimmten in dem Punkt überein, daß er voller Vorurteile angekommen sei und mich völlig niedergemacht habe. Alle hatten ihm von der List, wie man mich aus dem Land geholt hatte, erzählt.

Im Januar 1966 hatte eine Zusammenkunft der Consiliarii in Rom stattgefunden. Ich bat darum, mit Don Robert Salvat, Don José Ramón Madurga oder Don Manuel Botas sprechen zu dürfen. So sehr ich auch darauf beharrte, die Asesoría Central erlaubte es nicht. Es geschah, daß während einer Messe, die Monseñor Escrivá zusammen mit Don Robert Salvat und Don José Ramón Madurga abhielt, nach Kissen verlangt wurde, die wir ihnen in die Sakristei von Santa María bringen sollten. Es handelt sich dabei um einen kleinen, dreieckigen Raum, der mit einigen Spiegeln versehen ist, so daß man den Raum aus jedem Winkel überblicken kann. Wir brachten die Kissen herein, und ich trat direkt vor Don Robert Salvat hin und sah ihm in die Augen. Er konnte meinen

Blick nicht ertragen und senkte die Augen. Als man ihn später in Venezuela fragte, ob er mich gesehen habe, antwortete er nein. Es ist eine typische Politik des Opus Dei, sogar auf völlig unbedeutende Fragen mit einer Lüge zu antworten. Dagegen muß ich gerechterweise sagen, daß ich an einem anderen Tag am gleichen Ort Don Manuel Botas sah. Er sprach nicht mit mir, da er es nicht durfte. Aber als er nach Spanien kam, rief er meinen jüngeren Bruder Manolo an und sagte ihm, er solle meine Eltern mit aller Behutsamkeit darüber in Kenntnis setzen, daß er mich in Rom gesehen und fassungslos festgestellt habe, wie sehr ich heruntergekommen sei. Ich sei schrecklich gealtert und völlig verändert.

Zu der Zeit war ich für die Kapelle von Santa María zuständig und hatte die beiden ersten Messen, die Monseñor Escrivá zelebrierte, vorzubereiten. Der Padre war zornig. Als die erste Zelebration vorbereitet wurde, sagte er: «Wir machen das einmal und lassen es nicht zum Präzedenzfall werden.» Zu einem anderen Zeitpunkt bemerkte er, mit Bezug auf Papst Paul VI.: «Mal sehen, ob dieser Mann friedlich bleibt.» Monseñor Escrivás Auffassungen von der praktischen Anwendung des Katechismus waren durch Worte und Gesten deutlich erkennbar. Mehrere Male hörte ich ihn ähnliche Dinge über Seine Heiligkeit Paul VI. sagen, die er schon über Pius XII. geäußert hatte: «Wir wollen doch mal sehen, ob er uns einmal in Ruhe läßt, und Gott, Unser Herr, ihn in seiner unendlichen Barmherzigkeit zu sich in den Himmel ruft.» Wenn er bereits Johannes XXIII. als einen ‹Bauernlümmel› ansah, und dafür gibt es viele Zeugen innerhalb des Opus Dei, so bezeichnete er Paul VI. als einen ‹jesuitischen Heuchler›. Deshalb erachte ich es als dreist, wenn seine Biographen aus dem Opus Dei versichern, er besäße ökumenischen Geist, oder wenn gegenwärtig Monseñor Javier Echeverría die Kaltblütigkeit besitzt, in schriftlich verfaßten, offiziellen Dokumenten an den Heiligen Stuhl zu versichern, daß ‹Monseñor Escrivá tiefbewegt an die Treffen mit Seiner Heiligkeit Pius XII. zurückdenkt›.

Im Mai sollte in Rom der Generalkongreß der Frauenabteilung des Opus Dei abgehalten werden. Im letzten Moment hieß es, er würde in der ‹Villa delle Rose›, dem Sitz des Colegio Romano de Santa María, stattfinden. Dies erfüllte mich, wie gesagt, mit großer Hoffnung, da ich dachte, daß dann die Ämter neu besetzt und die Dinge wieder ihren normalen Lauf nehmen würden. Der Kongreß fand statt, und außer Pilar Salcedo, die an einem Nachmittag Villa Sacchetti besuchte, kam keine Wahlberechtigte in das zentrale Haus. Leider gab es keine substantielle Veränderung. Mercedes Morado wurde erneut zur zentralen Leiterin gewählt und Marlies Kücking zur Zweiten an Bord, also zur Sekretärin der Asesoría Central. Carmen Puente blieb weiter *procuradora*. Das war für mich ein Schlag. Ich sah keine Lösung mehr für meine Situation.

Am 9. Mai 1966 unternahm ich mit mehreren Numerarierinnen die gewohnte Wallfahrt zur Basilika von Santa María Maggiore, eine Fahrt, die ich stets voller Hingabe unternommen hatte.

Zweiter kanonischer Verweis

Gegen Mitte Mai desselben Jahres bemerkte ich, daß sich der Boden unter meinen Füßen bewegte. Man rief mich, wie immer, mitten aus der Arbeit, in den Versammlungssaal der Asesoría Central. Monseñor Escrivá saß am Kopfende des Tisches, zu seiner Linken Don Francisco Vives und Don Javier Echeverría, Don Alvaro del Portillo war nicht anwesend. Zu seiner Rechten saßen Mercedes Morado und Marlies Kücking. Mir wurde der Platz zwischen den beiden zugewiesen. Über allem lastete eine Stimmung des Grauens. Monseñor Escrivá war außer sich und schnaubte laut los:

«Carmen, jetzt ist Schluß! Du wirst uns nicht länger zum Narren halten!»

Er nahm ein Blatt Papier, das vor ihm lag, auf, richtete seine Brille und sagte:

«Man berichtet mir, du habest Briefwechsel mit dieser Ana María Gibert, dieser bösen Frau! Außerdem sollst du hier in Rom ein Postfach besitzen.

Er legte seine Brille ab und schrie mich an:

«Was soll das heißen, du große Heuchlerin und böses Weib?»

Ich erwiderte ihm:

«Ja, Padre, ich habe Ana María Gibert geschrieben, aber sie ist kein böses Weib.»

Monseñor Escrivá las weiter:

«Diese verdorbene Kupplerin Gladys soll hereinkommen!!»

Aschfahl betrat Gladys den Versammlungssaal.

Ohne sie zu begrüßen, schrie sie der Padre an:

«Ist es wahr, daß du der hier, diesem bösen Weib, Briefe von der Post mitbringst? Bist du dir eigentlich der Schwere deiner Tat bewußt?» Gladys sagte kein Wort. Aber Monseñor Escrivá blieb hartnäckig: «Antworte!! ANTWORTE!!» Gladys schwieg unerschütterlich weiter. Daraufhin sagte ich zu ihr: «Gladys, sag ruhig, daß du mir ein paar Briefe gebracht hast.» Woraufhin Gladys erwiderte: «Ja, Padre.» Und wieder verstummte. «Du weißt es ja bereits. Keinen Fuß setzt du mehr in die Asesoría Central. Findet mir eine andere für die Arbeit im Haus! Und du gehst jetzt auf dein Zimmer und rührst dich nicht vom Fleck!! Hast du gehört?? Nicht vom Fleck rührst du dich!!»

Als Gladys den Versammlungssaal verlassen hatte, sagte Monseñor Escrivá zu Mercedes Morado und Marlies Kücking, was die beiden genannten Priester bezeugen können:

«Die dort (mit Bezug auf Gladys) ist richtig durchzuwalken; zieht ihr die Röcke hoch, reißt den Schlüpfer herunter und gebt es ihr in den Arsch!! In den Arsch!! Bis sie spricht!! BRINGT SIE ZUM SPRECHEN!!!»

Dann wandte er sich mir zu und schrie:

«Dir, Heuchlerin, erteile ich den zweiten Verweis! Da schreibst du mir einen Brief zu meinem Namenstag und beteuerst, du wolltest ganz neu anfangen, und dann machst du so etwas? Erzähl' denen da alles, und zwar alles! Vor dir muß man sich ja richtig in acht nehmen! Und eins kann ich dir gleich sagen, ich erwarte einige eidgebundene Erklärungen aus Venezuela, und dann kannst du was erleben! Du bist ein böses, tückisches Weib! Ein Abschaum!! Das bist du, jawohl!! Und jetzt geh! Ich will dich nicht mehr sehen!!»

Es ist mir einfach unmöglich, meine seelische Verfassung zu beschreiben. Ich fühlte mich am Ende. Zerschmettert. Ich konnte mir nicht vorstellen, was sie mit mir machen würden. Ich konnte einfach keinen klaren Gedanken mehr fassen; aber dazu gaben sie mir auch gar keine Zeit.

Nach alldem folgten ständige Verhöre durch Mercedes Morado und Marlies Kücking. Mehrere Male am Tag und über Stunden hinweg. Eines nach dem anderen. Sie ließen mir kaum Zeit zum Luftholen. Meistens wurde ich nach dem Mittagessen in den Besuchersaal von ‹La Montagnola› geholt. Dort wartete ich dann ungefähr eine Stunde, bevor sie erschienen. Ich weiß nicht, was für ein Geständnis sie von mir über meinen Aufenthalt in Venezuela erwarteten. Durch die Art, in der sie mir die Fragen stellten, hatte ich den Eindruck, sie bezogen sich auf etwas Sexuelles, ohne daß sie es direkt sagten. Da ich keine Gewissensbisse über etwas verspüren konnte, von dem ich nichts wußte, erschienen mir ihre Fragen unverständlich.

Eine Art der Fragestellung war folgendermaßen: Na los, ist dir eingefallen, was du uns noch nicht gesagt hast? Und wenn ich entgegnete: «Aber was denn?», war die unverzügliche Antwort: «Wie kann dein Gewissen bloß so ermattet sein? Nun los, denk an das, was du uns noch nicht gesagt hast...» Und so ging es immer weiter.

Ich fühlte mich körperlich und geistig am Ende. Durch die Gitterstäbe vor meinem Fenster warf ich die Schlüssel meines Postfachs so weit ich konnte hinaus. Ich sah, wie sie in einen benachbarten Garten fielen. Als Marlies und Mercedes die Schlüssel von mir verlangten, entgegnete ich ihnen, ich habe sie weggeworfen. Sie glaubten, ich hätte sie in der Toilette heruntergespült, was ich nicht verneinte, denn so wie ich sie kannte, wären sie imstande gewesen, auf allen Vieren den benachbarten Garten danach abzusuchen, hätte ich ihnen die Wahrheit gesagt. Ich entledigte mich einiger Briefe, die ich von meiner Familie erhalten hatte, und behielt nur ein paar Fotos von meinen Eltern und Brüdern, sowie Studienunterlagen und Privatadressen. Mein Reisepaß war natürlich gleich bei meiner Ankunft in Rom einkassiert worden, wie es üblich war.

Da ich Gladys weder in der Kapelle noch bei den Mahlzeiten erblicken konnte, nahm ich an, daß man sie eingesperrt hatte. Ich setzte alles aufs Spiel und fand heraus, wo ihr Zimmer lag. Als sie mich kommen sah, erzählte sie mir niedergeschlagen, sie sei am Vortage stundenlang ununterbrochen von Mitgliedern der Asesoría Central verhört worden, und man habe ihr gesagt, wenn sie mit mir spreche, begehe sie eine Todsünde. Mit aller Kraft, die mir zur Verfügung stand, entgegnete ich ihr, daß niemand das Recht besäße, zu behaupten, wer mit mir spreche, begehe eine Todsünde. Sie solle sich um mich keine Sorgen machen und Gott treu bleiben. Ich schloß die Tür hinter mir und sah sie im Leben nie mehr wieder. Ich glaube, sie ist immer noch Numerarierin des Opus Dei.

Mercedes und Marlies verhörten mich weiter mehrmals am Tag. Dies war für mich äußerst anstrengend, nahezu quälend, stundenlang folgte eine Frage der anderen. Einige davon waren ständig gleich:

«Sag mir die Nummer des Postfachs an der Piazza Mazzini», verlangte Mercedes immer wieder. In bestimmtem Ton erwiderte ich immer wieder, ich würde sie nicht sagen. Daraufhin drohten sie mir, wenn ich sie nicht nenne, beginge ich eine Todsünde. Aber ich nannte sie nie. Dann warfen sie mir immer wieder vor, ich würde den Padre mit meinem Verhalten umbringen, und ähnliches.

Nach jedem Verhör wurde ich auf mein Zimmer gebracht, gewöhnlich von der *asesora* Elena Olivera, die auch bei mir im Zimmer blieb. Ich weiß noch, daß ich am Tisch saß, den Kopf zwischen meinen Händen verborgen, und darauf wartete, daß man mich zum nächsten Verhör abholte. Und so ging es vom 14. bis zum 31. Mai 1966. Tagsüber blieb eine *asesora* bei mir im Zimmer, eine andere stand draußen auf dem Flur, um sie abzulösen, wenn ich die Toilette aufsuchte. Während meiner Menstruationszeit nahmen sie meine gebrauchten Binden entgegen und warfen sie erst fort, nachdem sie sie eingehend untersucht und festgestellt hatten, daß sich nichts darin befand.

Wenn ich nach diesen Verhören in mein Zimmer zurückkehrte, stellte ich jedesmal fest, daß Dinge von mir verschwunden waren: meine Reisetasche, Examensurkunden, Familienfotos, Adreßbücher. Alles, wirklich alles wurde auf den Kopf gestellt. Mein Wandschrank ebenso wie das Bett, der Pyjama, der Frisiertisch, meine Gesichtscreme und Zahnpasta. Ich konnte mir nicht vorstellen, was sie zu finden hofften. Sie fragten mich, von wem ich Geld erhielte. Aber niemand schickte mir etwas. Lediglich Señora de Sosa hatte mir eine Unmenge Briefmarken geschenkt.

Die Sirvienta vor der Tür wurde abgezogen, und Mary Tere Echeverría, die lokale Leiterin der Asesoría, übernahm den Posten. Auch das Telefon neben der Galleria della Madonna wurde ständig überwacht. Man ließ mich nicht am Saubermachen teilnehmen. Auch durfte ich nicht in den Eßsaal hinuntergehen. Man brachte mir ein Tablett mit dem Essen herauf. Der Kreis war hermetisch geschlossen. Nur die Kapelle durfte ich aufsuchen, um zu beten.

Infolge des Terrors befiel mich ein chronisches Zittern. Ich hatte Angst, man könnte mich in eine Irrenanstalt bringen, da ich wußte, daß man dies schon zuvor mit anderen getan hatte. In meiner Angst fiel mir plötzlich ein, daß Ismael Medina, der Ehemann einer Freundin und Journalist, zur Zeit in Rom war. Ich hatte seine Nummer durch einen glücklichen Zufall in mein Meßbuch eingetragen. Ich empfahl mich aus tiefster Seele Gott, und unter allergrößtem Risiko gelang es mir, beim Verlassen der Kapelle das Telefon zu erreichen, als diejenige, die es überwachte, für einen Augenblick abgerufen wurde. Ich wählte Ismaels Nummer und konnte gerade sagen: «Ismael, hier ist María del Carmen. Komm schnell her und verlange mich zu sprechen. Besteh darauf, auch wenn sie dich nicht zu mir lassen wollen. Es ist wichtig.» Und hängte auf.

Da ich beinahe ständig zitterte, prüfte Chus de Mer, die Ärztin, häufig meinen Blutdruck. Trotz alldem gingen die Verhöre weiter.

Eines Tages kam Mercedes Morado in mein Zimmer und sagte:

«Los, gib mir dein Notizbuch, das Kruzifix, den Rosenkranz und den Füllhalter.»

Sie nahm mir alles weg.

Es gelang mir noch zu sagen:

«Mercedes, diesen Rosenkranz hat mir Tante Carmen geschenkt.»

Worauf sie antwortete:

«Den hast du nicht verdient.»

Ich nahm meinen ganzen Mut zusammen und sagte, ich sei nach Rom gekommen, weil ich an das Werk und den Padre glaubte. Ich habe kein persönliches Problem irgendwelcher Art gehabt, aber sie, mit ihrer Handlungsweise hätten mir eins geschaffen. Wenn ich denn etwas Schlechtes getan haben sollte, solle man mir es einfach sagen, damit ich Reue üben könne. Aber sie sagten mir weiterhin nichts Genaues, trotz aller Schelte, die auf mich niederprasselte.

Besuch von einem Freund aus Spanien

Ismael Medina, der Ehemann meiner Freundin Conchita Banon, suchte mehrmals das Haus auf und rief wiederholt an. Immer sagte man ihm, ich sei gerade nicht im Haus und man wisse nicht, wann ich zurückkäme. Bei einem Besuch schließlich teilte er der Sirvienta, die ihm die Tür öffnete, mit, wenn man ihm nicht erlaubte, mich zu sprechen, würde er im Vatikan nach mir fragen; das erzählte er mir viel später. Jedenfalls kam Marlies in mein Zimmer und fragte mich, ob ich Ismael Medina kenne. Ich antwortete ihr, ja. Daraufhin fragte sie mich, ob ich ihn angerufen hätte, und ich entgegnete, nein, da ich nicht wollte, daß man ihn wieder wegschickte. Marlies erklärte mir, daß dieser Herr auf mich im Besuchersaal warte und daß sie die ganze Zeit über dabei sein würde. Ich machte Marlies darauf aufmerksam, daß es Ismael sehr seltsam vorkommen würde, da ich eine Freundin seiner Frau sei und es bei seinen Besuchen in Caracas keinerlei Probleme gegeben habe. Mit diesen Worten kamen wir zum Besuchersaal.

Ich kann gar nicht beschreiben, wie sehr ich mich freute, Ismael zu sehen. Ich machte ihn mit Marlies bekannt, und nach wenigen Minuten erklärte er, er würde gern etwas Vertrauliches mit mir besprechen, und ob sie die Güte hätte, uns ein paar Minuten lang allein zu lassen. Doch Marlies verließ den Raum nicht. Natürlich hätte ich Ismael auch in Gegenwart von Marlies alles, was man mit mir machte, erzählen können, aber ich fühlte mich wirklich am Boden zerstört. Wir begannen ein Gespräch über die ‹mögliche Scheidung meiner Eltern›; ein völlig absurdes Thema, da er genau wußte, wie verbunden meine Eltern einander waren. Ismael sagte, ich müsse nach Spanien reisen, um die Lage zu retten, und ersuchte auch Marlies, sie solle die Superioren darum bitten, da ich die Älteste sei und mit meinen Eltern sprechen müßte.

Selbstverständlich war Ismael angesichts des absurden Gesprächs völlig klargeworden, daß ich nicht ein Zipfelchen Freiheit besaß. Ich werde nie seine Augen vergessen, als er sich verabschiedete und so tat, als gäbe er mir seine Telefonnummer, die mir Marlies, kaum daß die Tür hinter ihm ins Schloß gefallen war, aus den Händen riß.

Noch am selben Nachmittag, wie mir Ismael Tage später erzählte, habe ihn das Opus Dei, vertreten durch Julián Herranz, aufgesucht, um ihm mitzuteilen, daß ich nach Spanien zu meiner Familie fahren würde (noch bevor ich selbst es erfuhr). Man habe mich aus Venezuela geholt, weil ich eine psychische Krise, weder geistiger, noch religiöser Art, durchlitten hätte. Darauf antwortete Ismael nur trocken, er kenne mich seit vielen Jahren, da seine Frau eine enge Freundin von mir sei, und er höre zum ersten Mal von einem Problem dieser Art.

Dritter kanonischer Verweis

Am 27. Mai wurde ich wieder in den Versammlungssaal der Asesoría Central gerufen. Ich war sicher, früher oder später die Angelegenheit um den Meditationstext erklären zu müssen, den sie in tausend Schnipseln zerrissen in meinem Wandschrank gefunden hatten, bevor ich sie verbrennen konnte.

Diesmal waren versammelt: Monseñor Escrivá, Alvaro del Portillo, Javier Echeverría, Mercedes Morado und Marlies Kücking. Monseñor Escrivá begann:

«Carmen, für dich bleibt nur noch die Straße. Du hast die Wahl: Entweder bittest du um deine Entlassung in einem Brief an mich, in dem du mir sagst, du seiest sehr glücklich gewesen, denn das warst du!!, würdest aber seit einiger Zeit feststellen, nicht mit ganzer Seele den Pflichten gegenüber dem Opus Dei nachkommen zu können, und bittest darum, man möge dich davon entbinden. Oder aber ich bringe alles mit Dokumenten, Briefen, eidesstattlichen Erklärungen und Namen vor den Heiligen Stuhl. Das würde dann Schande für alle, einzig durch deine Schuld, bedeuten. Dein Name würde vom Heiligen Stuhl gebrandmarkt werden. Ich lasse dir die Wahl bis morgen mittag zwölf Uhr.» Völlig irritiert setzte er hinzu: «Schreib in deinem Brief nicht ‹Lieber Padre›, sondern einfach nur ‹Padre›.

Dann fuhr er fort:

«Du bist noch jung und kannst einen guten Ehemann finden, und in dieser Hinsicht all deinen Trieben folgen.» Während er das sagte, machte er mit beiden Händen eine Bewegung, als zeichne er einen anderen Körper nach. «Dir wird es nicht an einem guten Mann mangeln, der dich heiraten will. Außerdem bist du imstande, einen anderen Beruf zu finden, in dem du es zu etwas bringst.»

An dieser Stelle änderte er seinen Ton und schrie:

«Aber in der Akte wird festgehalten: Dritter Verweis! Auf die Straße!! Hinaus auf die Strasse!!! Du wirst uns in Ruhe lassen! Denk darüber nach: Entweder bittest du um deine Entlassung, oder es ergeht Schande über alle und dich zu allererst. Aber daneben bleibt dir keine Wahl, nur: die Straße!!»

Ich ging völlig zerstört in mein Zimmer. Ich konnte nicht einmal mehr beten. In meinem Verstand herrschte Chaos. Selbstverständlich wurde ich weiterhin in meinem Zimmer und außerhalb desselben überwacht.

Es waren nicht einmal zwei Stunden seit der Szene mit Monseñor Escrivá vergangen, als Elena Olivera, eine der Oberinnen der zentralen Leitung, kam, um mich zu fragen, ob ich den Brief an den Padre schon geschrieben hätte. Ich erwiderte, nein, das hätte ich noch nicht getan.

Ich würde mir die gewährte Zeit bis zum nächsten Tag nehmen, und außerdem hätte mir Mercedes Morado meinen Federhalter weggenommen. Elena Olivera beharrte darauf, ich solle so bald wie möglich meinen Brief an den Padre schreiben, da er sich große Sorgen mache. Und sie lieh mir ihren Federhalter, damit ich mein Gesuch auf Entlassung stellen konnte.

Ich schrieb also den Brief. Der Text lautete ungefähr so: «Padre: Wenn ich auch über viele Jahre hinweg sehr glücklich im Werk gewesen bin, muß ich seit einiger Zeit feststellen, daß ich nicht in der Lage bin, den Pflichten, die mein Dienst im Werk mit sich bringt, nachzukommen. Deshalb bitte ich Sie, mich von besagten Pflichten zu befreien. Ich danke Ihnen für alles, was Sie für mich getan haben.» So ungefähr formulierte ich es. Dann unterschrieb ich. Ich hatte eine Kopie für mich behalten, aber Mercedes Morado nahm sie mir weg.

Man sagte mir, ich würde warten müssen, da Wochenende sei und Don Alvaro del Portillo ‹meine Sache› dem Heiligen Stuhl zur Bekräftigung erst am Montag würde vorlegen können. Das kam mir merkwürdig vor, denn wenn es sich um eine ‹freiwillige Trennung vom Institut› handelt, die den Statuten des Opus Dei entspricht, genügt die Entbindung durch den Generalpräsidenten. Aber im Grunde war mir bereits alles gleichgültig. Ich war völlig erschöpft.

Sie forderten mich auf, an meine Eltern zu schreiben und ihnen mitzuteilen, daß ich nach Hause käme. Dieser Brief wurde meinen Eltern nicht auf dem normalen Postweg zugestellt, sondern eine Dame steckte ihn direkt in den Türbriefkasten. Mein Vater schickte mir ein Telegramm mit bezahlter Rückantwort, in dem er mich bat, ihnen mitzuteilen, mit welchem Flug ich nach Madrid käme. Die Antwort an meinen Vater wurde am 31. Mai um 8.30 Uhr abgeschickt, am gleichen Tag, an dem ich Rom verließ. Die Superioren erklärten mir, sie hätten das Antwortschreiben abgesandt. Ich bekam es nicht einmal zu sehen.

Der Gedanke, bald im Haus meiner Eltern zu sein, erschien mir wie eine Befreiung. Ich hatte mit dem Haus in Rom und dem Padre abgeschlossen und wollte so schnell wie möglich fort. Sorgen bereitete mir jedoch die Tatsache, daß Mercedes Morado mein Notizbuch behalten hatte, in dessen Plastikhüllen sich meine für mehrere Jahre gültigen venezolanischen Ausweise befanden, sowie mein venezolanischer Führerschein, der internationale Impfschein und der internationale Führerschein. Ich erinnerte Mercedes daran, mir diese Dokumente zurückzugeben, denn sie waren mir als persönliche Ausweise unentbehrlich. Sie hörte mir überhaupt nicht zu, sondern sagte nur, der Reisepaß würde genügen.

Nach diesem letzten Verweis verlangten Mercedes Morado und Marlies Kücking, ich müsse die Beichte ablegen, ob ich wolle oder nicht. Ich stieg also in den Beichtstuhl, in dem sich bereits Don Joaquín Alonso befand, aber nicht als Priester und Seelenhirte, sondern als Hauptsuperior des Opus Dei. Ich sagte ihm, wenn ich auch nicht wüßte, welche Verfehlungen ich begangen haben sollte, da man mir dies nie mitgeteilt hätte, bereute ich doch besonders das schlechte Beispiel, das ich abgegeben, und den Schaden, den ich Personen im Opus Dei zugefügt hätte. Ebenso wie alles, was aus meinem schlechten Verhalten erfolgt war. Don Joaquín Alonso erwiderte, ich hätte einen Schaden angerichtet, dessen Ausmaße ich gar nicht ermessen könnte. Der psychische Schock, den ich beim Verlassen des Opus Dei erfahren würde, würde riesig sein, und er hoffe, ich würde mich in die Hände eines guten Psychiaters begeben. Auch möge Gott mir verzeihen, denn er sei der Gott der Barmherzigkeit und der Vergebung. Aber er als Priester des Opus Dei sage mir, ich hätte bis ans Ende meiner Tage ein Leben in Buße, Wiedergutmachung und Gebet zu führen, wenn ich wollte, daß Gott später meiner Seele Heil gewähre, etwas, was er als Priester ziemlich bezweifle.

Am vorletzten Tag verbot man mir, zur Messe zu gehen. Am letzten Tag ging ich zur Messe, aber Elena Olivera zog mich aus der Kapelle, bevor ich das Abendmahl empfangen konnte.

Am Morgen des 31. Mai wußte ich nicht, daß ich noch am selben Tag nach Spanien abreisen würde.

Der Abschied

Auch am Morgen des 31. Mai wurde ich in den Versammlungssaal der Asesoría zitiert. Monseñor Escrivá erwartete mich stehend im Kelchsaal. In einer Gruppe zusammen standen: Don Javier Echeverría, Mercedes Morado, Marlies Kücking, María Jesús de Mer. Kurz und bündig teilte mir Monseñor Escrivá mit:

«Hier hast du deinen Reisepaß, deinen Füllhalter, dein Kruzifix, das Flugticket und die Aufenthaltsgenehmigung der italienischen Regierung, ohne die du das Land nicht verlassen kannst.»

Ich wollte gerade nach meinen anderen Dokumenten fragen, aber Marlies hielt mich zurück.

Dann begann Monseñor Escrivá auf und ab zu gehen, aufgebracht, rot im Gesicht, wütend, und sagte:

«Und daß du ja mit niemandem über das Werk und Rom sprichst und uns deinen Eltern gegenüber nicht schlecht machst. Wenn mir zu Ohren kommen sollte, daß du zu irgend jemandem etwas Abwertendes über das Werk sagst, werde ich, José María Escrivá de Balaguer, der ich die Weltpresse in meinen Händen halte», was er noch mit einer Bewegung seiner beiden Hände unterstrich, «dann werde ich dich öffentlich entehren! Dein Name wird auf der Titelseite aller Zeitungen stehen, denn darum werde ich mich persönlich kümmern, und du wirst in Schande vor den Männern und vor deiner Familie stehen!! Wehe dir, wenn du vorhaben solltest, deine Familie von dem guten Namen des Werkes abzusondern, oder ihr etwas darüber zu erzählen!!! Und daß du mir nicht nach Venezuela zurückkehrst, nicht einmal daran denkst, jemandem dort zu schreiben! Denn sollte dir einfallen, nach Venezuela zu reisen, werde ich persönlich dem Kardinal erzählen, wer du bist. Und er wird dir die Ehre nehmen!!! Ich habe die ganze Nacht darüber nachgedacht, ob ich es dir sagen soll oder nicht. Doch ich glaube, es ist besser, wenn ich es dir sage.» Und er sah mir direkt ins Gesicht, schäumte vor Wut und schleuderte mir seine Arme entgegen, als wolle er mich schlagen, während er schrie: «Du bist ein schlechtes Weib! Ein tückisches dazu! Magdalena war eine Sünderin! Aber du? Du bist eine Verderberin mit deinen unmoralischen und unanständigen Handlungen!!! Eine Verführerin bist du!!! Ich weiß alles!!! Alles!!! Sogar das mit dem Neger in Venezuela!! Du bist schrecklich! Lässt dich mit Negern ein!! Erst mit dem einen, dann mit dem andern!!! Lass gefälligst meine Priester in Ruhe!!! Hast du verstanden?? Lass sie in Ruhe, in Frieden!! Du hast dich nicht mit ihnen einzulassen! Du bist schlecht, böse, unanständig!!! Und erwarte nicht, daß ich dir den Segen erteile, denn ich denke gar nicht daran!!!»

Monseñor Escrivá hatte inzwischen die Reliquienkapelle erreicht und schrie von dort herüber:

«Hör gut zu!!! Hure!!! Schlampe!!!»

Ich stand reglos da, wie versteinert. Ich sah und hörte alles, als befände ich mich in einem wahren Alptraum. Ich konnte nicht einmal weinen oder mit der Wimper zucken. Während Monseñor Escrivá seine Beschimpfungen herausschrie, konnte ich nur an zwei Dinge denken: erstens, daß Christus gegenüber den Anklagen geschwiegen, und zweitens, daß Gott mich befreit hatte.

Ich wäre dort wahrscheinlich für den Rest meines Lebens wie angewurzelt stehengeblieben, wenn mich nicht Chus de Mer am Arm gepackt und auf mein Zimmer gebracht hätte. Beim Eintreten sah ich, daß Elena Olivera und Carmen Puente meinen Koffer packten. Sie fuhren mit der Hand über jedes Kleidungsstück, über jeden Rock, als erwarteten sie, etwas zu finden. Sie sahen in alle Taschen, sogar in die Säume. Sie untersuchten meine Puderdose und die Cremetöpfe. Ich ließ sie gewähren. Sie trugen meinen Koffer hinunter.

In dem Moment trat Mercedes Morado ein und sagte:

«Also, trotz allem, was du vom Padre gehört hast, mußt du ein neues Leben beginnen, denn du hast ja wirklich alles nur Erdenkliche begangen.»

Dann fügte sie noch hinzu:

«Aber bevor du gehst, sag' mir noch die Nummer deines Postfachs.»

Und darauf antwortete ich:

«Mercedes, ich habe all deine Fragen und Verhöre satt! Ich nenne dir überhaupt keine Nummer von was auch immer. Von nichts und niemandem. Das heißt, du brauchst dich nicht zu bemühen, mir die Frage noch einmal zu stellen, denn ich werde nichts sagen.»

Mercedes setzte hinzu:

«Vergiß nicht, daß du im Stande der Todsünde lebst.»

Ich wurde aufgefordert, mich gleich hinunter zum Auto zu begeben, ohne daß man mich zuvor noch in die Kapelle gehen ließ, damit ich mich vom Herrn verabschieden konnte.

Am Steuer saß eine Numerarierin mit dem Familiennamen Fontán, die viele Angehörige im Opus Dei hatte. Neben ihr saß Marlies Kükking. Auf den Rücksitzen saßen Montserrat Amat, die nach Spanien zurückkehrte, und ich.

Ich versank in völliges Schweigen. Ich sagte nur zu Marlies, daß ich meine Ausweise bräuchte, aber sie erwiderte mir dasselbe wie Mercedes:

«Der Reisepaß genügt.»

Nicht einmal im Flugzeug ließ man mich allein. Montserrat Amat flog mit mir nach Madrid. Während des Fluges war ich nett zu ihr, denn ich hielt sie nicht für schlecht, nur für einen großen Feigling. Jedesmal, wenn sie sah, daß ich auf die Toilette ging, zitterte sie, da sie mich natürlich dorthin nicht begleiten konnte.

Am Flughafen von Madrid erwarteten mich mein jüngerer Bruder Manolo zusammen mit Conchita Banon, der Ehefrau von Ismael Medina. Als mich mein Bruder mit Montserrat Amat ankommen sah, fragte er:

«Mußt du mit der da gehen?»

Worauf ich antwortete:

«Nicht mal im Traume!»

Ich ergriff meinen Koffer und sagte zu Montserrat: «Ich gehe jetzt mit meiner Familie.» Und zum ersten Mal seit zwölf Jahren und nach den schrecklichen Ereignissen jenes Morgens in Rom konnte ich wieder meinen Bruder und meine Freundin umarmen.

Als ich in den Wagen stieg, begann ich zu schluchzen und konnte überhaupt nicht mehr aufhören. Zu viele Emotionen für einen einzigen Tag. Meine Freundin sagte:

«Wein' ruhig, das wird dir guttun. Ismael hat uns bereits einiges erzählt.»

Und über die neue Autobahn von Barajas, die ich zum ersten Mal sah, gelangten wir nach López de Hoyos, zum Haus meiner Eltern, aus dem ich 1950 fortgegangen war.

Rückkehr nach Spanien

enn schon der Aufbruch aus dem Haus meiner Eltern im Jahre 1950, um in den Häusern des Opus Dei zu wohnen, dem ich bereits seit 1948 angehörte, traumatisch gewesen war, so war die Rückkehr in das Haus meiner Eltern ebenfalls angespannt: Es galt, ihnen wortlos zu verstehen zu geben, daß sie recht gehabt hatten und das Opus Dei nicht das gewesen war, was ich mir erhofft hatte.

Meine Mutter öffnete mir die Haustür. Seit jener knappen Stunde in Rom im Jahre 1953 hatte ich sie nicht mehr gesehen. Natürlich umarmten wir uns. Meine Mutter war überraschend unbefangen, gerade so, als kehre ich von einer x-beliebigen Reise heim. Dafür war ich ihr sehr dankbar. Selbstverständlich wurde meine Freundin aufgefordert, zum Mittagessen zu bleiben. Meine Mutter hatte sogar dafür gesorgt, daß das Mittagessen an dem Tag ein recht einfaches war. Mein Bruder Manolo und meine Freundin Conchita Banon bemühten sich einfühlsam darum, daß das erste Zusammentreffen mit meinen Eltern und dem Haus ganz natürlich verlief. Mein Vater kam zur gewohnten Zeit von der Arbeit. Er klingelte wie üblich an der Tür, so daß wir gleich wußten, wer da war. Ich sagte: «Das ist Papa.»

Ich lief hinaus, um ihn zu begrüßen, und er gab mir ganz natürlich einen Kuß, während er mich fragte, ob ich eine gute Reise gehabt hätte. Dann neckte er meine Freundin Conchita damit, daß sie keinen guten Tag für das Mittagessen erwischt habe, und fragte sie nach ihrem Mann und den Kindern. Mein Vater pflegte nach dem Mittagessen eine halbe Stunde zu ruhen und begab sich auch diesmal in sein Zimmer. Dann rief er mich zu sich. Er zog mehrere Schlüssel aus seinem Schlüsselkästchen und reichte sie mir mit den Worten: «Dies ist der Schlüssel für die Haustür, dieser hier ist für den Briefkasten. Ah, hier ist der Autoschlüssel...» Ich unterbrach ihn: «Ich habe keinen Führerschein mehr», worauf er erwiderte: «Das macht nichts, immerhin hast du einen gemacht.» Dann fuhr er in seiner typischen Art fort: «Wenn du Geld brauchst, frag deine

Mutter, ich habe kein Kleingeld bei mir.» Dann fügte er hinzu: «Du brauchst nichts zu überstürzen. Wenn du arbeiten willst, dann arbeite ruhig. Ich meinerseits bin nicht sonderlich versessen darauf, daß du das tust.»

Das Mittagessen verlief normal und friedlich. Meine Mutter erklärte mir, welches Zimmer jetzt mir gehöre, denn selbstverständlich hatte es während meiner Abwesenheit Veränderungen gegeben. Mein Bruder Javier war bereits seit mehreren Jahren Arzt und hatte geheiratet. Er hatte mehrere Kinder und lebte in Barcelona.

Conchita und mein Bruder sagten, sie wollten mit mir eine Rundfahrt durch Madrid unternehmen. Beiden war klar, daß all die Emotionen zu viel für einen einzigen Tag waren, und taten alles, damit ich mich entspannte.

Für den Abend lud mich Conchita zu sich nach Hause zum Abendessen ein. So könnte ich ihren Mann Ismael sehen und ihre Kinder kennenlernen.

Es kam mir vor, als sei ich auf einem anderen Planeten gelandet. In meinem Kopf wirbelte alles durcheinander. Die Tatsache, Ismael hier in einer völlig anderen Umgebung zu sehen als noch vor wenigen Tagen in Rom, gab mir tiefen Frieden. Es war, als setzten wir gemeinsam die Teile eines Puzzles zusammen. Wir konnten über die Schritte sprechen, die er unternommen, und über die Mühe, die es ihn gekostet hatte, um mich zu Gesicht zu bekommen, sowie über die Sorgen, die er sich beim Gedanken daran, mir könnte etwas zugestoßen sein, machte. Zumal man niemanden zu mir ließ. Er hatte Conchita angewiesen, mit meinen Eltern zu sprechen. Sowohl Conchita als auch Ismael haben seitdem einen festen Platz in meinem Herzen. Sie waren nicht nur meine Freunde, sondern ich hatte durch sie auch meine Freiheit wiedererlangt.

Wenn ich Jahre später zu verschiedenen Gelegenheiten nach Rom reiste, wohnte ich immer bei ihnen. Sie erzählten mir, die Frauen des Opus Dei hätten sie angerufen, als sie herausgefunden hatten, daß sie in Rom lebten, und hatten sie zu Besuchen eingeladen, bei denen sie sogar mit Monseñor Escrivá zusammentrafen. Beim ersten Besuch hatte sich Ismael als Journalist ausgewiesen und um ein Interview gebeten, woraufhin ihm Monseñor Escrivá eine barsche Absage erteilt hatte. Doch beim zweiten Besuch hatte er sich ihnen gegenüber zivilisierter verhalten. Und die Frauen des Opus Dei waren sehr um sie bemüht gewesen. Doch natürlich konnte Ismael darüber nicht vergessen, was er gesehen hatte, als man mir die Freiheit verwehrte; ebensowenig wie Conchita, die mit ihren eigenen Augen gesehen hatte, wie deprimiert ich in Madrid angekommen war.

Während der ersten Tage nach meiner Ankunft brach ich beim geringsten Anlaß in Tränen aus.

In der ersten Nacht, die ich bei meinen Eltern verbrachte, wirbelte in meinem Kopf alles durcheinander, besonders aber, daß man mir gesagt hatte, ich befände mich im Stande der Todsünde. Deshalb beschloß ich, Pater José Todolí aufzusuchen, einen Dominikaner, der im *Consejo de Investigaciones Científicas* arbeitete. Ich rief am nächsten Tag in seinem Pfarrhaus an, wo man mir erwiderte, er habe einen Lehrstuhl in Valencia. Ich machte ihn ausfindig und erklärte ihm, ich müsse ihn sprechen. Wir kamen überein, daß ich am nächsten Tag nach Valencia kommen sollte.

Außerdem rief ich Señora de Sosa in Caracas an, aber die Verbindung war sehr schlecht, wir konnten einander kaum verstehen. Ich schrieb ihr einen Brief über das, was mir in Rom widerfahren war.

Pater Todolí

Ich werde nie vergessen, daß Pater Todolí die Liebenswürdigkeit besaß, mich am Bahnhof in Valencia abzuholen. Ich sah ihn nur an und sagte, er müsse mir die Beichte abnehmen, da ich in Todsünde lebte. Er sah mich spöttisch an, und ich versicherte ihm: «Doch, doch, Pater Todolí, ich lebe in Todsünde.» Daraufhin erwiderte er scherzend: «Na, wenn du in Todsünde lebst, so sterbe ich vor Hunger, denn es ist schon recht spät. Mit anderen Worten: Wir essen zu Abend, du gehst in dein Hotel, und morgen kommst du, wenn du willst, in die Kirche und legst die Beichte ab. Und mach dir keine Sorgen, ich nehme alle Verantwortung für deine Todsünden gegenüber Gott auf mich.»

Monate später erzählte er mir, welch schrecklichen Eindruck ich am Bahnhof auf ihn gemacht hätte. Er war in Caracas gewesen und hatte mich auch schon vorher gekannt, so daß er mich völlig anders in Erinnerung hatte. Er sagte mir, er habe sich nicht des Eindrucks erwehren können, eine malträtierte Gefängnisinsassin vor sich zu haben.

Am nächsten Tag begab ich mich in die Dominikanerkirche und erzählte ihm alles im Beichtstuhl. Plötzlich rief er aus «Genug jetzt, zum

Donnerwetter!» und sprang aus dem Beichtstuhl. Ich blieb ganz verstört zurück und glaubte, sogar Pater Todolí sei durch mich verschreckt worden.

Kurz darauf holte er mich mit den Worten aus dem Beichtstuhl:

«Ich warte auf dich, um dir die Kommunion zu erteilen, wo bleibst du denn?»

Als ich ihm erklärte, ich hätte gedacht, er sei über meine Beichte erschrocken, machte er eine seiner typischen Handbewegungen und sagte: «Doch nicht über dich, über die da. Nun komm schon, ich möchte dich einer Dame vorstellen, die dich kennenlernen will.»

Und tatsächlich machte er mich mit einer Dame bekannt, die sich drei Tage lang meiner annahm, mir Valencia zeigte und mich so gut sie konnte zerstreute. Selbstverständlich hatte ich Gelegenheit, mit Pater Todolí zu sprechen, der mir vorschlug, ich solle irgendeine Arbeit annehmen, um mich wieder in Spanien einzuleben, aber besonders, um mich unabhängig zu fühlen.

Ich kehrte nach Madrid zurück mit einer neuen Vision für mein zukünftiges Leben. Ich setzte mir neue Richtlinien. Ich kam zu dem Schluß, daß mein Leben in Frömmigkeit keinesfalls durch meine Erfahrungen im Opus Dei leiden durfte. Die Schuld lag nicht bei Gott. Es gab aber auch keinen Grund mehr, einem System, das auf den Strukturen jener Institution basierte, Folge zu leisten.

Ich kann mich erinnern, daß mir mein jüngerer Bruder bei einem unserer ersten Gespräche zweitausend Peseten gab, und ich ihn fragte: «Ist das viel oder wenig?» Mein Bruder mußte lächeln und sagte, damit hätte ich für eine Zeitlang genug, zumindest für die öffentlichen Verkehrsmittel.

Als ich aus Valencia zurückkam, erzählte mir meine Mutter, Guadalupe Ortiz de Landázuri, meine ehemalige Leiterin in ‹Zurbarán›, die wieder nach Mexiko zurückgegangen war, habe sie besucht. Sie habe angefangen zu weinen und ihr erzählt, wie traurig alle seien, daß ich das Werk verlassen habe. Zudem habe sie gefragt, wo ich mich aufhalte. Meine Mutter hatte ihr daraufhin in gutem Glauben erklärt, ich sei nach Valencia gefahren. Auf Guadalupes Frage, ob ich jemanden in Venezula angerufen hätte, hatte sie ihr ahnungslos erzählt, ja, die Señora de Sosa. Was meine Mutter nicht wußte, war, daß Guadalupe von den Oberinnen geschickt worden war, um herauszufinden, was meine ersten Aktivitäten nach der Ankunft in meinem Elternhaus gewesen wären.

Daraufhin erklärte ich meiner Mutter, ohne in Details zu gehen, sie solle niemanden mehr vom Opus Dei empfangen, welche Erklärung diese auch immer anführen mochten. Ich sprach mit meinen Eltern und sagte ihnen einfach – immer noch unter dem Eindruck von Monseñor Escrivás Drohungen –, ich habe das Opus Dei verlassen, weil es mir nicht mehr gefiel, obwohl alle sehr gut zu mir gewesen seien. Mein Vater wollte diesbezüglich nicht die geringste Erklärung hören.

Ich fuhr natürlich auch nach Barcelona, um meinen anderen Bruder Javier zu besuchen und meine Schwägerin Teresa Soler kennenzulernen. Sie hatten sehr liebe, hübsche, wenn auch noch sehr kleine Kinder. Ich blieb annähernd zwei Tage, in denen ich ihre Gesellschaft sehr genoß. Es freute mich zu sehen, daß mein Bruder bereits als Arzt arbeitete. Ich erzählte ihnen oberflächlich, was in Rom geschehen war. Die Drohungen von Monseñor Escrivá schwebten, wie gesagt, immer noch über meinem Haupt. Ich erfuhr, daß es in meiner eigenen Familie noch andere Mitglieder des Opus Dei gab, und auch, wer sie waren.

Als ich nach Madrid zurückkehrte, gab mir mein Bruder großzügig sechstausend Peseten. Er sagte: «Wir stehen zwar noch am Anfang unseres Lebens, aber schau, das können wir schon noch entbehren.» Die Liebe, die mir meine beiden Brüder entgegenbrachten, werde ich nie hoch genug schätzen können.

Nach einem Besuch in Cartagena bei meiner Großmutter und anderen Familienmitgliedern kehrte ich nach Madrid zurück und beschloß, Arbeit zu suchen. Ich konnte in meinem Alter schließlich nicht auf Kosten meiner Eltern oder Brüder leben. Ich lief kreuz und quer durch Madrid, das für mich jetzt eine riesige, völlig unbekannte Stadt war. Ich beschloß, jede Woche regelmäßig zwei Dinge zu tun: ein Konzert und ein Museum oder eine Ausstellung zu besuchen. Ich mußte mich wieder ins normale Leben einfügen. Und ich entdeckte, daß die sogenannte ‹Säkularität› des Opus Dei ein Mythos war. Bei der wirklichen Teilnahme am ‹Weltlichen› fühlte ich mich völlig verloren und verwirrt. Ich bemerkte die Veränderungen durch die Konzilsbeschlüsse; daß zum Beispiel die Frauen ohne *mantilla* in die Kirche gingen und man sich der Landessprache anstelle von Latein bediente.

Ich habe mehrmals mit meiner Freundin Mary Mely Zoppeti de Terrer de la Riva darüber gesprochen, wie wenig es mir behagte, daß sie mich beim Austritt aus dem Opus Dei als ‹unreif› bezeichnet hatte. Sie fand, daß das Opus Dei die Menschen nicht reifen lasse. Nun habe ich längst begriffen, wie recht sie hatte. Das Opus Dei isoliert seine Mitglieder und hält sie in einem unreifen und infantilen Zustand. Ebenso wie es an ökumenischem Sinn mangelt, erzieht es seine Mitglieder zu Unnachgiebigkeit gegenüber allem Menschlichen.

Mein erster Schritt, Arbeit zu finden, bestand darin, den *Consejo Superior de Investigaciones Científicas* aufzusuchen. Aber mir wurde klar, daß dort für mich angesichts der vielen Opus Dei-Mitglieder in den Schlüsselpositionen keine Aussicht auf Arbeit mehr bestand. Aber mit vierzig Jahren Arbeit in Madrid zu finden, war keine leichte Angelegenheit. Schließlich begann ich im Juli bei J.& A. Garrigues in der Calle de Antonio Maura zu arbeiten. Ich mußte feststellen, daß ich mich unter den Rechtsanwälten dieser Firma und meinen Kolleginnen etwas sonderbar ausnahm: ich war in meinem Alter nicht verheiratet, niemandem gegenüber verpflichtet, sprach niemals über meine ‹Vergangenheit›, war weder eine Zimperliese, aber auch keine ‹Erfolgskanone›. Von meinen Kolleginnen wurde ich geachtet, und meine Freundschaften mit Consuelo Pérez de Alvarez Carriazo, Antonio Garrigues und zu meinem direkten Vorgesetzten Rafael Jiménez de Parga gestalteten sich im Laufe der Zeit sehr herzlich.

Selbstverständlich war ich nicht sonderlich geneigt, irgend jemandem von meiner ehemaligen Zugehörigkeit zum Opus Dei zu erzählen. Als ich meine Arbeit begann, zeigte ich keines der Empfehlungsschreiben vor, denn ich wollte sehen, wie weit ich aus eigenem Antrieb kommen würde.

Die Beziehungen zu meinen ehemaligen Freundinnen hatten sich verändert, was hauptsächlich daran lag, daß sie verheiratet waren und Kinder hatten, und ihr Leben sich insofern natürlich grundsätzlich von meinem eigenen unterschied. Eines Tages aß ich mit meiner Freundin María Asunción Mellado zu Mittag, und sie erzählte mir, sie sei *agregada* des Opus Dei. Ihr Bruder sei bereits seit vielen Jahren verheiratet, und ihre Eltern seien verstorben. Wenn ich auch merkte, wie gern sie mich als Freundin hatte, begriff ich doch, daß ihre Liebe zum Opus Dei über allem stand, so daß unsere Freundschaft nicht sehr lange anhielt.

Es kostete mich Mühe, zur Beichte zu gehen, weil ich nicht über das Opus Dei sprechen wollte, obwohl dies unvermeidlich war. Schließlich begab ich mich eines Tages, als Pater Todolí sich außerhalb von Madrid aufhielt, zur Beichte zu einem anderem Dominikaner in eine Kirche ganz in der Nähe meines Elternhauses. Ich bekam Gelegenheit, diesem

Priester zunächst im Beichtstuhl, dann in seinem Arbeitszimmer alles zu erzählen. Als ich geendet hatte, schwieg er eine Zeitlang. Schließlich sagte er:

«Darf ich Ihnen eine Frage stellen?»

«Natürlich, Pater.»

«Warum glauben Sie immer noch an Gott?»

«Weil Gott nichts mit dem Opus Dei zu tun hat», war meine Antwort.

Und genau diese Antwort, die aus tiefstem Herzen kam, ließ mich meinen Glauben an Gott und die Kirche behalten.

Jenen Sommer verbrachte ich in Madrid. Eines Abends, gegen Ende September 1966, kam mein Cousin Juan Gillman mit seiner Frau in das Haus meiner Eltern und brachte eine Reihe Dias mit, damit ich mich über alle Ereignisse, die sich in meiner Abwesenheit zugetragen hatten, angefangen bei Hochzeiten bis hin zu Taufen, informieren konnte. Die Hausangestellte kam herein und übergab mir eine Nachricht, die der Pförtner heraufgebracht hatte. Als ich das Licht andrehte, sah ich erstaunt, daß darauf in Raimundo Panikkars Handschrift eine Telefonnummer und sein Name standen. Ich hielt das zunächst für einen Trick des Opus Dei, und ich wählte sofort die Nummer an. Zu meinem Erstaunen handelte es sich um eine Residenz für Priester, in der Raimundo Panikkar wohnte.

Begegnung mit Pater Panikkar

Ich traute niemandem mehr über den Weg. Und ganz offen heraus sagte ich ihm, ich hätte das Opus Dei vor ein paar Monaten verlassen. Zu meiner Überraschung erfuhr ich, er gehöre ebenfalls nicht mehr dem Opus Dei an, wenn er auch weiterhin Priester sei.

Am nächsten Tag vor der Arbeit wohnte ich einer Messe bei, die er in der Residenz abhielt. Danach kamen wir überein, am späten Nachmittag nach meiner Arbeit miteinander zu sprechen, da er bereits am nächsten Tag als Repräsentant der UNESCO nach Argentinien reisen würde.

Er erzählte mir, er habe bei seiner Ankunft in Madrid nicht die geringste Ahnung davon gehabt, daß ich das Opus Dei verlassen hatte. Eines Tages sei er mit Pater Carlos Castro, den ich viele Jahre zuvor, als er noch nicht Priester war, kennengelernt hatte, am Haus meiner Eltern vorbeigekommen, und sie hatten sich gefragt, was wohl aus mir geworden sei. Daraufhin hatten sie beim Pförtner nachgefragt. Mit der wohlbekannten Verschwiegenheit von Pförtnern hatte er ihnen mitgeteilt, ich befände mich in Madrid bei meinen Eltern.

Ich konnte ganz vertraulich mit Pater Panikkar sprechen. Als er erfuhr, daß ich meinen Eltern nicht die Wahrheit über das, was mir im Opus Dei widerfahren war, gesagt hatte, sagte er mir, ich sei verpflichtet, sie darüber zu unterrichten.

REPRESSALIEN

Am folgenden Abend erklärte ich meinen Eltern und meinem noch unverheirateten Bruder Manolo, ich müsse mit ihnen sprechen. Ich erzählte ihnen oberflächlich die Fakten, ging aber nicht ins Detail, weil mich alles noch zu sehr schmerzte. Als ich meinen Bericht beendet hatte, schwiegen meine Mutter und mein Bruder, mein Vater aber rief:

«Ich habe sowieso nicht ein Wort von dem geglaubt, was du mir bei deiner Ankunft erzählt hast. Durch Miguel Fisac, der ein intelligenter Mann ist, habe ich etwas Ähnliches erfahren. Und dann habe ich ein paar von den üblen Streichen mitbekommen, die ihm das Opus Dei gespielt hat und weiterhin spielt.»

Ich weiß nicht, woher mein Vater Miguel Fisac kannte, aber wahrscheinlich hatten sie sich durch berufliche Umstände kennengelernt. Mein Vater war Industrieingenieur und Miguel war Architekt.

Briefwechsel zwischen Monseñor Escrivá und meinem Vater

Mein Vater sagte nichts weiter. Doch als er am nächsten Tag zum Mittagessen nach Hause kam, bat er mich, ich solle den Entwurf seines Briefes durchlesen, in dem er die Herausgabe meiner persönlichen Dokumente verlangte. Diese Geschichte ärgerte ihn über alle Maßen, und er sagte immer wieder:

«Sie haben gesetzlich kein Recht dazu, was immer du auch getan haben magst. Sie können nicht einfach deine persönlichen Dokumente einbehalten, das tut man nicht mal im Gefängnis.»

Obgleich der Brief an Monseñor Escrivá gerichtet war, antwortete Francisco Vives meinem Vater. Dem Brief lagen meine Examensunterlagen der *Escuela Central Superior de Comercio*, das Heft mit den wöchentlichen Benotungen des *Colegio de las Dominicas Francesas* in Valladolid sowie ein paar andere Schreiben, bei, nichts weiter.

Erst zwei Wochen später erfuhr ich von diesem Antwortbrief. Mein Vater war ein sehr friedfertiger Mensch, ein Feind von Gewalt und unfähig, einem anderen Menschen wehzutun. Er war ein guter Kollege und Chef. Er war aufgrund seines Gerechtigkeitssinns bei den Arbeitern, die unter seiner Leitung tätig waren, sehr beliebt. Ich kann mich nicht erinnern, meinen Vater jemals schlecht über einen anderen sprechen gehört zu haben. Stets gab er ‹dem anderen› recht, um die Gemüter zu beruhigen. Sogar als man ihn während des Bürgerkriegs denunziert hatte, hatte er anschließend keinerlei Repressalien gegen den Betreffenden veranlaßt. Insofern wollte es ihm, als er den Brief von Doktor Francisco Vives erhielt, zunächst nicht in den Kopf, daß ihn Monseñor Escrivá veranlaßt haben sollte, in einem derart verletzenden Ton zu schreiben. Und er beschloß, nach England zu fahren, wo, wie er erfahren hatte, Doktor Panikkar einige Lesungen in Cambridge hielt. Er wollte ihn um Rat fragen, ob er mir diesen Brief zeigen sollte. Sein Entschluß war aus dem Wissen heraus entstanden, daß Doktor Panikkar Priester war, mich als Seelsorger betreut und das Opus Dei verlassen hatte. Es überraschte mich nicht, daß meine Eltern nach England reisten, da mein Vater ständig Geschäftsreisen dorthin unternahm.

Raimundo Panikkar sagte meinen Eltern zwei Dinge: erstens, sie sollten mir den Brief zeigen, zweitens, er sei erpresserisch. Aber ich müßte über den Inhalt unterrichtet werden.

Bei ihrer Rückkehr gaben sie mir den Brief zu lesen. Nach meinen römischen Erfahrungen überraschte mich nichts mehr. Angesichts des Briefes berichtete ich meinen Eltern alles über meine Zeit in Rom und Monseñor Escrivás Beschuldigungen. Mein Vater machte sich große Sorgen. Er hatte Angst um meine Sicherheit und befürchtete, man könne mir etwas antun. Er dachte ernsthaft daran, die ganze Angelegenheit vor Gericht zu bringen, wollte aber noch einige Zeit warten. Im März 1967 hielt er es schließlich für angebracht, Monseñor Escrivá erneut einen Brief zu schreiben.

Er erhielt darauf nie eine Antwort. Da der Brief aber per Einschreiben aufgegeben worden war, mußte er in Rom in Empfang genommen worden sein.

Eines Tages gegen Ende 1966 rief mich meine Mutter an, um mir mitzuteilen, daß eine Frau Doktor Negrón und ihr Mann Doktor Nuñez telefonisch nach mir gefragt hätten. Meina arme Mutter war aus der Geschichte mit Guadalupe Ortiz de Landázuri klug geworden und hatte ihnen geraten, doch bitte am Abend noch einmal anzurufen, ohne ihnen meine Nummer im Büro zu geben. Sie hatten die Telefonnummer des Hotels hinterlassen, in dem sie übernachten wollten. Als ich das erfuhr, war ich höchst erfreut und rief sofort dort an. Wir verabredeten uns noch für denselben Abend.

Unser Zusammentreffen bewegte mich zutiefst. Ich erzählte ihnen, was in Rom geschehen war, und fügte hinzu, daß ich große Angst davor gehabt hatte, verrückt zu werden und in einer Irrenanstalt zu landen. Sie warfen einander einen Blick zu und sagten:

«Siehst du, da haben wir's.»

Es war ihnen merkwürdig vorgekommen, daß ich nie auf die Briefe, die sie mir schrieben, geantwortet hatte. Zudem benahmen sich die Oberinnen in Venezuela sehr mysteriös. So oft Lilia auch nach mir fragte, wurde ihr nie gesagt, wo ich mich befände. Außerdem waren Ana María Gibert und Begoña Elejalde ohne jede Erklärung nach Spanien gebracht worden. Da Lilia und ihr Mann den Stil des Opus Dei kannten, dachten beide ernstlich darüber nach, ob man mich in ein Sanatorium gesteckt haben könnte, um mich von der Bildfläche verschwinden zu lassen. So furchtbar ihnen die Idee erschien, sie kamen nicht davon los und beschlossen, nach Spanien zu reisen. Da Lilia Psychiaterin war, glaubten sie, möglicherweise die einzigen zu sein, die mich, wo immer ich auch stecken mochte, herausholen konnten.

Ihr erster Schritt nach der Ankunft in Madrid bestand darin, Beatriz Briceno, eine venezolanische Numerarierin, die seit mehreren Monaten in Madrid lebte, anzurufen und nach meiner Adresse zu fragen. Beatriz entgegenete, sie wisse sie nicht, nur daß ich in einem Dörfchen ohne Telefon lebte. Natürlich glaubten sie ihr nicht, und so nahmen sich Lilia und ihr Mann jeweils einige Spalten des Telefonbuchs vor und riefen systematisch alle mit dem Namen ‹Tapia› an. Bis ihnen unter einer Nummer meine Mutter geantwortet hatte.

Ich konnte nicht glauben, was ich da hörte, denn das Haus, in dem Beatriz Briceno wohnte, lag genau an der Ecke der Straße, in dem sich das Haus meiner Eltern befand. Außerdem wußte ich durch meinen jüngeren Bruder, daß Beatriz regelmäßig das Haus meiner Eltern aufgesucht hatte. Mit anderen Worten: Beatriz wußte ganz genau, wo ich war. Und sie wollte nichts von mir gehört haben?

Selbstverständlich suchten Lilia und ihr Mann Beatriz auf, um sich von ihr zu verabschieden, bevor sie Madrid verließen, und teilten ihr etwas ironisch mit, sie hätten mich ausfindig gemacht, und ich würde keineswegs ‹in irgendeinem Dörfchen wohnen›. Sie waren es auch, die mir 1967 ein Flugticket nach Caracas schenkten, als ich in jenen Jahren meine Arbeit in den USA aufnahm. 1967 hatte ich meine Tätigkeit bei Garrigues aufgegeben und war zum ersten Mal in die USA gekommen, von wo aus ich im September nach Caracas flog. Ich erspare dem Leser meine Eindrücke, die ich bei der Rückkehr in dieses Land, das ich so liebte, und dem Wiedersehen mit all den mir so verbundenen Menschen empfand. Darunter war auch Cecilia Mendoza, eine Numerarierin des Opus Dei, die das Werk verließ, weil sie es nicht über sich brachte, gegen mich Stellung zu beziehen. Ihr Mann Tomás Gunz sagte mir mehrmals im Scherz, er sei mir sehr zu Dank verbunden, weil er durch mich seine Frau kennengelernt hatte.

Der hauptsächliche Grund für meine Reise nach Caracas war ein Besuch bei S.E. dem Nuntius und S.E. Kardinal Quintero, um ihnen zu berichten, daß Monseñor Escrivá mir gedroht habe, wenn ich nach Venezuela zurückkehren sollte, würde er dem Kardinal erzählen, ‹wer ich sei›. Der Nuntius hörte mich schweigend an und sagte dann, ich solle mir keine Sorgen machen, da ‹Gott in den Herzen der Menschen die Wahrheit erblickt›. Kardinal Quintero erwiderte mir auf meinen beharrlichen Wunsch, er solle mich fragen, was und wie oft immer er wolle: «Vergessen Sie nicht, meine Tochter, daß auch die Superioren irren können.»

Von Venezuela aus kehrte ich nach Spanien zurück, wo ich einen chirurgischen Eingriff über mich ergehen lassen mußte. Das Thema ‹Opus Dei› konnte zu den Akten der Geschichte gelegt werden. Das zumindest glaubte ich.

Brief an María Angustias Moreno

Oft habe ich mich gefragt, welches der Grund dafür war, daß mir das Opus Dei kein Zertifikat über die Studien, die ich absolviert hatte, aushändigen wollte. Es wies ohnehin keinerlei Titel aus, sondern bestätigte lediglich, daß ich im Rahmen eines vom Opus Dei erstellten Programms in bestimmten Fächern eine gewisse Qualifikation erlangt hatte. Zweifellos handelte es sich um eine Repressalie. In diesem Fall sollte meine Glaubwürdigkeit gegenüber offiziellen Organisationen untergraben werden. Dies lag auf der generellen politischen Linie des Opus Dei. Zum anderen weiß man im Opus Dei nicht den Wert der internen Studien gegenüber anderen offiziellen akademischen Lehrveranstalten einzuschätzen. Das Opus Dei zieht es vor, die Art der internen Studien nicht öffentlich darzulegen, um jegliche eventuelle Einschätzung von akademischer, dem Opus Dei fremder Seite, zu vermeiden.

Ein klares Beispiel von persönlich tief verletzender Repressalie war die Kampagne gegen María Angustias Moreno, als sie im Jahre 1976 ihr Buch mit dem Titel *El Opus Dei. Anexo a una historia* veröffentlichte (Planeta, Barcelona 1976). Ein Buch, das verschiedene Facetten des Opus Dei aufzeigte. Auf Anweisungen der Superioren wurden die Buchhandlungen durch völligen Ausverkauf von dem Band ‹befreit› und somit seine Verbreitung unterbunden. Es gelang mir, auf einer meiner Reisen nach Madrid ein Exemplar des Buches zu kaufen. Ich kannte die Autorin zu der Zeit noch nicht, obwohl sie viele Jahre lang Numerarierin des Opus Dei gewesen war. Die Kritiken über, oder, besser gesagt, gegen ihr Buch, die zweifellos von Personen, die dem Opus Dei nahestanden, gefördert wurden, kulminierten in einer persönlichen Diffamierungskampagne, die María Angustias Moreno veranlaßten, ein zweites Buch zu veröffentlichen, in dem sie die Geschehnisse dokumentarisch darlegt.

Im Jahre 1977 schrieb ich aufgrund eines Besuches, den mir Don Tomás Gutiérrez im August abstattete, María Angustias Moreno einen Brief, den ich hier mit ihrem Einverständnis veröffentliche. Darin wird aufgezeigt, wie sich das Opus Dei seiner Priester bedient, um Menschen einzuschüchtern; hinzu füge ich die Meinung von Don Tomás Gutiérrez zu María Angustias Morenos Buch.

Liebe María Angustias,
gerade erhielt ich einen Zeitungsausschnitt von einem Journalisten aus Madrid betreffend Deine Person und Dein Buch über die Fakten, die ich als sehr ernst erachte. Ich weiß nicht, um welche Zeitung es sich handelt. Ich weiß nur, daß der Artikel am 22. Oktober 1977 veröffentlicht wurde. Ich schicke dir eine Fotokopie, die es dir vielleicht erleichtert, die Zeitung ausfindig zu machen.

Dieser Brief, den ich dir seit Monaten zu Deinem Buch *El Opus Dei. Anexo a una historia* schreiben wollte, und zwar in einem ganz anderen, eher persönlichen Ton, kann als öffentlicher Brief betrachtet werden.

Ich gebe dir die Erlaubnis, damit zu tun, was immer dir beliebt. Du kannst ihn behalten, an die Presse oder deinen Anwalt schicken, oder ihn für Freunde fotokopieren. Fühl dich frei, damit in jeder Weise, die du für angebracht hältst, umzugehen, denn das, was ich hier mitteile, könnte ich auch vor Gott nicht anders von mir geben.

Im Dezember 1976 habe ich dein Buch sorgfältig gelesen. Mehrmals sogar. Du erzählst darin Dinge, die ich kenne und wiedererkenne, da ich selbst assoziierte Numerarierin des Opus Dei gewesen bin, und zwar von 1948 bis 1966, bis ich ‹die Ehre› hatte, ausgestoßen zu werden. Aber das ist eine andere Geschichte. Fest steht, daß mir die Zeitspanne von elf Jahren eine logische Perspektive und Objektivität vermittelt hat, hinzu nochmal die Tatsache, die Fünfzig überschritten habe, was mir, wie ich meine, erlaubt, die beiden Abhänge des Lebens aus gleicher Entfernung zu betrachten. Ich erzähle dir dies, weil es in einem direkten Bezug zu deinem Buch steht, sowie zu einem ganz konkreten Ereignis, das mir im August 1977 in Madrid widerfuhr. Wie du weißt, wird man, wenn man das Opus Dei verläßt, bzw. aus ihm hinausgeworfen wird, automatisch zu einer *non person*.

Ich fuhr dieses Jahr nach Spanien in Urlaub und hielt mich einige Tage in Salamanca auf. Ich fand heraus, daß sich dort eine Numerarierin des Opus Dei aufhielt, mit der ich in Caracas im selben Haus beinahe zehn Jahre lang zusammengelebt hatte: Ana María Gibert. Ich rief sie von Madrid aus an, und wir verblieben so, daß wir uns, wenn ich nach Salamanca käme, sehen würden. Wie du weißt, ist Ana María mit ihrer brillanten Ausbildung in Philosophie und Literatur und bei ihrer ungewöhnlich entwickelten Intelligenz dazu verbannt worden, jetzt in Salamanca ‹mit den älteren Damen zu arbeiten›. Und das hat nicht sie mir erzählt, sondern das ist allgemein bekannt.

Ich war gerade im Aufbruch nach Salamanca begriffen, da erhielt ich einen Telefonanruf von Ana María, die mir mitteilte, wir könnten uns nicht sehen, da sie noch am selben Nachmittag nach Valladolid fahren müsse ... Natürlich glaubte ich kein Wort von dem Märchen und ließ es gutsein, auch wenn es mir leid tat.

Da aber Salamanca ziemlich klein ist, traf ich Ana María dort auf der Straße.

Nach einer ironischen Bemerkung meinerseits – in Valladolid also, he? – sprachen wir über viele verschiedene Dinge: über Politik, die Stadt, über verschiedene Bücher und speziell über das Buch *Le Pape a disparu* (Der Papst ist verschwunden), das vom Verlag *ediciones Sígueme* in Salamanca ins Spanische übersetzt worden war. Ohne böse Absicht fragte ich sie unvermittelt:

«Und was denkst du über das Buch von María Angustias Moreno? Hast du es gelesen?»

Sie machte eine abweisende Handbewegung und sagte:

«Ich? Dieses Buch? Um Gottes willen, nein!»

«Um Gotteswillen, nein? Warum?» fragte ich sie und fügte hinzu: «Du solltest es wirklich lesen, Ana. Auch wenn der Stil des Buches nicht gerade hundertprozentig nach meinem Geschmack ist und mir stellenweise etwas monoton erscheint, so ist es immerhin wahr und verbreitet keine Lügen. Außerdem bringt das Mädchen (also Du) noch nicht einmal die Hälfte der Dinge im Werk ans Tageslicht, da ihr Horizont sich auf Spanien beschränkt. Und darum faßt sie sich auch kurz. Du solltest es wirklich lesen, Ana, denn eine Frau wie du kann den Kopf nicht einfach in den Sand stecken.»

Still und taktvoll beendete sie das Gespräch in etwa mit den Worten ‹Lassen wir's gut sein›. Genau weiß ich ihre Worte nicht mehr.

Wir gingen zu einem anderen Thema über, und ich fragte sie nach einer venezolanischen Numerarierin, die jetzt in Spanien lebt: Elsa Anselmi. Elsa war die Geschäftsträgerin der Frauenabteilung des Opus Dei in Venezuela gewesen, als ich Leiterin der Abteilung gewesen war, von 1956 bis 1965. Ich fragte sie, ob sie wüßte, wo Elsa sei, und sie antwortete mir, sie sei in Valencia, ihre Telefonnummer wüßte sie aber nicht. Ich beharrte nicht weiter darauf. Ich muß sagen, der Gedanke daran, daß sie sicherlich einen Bericht über dieses Gespräch an ihre Leiterin oder eine Oberin des Opus Dei abgeben mußte, wie es üblich war, bedrückte mich. Denn sowohl Ana María als auch Elsa mochte ich von ganzem Herzen.

Es waren noch nicht einmal vier Tage seit dieser Begebenheit vergangen, ich war wieder in Madrid und bereitete meine Abfahrt nach Santa Barbara für den nächsten Tag vor, da erhielt ich einen Telefonanruf, dessen Wortlaut ich hier so genau wie möglich wiederzugeben versuche:

«María del Carmen Tapia?»

«Ja, wer spricht?»

«Ich bin Don Tomás Guitiérrez, ein Priester des Opus Dei.»

«Und?»

«Ich würde mich gern mit dir unterhalten.»

«Gut, wann immer Sie wollen», war meine spontane Erwiderung.

«Paßt es Ihnen in einer Stunde?» Es war ungefähr sechs Uhr nachmittags, und ich hatte Besuch im Haus.

«Nein, das paßt mir nicht.»

«Wollen Sie gleich kommen?»

«Nein, jetzt gleich kann ich auch nicht.»

«Ja, dann bleibt mir nur noch morgen früh um neun, kurz vor meiner Abreise.»

«Ja, sehr gut! Morgen um neun komme ich zu dir.»

Ich legte den Hörer auf und dachte: Wo will er mich denn eigentlich besuchen? Er hatte mich weder nach meiner Adresse gefragt, noch mir gesagt, wo ich ihn erreichen konnte, für den Fall, daß etwas dazwischen kommen sollte.

Mir ging das Treffen, das am nächsten Tag stattfinden sollte, nicht aus dem Kopf, und schließlich rief ich einen befreundeten Priester an: Don Luis Maldonado, Professor an der Kirchlichen Universität von Salamanca. Ich erzählte ihm, sie hätten mich zum ersten Mal seit elf Jahren um ein Treffen gebeten, und bat ihn, mir bitte den Gefallen zu tun und mir dabei Gesellschaft zu leisten. Er kam einige Minuten vor neun Uhr zu mir und fragte:

«Sag mal, warum sprichst du immer im Plural? Warum sagst du ‹sie kommen›, wenn der Priester, der dich anrief, nicht ausdrücklich gesagt hat, er brächte jemanden mit?»

Ich lächelte über seine Naivität und erwiderte: «Schau, wenn man im Opus Dei einen speziellen Besuch abstattet, gehen die Priester genau wie die *‹Guardia Civil› zur Sache: in Uniform und paarweise.*»

Zwei Minuten vor neun kamen zwei Priester (selbstverständlich in Soutane): Einer von ihnen war Don Tomás Gutiérrez, der (während des ganzen Gesprächs) behauptete, er sei für die Frauenabteilung des Opus Dei seit vierzehn Jahren zuständig. Der andere Priester war ein junger Mann von vierundzwanzig Jahren, klein und blond. An den Namen kann ich mich nicht mehr erinnern, während ich das Gesicht sofort wiedererkennen würde.

Ich empfing sie in dem Zimmer, das extra für Besuche eingerichtet worden war.

«Wie geht es dir?» fragte Tomás Gutiérrez.

«Gut. Und dir?» antwortete ich.

«Ich komme, um dich um etwas zu bitten», sagte Tomás Gutiérrez. Der andere Priester blieb absolut stummer Zeuge, wie auch Luis Maldano während des ganzen Gesprächs kein Wort sagte.

«Und das wäre?»

«Daß du Ana María Gibert nicht mehr anrufst, triffst oder sprichst.»

«Was ist mit ihr geschehen? Ist sie geisteskrank?»

«Nein, was soll mit ihr sein?»

«Sind Sie ihr Vormund?»

«Nein, ich bin nicht ihr Vormund.»

«Na, dann verstehe ich nicht, verstehe nicht, woher Sie sich die Freiheit nehmen. Aber gut, fahren Sie fort.»

Er fuhr fort:

«Ana hat gestern mit mir gesprochen. Sie kam aus Salamanca, um mit mir zu sprechen, und erzählte mir, du habest sie angerufen, ohne dich vorzustellen, und deshalb habe sie geantwortet.»

Ich mußte wieder lächeln und sagte: «Ganz so war es nicht.»

(In Wirklichkeit hatte sie geantwortet, als ich anrief, und es war gar nicht nötig, daß wir uns vorstellten, da wir uns bereits an der Stimme erkannten.) Aber da mir klar war, daß dies nicht den eigentlichen Grund für das Gespräch darstellte, beharrte ich nicht weiter darauf.

«Doch. Ana sagte mir, du habest sie angerufen, um mit ihr über jenes Buch zu sprechen.»

«Über welches Buch? Wir haben über viele Bücher gesprochen.»

«Du weißt schon, das Buch von diesem Mädchen.»

«Welches Mädchen? Welches Buch?»

«Das von María Angustias», entgegnete er und betonte dabei jede Silbe ihres Namens.

«Ah! Ja, das Buch von María Angustias Moreno. Stimmt, darüber habe ich mit ihr gesprochen.»

«Aber die Sache ist die», entgegnete Tomá Gutiérrez, «dieses Buch ist eine Schmähschrift und voller Verleumdungen.»

Darauf antwortete ich: «Also gut, den literarischen Stil schätze ich auch nicht sonderlich, aber in dem Buch steht nicht eine einzige Lüge, nicht eine einzige! Alles, was sie sagt, ist wahr und sehr kurz gefaßt.»

Daraufhin sagte er:

«Also wirklich. Das Buch ist eine einzige Infamie!» Dazu machte er eine Bewegung, die seinen Widerwillen, ja seinen Ekel, noch unterstrich.

Außerdem nutzte Tomás Gutiérrez eine Anspielung auf etwas mir Persönliches als Argument, das er aber nicht klar aussprach, obwohl ich ihn dazu aufforderte, zumal Luis Maldonado nicht der geringste Teil meiner Seele unbekannt war. Ich forderte ihn auf, konkret die Gründe zu nennen, aufgrund derer ich weder mit Ana María Gibert noch mit Elsa Anselmi sprechen sollte. Da er weder zu der Zeit, in der sich jene geheimnisvollen ‹Vorfälle› in Venezuela zugetragen haben sollen (von denen ich nicht weiß, worum'es sich handelt), in Venezuela war, noch ich meinerseits etwas erzählt hatte, fragte ich mich, wo er wohl davon erfahren hatte. Und von welchen Vorfällen überhaupt die Rede war.

Das Gespräch blieb in drei Punkten konkret:

a) daß ich Ana María Gibert weder anrufen, noch in anderer Form mit ihr in Kontakt treten sollte;

b) das gleiche galt für Elsa Anselmi, die ihm, seinen Worten nach, gesagt hätte, sie wolle mich nicht sehen…

c) daß ich einsehen sollte, daß dein Buch eine Schmähschrift voller Verleumdungen sei.

Ich sagte, ich wolle es überdenken und schlug vor, er möge mir diese drei Punkte schriftlich geben, damit ich sie ständig vor Augen hatte. Seine Antwort darauf lautete: Das käme überhaupt nicht in Frage, schließlich besäße ich ein gutes Gedächtnis.

Beim Gehen fragte der junge Mann Luis Maldonado: «Sind Sie Luis Maldonado, der Jesuit?» Woraufhin dieser entgegnete: «Ich bin der Priester Luis Maldonado, aber kein Jesuit.»

Das ist alles, María Angustias, ich weiß nicht, ob es dich interessiert, aber ich wollte es nicht einfach übergehen.

Ich hoffe, wir lernen uns eines Tages persönlich kennen.

Ich hätte diesen Brief längst an eine spanische Zeitung geschickt, doch es erscheint mir besser, wenn du ihn vorher liest und entsprechend handelst.

Herzliche Grüße,
María del Carmen Tapia

Ausschluß von Zeugen, die als nicht tauglich erachtet werden

Das Opus Dei ist kein fairer Gegner. Wenn auch Monseñor Escrivá allen seinen Mitgliedern immer wieder erklärt hatte, ‹wir müssen das

Böse im Überfluß des Guten ertränken›, benutzt das Werk doch als Angriffsform Repressalien. Und um sein Ziel zu erreichen, sowie zur eigenen Verteidigung, wird mit Verleumdungen angegriffen, die immer, infolge von Obsessionen, um sexuelles Verhalten kreisen.

Es ist äußerst traurig, zu sehen, wie eine Institution der Kirche, die als tägliches Grußwort unter den Mitgliedern ‹Pax› gewählt hat, und deren Gründer rechts und links dauernd wiederholen ‹wir säen Frieden und Freude›, so tief sinken kann, daß sie Menschen in schriftlicher Form verunglimpft, und sich dabei sogar hinter dem Kirchengeheimnis verschanzt.

In den letzten Monaten hat das Opus Dei in der Presse verlauten lassen, eine Reihe von Personen seien im Prozeß um die Seligsprechung von Monseñor Escrivá nicht als Zeugen aufgerufen worden, weil das Gericht in dieser Sache entschieden habe, sie seien als Zeugen nicht tauglich. In mehreren Fällen wurden keine Namen genannt. Was das Opus Dei aber unerwähnt ließ, ist der Grund, warum besagte Personen als nicht tauglich erachtet wurden, bzw. wer dem Gericht diesbezügliche Informationen beschaffte.

Der Volksmund trifft die Dinge gewöhnlich auf den Kopf. Und der Spruch ‹zwischen Himmel und Erde bleibt nichts verborgen›, ist sehr wahr. Früher oder später kommt alles ans Tageslicht: Gerade lese ich in den Gerichtsakten der Madrider Behörden auf Seite 2133 über die Seligsprechung von Monseñor José María Escrivá, in bezug auf ‹den Ausschluß einiger möglicher Zeugen› folgendes:

‹*Diffamierungskampagne gegen den Diener Gottes und das Opus Dei.* Auf der Suche nach möglichen Zeugen, die nicht behördlich vorgeladen werden können, hat das Gericht die Situation eines jeden der in Frage kommenden Kandidaten untersucht und ist, nachdem es alle notwendigen Beweise zusammengestellt hat, zu dem Schluß gelangt, diese aus den gleichen Gründen auszuschließen, aus denen man Señorita Moreno ausgeschlossen hatte (‹jemand, der ohne zu zögern den Glauben beleidigt, kann der Wahrheit keinen Dienst erweisen...›). Das Gericht bestätigt, daß eine Diffamierungskampagne im Gange ist, um den Rechtsstreit um den Diener Gottes zu behindern... Meistens handelt es sich dabei um Personen, die, nachdem sie dem Opus Dei ein paar Jahre angehört hatten, ihre Berufung aufgegeben haben und einen geläuterten Groll hegen. Einige haben direkten Umgang mit dem Diener Gottes gehabt: Über sie hat das Gericht von Madrid eine sehr beredte Dokumentation zusammenstellen können. Insbesondere handelte es sich dabei um Señorita Carmen Tapia (die bei der Vorbereitung einer Übertragung von ‹La Clave› mitgewirkt hat und offen die Priester des Opus Dei der Verletzung des Beichtgeheimnisses angeklagt hatte)...›

Die konkreten Fakten sind: Es gibt keinerlei Diffamierungskampagne, weder gegen die Seligsprechung von Monseñor Escrivá, noch gegen das Opus Dei, oder irgendeine Gruppe, die Diffamierungskampagnen betreibt. Es handelt sich um eine reine Erfindung des Opus Dei, um als Märtyrer in Erscheinung treten zu können. Faktum ist, daß ich niemals in einer Sendung von ‹La Clave› aufgetreten bin, wie man leicht beim Fernsehsender, der dieses Programm ausstrahlt, nachfragen kann. Ich sollte noch hinzufügen, daß ich nicht intervenierte, wenngleich ich eingeladen worden war, an dieser Sendung im Mai 1984 teilzunehmen. Da mir aber die Organisatoren nicht mitzuteilen vermochten, wer die Opus Dei-Teilnehmer sein würden, das Opus Dei aber seinerseits die Namen der anderen Gäste kannte, sah ich mich veranlaßt, meine Teilnahme abzusagen. Sogar die Tageszeitung ‹El País› publizierte diesbezüglich eine Notiz. Infolgedessen entbehrt die Behauptung, ich habe an der Sendung ‹La Clave› mitgewirkt, jeder Grundlage.

Des weiteren greife ich einige andere Paragraphen aus dem ‹Dokumentarischen Appendix› des gleichen Prozeßprotokolls zur Seligsprechung von Monseñor Escrivá auf, der den Seiten 2136 und 2137 entspricht, und worin man sich auf mich bezieht:

‹6. Tatsächlich versuchte das Gericht, während des Prozesses Informationen über Personen zu erhalten, die mit dem Diener Gottes in Beziehung gestanden hatten und als Zeugen aufgerufen werden könnten oder sollten. So konnten wir feststellen, daß es eine Gruppe von Personen gibt, die sich alle mit Doña María Angustias Moreno in der gleichen fundamentalen Aversionshaltung gegenüber dem Opus Dei einig sind; sie zögern nicht, sowie sie Gelegenheit dazu haben, über den Diener Gottes, als Gründer dieser Institution, auszupacken... Die Mehrzahl dieser Personen hat einen Kollektivbrief gegen das Opus Dei verfaßt und unterschrieben. Dieser wurde im ‹Diario de Barcelona› am 30.1.1977 veröffentlicht und danach in anderen Meinungsorganen sowie Sensationsblättern und solchen marxistischer Färbung. Wir fügen der Anlage III eine Kopie besagten Briefes bei... Obwohl sie nicht ihre Unterschrift unter besagten Brief gesetzt hat, gehört Doña Maria del

Carmen Tapia, ehemals dem Opus Dei angehörig, zu dieser Gruppe. Wir haben erfahren, daß sie entscheidend bei den Vorbereitungen zu der Fernsehsendung ‹La Clave› mitwirkte, die *Television Espanola* dem Opus Dei widmete (Anlage I und II). In der Anlage IX sind Fotokopien einiger Aufzeichnungen von Señorita Tapia zusammengestellt, die der Erstellung der Sendung dienten. Sie wurde während der Sendung mehrmals zitiert, ebenso vom Leiter der Sendung als auch von Doña María Angustias Moreno. Sie ist wohnhaft in Kalifornien (USA), reist aber häufig nach Spanien und hält Verbindung zu Doña Moreno. Ihre offen dargelegte Feindseligkeit gegenüber dem Opus Dei – und damit die Ablehnung des Prozesses – wird ebenfalls aus den beiden ausführlichen Briefen deutlich; der eine wurde in der Tageszeitung *El País* (Madrid, 17.11.1981) veröffentlicht, der andere wurde früher verfaßt und an Señorita Moreno adressiert, um sich mit ihr und dem von ihr publizierten Buch gegen das Opus Dei zu solidarisieren, und ist ihrem zweiten Buch zu entnehmen.›

Wie man sieht, hat sich das Opus Dei die Mühe gemacht, mich einer Gruppe zuzuordnen. In Wahrheit bin ich jedoch durch meine Zugehörigkeit zum Opus Dei dermaßen vorsichtig geworden, daß man mir heutzutage mit jeglicher Gruppenzugehörigkeit fernbleiben möge.

Wie gesagt, ich arbeitete also nicht an der Erstellung der genannten Sendung mit. Ich weiß nicht, welchen Brief ich an ‹*El País*› geschrieben haben soll. Den Brief an María Angustias Moreno habe ich bereits wiedergegeben. Aber das Erschreckende, *das eigentlich Erschreckende*, ist das polizeiähnliche Netz, das das Opus Dei offenbar errichtet hat, um meine Briefe zu durchschnüffeln und jede meiner persönlichen Bewegungen zu verfolgen. Ich bitte heute das Opus Dei, mir folgende Fragen zu beantworten: Was hat all das, was in den Akten und dem Protokoll ausgeführt wird, damit zu tun, daß man mich daran hindern will, über eine Person auszusagen, die ich so lange Zeit aus der Nähe gekannt habe? Schließlich geht es hier nicht um meine Heiligkeit, sondern um die von Monseñor Escrivá. Oder soll dies heißen, daß all diejenigen, die wir nicht mit Monseñor Escrivá übereinstimmen, unter einer Art ‹Kirchenbann› stehen, wenngleich wir weiterhin der Kirche unsere Treue halten? Gehören Angriff und Verleumdung zu der Doktrin, die Monseñor Escrivá dem Opus Dei als Erbe hinterlassen hat? All dies besagt wenig zugunsten der christlichen Nächstenliebe, die, wie ständig hervorgehoben wird, von Monseñor Escrivá in heroischer Weise vorgelebt wurde, und die ich während der sechs Jahre, die ich in Rom als Hauptoberin des Opus Dei verbrachte, nie bei ihm erlebt habe.

Zweifellos hat das Opus Dei Angst, daß alle, die wir Monseñor Escrivá aus der Nähe kannten, die Wahrheit sagen könnten und sich damit die Möglichkeit seiner Seligsprechung und eventuellen Kanonisierung verringert. Damit wir in diesem Prozeß nicht als Zeugen intervenierten, war es das Beste, Beweise beizubringen, die unsere Tauglichkeit als solche in Frage stellten. Deshalb zauderten sie auch nicht, geheime Angaben zu machen, in der sicheren Überzeugung, wir Betroffenen würden nie von den niederen Angriffen und Verleumdungen in bezug auf unser Sexualverhalten erfahren. Das zeigen die Erklärungen von Monseñor Javier Echeverría, Generalsekretär des Opus Dei, bezüglich meiner Person, zu lesen auf den Seiten 610 und 611 im römischen Prozeßprotokoll des Verfahrens zur Seligsprechung von Monseñor Escrivá:

‹2347. Leider sollte es nicht so sein, weil nach all den Jahren die Perversion einiger Frauen mit schlimmsten Verirrungen hervortrat. Der Diener Gottes rief, sowie er von einigen Fakten Kenntnis erhalten hatte, Carmen Tapia aus Venezuela nach Rom, wo er ihr verkündete, sie würde nicht wieder in das Land zurückkehren. Ihrer Reaktion entnahm er, daß es noch bedeutendere Vorkommnisse als die bereits bekannten gegeben haben mußte, in die sie mehrere Personen verwickelt hatte. Angesichts so entsetzlicher Verderbtheit, die den Herrn in gröbster Weise beleidigt, konnte sich der Diener Gottes des Wehklagens nicht erwehren, und versuchte, sie durch fortgesetztes Gebet und Selbstgeißelung wiedergutzumachen. Er sagte der Frau, es gäbe zwei Lösungsmöglichkeiten: den Dispens zu erbitten, der ihr unverzüglich gewährt werden würde, oder ihn nicht zu erbitten. Im zweiten Falle würde sie sich einem Prozeß unterwerfen müssen, der darin bestehe, daß man sie vor den Heiligen Stuhl schicken und sie, wie sie es verdiente, wegen ihres ausschweifenden Lebenswandels gänzlich entehren würde. Jene Frau erbat den Dispens; und da dem Diener Gottes klargeworden war, daß es sich um eine Frau ohne Gewissen handelte, warnte er sie, wenn sie in ihrer Verdorbenheit das Werk verleugnen sollte, würde ihm nichts anderes übrigbleiben, als bekanntzugeben, wer diese Verleumderin tatsächlich sei. Wir haben erfahren, daß die Frau leider nicht von ihrem unseligen Kurs abzubringen war.›

Wie man sieht, mangelt es ganz offenkundig an christlicher Nächstenliebe gegenüber den Menschen. Hätte die ‹entsetzliche Verderbtheit› der Wahrheit entsprochen, wäre es seine Pflicht gewesen, im Sinne christlicher Barmherzigkeit darüber zu schweigen, da es schließlich nicht darum ging, meine Heiligsprechung zu erwägen. In ihrem Fall jedoch kamen sie nicht umhin, alles nur mögliche beizubringen. Dennoch ist es nicht sehr christlich, sich der Verleumdung und Diffamierung zu bedienen, um eine Person im Prozeß von Monseñor Escrivá an ihrer Zeugenaussage zu hindern.

Inmitten dieses ganzen Alptraums gibt es zwei Punkte, die der Leser aus Gründen der Gerechtigkeit wissen sollte: a) Monseñor Escrivá hat niemals wegen der Sünden anderer geweint und hat niemals gewollt, daß um was-auch-immer geweint würde. «Ihr müßt stark sein, meine Töchter.» Sogar wenn von seinem Tod die Rede war, pflegte er zu sagen: «An meinem Todestag ruhig ein paar kleine Tränen, weil wir Menschen sind, aber dann flugs wieder an die Arbeit!» b) Monseñor Javier Echeverría war weder je mein Beichtvater gewesen, noch war er Superior der Frauenabteilung während der achtzehn Jahre, die ich dem Opus Dei angehörte. Ich habe mit ihm niemals ein vertrauliches Gespräch geführt. Er war lediglich bei den Beschimpfungsreden, die Monseñor Escrivá auf mich niederprasseln ließ, anwesend und hielt auf dessen Befehl die Verweise, die mir erteilt wurden, in den Akten fest. Monseñor Javier Echeverría ist dazu ausersehen, die Nachfolge von Don Alvaro del Portillo anzutreten. Auf Vorschlag von Monseñor Escrivá sollte er der dritte Padre werden. Ich bete zu Gott, der Mann möge irgendwann einmal über seine *fundamentalen* Verfehlungen nachdenken und einen neuen *Weg* beschreiten, auf dem er sich eher von Liebe als von Machtwillen leiten läßt – einen barmherzigeren Weg, *christlicher*, universeller, *katholischer*.

Auch auf die Gefahr hin, ich könnte beim Leser den Eindruck erwecken, ich habe mich als Richterin aufspielen wollen, hielt ich es doch für notwendig, aufzuzeigen, zu welchen Repressalien das Opus Dei imstande ist.

PORTRÄTS

Am dreizehnten Januar 1902 zelebrierte Don Angel Malo, Regens des Vikariats der Kathedrale zu Barbastro, feierlich die Taufe eines Knaben, geboren am neunten des Monats, als legitimer Sohn der ortsansässigen Eheleute Don José Escriba, geboren in Fonz, und Doña Dolores Albás, geboren in Barbastro. Ihm wurde der Name José María Julián Mariano gegeben; die Paten waren Don Mariano Albás und Doña Florencia Albás, Verwandte des Täuflings, wohnhaft in Huesca, vertreten kraft einer Vollmacht durch Doña Florencia Blanc. (Luis Carandell, *Vida y milagros de monseñor Escrivá de Balaguer, fundador del Opus Dei*, Barcelona (Laia), 1975)

In einer Randnotiz heißt es:

Auf Befehl des bischöflichen Delegierten der Diözese Barbastro mit Datum vom 27. Mai 1943 wird der Familienname ‹Escriba› in ‹Escrivá de Balaguer› umgeändert; künftig hat er sich so zu schreiben: José María Julián Mariano Escrivá de Balaguer Albas, legitimer Sohn von José Escrivá de Balaguer und Doña Dolores Albás.

Barbastro, den 20. Juni 1943

José Palacio

Am 22. April 1947 wird Monseñor Escrivá zum Hausprälaten Seiner Heiligkeit ernannt. Und in einem Brief mit Datum vom 25. Mai 1947 sendet ihm beiliegend S.E. Kardinal G.B. Montini besagtes Diplom.

Niemals geklärt wurde die Geschichte um Monseñor Escrivás Doktorat in den Rechtswissenschaften. Sein offizieller Biograph Peter Berglar erwähnt in seinem bereits genannten Werk: ‹im Dezember 1939 erhält Monseñor Escrivá die Doktorwürde, verliehen von der Universität Madrid›. Nie wird im Opus Dei über diesen akademischen Titel gesprochen, und es hat den Anschein, als habe ihn auch nie jemand zu Gesicht bekommen. Auch wird nirgendwo erwähnt, welche These in dieser Promotion verfochten wurde. In Monseñor Escrivás Buch *La Abadesa de las Huelgas*, publiziert bei Ediciones Rialp, 1944, wird ebenfalls nicht erwähnt, welche These seinem akademischen Grad in Rechtswissenschaften zugrunde lag. Dabei wird vom Opus Dei in Rom dieses Buch als Grundlage für die Promotion in Theologie benutzt, die ihm von der Lateranuniversität verliehen worden war. Das Opus Dei gibt auch gewöhnlich nicht in offiziellen Dokumenten den Zeitpunkt an, an dem er diesen Titel erhielt; meiner Meinung nach zwischen 1957 und 1961.

Das *Ministerio de Justicia Espanol* (spanisches Justizministerium) veröffentlicht in seinem offiziellen Führer über *Grandezas y Títulos del Reino* die Verleihung des Titels ‹Marqués de Peralta› an Monseñor Escrivá am 5. November 1968.

Wir Mitglieder des Opus Dei wußten bereits mehrere Jahre, bevor diese Nachricht der Öffentlichkeit bekanntgegeben wurde, von der Verleihung dieses Titels. Mir erschien dies im Grunde wie eine Eitelkeit, die ganz im Gegensatz zum Geist der Demut, der angeblich im Opus Dei herrschen soll, stand. In der gleichen Mitteilung, die uns aus Rom zugesandt worden war, stand auch, *man solle darüber nicht weiter reden*. Vier Jahre später, am 17. November 1972, wird in derselben Publikation des Justizministeriums bekanntgegeben, daß besagter Titel offiziell an Don Santiago de Balaguer y Albás, den ehemaligen Barón de San Felipe, geht.

Und hier ist das vom Opus Dei für die Presse herausgegebene Profil von Monseñor Escrivá:

Monseñor Josemaría Escrivá de Balaguer wurde am 9. Januar 1902 in Barastro (Spanien) geboren. Er wurde am 28. März 1925 in Saragossa zum Priester geweiht.

Am 2. Oktober 1928 gründete er in Madrid durch göttliche Eingebung das Opus Dei, das den Gläubigen einen neuen Weg der Heiligwerdung eröffnete, inmitten der Welt, durch Ausübung der beruflichen, täglichen Arbeit und Erfüllung der persönlichen, familiären und sozialen Pflichten, um wie die Hefe eines intensiven christlichen Lebens in allen Bereichen zu wirken. Am 14. Februar 1930 wurde Ehrwürdigem Josemaría Escrivá durch die Gnade Gottes gewahr, daß das Opus Dei sein Apostolat ebenfalls unter den Frauen entwickeln müsse; und am 14. Februar 1943 gründete er die *Sociedad Sacerdotal de la Santa Cruz*, die unzertrennlich mit dem Opus Dei verbunden ist. Das Opus Dei wurde am 16. Juni 1950 endgültig vom Heiligen Stuhl anerkannt und am 28. November 1982 in eine Personalprälatur umgewandelt, wie es der Ehrwürdige Josemaría Escrivá als juristische Form gewünscht und vorgesehen hatte.

Durch ständiges Gebet und Buße, durch heroische Ausübung aller Tugenden, durch liebevolle Widmung und unermüdliche Fürsorge gegenüber allen Seelen, sowie fortgesetzte und bedingungslose Hingabe an den Willen Gottes, regte Mons. Josemaría Escrivá die Ausweitung des Opus Dei über die ganze Welt an und leitete die Organisation. Als er Gott seine Seele darbrachte, war das Opus Dei bereits auf den fünf Kontinenten verbreitet und zählte über 60000 Mitglieder in 80 Nationen; im Dienste der Kirche mit demselben Geist völliger Einheit und Verehrung des Papstes und der Bischöfe, der das Leben des ehrwürdigen Dieners Gottes Josemaría Escrivá bestimmt hatte.

Die Heilige Messe war Wurzel und Zentrum des inneren Lebens. Seine tiefempfundene Verbindung zu Gott, aufrechterhalten durch die fortgesetzte Präsenz der Dreieinigkeit, bewegte ihn dazu, in allem die vollständigste Identifizierung mit Jesus Christus zu suchen, eine zärtliche und starke Demut gegenüber der Heiligen Jungfrau und dem Heiligen Joseph an den Tag zu legen, sowie zu dem gewohnheitsmäßigen, vertraulichen Umgang mit den heiligen Schutzengeln und der Aussaat von Frieden und Freude auf allen Wegen der Erde.

Mons. Escrivá hatte wiederholt sein Leben für die Kirche und den Pontifex maximus dargebracht. Der Herr nahm dieses Opfer entgegen, und ‹Mons. Escrivá übergab Gott seine Seele am 26. Juni 1975, in seinem Arbeitszimmer in Rom›.

Sein Körper ruht in der Krypta der *Iglesia Prelaticia de Santa María de la Paz*, Viale Bruno Buozzi 75, Rom; ständig begleitet von den Gebeten und Danksagungen seiner Töchter und Söhne sowie unzähligen Personen, die sich Gott genähert haben, angezogen durch das Beispiel und die Lehren des Begründers des Opus Dei. Der Kanonisierungsprozeß von Mons. Escrivá wurde am 19. Februar 1981 in Rom eingeleitet. Am 9. April 1990 verkündigte der Heilige Vater Johannes Paul II. das Heldentum der christlichen Tugenden des ehrwürdigen Dieners Gottes.

So lernt die Außenwelt, der das Opus Dei fremd ist, Monseñor Escrivá kennen; von seiner Taufe bis zu seinem Tod. Ich will dazu nichts weiter sagen. Ich werde einfach nur das Bild von Monseñor Escrivá mit zwanglosem Pinselstrich und den Farben, die mir zur Verfügung standen und stehen, malen. Es werden Kontraste erscheinen, die für mich und für Menschen, die ich näher kennenlernte, Bedeutung haben. Zur gleichen Zeit wird auch wie ein Licht im Hintergrund das Bild von

Monseñor Escrivás Nachfolger Monseñor Alvaro del Portillo hervortreten.

Monseñor Escrivá wurde ‹Padre› genannt, weil er festlegte, daß das Opus Dei eine Familie sei. Diese Vorstellung ist der ‹Zement› des Werkes, und alles übrige kreist darum herum; so werden die anderen Mitglieder des Opus Dei ‹Brüder› oder ‹Schwestern› genannt, ‹tía› (Tante) Carmen Monseñor Escrivás Schwester und ‹tío› (Onkel) Santiago sein Bruder. Aus dem gleichen Grund wurden auch seine Eltern ‹Großeltern› genannt. Das Werk ist also eine Familie; aber natürlich nur in bezug auf die Familie des Gründers, nicht auf die seiner Mitglieder. Unsere Familien wurden, um sie von der ‹Familie› des Werkes zu unterscheiden, ‹Blutsfamilien› genannt. Und selbstverständlich wurde mit keiner von ihnen so zartfühlend umgegangen wie mit der des Gründers.

Mich erstaunte immer wieder der Kult, den Monseñor Escrivá um seine Eltern betrieb, der völlig anders war als das Verhältnis, das wir Numerarierinnen zu unseren eigenen Familien hatten. Das ging so weit, daß er ihre Leichen aus ihren Gräbern exhumieren ließ, um sie in Madrid im Haus Diego de León beizusetzen. Immer wieder hatte er uns erzählt, seine Mutter und seine Geschwister Carmen und Santiago hätten während der Gründerjahre alles für das Werk gegeben, sogar ihre Erbschaft. Zudem habe ich des öfteren gehört, wie er behauptete, durch seine Mutter und seine Schwester sei die Gründung der Frauenabteilung überhaupt erst möglich geworden, da sie die Verwaltungen der ersten Häuser für die Männer geführt hätten. Ich habe dagegen nie etwas eingewandt, wenn auch andere Mitglieder des Werkes nicht dieser Meinung waren; doch ich hatte keine Grundlage, das beurteilen zu können. Woran jedoch nicht der geringste Zweifel besteht, ist, daß sie großzügig dafür entschädigt worden waren.

Vor Lola Fisac, der ersten Numerarierin des Opus Dei, hatte es eine kleine Gruppe Frauen gegeben, die von Monseñor Escrivá geistlich geleitet worden waren. Man erfuhr nie genau, was mit ihnen geschah, noch wer sie gewesen war. Dieses fiel unter die Themen, die im Opus Dei ‹tabu› waren. Einmal fragte ich Carmen, ob sie die Frauen gekannt habe, und sie entgegnete mir: «Das waren völlig Verrückte. Völlig Übergeschnappte.» Carmen wußte also Dinge aus den Anfangszeiten, die uns Numerarierinnen weitgehend unbekannt waren.

Als wir in Venezuela das letzte Mal ein Geschenk für Santiago abschickten, nach Carmens Tod, wurde uns von der zentralen Leitung in

Rom mitgeteilt, der Padre habe befohlen, Santiago keine Geschenke mehr zu machen. Wir fanden diesen Befehl seltsam, zumal uns kein Grund dafür genannt wurde. Wie wir später erfuhren, hatte Santiago vor, zu heiraten, und der Padre stand dessen Wahl sehr abweisend gegenüber. Es war im Werk bekannt, daß Monseñor Escrivá seine Priester in Spanien damit beauftragt hatte, unter den Mädchen der spanischen Aristokratie eine Braut für seinen Bruder zu suchen. Aber Santiago suchte sich selbstverständlich selbst eine Frau und ging über die Meinung seines Bruders in einer so persönlichen Angelegenheit einfach hinweg. Das löste ziemlichen Zorn bei Monseñor Escrivá aus. Er weigerte sich, für seinen Bruder um die Hand von Yoya anzuhalten. Priester des Werkes in Spanien rieten ihm, er solle nach Saragossa reisen und um ihre Hand anhalten. In einer Art Prahlerei erklärte Monseñor Escrivá schließlich, er würde nur nach Saragossa reisen, wenn er im Cogullada-Palast im selben Zimmer, in dem einst Francisco Franco untergebracht worden war, beherbergt würde. Andernfalls würde er nicht fahren. Es kostete Mitglieder des Werkes ziemliche Mühe, das zu bewerkstelligen, aber schließlich gelang es ihnen. Also fuhr Monseñor Escrivá nach Saragossa und logierte im Cogullada-Palast.

Die Beziehung zwischen ihm und Yoya war anfangs nicht sehr herzlich. Eine Numerarierin, soweit mir bekannt ist Mercedes Irastorza, kümmerte sich in der ersten Zeit um das junge Mädchen und beriet sie in Fragen der Kleidung, des Parfums, etc., ‹um zu vermeiden, daß etwas dem Padre mißfiel›.

Monseñor Escrivá wollte nicht, daß seine Geschwister in Spanien blieben, und holte sie nach Rom. Wie ich bereits ausführte, ließ er es nicht zu, als Carmen am Ende ihres Lebens nach Spanien zurückkehren wollte. Sie ist in einer Nische im zentralen Haus in Rom beigesetzt. An der Wand hängt eine rosa Marmortafel, auf der mit Bronzelettern Carmen und das Datum ihres Todestages geschrieben steht. Santiago kehrte nach dem Tod seiner Schwester Carmen nach Spanien zurück und heiratete. Er lebt heute mit seiner Frau und seinen Kindern in Madrid.

In unseren privaten Zimmern durften wir Numerarierinnen keine Fotos von unseren Familien sichtbar aufstellen. Dagegen hingen in allen Häusern des Werkes Fotografien von den ‹Großeltern› und von ‹Tante Carmen›. Die Familientradition war für Monseñor Escrivá außerordentlich wichtig. Dies bezeugt das folgende Beispiel:

Während meiner Zeit in den fünfziger Jahren in Rom verkündete uns

Monseñor Escrivá eines schönen Tages, wir müßten lernen ‹crespillos›
zuzubereiten, eine Süßspeise, die ihnen ihre Mutter immer zubereitet
hatte, als sie noch klein waren. Und seit der Zeit wird am Namenstag
der ‹Großmutter› dieser Nachtisch als Hauptgericht serviert.

Solange ich Monseñor Escrivá kannte, also seit Ende der vierziger
Jahre, bereitete er seinen Weg zur Heiligkeit vor. Er war völlig davon
überzeugt, daß man ihn ‹auf die Altäre erheben würde›. So befahl er,
seine Grabstätte im zentralen Haus in Rom zu errichten, als sei dies die
natürlichste Sache der Welt. Dabei wies er uns Oberinnen an: «Aber laßt
mich nicht zu lange hier. Man soll mich später in eine öffentliche Kirche
überführen, damit man euch hier in Frieden läßt und ihr arbeiten
könnt.»

Auch pflegte er uns über sein Leben mitzuteilen, es sei das eines ganz
gewöhnlichen Christen: «Wenn man mich, meine Töchter, beim Öffnen meines Grabes unverwest vorfindet, werde ich das Werk hintergan-
gen haben. Es dürfen nur Haut und Knochen vorgefunden werden.» Im
März 1992 hat das Opus Dei seinen Mitgliedern verkündigt, daß es den
Körper von Monseñor Escrivá in die Kirche von San Eugenio im Parioli, die jetzt für die Öffentlichkeit zugänglich ist, zur Ausstellung überführen würde. Seine eben genannten Worte klingen mir noch im Ohr.
Zum anderen erscheint es mir wie eine deftige Ironie, daß man ihn ausgerechnet in der Kirche ausstellt, über die er immer befunden hatte, sie
sähe aus wie ein Badezimmer.

Auf den Fotos von seinem *corpore insepulto* ist Monseñor Escrivá im
Ornat abgebildet, das seinem Stand als Hausprälat Seiner Heiligkeit
entspricht. Dies ist ziemlich erstaunlich, da er ständig verkündet hatte,
sein Leichentuch würde aus einem schlichten weißen Laken bestehen,
was er sogar in seinem Testament festgehalten hatte.

Scherzend hatte er oft nach einer Besichtigung der Handwerkerar-
beiten berichtet: «Gerade eben habe ich in meinem Grab gesessen, und
das können nur wenige Leute von sich behaupten.» Auch erklärte er
uns, daß sich über seiner Grabstätte noch zwei weitere befinden würden: eine für den Architekten, der die Bauarbeiten in Rom beaufsich-
tigte, die andere für Don Alvaro, ‹damit er auch nach meinem Tod ganz
in meiner Nähe ist.› Zu Füßen seines Grabes würde es zwei weitere
geben; für zwei Numerarierinnen, die zu den ersten gehörten. Es ging
das Gerücht, das eine würde für Encarnita Ortega sein, das andere möglicherweise für die erste Numerarierin und Sirvienta Dora. Doch dar-

über verlautete nichts Genaues. Was ich dagegen genau weiß, ist, daß sowohl Encarnita Ortega als auch Dora ihr Zeugnis im Prozeß für die Seligsprechung von Monseñor Escrivá abgegeben haben.

Im zentralen Haus in Rom wurde, ebenso wie in allen Häusern, die er besucht hatte, besonders während seiner letzten Reisen nach Südamerika, seine ganze persönliche Wäsche, die er wegwarf, als zukünftige Reliquie aufbewahrt: angefangen bei Taschentüchern bis hin zum Gürtel seines Bademantels, danenben Weihwasserfläschchen und Seifenstücke, die er im Bad benutzt hatte, und die Seidenschleife einer Schokoladenschachtel, die er den Numerarierinnen eines Hauses mitgebracht hatte.

Manchmal schenkte Monseñor Escrivá einer Numerarierin einen Gegenstand, den er nicht mehr brauchte; etwa eine Nagelschere, Bleistifte, Fotos von ihm bei einem Stoßgebet, etc. Diese Gegenstände waren dann Eigentum der Person, die sie erhalten hatte, und wurden ebensowenig in der jährlichen ‹Beuteliste› verzeichnet, wie auch keiner der Superioren das Recht besaß, sie wegzunehmen.

Auch wurden zu seinen Lebzeiten in den Häusern, die er besuchte, besonders in Ländern, in die er nicht allzu häufig kam, die von ihm benutzten Teller und Tassen aufbewahrt; ebenso wie die Blumen, die den Altar schmückten, während er die Messe las. Später begann man auch die Stühle, auf denen er gesessen hatte, auf der Unterseite zu markieren, etc, etc.

Nach seinem Tode wurde ihm, bevor man ihn beerdigte, das Haar geschnitten und mit Stücken seiner Soutane an verschiedene Häuser in der Welt verschickt.

Zeuge all dessen war Don Alvaro del Portillo, der das Spiel auch weiterspielt.

Der jetzige Monseñor Alvaro del Portillo ist, wie man weiß, zur Zeit der Prälat des Opus Dei. Seit seinem Beitritt zum Werk hielt er sich in Monseñor Escrivás Nähe auf, und seit seiner Priesterweihe am 25. Juni 1944 wich er ihm überhaupt nicht mehr von der Seite. Einer von Monseñor Escrivás Biographen berichtet sogar, dieser ‹bete seit 1940 für seinen Sohn Alvaro, in dem Gedanken daran, er möge sein Nachfolger werden.› Er wollte ihn ständig um sich haben. Erstens, weil er der Oberschicht angehörte und seine familiären Beziehungen dem Werk sehr nützlich waren; zweitens, weil er Straßenbauingenieur war, und das war damals in Spanien sehr angesehen, besonders aber weil er diplomatisches Feingefühl und gute Umgangsformen besaß, und neben fließendem Italienisch auch Kenntnisse in Französisch, Deutsch und Englisch hatte. Mit anderen Worten, er vermochte sich mit einer gewissen Gewandtheit auf internationalem Parkett zu behaupten.

Mit Don Alvaro füllte Monseñor Escrivá eine Lücke in sich selbst: Gabe für Menschen, Diplomatie, Bekanntschaften in der Oberschicht und einen prestigeträchtigen Berufstitel. Uns Mitgliedern wurde wiederholt erzählt, wie Don Alvaro in seiner Ingenieurs-Galauniform anläßlich der Privataudienz am 4. Juni 1943 bei Seiner Heiligkeit Pius XII. auffiel. Wenn Don Alvaro del Portillo auch einen prestigeträchtigen Titel besaß, so fehlte es ihm doch an Berufspraxis. Vielleicht ließ sich das nicht mit seiner Hingabe an das Opus Dei vereinigen. Don Alvaro del Portillo war ein liebenswürdiger Mann, doch man wußte nie genau, was er wirklich dachte. Ebensowenig wußte man im Opus Dei, wer eigentlich wen befehligte: war es Monseñor Escrivá, der Don Alvaro del Portillo sagte, was er zu tun hätte? Oder war es Don Alvaro del Portillo, der Monseñor Escrivá sagte, was er *nicht* zu tun hätte. Die Beziehung zwischen den beiden war wirklich sehr eigentümlich. Monseñor Escrivá konnte nicht allein sein, schon gar nicht ohne Don Alvaro del Portillo. Falls der einmal außerhalb zu tun hatte, etwa im Vatikan oder woanders, ging Monseñor Escrivá hinüber ins Colegio Romano de la Santa Cruz und unterhielt sich mit den Männern, bzw. kam zu uns hinüber in die Villa Sacchetti, als wir dort noch unser Geschäftszimmer hatten.

Auf Reisen nahm Monseñor Escrivá immer Don Alvaro del Portillo mit sowie den Arzt, einen Numerarier, der über seine Gesundheit wachte, und den Chauffeur, den ersten portugiesischen Numerarier Armando. Zu der Zeit kümmerte sich Javier Echeverría darum, die Handwerker, die etwas in den Häusern reparierten, zu beaufsichtigen, begleitete den Padre jedoch noch nicht auf seinen Reisen. Das tat er erst viel später. Lange Zeit war Javier Echeverría, zusammen mit Don Severino Monzó, persönlicher Sekretär des Padre. Dann wurde er dessen *Leibwächter*. Monseñor Escrivá hatte in seinem Zimmer einen Alarmknopf, der mit dem Zimmer von Javier Echeverría verbunden war. Don Alvaro del Portillo genoß in der Frauenabteilung großen Respekt und war sehr beliebt, da er sich uns gegenüber nie ungehörig benahm. Er kannte die Bedeutung der Worte ‹bitte›, ‹danke› und ‹Entschuldigung›; wenn auch nur der Höflichkeit halber, so benutzte er sie immerhin. Monseñor Escrivá sagte selten ‹bitte›. Und anstelle von ‹danke› pflegte er zu sagen ‹Möge Gott dir's vergelten› – falls er überhaupt etwas sagte.

Monseñor Escrivá besaß von Haus aus keine guten Manieren. Er war rüde, barsch und ungezogen. War er wütend und mußte er schimpfen, dann gab es für ihn weder Maß noch Barmherzigkeit; seine beleidigenden und heftigen Worte verletzten zutiefst. Während eines Gesprächs im Jahre 1973 im Vatikan mit S.E. Kardinal Arturo Tavera, zu der Zeit Präfekt der Heiligen Kongregation religiöser und säkularer Institute, fragte dieser mich, wie viele Jahre ich im Opus Dei verbracht hätte. Als ich ihm antwortete, achtzehn Jahre, erwiderte er mir:

«Und achtzehn Jahre haben Sie dafür gebraucht, festzustellen, wie schlecht erzogen José María Escrivá ist?»

Seine Sprache war meistens vulgär. An einem Ostersonntag in Rom wurde ich Zeuge von folgendem Vorfall: Man hatte uns Numerarierinnen aus der Asesoría Central mitgeteilt, wir dürften in den Eßsaal der Villa Sacchetti zum Padre hinaufgehen und ihm Glückwünsche überbringen, wenn er zu Mittag gegessen hätte. Als wir eintraten, stand Don Alvaro da und rauchte wie gewöhnlich durch sein elfenbeinernes Mundstück. Monseñor Escrivá lehnte aus dem gegenüberliegenden Fenster, das auf den Garten ging, und unterhielt sich lachend mit einer Gruppe Numerarier aus dem Colegio Romano de la Santa Cruz. Er hatte uns nicht bemerkt und sagte gerade: «Nehmt einen guten Schluck von dem Cognac, den ich euch geschickt habe, aber macht es nicht wie mein Landsmann, dieser Monseñor Galindo, der das Glas in seinem Hosenschlitz vorwärmte.»

Wir hatten es alle ganz klar gehört. Don Alvaro versuchte, ihm ein Zeichen zu geben, daß wir anwesend waren, und rief: «Padre! Padre!», aber der hörte nicht. Als er uns schließlich bemerkte, schloß er mit einer seiner typischen Gesten ruckartig das Fenster und sagte: «Meine Töchter, Gott segne euch.»

Während meines letzten Aufenthalts in Rom und über die Monate, die der Prozeß zu meiner Entlassung dauerte, schmerzten mich die Beschimpfungen, die Monseñor Escrivá auf mich niederprasseln ließ, weitaus weniger als sein Mangel an Barmherzigkeit, Hirtengeist und Nächstenliebe. Alle seine Argumente stützte er auf ‹erhaltene Mitteilungen›, ‹unter Eid erklärte Aussagen›, ‹Meinungen anderer Superioren›, aber *nicht einen Moment lang* gab er mir Gelegenheit, etwas dazu zu sagen, noch erklärte er mir direkt, was ich denn seiner gelehrten

Ansicht nach so Frevelhaftes getan haben sollte. Auch bot er mir keine Gelegenheit an, mit ihm unter vier Augen, im Beichtstuhl oder wo immer er auch wollte, als Priester, als Padre zu sprechen. Immer stellte er sein Amt als ‹Generalpräsident› und das Prestige als ‹Gründer› vor seine Eigenschaft als Priester. Und niemals zog er es auch nur im entferntesten in Betracht, ich könnte nicht ‹schuldig› sein. Ohne mich anzuhören, verurteilte er mich, offenbar auf der Grundlage anderer Meinungen.

Er predigte stets, man müsse ‹unnachsichtig mit der Sünde, nicht aber mit dem Sünder sein›. In der Wirklichkeit war es aber ganz anders. Wenn er eine Numerarierin eine andere bemitleiden hörte, wenn sie sagte, sie mache sich Sorgen um die andere, erwiderte er stets: «Mach dir lieber Sorgen um das Werk!» In häuslichen Kleinigkeiten war er unnachgiebig, etwa wenn die Numerarierinnen, die in der Küche arbeiteten, wegen der Hitze das Fenster öffneten und die Gerüche zu ihm hinaufzogen.

Mit denen, die das Werk verließen, war er sehr hart. Er verbot jeglichen Umgang mit ihnen und gewährte ihnen niemals auch nur die kleinste Hilfe; sobald sie das Institut verlassen hatten, war es, als habe man ihnen den Laufpaß gegeben. Das Opus Dei setzt die Menschen *völlig auf die Straße*. Niemals machte sich Monseñor Escrivá darüber Gedanken, noch war dies in einer der beiden Versionen der *Constituciones* des Opus Dei berücksichtigt worden, daß die Numerarierinnen oder Sirvientas Sozialversicherungen für Arbeit, Alter oder Krankheit abschlossen. Dagegen wird in den *Constitutiones* ausdrücklich gesagt, daß die Numerarierinnen, die aus irgendeinem Umstand das Opus Dei verlassen, mit keinerlei Entschädigung für die Arbeit, die sie innerhalb des Werkes geleistet haben, rechnen dürften. Das ist ungeheuerlich und hat bereits sehr ernste Probleme verursacht. Nicht nur unter Numerarierinnen, sondern auch bei den Numerarierpriestern, die das Opus Dei verlassen hatten. Das Werk half ihnen nicht im mindesten, sondern diffamierte sie in mehreren Fällen auch noch; selbstverständlich immer unter dem Gesichtspunkt sexuellen Verhaltens.

Die ‹Schimpftiraden› des Padre waren allen Mitgliedern des Werkes wohlbekannt. Ich meine sogar, daß Monseñor Escrivá in seiner ganzen Existenz der grundlegende Sinn für Barmherzigkeit fehlte. Er verstand es sehr gut, vor Menschenversammlungen die Miene eines Heiligen aufzusetzen, nannte sich sogar selbst einen Sünder, war aber, wie gesagt, imstande, jeden Menschen wegen der kleinsten Kleinigkeit schrecklich zusammenzustauchen; wenn beispielsweise ein Spiegelei nicht so gebraten war, wie er es gern mochte, beschimpfte er die Leiterin des Hauses; war die Altardecke nicht so gebügelt, daß sie genau in dem Abstand über dem Boden hing, wie er festgesetzt hatte, war er fähig, die Leiterin in schroffster Weise darauf hinzuweisen; oder wenn beim Geschirrabwaschen in der Küche mit den Tellern geklappert wurde, etc, etc. In das Tagebuch des Hauses durfte dann nicht eingetragen werden: «Der Padre wurde wütend und schimpfte», sondern: «Heute hat uns der Padre dies und jenes beigebracht.»

Eine der besten Charakterisierungen von Monseñor Escrivá stammt von Alberto Moncada: «Der Padre ist reizend, freundlich und überzeugend, wenn alles zu seinen Gunsten steht. Er ist intolerant, ungenießbar und vulgär, wenn seine Ansichten nicht geteilt werden.»

Bei vielen Gesprächen war Monseñor Alvaro del Portillo stets anwesend, und da er niemals zu gegebener Zeit reagierte und seinen Unwillen zeigte, muß man davon ausgehen, daß er dieses Verhalten guthieß. Diese Einstellung erschreckt mich im Grunde viel mehr als die Ausbrüche des Gründers, denn ich erachte sie als kalt und berechnend. Hält Monseñor Alvaro del Portillo die Handlungsweisen von Monseñor Escrivá tatsächlich für gerechtfertigt, etwa weil der ‹Sinn für Gerechtigkeit› des Gründers über dem sogenannten ‹Sinn für Barmherzigkeit› der Christen steht?

Macht und Größe waren für Monseñor Escrivá sehr anziehend. Die Vorstellung, daß er ‹der Gründer› war, rief er uns bei jeder sich bietenden Gelegenheit ins Gedächtnis. Seine Worte waren: «Ich habe in meinem Leben mehrere Päpste getroffen, viele Kardinäle und einen ganzen Haufen Bischöfe, aber nur einen Gründer.» Und dann pflegte er noch hinzuzufügen: «Gott wird Rechenschaft von euch verlangen dafür, daß ihr mich gekannt habt.»

Auf einem der Generalkongresse der Männerabteilung sagte Monseñor Escrivá zu Antonio Pérez Tenessa, als der noch dem Opus Dei angehörte, er schlage vor, daß der Generalpräsident des Opus Dei von seinen Mitgliedern mit dem linken Knie auf dem Boden begrüßt werden sollte. Damit war dies festgelegt. Als Monseñor Escrivá uns Oberinnen davon in Kenntnis setzte, sagte er: «Meine Töchter, das geschieht nicht um meinetwillen, denn ich weiß ja, wie sehr ihr mich liebt und respektiert. Ich tue dies für den armen Kerl, der nach mir kommt.»

Als offiziell das *Estudio General de Navarra* eingerichtet wurde, organisierte Monseñor Escrivá alles so, daß man ihn ‹Großkanzler› nannte; und seit der Zeit erschien er in Theatern, Aulen, etc. und versucht große Menschenmassen zu versammeln. Von diesen Versammlungen wurden dann Filme und Fotos angefertigt.

Wenn er eine Stadt besuchte, wurden ihm Fragen gestellt, die insgesamt von den betreffenden Superioren im voraus vorbereitet und oftmals mit ihm abgesprochen worden waren. Das gleiche war der Fall mit all den Jugendgruppen, die vollkommen organisiert an der alljährlichen Osterreise nach Rom teilnahmen.

Dabei handelt es sich um eine Körperschaft mit Namen UNIV, die in Rom angesiedelt ist und vom Opus Dei geleitet wird. Unter dem Vorwand, internationale Themen zu diskutieren, werden diese Reisen veranstaltet, an denen Jugendliche aus verschiedenen Ländern teilnehmen, die aber in ihrem jeweiligen Land vom Opus Dei geleitet werden. Für diese Gruppe ist die Teilnahme an einer Messe, die der Heilige Vater abhält, genauestens organisiert sowie der anschließende Besuch beim Padre; zu dessen Lebzeiten bei Monseñor Escrivá, heute bei Monseñor Alvaro del Portillo. Dort wird ein Beisammensein mit ihm abgehalten, bei dem sie ihm Fragen stellen können, die vorher detailliert dem Leiter der Gruppe vorgelegt und mit diesem abgesprochen werden, der sie dann dem Padre überbringt, damit der eine adäquate Antwort darauf vorbereiten kann, die spontan wirken soll.

Vielen Numerarierinnen erschienen Monseñor Escrivás verschiedene Auslandsreisen in den letzten Jahren aufgrund der Verschwendung und des Pompes wahrhaftig skandalös. Zum einen handelte es sich um einen Kult um den Gründer, auch wenn er ‹diese Kleinigkeiten› als einen Beweis für den ‹guten Geist› ansah; dabei war es andererseits eine echte Ohrfeige für den Geist der Armut: er akzeptierte, daß Supernumerarierinnen Flugzeuge von einem Land zum andern charterten und Blumen für die Messen schickten, die Monseñor Escrivá lesen sollte, daß aus dem Landesinneren natürlich gehaltene Hühner zum Verzehr gebracht wurden, da die vom Markt, die gewöhnlich in den Häusern des Opus Dei gegessen wurden, nicht gut genug waren, ebenso wie Kisten voller Orangen, obwohl sie von weither besorgt werden mußten; für den Fall, er könnte nach einem Glas Saft verlangen.

An dieser Stelle möchte ich eine kleine, amüsante Anekdote einfügen, die mir zu diesem Thema in Rom widerfuhr. Als Monseñor Escrivá einmal irgendwo zu Mittagessen eingeladen war, ich glaube, bei Doktor Faelli, aß er einige Stückchen Käse ‹mit einem Blümchen auf dem Etikett›. Und er ‹empfahl› uns, nach diesem Käse zu suchen. Nachdem wir ganz Rom nach dieser Sorte abgesucht hatten, ging ich schließlich ins ‹Allemagna›, an der Piazza Colonna, wo ich einen Stapel Käseschachteln entdeckte, von denen eine ‹das Blümchen auf dem Etikett› hatte. In meiner großen Freude fiel mir, als ich eine der Schachteln hervorziehen wollte, gleich die ganze dekorativ gestapelte Pyramide entgegen …Da sich in jeder Käseschachtel nur ein einziges ‹Blümchen› befand, mußten wir mehrere davon kaufen, um Monseñor Escrivá den gewünschten Käse mit mehreren ‹Blümchen›, bei denen es sich um Edelweiß handelte, servieren zu können.

Ich denke ernsthaft, daß Monseñor Escrivá in den letzten Jahren seines Lebens psychisch versagte, denn es ist völlig unverständlich, daß ein Priester, noch dazu mit dem Prestige des Gründers, Dinge sagt wie: «Wenn ihn seine Eltern, als sie ihn empfingen, nicht gewollt hätten, hätte er sie in ihrem Grab bespuckt.» Dieser Ausspruch wurde mir von Maite Sánchez Ocana erzählt, die ihn von einem Numerarierpriester des Opus Dei erfahren hatte. Dieser Priester war 1967 bei seinem Besuch in Rom Zeuge dieser Worte aus dem Munde von Monseñor Escrivá.

Aus vertrauenswürdiger Quelle habe ich auch den folgenden Fall erfahren: Während eines Besuches bei María Paz Alvarez de Toledo, mit der ich befreundet war, und zusammen die Schule der französischen Dominikanerinnen in Valladolid besucht hatte, fiel Monseñor Escrivá der Gobelin in ihrem Eßzimmer ins Auge (im Jargon des Opus Dei heißt das: ‹Dem Padre gefiel der Gobelin›). Unverzüglich beauftragte er die Oberinnen des Opus Dei in Madrid, sie sollten ihn für das Werk verlangen. Doch die Dame erwiderte wohlerzogen und großzügig, es sei ihr nicht möglich, den Wandteppich wegzugeben, da er zum familiären Erbe zähle. Sie bot aber eine Million Peseten (im Jahre 1962), damit man Monseñor Escrivá einen anderen Wandbehang kaufen könnte.

Meine Besorgnis bei all diesen Vorfällen wurde umso größer, als ich feststellte, daß sich Monseñor Alvaro del Portillo, der bei fast alledem Augenzeuge war, mit aller Kraft für die Seligsprechung von Monseñor Escrivá einsetzt. Ich hatte Monseñor Alvaro del Portillo eigentlich immer für einen besonnenen und gerechten Mann gehalten, aber heute glaube ich, daß ich mich geirrt habe. Ich kann einfach nicht verstehen, daß ein Mann wie er die Augen vor der Wirklichkeit verschließt und hartnäckig einen Prozeß vorantreibt, von dem er wissen muß, wie sehr er der gesamten Christenheit schaden kann. Monseñor Alvaro del Portillo weiß sehr gut, wie sehr dieser Seligsprechungsprozeß manipuliert worden ist, wie Diffamierungen und Verleumdungen eingesetzt wurden, damit die Gerichte der Kirche die Zeugen, die Klarheit verschaffen könnten, für nicht tauglich befindet.

Monseñor Alvaro del Portillo war bei den meisten Vorfällen, von denen ich in diesem Buch berichtet habe, anwesend, und wahrscheinlich noch bei vielen anderen, von denen ich nichts weiß; insbesondere, was die Beziehungen zum Vatikan betrifft. Und er muß sich daran erinnern, daß sich Monseñor Escrivá verschiedentlich verächtlich über den Heiligen Vater und sogar über das Zweite Vatikanische Konzil äußerte.

Die Sprache, die im Protokoll des Prozesses zur Seligsprechung verwendet wird, ist äußerst betrüblich zu lesen, etwa, wenn in jedem Absatz von Monseñor Escrivá die Rede ist, und es heißt ‹dem Herrn sein eigenes Leben, zudem intensivstes Gebet und Selbstgeißelung, um jene Menschen (die das Werk aufsuchten) zu bekehren›, oder: ‹ging er mit so heroisch tugendhaftem Beispiel voran, daß wir alle an seiner Seite zutiefst bewegt waren›. Mir klingen noch Monseñor Escrivás Worte im Ohr, wenn jemand das Werk verließ: «…nur die trockenen Äste fallen ab…Und das ist gut so.»

Aufgrund meiner Besorgnis in bezug auf den Seligsprechungsprozeß von Monseñor Escrivá sandte ich zwei Briefe als geheime Sache an Seine Heiligkeit Johannes Paul II. Obwohl sie durch dessen Sekretär S.E. Kardinal Angel Sodano in seine Hände gelangten, erhielt ich nie eine Antwort darauf. Aber S.E. Kardinal Ratzinger besaß die Höflichkeit, mir den Erhalt besagter Briefe schriftlich zu bestätigen.

Im folgenden möchte ich die Richtlinien anführen, die die Numerarierinnen des Opus Dei erhielten, um ihre Ergebenheit gegenüber Monseñor Escrivá zu vertiefen; Richtlinien, die Monseñor Alvaro del Portillo wohlbekannt sind:

Ergebenheit gegenüber unserem Padre: Aufgrund unserer Liebe zu den Eltern und der Gerechtigkeit gegenüber der Kirche haben wir alle die ernste Pflicht, ständig unsere persönliche Ergebenheit unserem Padre gegenüber zu vertiefen. Die sich uns bietenden Gelegenheiten zu nutzen, um Flugblätter zu verteilen. Es zum Ziel zu machen, sie an Personen aus bestimmten Körperschaften, die eine Multiplikatorfunktion haben, auszuhändigen. Pfarrstellen und Kirchen sind effiziente Zentren zur Verteilung. Wenn eine Assoziierte gegebenenfalls mit einem Pfarrer befreundet ist, dürfte es keine Schwierigkeiten geben, einen Stapel Flugblätter (nicht zu viele, es ist besser, wenn sie vergriffen werden und man nach mehr verlangt) zurück zu lassen; wenn es nicht ungebührlich ist, gut sichtbar neben anderen frommen Gegenständen, wie Büchern, etc., die oftmals in den Kirchen und Pfarrstellen ausliegen. Nicht an den Kirchenpforten verteilen. Immer daran denken, daß wir Spenden sammeln wollen, um die Kosten für den Druck der Flugblätter zu decken. Das Bedanken für eine empfangene Gunst, der Vorschlag, durch eine Opferspende eine innige Bitte oder die Selbstzucht zu untermauern, oder ganz allgemein bei der Verbreitung dieser persönlichen Ergebenheit behilflich sein zu wollen, die so vielen Seelen zugute kommt, kann die Großzügigkeit der Leute stimulieren, kann sie sowohl zu vielen kleinen Almosen ermutigen als auch zu Spenden größeren Ausmaßes.

Soweit die eingangs erwähnten Pinselstriche, um die Porträts zweier so unterschiedlicher Männer, vereinigt durch die Ausübung von Macht, zu skizzieren. Leider wird diese Macht auf der einen Seite schützend unter dem Dach der Kirche beherbergt; sie wird ausgeübt über die Mitglieder des Opus Dei, die sich in aller Unschuld Gott nähern wollen. Sie opfern dafür alles Gute, das Gott ihnen im Leben beschert hat, auf einem Altar, der den Namen Opus Dei trägt. Sein Orientierungspunkt und Führer war bis zu seinem Tode Monseñor Escrivá.

Monseñor Alvaro del Portillo tritt in seine Fußstapfen und zögert nicht, denen, die er führt, die Existenz eines neuen ‹Morgensterns› anzuzeigen, der, wenn schon kein Irrlicht, so doch eine Fata Morgana von Heiligkeit ist. Diesem zweifelhaften Licht zu folgen, kann die guten Seelen auf der Suche nach Wahrheit in die Irre führen.

SCHWEIGEN

Aufrichtigkeit. ‹Rücksichtslose Aufrichtigkeit›. Das ist, was man nachdrücklich allen Mitgliedern des Opus Dei, die jetzt in der Prälatur ‹Gläubige› genannt werden, empfiehlt. Man muß immer die Wahrheit sagen, beim brüderlichen Gespräch, zuvor ‹vertrauliches› genannt, bei der Beichte und beim wöchentlichen Gespräch mit dem Priester. ‹Damit sich der Dämon nicht unserer Seele bemächtigen kann, ist es notwendig, in aller Aufrichtigkeit zu leben.› ‹Wenn etwas geschieht, von dem ihr nicht wollt, daß es bekannt wird, sagt es unverzüglich, schleunigst dem guten Pastor›, sagte Monseñor Escrivá.

Die Indoktrinierung der Mitglieder des Opus Dei basiert im wesentlichen darauf, in Aufrichtigkeit zu leben. Man wiederholt ihnen bis zum Überdruß, daß Aufrichtigkeit das Allheilmittel für alles Übel sei. Als ich dem Opus Dei beitrat, glaubte ich an die Aufrichtigkeit dieses gesunden und ersprießlichen Vorschlags.

Aber leider wird im Opus Dei verschwiegen und gelogen. Und das ruft die größten Enttäuschungen bei denen hervor, denen die Scheuklappen des Fanatismus von den Augen genommen werden. Im Opus Dei wird über die Wahrheit ständig ‹Stillschweigen bewahrt›. Während einerseits darauf bestanden wird, daß sich ein Mitglied gegenüber seiner Leiterin oder dem Beichtvater geistig völlig entblößt, ist andererseits dieselbe Leiterin durchaus imstande, ziemlich heimtückisch das wahrhafte Motiv, das sie zu einer Anweisung veranlaßt hat, zu verschweigen.

Ich habe oftmals gedacht, daß durch den Diskretionseifer, der im Opus Dei so angeraten wird, und ohne böse Absicht von seiten der Oberinnen, ein geheimnisvolles Klima herrscht; angefangen dabei, daß nicht gesagt wird, wer aus welchem Land das zentrale Haus besuchte, bis hin zum Totschweigen, daß jemand in ein anderes Land geschickt wurde. Früher oder später fand man es ja dann doch heraus; durch eine zufällige Begegnung auf der Treppe oder in der Kapelle. Diese Art von Diskretion ist der unter totalitären Regimen herrschenden sehr ähnlich: Der Informationsmangel des Geführten untermauert die Macht des

Führers. Der Ranghöchste fühlt sich im Besitz der Macht, etwas zu wissen, wovon die anderen nichts wissen. Und das war im Opus Dei an der Tagesordnung.

Darunter vieles, was man über Monseñor Escrivá nicht sagte; dies machte das grundlegende ‹Schweigen› aus. Dinge über den Gründer wurden völlig verschwiegen, vom Unwesentlichsten bis zum Bedeutsamsten. So wurde beispielsweise unter den Numerarierinnen und Sirvientas, die seine Räume säuberten, ebensowenig erwähnt, daß Monseñor Escrivá viele Tage lang nicht duschte, und nur selten ein Bad nahm, wie man verheimlichte, daß er eines Tages beinahe gestorben wäre. Ich hörte es aus dem Munde des Padre: «Alvaro, mein Sohn, hat mir das Leben gerettet, durch seine große Geistesgegenwart.» Nur wir in der Asesoría Central erfuhren am Abend, was vorgefallen war, weil der Padre und Don Alvaro kamen und uns davon erzählten. Aber die übrigen im Haus, immerhin über hundert Menschen, erfuhren davon erst viele Monate später; natürlich mit Ausnahme von Rosalía López, da sie als sein Zimmermädchen der ganzen Szene beigewohnt hatte. Es wurde nicht offen gesagt, daß Monseñor Escrivá Diabetiker war. Als er ins Koma fiel, bemerkte Don Alvaro dies unverzüglich. Es gelang ihm, seinen Mund zu öffnen und den Inhalt des Zuckerstreuers auf dem Tisch in seinen Mund hineinzulöffeln, wobei er ständig Wasser nachträufelte, damit der Padre den Zucker schluckte. Gleichzeitig wies er Rosalía an, aus der Küche mehr Zucker zu holen, und rief nach dem Numerarier-Arzt, der ebenfalls in der Villa Vecchia wohnte.

Über solche Vorkommnisse sollte nichts berichtet werden, man war stets bemüht, daß das Ansehen von Monseñor Escrivá nicht beeinträchtigt wurde.

Niemals spricht man im Opus Dei von den ‹Freunden› aus der Kindheit des Gründers. Hatte er welche? Nach dem, was Daniel Sargent erzählt, war er mit Isidoro Zorzano befreundet, aber nur während des Abiturs. Und er ist der einzige Freund, von dem die Rede ist.

Im Opus Dei wird der Grund dafür, daß der Prozeß für eine mögliche Seligsprechung von Isidoro Zorzano nicht fortgeführt sondern beendet wurde, verschwiegen. Der Prozeß war am 11. Oktober 1948 in Madrid initiiert worden, und seine öffentliche Bekanntmachung war an der Pforte der Madrider Kathedrale zu lesen: «Prozeß zur Seligsprechung und Kanonisierung des Dieners Gottes Isidoro Zorzano Ledesma aus dem Säkularinstitut Opus Dei.» Wir Mitglieder des Opus Dei haben alle viel für Isidoro gebetet. Er war das Ideal für die Seligsprechung eines Menschen aus dem Alltagsleben. Ein Mann, der nicht viel Aufhebens von sich machte. Wurde das Ganze verschwiegen, weil er ein Heiliger mittels des Opus Dei werden wollte, als dieses noch ein Säkularinstitut war; und weil jetzt, da es in eine Prälatur umgewandelt worden ist, keine Möglichkeit der Heiligsprechung mehr besteht? Fest steht, daß das Opus Dei diesen Prozeß ‹totgeschwiegen› hat. Ebenso wie den von Monsita Grasses. Allen anderen voran wurde der Prozeß zur Seligsprechung von Monseñor Escrivá gestellt.

Es werden im Opus Dei viele Dinge verschwiegen, so wie über viele Personen geschwiegen wird; man läßt sie unter dem Schweigen verschwinden. Niemals spricht man über die Menschen, die das Opus Dei verlassen haben, sich das Leben nahmen, versuchten zu nehmen oder verrückt wurden. Man verschweigt die Tatsache, daß eine Numerarierin das Opus Dei verließ, um zu heiraten; wie im Falle von María Esther Ciancas, eine der Numerarierinnen, die die Niederlassung in Mexiko eröffneten. Ich erfuhr erst davon, als ich selbst bereits das Opus Dei verlassen hatte.

Und noch mehr Gründe gibt es, nicht über die Priester zu sprechen, die das Werk verlassen haben; das Opus Dei schweigt sie tot. Trotz der Tatsache, daß viele von ihnen ihr Priestertum fortsetzten und andere um die Säkularisation ersuchten. Der Heilige Vater gewährte ihnen den Dispens, und sie heirateten ganz normal kirchlich. Ich erfuhr davon, als ich noch dem Opus Dei angehörte, rief sofort darauf den Consiliarius in den Beichtstuhl und fragte ihn, ob das, was ich erfahren hatte, stimmte. Er bestätigte mir die Nachricht, die ich auf der Straße erhalten hatte, empfahl mir aber natürlich, ‹niemandem davon zu erzählen›, obwohl man in ganz Caracas längst *sotto voce* darüber sprach. Von anderen Fällen erfuhr ich nach meinem Austritt aus dem Opus Dei.

Das Opus Dei schweigt die Wahrheit tot. Um Gerede innerhalb des Werkes zu vermeiden, behaupten die Superioren über die vielen Personen, die aus der Institution austreten, sie seien ‹krank› oder ‹wahnsinnig› gewesen, anstatt ohne Umschweife zuzugeben, diese hätten das Opus Dei verlassen; möglicherweise ohne böse Absicht, ohne daß sie sich über die Verantwortung, die eine solche Erklärung birgt, im klaren zu sein scheinen.

Als schwerwiegender erachte ich, daß das Totschweigen die persönliche Freiheit einschränkt. Das Opus Dei in seinem schönrednerischen

Eifer will keine Berufenen verlieren, die mindestens ein Jahrzehnt in der Institution verbracht haben. Es ist keine Rede mehr von dem, was sie eingangs jedem mitgeteilt haben: «Die Tür des Opus Dei steht halb geöffnet zum Eintreten, aber sperrangelweit offen zum Austreten.» Vielleicht ist es sich der Gefährlichkeit seiner Taktik nicht bewußt, wenn es die Personen totschweigt, sie erschreckt, erpreßt und in ihnen Schuldkomplexe erweckt, die sie dazu bringen sollen, ihre ehemalige Zugehörigkeit zum Opus Dei zu verschweigen. Es hat Fälle gegeben, in denen Menschen nach ihrem Austritt aus dem Opus Dei ein Unglück erlitten und dieses als ‹Strafe Gottes für ihr Austreten› ansahen. Die Tochter einer meiner Freundinnen quälte sich lange Zeit mit dieser Vorstellung.

Dieses kalte Schweigen des Opus Dei, das es über die Ausgetretenen verhängt, hat verschiedene Reaktionen hervorgerufen. Zum einen sind da diejenigen, die sich von der Kirche abwandten, als Form der Ablehnung des Opus Dei. Andere bleiben weiterhin in der Kirche und betrachten das Opus Dei, nachdem sie es aus der Nähe kennengelernt haben, als eine Sekte innerhalb der römischen Kirche Christi. Und es ist schon merkwürdig, daß alle ehemaligen Mitglieder des Opus Dei, ohne sich während ihrer Zeit dort persönlich gekannt zu haben, übereinstimmend öffentlich erklären, das Opus Dei schweige die Wahrheit tot.

All das Gesagte schließt nicht aus, daß es gute Leute im Opus Dei gibt. Und nicht nur gute, sondern sogar hervorragende. Menschen, die noch blind sind, aufgrund ihres guten Willens und ihrer Gutgläubigkeit. Es gibt auch gutwillige Leute, die erfahren haben, wie es innerhalb des Opus Dei zugeht, und sich nicht trauen, sich zu äußern, aus Angst, von der Institution ‹zum Schweigen› gebracht zu werden. Ich könnte an dieser Stelle lang und breit eine ganze Reihe von Umständen anführen, die diese Personen im Opus Dei zurückhalten; beispielsweise das Alter bei Frauen, die über fünfzig sind, oder der Beruf, wenn sie ihn über lange Zeit nicht ausgeübt haben; auch wenn sie im tiefsten Innern nicht mit den bedeutendsten Aspekten des Systems, dessen sich das Opus Dei bedient, einverstanden sind. Ein System, das einige selbst mit allem Leid und Geschimpfe zu spüren bekommen hatten. Aber sie wissen nicht, wohin sie gehen sollen, falls sie das Opus Dei verlassen. Draußen ein neues Leben zu beginnen, ist nicht leicht; besonders wenn man die Last der im Opus Dei verbrachten Jahre mit sich schleppt. So lassen viele ihr

Leben stillschweigend verstreichen, für eine Sache, von der sie vor Gott nicht überzeugt sind.

Ein Fall sind die Priester-Numerarier, die das Opus Dei zum Schweigen bringt, wenn sie vorhaben, sich in Barmherzigkeit zu üben, wie es zwar die Kirche, nicht aber das Opus Dei verlangt. Im allgemeinen handelt es sich um Priester mit ausgeprägter Persönlichkeit, die sich mit Nachdruck und auf die Gefahr hin, ‹zum Schweigen gebracht zu werden›, für eine gerechte Sache eingesetzt haben. Das Opus Dei ermahnt sie und gibt ihnen fälschlicherweise zu verstehen, daß ein Mangel an Hartnäckigkeit in der Institution dasselbe in der Kirche bedeuten würde. Und man macht ihnen angst, indem man ihnen sagt, wenn sie das Opus Dei verließen, könnten sie der wilden Ehe verfallen. Es bedarf schon großen Mutes, wenn ein Priester-Numerarier über fünfzig aus dem Opus Dei austritt, weil er mit dem System nicht einverstanden ist. Der Wechsel kann sehr hart ausfallen: aus dem beschützten und bequemen Leben der Opus Dei-Häuser in die Verlassenheit und Armut einer kleinen Pfarre. Deshalb ziehen es einige vor, die ‹Spielregeln› des Opus Dei zu akzeptieren; man schweigt und führt ein Leben, das uneins ist mit dem eigenen Gewissen im Angesicht Gottes. Man darf nicht vergessen, daß es unter den Männern bereits verschiedene Fälle von Alkoholismus gab.

Als ich vor Jahren das Werk verließ, stieß ich auf den seltsamen Fall eines dieser typischen, vom Opus Dei ‹zum Schweigen gebrachten› Priester. Ohne Umschweife gab er zu, daß das System des Opus Dei schädlich sei, er das Werk aber nicht verlassen könne, da er sein Wort gegeben habe und es auch einhalten müsse. Ich schlug ihm vor, er solle mit dem zuständigen Bischof sprechen und sich ihm als Priester zur Verfügung stellen, außerhalb des Opus Dei. Seine Antworten darauf beeindruckten mich tief. Hier einige davon: ‹Ich war früher gar kein Priester, da es mir vor meinem Eintritt in das Opus Dei gar nicht in den Sinn gekommen wäre, einer zu werden. Dann hat man mich zum Priester *des Werkes* geweiht.› ‹Als Priester des Opus Dei habe ich doch gar nichts mit der Arbeit innerhalb der Kirche zu tun, wenn sie mir nicht von den Superioren des Opus Dei angeraten wird. Und wenn den Kindern von Vallecas der Rotz aus der Nase läuft, sollen sie gefälligst das Pfarrhaus saubermachen. Ich habe damit nichts zu tun, und es interessiert mich auch überhaupt nicht. Und wenn eine der Damen dort ein Problem hat, dann soll sich der dafür Zuständige darum kümmern. Ich

421

habe damit nichts zu tun, und als Priester des Opus Dei bin ich auch gar nicht dafür zuständig. Und ich mache mir auch weiter keine Gedanken darum.› ‹Als Priester des Opus Dei habe ich die Weihe erhalten, um meinen Brüdern aus dem Werk zu dienen, nichts und niemandem anders. Es sei denn, die Superioren (des Opus Dei) geben mir eine andere Anweisung.›

Diese Doktrin der Priester des Opus Dei, daß der Dienst an der Prälatur vor dem Dienst an der Kirche rangiert, ist mir nichts Neues. Ich habe bei verschiedenen Gelegenheiten mit angehört, wie sich Monseñor Escrivá zu diesem Thema äußerte: ‹Die Numerarier des Opus Dei werden zum Priester geweiht, um ihren Brüdern zu dienen.› Aber das wird der Kirche gegenüber nicht nur verschwiegen, sondern man behauptet sogar das Gegenteil.

Das Opus Dei maßt sich, möglicherweise in bester Absicht, das Recht an, ‹zum Schweigen zu bringen›, und nimmt jenen Mitgliedern, die sich ihrer Berufung unschlüssig sind, jede Freiheit, indem es sie isoliert und den Kontakt mit den Leuten von außen unterbindet, sowie sie zu einer zeitweiligen sklavischen Unterordnung zwingt, die von Superioren als ‹therapeutisch› beurteilt wird.

Welchen Grund gibt es dafür, daß Männer und Frauen, die das Opus Dei verlassen, Angst davor haben, die Wahrheit über das zu sagen, was sie gesehen, gehört und in vielen Fällen erlitten haben? Es gibt Verheiratete, die befürchten, daß ihre Kinder irgendwelchen Erniedrigungen durch das Opus Dei ausgesetzt sein könnten, und deshalb Stillschweigen über jene Jahre ihres Lebens bewahren; ja sogar inständig darum bitten, ihre Namen möchten bitte nicht ans Tageslicht kommen, andernfalls ‹könnten sich Familienmitglieder, die dem Opus Dei angehören, von ihnen für immer abwenden›.

Das Opus Dei bringt kritische Geister zum Schweigen. Erinnern wir uns daran, daß Monseñor Escrivá wiederholt sagte: ‹Ich will keine großen Köpfe im Werk, es steigt ihnen sonst nur zu Kopf. Die Mittelmäßigen, wenn sie gläubig sind, sind sehr effektiv.› Ingenieure, Bankiers, Wissenschaftler werden kaum Schwierigkeiten mit den Superioren des Werkes haben, aber Humanisten, Philosophen und Theologen werden am Opus Dei scheitern. In dem Moment, in dem jemand, auch ein Priester, Überlegenheit im Bereich der Philosophie oder Theologie beweist, kann er sicher sein, daß es das Opus Dei fertigbringt, ihn totzuschweigen. Er verschwindet einfach. Das Opus Dei drängt ihn beiseite.

Schließlich verläßt er die Institution oder landet als Patient in der Psychiatrie. Das Opus Dei läßt kein Denken und Nachdenken zu. Es gibt eine ‹interne Zensur›, die alle Artikel, Bücher, Reden und jegliche eventuelle Publikation eines Mitglieds durchsieht. Und junge Spunde ‹mit gutem Geist›, die von der Materie keine Ahnung haben, erdreisten sich, dem Betreffenden Tadel zu erteilen. Die Tatsache, daß es keine Opus Dei-Theologie gibt, ist Beweis genug. Juristen können innerhalb des Opus Dei Statur erlangen. Aber Philosophen und Theologen haben dort keinen Platz. Das ist allgemein bekannt. Ich sage damit nichts Neues, sondern bestätige diesen Tatbestand nur noch einmal.

Und ich schließe mich nicht davon aus, selbst Scharfrichter gepielt und die Waffe des ‹Schweigens› in Anspruch genommen zu haben, indem ich aus Gehorsam am Spiel mit der ‹Diskretion› teilnahm. Ich hatte zwar Mühe, diese Spielregel zu akzeptieren, aber ich akzeptierte sie. Auch ich lernte, die Wahrheit zu verdrehen, oder besser gesagt, wie sie zu verschweigen ist. Und zwar über lange Zeit, als Beweis dafür, daß ich den ‹guten Geist› des Opus Dei erworben hatte.

Das Leben in Venezuela ermöglichte mir Jahre später eine Befreiung, eine Wiederbesinnung auf meine wahre Wesensart, ein Wiedererwachen meines Gewissens, um in erster Linie auf Gott zu blicken und erst dann auf alle anderen; eine ‹Entfanatisierung›. Und, wie ich bereits in der Einführung zu diesem Buch bemerkte, kann ich nach allem, was geschehen ist, nicht akzeptieren, vom Opus Dei totgeschwiegen zu werden, auch auf die Gefahr hin, daß man mich zugrunde richten will; denn ich glaube an die Verteidigung der geistigen Freiheit und an die der Menschenrechte.

‹Ese cielo tan rosado
es que el día está rompiendo.
Esta fiesta se ha acabado:
Cantaclaro se está yendo.›
Rómulo Gallegos

Der rote Streifen am Himmel
zeigt den kommenden Morgen an.
Dieses Fest ist nun vorbei
und Cantaclaro geht nach Haus.
Übersetzung durch Veronica Jaffe M.A.

Anhang

Briefwechsel zwischen Francisco-Javier Tapia Cervantes-Pinelo und Monseñor Escrivá de Balaguer:

Brief vom 4. Oktober 1966:

Excmo. y Revdmo. Monseñor Josémaría Escrivá de Balaguer y Albas,
Presidente General del Opus Dei
Viale Bruno Buozzi, 73
Roma (Italia)

Sehr geehrter Monseñor Escrivá,
ich erlaube mir, Ihnen diese Zeilen zu senden, in denen ich Sie ersuchen möchte, auf meinen Namen, an oben genannte Adresse folgende Dokumente zu schicken, die meine Tochter María del Carmen in Rom zurückließ und derer sie zur Zeit dringend bedarf:
1. den venezolanischen Personalausweis, gültig bis 1970, der unserem spanischen Personalausweis entspricht. Dieses Dokument befand sich in einem Terminkalender, der ihr von Srta. M. Morado abgenommen wurde;
2. den internationalen Impfschein; dabei handelt sich um ein in Caracas ausgestelltes Büchlein mit gelbem Umschlag;
3. Examensunterlagen der Escuela Central Superior de Comercio de Madrid sowie anderer anerkannter Bildungsinstitute: Escuela Mecanográfica, Profesional de la Mujer, etc.;
4. Taufschein und amtliche Eintragung;
5. die offizielle Bescheinigung des Staates Venezuela, aus der ihre venezolanische Staatsangehörigkeit hervorgeht;
6. Beglaubigung der Sozialversicherung;
7. den internationalen Führerschein – gültig bis April 1967, ausgestellt in Caracas;

8. all jene persönlichen Dokumente, die zu nennen ich momentan nicht in der Lage bin, die aber ausschließlich persönlichen Wert besitzen; darunter ein kleines Adreßbuch mit schwarzem Einband sowie verschiedene Papiere, Unterlagen und Fotoalben, die ausschließlich für meine Tochter von Interesse sind.

Ich bedanke mich für die Mühen, die mein Anliegen Ihnen möglicherweise bereitet, und bitte Sie, mir anzugeben, in welcher Weise ich anfallende Kosten für die Zustellung zurückerstatten kann, damit diese unverzüglich eingeleitet wird.

In Erwartung einer baldigen Antwort verbleibe ich mit freundlichen Grüßen

Francisco-Javier Tapia Cervantes-Pinelo

Antwortschreiben von Francisco Vives:

Rom, den 11. Oktober 1966

Sehr geehrter Herr Tapia,
Wir erhielten Ihren Brief mit Datum vom 4. Oktober, als sich Monseñor Escrivá außerhalb von Rom aufhielt. Ich hatte dennoch Gelegenheit, mit Monseñor telefonisch darüber zu sprechen, und möchte Ihnen daher in seiner Abwesenheit persönlich antworten.

Gern schicke ich Ihnen die Gegenstände, die María del Carmen zurückgelassen hat. Ich warte nur noch die Gelegenheit ab, wenn demnächst ein Freund seine Reise antritt, da mir diese Art und Weise der Zustellung sicherer erscheint als das normale Postsystem.

Leider muß ich Ihnen sagen, daß ich es aufrichtig bedaure, Ihnen die Unterlagen, die mit dem Aufenthalt Ihrer Tochter in Venezuela zusammenhängen, nicht schicken zu können, da mir dies mein Gewissen nicht erlaubt. Zweifellos bedarf diese Äußerung einer Erklärung, vor allem, da man aller Wahrscheinlichkeit nach annehmen kann, daß Sie bereits eine offenkundig verzerrte Version der Vorfälle zu hören bekommen haben.

Glauben Sie nicht, daß ich mit diesen Worten Ihre Besorgnis noch schüren möchte, eher möchte ich zum Wohle Ihrer Tochter beitragen. Aus diesem Grunde sehe ich mich veranlaßt, Ihnen zu sagen, daß Sie, wären ihnen einige Aspekte in bezug auf das Verhalten von María del Carmen bekannt, zutiefst bekümmert wären, denn sie hat sich nicht nur selbst Schaden zugefügt, sondern hat sich auch in schlimmer Weise an anderen Seelen vergangen.

Jetzt werden Sie wohl besser verstehen, warum ich Ihnen nichts von dem, was mit dem Aufenthalt Ihrer Tochter in Venezuela in Verbindung steht, schicken kann. Und Sie sollen auch erfahren, daß dies der Grund dafür war, warum man Ihrer Tochter dringend davon abgeraten hat, nach Venezuela zurückzukehren. Ich muß Ihnen aufrichtig sagen, daß eine eventuelle Reise nach Venezuela sehr unangenehme Konsequenzen haben könnte, da Vorkommnisse ans Tageslicht kommen könnten, die wir – aus Achtung vor Ihnen und aus Barmherzigkeit gegenüber Ihrer Tochter – bislang peinlichst verschwiegen haben.

Ich möchte, sehr geehrter Herr Tapia, deutlich und taktvoll sein, keinesfalls grob. Damit Sie sich ein besseres Bild von der Wirklichkeit der Geschehnisse machen können, möchte ich nur noch hinzufügen, daß über einen langen Zeitraum hinweg mit allen Mitteln versucht wurde, Ihrer Tochter zu helfen, doch angesichts ihrer Verirrungen blieb schließlich nichts anderes übrig, als gegen sie eine Untersuchung einzuleiten, unter strikter Einhaltung der kanonischen Rechtsnormen, in größtmöglicher Gerechtigkeit und Barmherzigkeit sowie jederzeitigem Bestreben um Einfühlsamkeit.

Ich hoffe, Sie können jetzt auch verstehen, warum wir Sie nicht über diese Angelegenheiten informiert haben; wir wollten das ganze Elend mit dem Mantel der Barmherzigkeit bedecken. Ein guter Beweis dafür ist, daß wir nicht einmal Sie über die bedauerlichen Vorfälle in Kenntnis gesetzt haben. Dagegen ist mir bekannt, daß María del Carmen das Schweigen nicht einhält – ebensowenig wie die Wahrheit. Ich bin darüber verblüfft, denn wenn wir die Wahrheit bekanntgeben würden, wäre dies sehr schmerzhaft für sie.

Ich möchte diesen Brief nicht schließen, ohne Ihnen meinen tiefsten Schmerz über das Vorgefallene auszudrücken, in der Hoffnung, daß es María del Carmen schließlich gelingen möge, ihr Leben in den Griff zu bekommen und die Vergangenheit zu vergessen, ebenso wie wir, die wir die Pflicht hatten, in die Geschehnisse einzugreifen, dies tun.
Mit freundlichem Gruß,

Francisco Vives

Excmo. y Revdmo. Monseñor Josemaría Escrivá de Balaguer y Albas,
Presidente General del Opus Dei
Viale Bruno Buozzi, 73
Roma (Italia)

Madrid, den 9. März 1967

Sehr geehrter Herr,
ich bestätige hiermit den Empfang von Dr. Francisco Vives Brief mit
Datum vom 11. Oktober vergangenen Jahres, in dem er in Ihrem Namen auf meinen Brief desselben Monats antwortet. Der Brief war mir
direkt in mein Büro zugestellt worden, begleitet von einigen der von
mir angeforderten Dokumente.

Seit dem Tag warte ich auf die Zustellung der übrigen Dokumente
meiner Tochter María del Carmen, um die ich ebenfalls in meinem Brief
gebeten hatte. Ich habe darauf vertraut, daß Sie, ungeachtet dessen, was
Dr. Vives in seinem Brief ausdrückt, verstehen würden, daß es sich bei
besagten Dokumenten um ganz persönliche Unterlagen handelt, die
striktes Eigentum meiner Tochter sind und unbedingt zurückgegeben
werden müssen.

Besagte Dokumente sind mir jedoch nicht zugeschickt worden, und
deshalb ersuche ich Sie erneut, sie mir so schnell wie möglich zukommen zu lassen. Es handelt sich um ganz persönliche Dokumente, die
unbedingt wieder in den Besitz meiner Tochter gelangen müssen. Sollte
dieses nicht geschehen, können Sie gesetzlich belangt werden. Aus diesem Grund und unter keinen Umständen läßt sich rechtfertigen, daß sie
von Ihnen einbehalten werden.

Was Ihre Hinweise angelegentlich möglicher Reisen meiner Tochter
nach Venezuela betrifft, so kann ich Ihnen nur erwidern, daß Gott allein
die konkrete Zukunft eines jeden Menschen kennt. Und weder Sie noch
ich können gegebenenfalls ihre Bewegungsfreiheit einschränken, da –
wie Sie wohl wissen – wir alle die persönliche Freiheit zu respektieren
haben.

In Erwartung der gewünschten Dokumente grüße ich Sie in aller
Höflichkeit,

Francisco-Javier Tapia Cervantes Pinelo

BIBLIOGRAPHIE

ALBAS, Carlos: *Opus Dei o Chapuza del Diablo*, Barcelona 1992

ARIS, Juan: *Juán Pablo erige el Opus Dei en Prelatura Personal* El País, Madrid 24.8.1992

BERGLAR, Peter: *Opus Dei. Leben und Werk des Gründers Josémaría Escrivá de Balaguer*, Köln (Adamas) 1983.

BECARUD, Jean: *De la Regenta al ‹Opus Dei›*. Madrid (Taurus) 1977

BERNAL, Salvator: *Monseñor Escrivá de Balaguer. Apuntos sobre la vida del fundador del Opus Dei*. Madrid (Rialp) 1976, englische Ausgabe: *A Profile of Msgr. Escrivá Founder of Opus Dei*. London (Scepter Ltd.) 1977

BOWERS, Fergal: *The Work. An Investigation into the History of Opus Dei and how it operates in Ireland today*. Dublin (Poolberg Ltd. & Swords Co.) 1989

CARANDELL, Luis: *Vida y milagros de Monseñor Escrivá de Balaguer, fundador del Opus Dei*. Barcelona (Laia) 1975

CASANOVA, José Vicente: ‹The Opus Dei and the Modernization of Spain. Michigan (University Microfilms International) 1983

CONCILIUM, Theology in the Age of Renewal: *The Church as Institution* Volume I Number 10, London, January 1974

Constituciones del Opus Dei Vol I, 1950, zweisprachige Ausgabe. Übersetzt aus dem Lateinischen ins Spanische von Lois Pérez Castro. Madrid (Tiempo) 1986

Constituciones del Opus Dei Vol II, 1982, zweisprachige Ausgabe. Übersetzt aus dem Lateinischen ins Spanische von Lois Pérez Castro. Madrid (Tiempo) 1986

Colección Completa de Documentos Conciliares I. Buenos Aires (Editorial Guadalupe) 1966

CORDERO, Franco: *Opus*, Rom (Einaudi) 1972

CREACH, Jean: *Chroniques Espagnoles. Le Coeur et L'epée*, Paris (Librairie Plon) 1958

CUADERNOS–3: *Vivir en Cristo*, Apud Collegii Romani Sanctae Crucis, 1973

DALMAU, Josep: *Contrapunts. Al Camí de L'Opus Dei*, Barcelona (Editorial Pòrtic) 1969

DI GIACOMO, Maurizio: *Opus Dei*, Neapel (Tullio Pironti Editore) 1987

DOCUMENTOS MC: *José María Escrivá de Balaguer: Itinerario de la causa de canonización*, Prolog von Jesús Urteaga, Madrid (Ediciones Palabra) 1961

EGUIBAR, Mercedes: *Monserrat Grasses: Christian Heroism in Ordinary Life*, New York (Scepter Booklets) 1980

ESCRIVA DE BALAGUER, José María: *Camino*, Valencia (Ediciones C.I.D.) 1939. Englische Ausgabe: ‹The Way, New York (Scepter Publishers) 1979

– *Conversaciones con*, México (Rialp Mexicana) 1968

– *Es Cristo que pasa. Homilías*, Madrid (Rialp), 1974. Englische Ausgabe: *Christ is passing by*, Manila (Sinag-Tala Publishers) 1974

– *La Abadesa de las Huelgas. Estudio Teológico Jurídico*, Madrid (Rialp) 1974

– *The Christian Vocation*, New York (Scepter Booklets) 1974

– *Time is a treasure*, New York (Scepter Booklets) 1974

– *Humility*, New York (Scepter Booklets) 1974

– *Holy Rosary*, New York (Scepter Booklets) 1974

– *Detachment*, New York (Scepter Booklets) 1979

– *Christian respect for the person and his freedom*, New York 1979

– *Woman Today: Her Role in the Family*, New York (Scepter Booklets) 1980

– *Surco*, Barcelona (Rialp) 1986, Englische Ausgabe: *Furrow*, London (Sceter Ltd.) 1988

– *Forja*, México (Editora de Revistas S.A.) 1987

FUENMAYOR, Amadeo de; GOMEZ-IGLESIAS, Valentín; ILLANES, José Luis: *El itinerario Jurídico del Opus Dei. Historia y defensa de un carisma*. 4 Ed. Pamplona (Ediciones Univ. de Navarra) 1990

GARVEY, J.J.M.: *Parents. Guide to Opus Dei*, New York (Secut Dixit Press) 1989

Gespräche mit Msgr. Escrivá de Balaguer, 4. Aufl., Köln (Adamas) 1991

GONDRAD, François: *Al Paso de Dios: José María Escrivá de Balaguer, fundador del Opus Dei*, Madrid (Rialp) 1985

- *Au pas de Dieu. Josemaría Escrivá de Balaguer fondateur de L'Opus Dei*, Paris (Editions France-Empire) 1982

HELMING, Dennis M. *Footprints in the Snow. A pictorial Biography of Josemaría Escrivá the Founder of Opus Dei*, New York (Scepter Publishers) 1986

HERTEL, Peter: *Ich verspreche euch den Himmel. Geistlicher Anspruch, gesellschaftliche Ziele und kirchliche Bedeutung des Opus Dei*, 4. Aufl., Düsseldorf (Patmos) 1991

LE VAILLANT, Yvon: *Sainte Maffia. Le dossier de L'Opus Dei*, Paris (Mercure de France) 1971

LO CASTRO, Gaetano: *Le Prelature Personali. Profili Giuridici*, Milano (Dott A. Giuffré Editore) 1988

MARTINELL, Francisco: *Cristianos Corrientes. Texto sobre el Opus Dei*, Madrid (Rialp) 1970

MONCADA, Alberto: *El Opus Dei. Una Interpretación*, Madrid (Indice) 1974

- *Historia oral del Opus Dei*, Barcelona (Plaza y Janés) 1987

MORENO, María Angustias: *El Opus Dei. Anexo a una historia*, Barcelona (Planeta) 1976

- *La otra cara del Opus Dei*, Barcelona (Planeta) 1978

- *Creencias y Controversias sobre la Canonización de Monseñor Escrivá*, Madrid (Libertas Prodhufi) 1992

O'CONNOR, William: *Opus Dei. An Open Book. (A reply to the Secret World of Opus Dei by Michael Walsh)*, Dublin (Mercier Press Ltd.) 1991

OPUS DEI: *21 preguntas a Mons. José María Escrivá de Balaguer*, veröffentlicht in der Zeitschrift *Semana*, Nr. 239, Caracas, Nov. 1972

OPUS DEI: Excerpts from Press interviews on. *Twenty Questions to Msgr. Escrivá*, New York (Scepter Booklets) 1977

Opus Dei – Stoßtrupp Gottes oder «Heilige Mafia»?, P. Hertel; K. Koch; M. Mettner; A. Rotzetter; P. Schellenbaum; A. Schuler; S. Wittschier, Zürich (NZN) 1992

ORLANDIS, José: *Historia y Espíritu*, Pamplona (Eunsa) 1975

PORTILLO, Alvaro del; PONZ PIEDRAFITA, Francisco; HERRANZ, Gonzalo: *En memoria de Mons. José María Escrivá de Balaguer*, Pamplona (Eunsa) 1976

ROCCA, Giancarlo: *L'Opus Dei. Appunti e documenti per una storia*, Roma (Edizione Paoline) 1985

RUIZ, Carlos M.: *Yo Argentina, esclavo del Opus Dei*, Valencia (Brolisa) 1980

San Francisco Chronicle: »Opus Dei's Roots in San Francisco Franco's Spain«, 1. Juni 1986, Seite A–10

SARGENT, Daniel: *God's Engineer*, Chicago (Scepter) 1954

SECO, Luis Ignacio: *La herencia de Mons. Escrivá de Balaguer*, Madrid (Ediciones Palabra) 1986

STEIGLEDER, Klaus: *Das Opus Dei – eine Innenansicht*, 5. Aufl., Zürich (Benziger) 1992

TAPIA, María del Carmen: Pro-Manuscripto, *Consideraciones sobre el propuesto cambio de »status« para el Opus Dei*, Santa Barbara, 21. April 1980

URBANO, Pilar: »En defensa del Padre«. *Panorama*, Madrid, 9. März 1992, S. 13

VARIOS AUTORES: *Escrivá de Balaguer – mito o santo?*, Madrid (Libertarias Prodhufi) 1992

VAZQUEZ DE PRADA, Andrés: *El fundador del Opus Dei Mons. José María Escrivá de Balaguer (1902 – 1975)*, Madrid (Rialp) 1983

WALSH, Michael: *The Secret World of Opus Dei*, London (Grafton Books-Collins) 1989. Spanische Ausgabe: *El mundo secreto del Opus Dei*, Barcelona (Plaza y Janés) 1990

YNFANTE, Jesús: *La prodigiosa aventura del Opus Dei. Génesis y desarrollo de la Santa Mafia*, Madrid (Ruedo Ibérico) 1970

Nachwort zur deutschen Ausgabe

Als ich im Jahre 1966 das Opus Dei verließ, überlegte ich, daß ich als praktizierende Katholikin und angesichts der Menschenrechte nicht nur die moralische Pflicht, sondern auch die Verantwortung und Aufgabe hatte, ein Zeugnis abzulegen, das anderen mit ebenfalls guten Absichten helfen sollte, die Wirklichkeit des Opus Dei zu erkennen. Die Tatsache, daß man mir beim Verlassen der Institution außer meinem Reisepaß meine persönlichen Dokumente verweigerte, ebenso wie der Umstand, daß mich das Opus Dei Jahre später zu einer Unperson erklärte, indem es hartnäckig und offiziell abstritt, daß ich in besagter Institution philosophischen Studien nachgegangen sei, was ernste Konsequenzen in bezug auf meine Aufenthaltsgenehmigung in den Vereinigten Staaten hatte, waren entscheidende Faktoren dafür, daß ich begann, über mein Leben und meine Erfahrungen im Opus Dei zu schreiben. So entstand mein Buch ‹Tras el Umbral. Una vida en el Opus Dei›, das 1992 von Ediciones B in Barcelona publiziert wurde und jetzt, 1993, ebenfalls in deutscher Sprache vorliegt. In diesem Buch, dessen Inhalt ich noch einmal auf seine Richtigkeit hin überprüft habe, berichte ich in aller Deutlichkeit über meinen Eintritt in das Opus Dei und meinen daran anschließenden Lebensverlauf. Ich versuche zu erklären, wie ein junges Mädchen in aller Geradlinigkeit sich bemüht, dem Willen Gottes zu entsprechen, und sich der Indoktrination hingibt, die das Opus Dei für den Erwerb des ‹guten Geistes› der Institution ausübt. Diese Indoktrination macht Menschen zu Fanatikern, sobald sie all das, was man ihnen sagt, annehmen, ihren vernünftigen Überlegungen keine Beachtung schenken und die Gruppe, die Sekte, über alle anderen christlichen Pflichten stellt – einschließlich die Liebe zu den eigenen Eltern. In meinem Buch gehe ich genau auf das systematische Einschleichen, Indoktrinieren und Isolieren ein, das schließlich mit der schrecklichen Behandlung, die man mir zuletzt in Rom zukommen ließ, endet. Im Jahre 1981, während ich an diesem Buch schrieb, erfuhr ich, daß das Opus Dei den Prozeß zur Seligsprechung von Monseñor José-María Escrivá eingeleitet hatte. Ich bat darum, bei diesem Prozeß als Zeugin aussagen zu dürfen, aber das wurde mir ohne eine Erklärung verweigert. Den Grund dafür erfuhr ich im Januar 1992 durch die spanische Presse, in der Auszüge aus dem Vatikanischen Dokument veröffentlicht wurden: Das Opus Dei hatte mich als inkompetenten Zeugen erachtet, infolge der Anklagen, die Monseñor Javier Echevarría vor dem Heiligen Stuhl vorbrachte, in denen er mich verleumdete, während meiner Zeit in Venezuela ‹eine Gruppe Frauen zu den schlimmsten Abnormitäten verleitet› zu haben. Über diese Verleumdung hinaus, ist das Verhalten von Monseñor Echevarría ausgesprochen tückisch: er verschanzt sich hinter der Geheimhaltung und umgeht so das Recht auf eine Erwiderung.

Die Publikation meines Buches störte das Opus Dei, denn es weist glaubwürdige Dokumte auf, die nicht widerlegt werden können. Man versucht, mich zum Schweigen zu bringen, indem man versichert, ich lüge. Als die spanische Ausgabe erschien, wurde Marlies Kücking, die Zentrale Leiterin des Opus Dei, von Rom nach Madrid versetzt, um den Inhalt des Buches zu bestreiten. Wie nicht anders zu erwarten, versichert natürlich die Person, von der ich in Rom am schlimmsten behandelt wurde, daß ich lüge, obwohl sie sehr genau weiß, daß ich die Wahrheit sage. Es mißfällt dem Opus Dei, sich der Wirklichkeit zu stellen, und, da der Kult, der um den Gründer betrieben wird, in erster Linie die Wahrheit hervorheben soll, muß die zentrale Leiterin um jeden Preis versuchen, das Publikum davon zu überzeugen, daß ‹Monseñor Escrivá mich niemals beschimpft hat›, bzw. ‹mich niemals unter Vortäuschung falscher Tatsachen aus Venezuela abberufen hat›. Marlies Kücking, die dem Opus Dei beitrat, als ich mich in Venezuela aufhielt, versucht in jeder Form, mich als unglaubwürdig darzustellen; ein durchaus verständliches Verhalten, da sie die Zentrale Leiterin ist. Bei einer anderen Gelegenheit erzählte sie der *Europa Press* am 7. Mai 1992 eine erfundene Geschichte, wonach mir Monseñor Escrivá sogar geholfen haben soll, ‹Arbeit nach meinem Austritt aus dem Opus Dei zu finden›. Meine Familie sowie Freunde können bezeugen, daß dies nicht der Wahrheit entspricht. Mein Vorgehen in Venezuela als ‹Putsch› zu bezeichnen, offenbart erneut den Mangel an Selbstkritik innerhalb des Opus Dei; im übrigen eine grundlegende Charakteristik aller totalitärer Gruppen. Diese Situation habe ich, wie aus meinem Buch hervorgeht, seinerzeit

Monseñor Escrivá direkt vorgetragen. Und es erstaunt, daß jene vorgeblich schlimmen Vorkommnisse von Monseñor Javier Echevarría nicht als Gründe für meine Disqualifikation als Zeugin im Prozeß um Monseñor Escrivá vorgebracht werden. Als ich nach Rom zurückkehrte, war ich von jeder Verbindung zur Außenwelt abgeschnitten. Und dafür habe ich Zeugen. Seltsam ist die vage Anschuldigung sexueller Vergehen, auf die die Zentrale Leiterin des Opus Dei anspielt, und über die sie niemals während meines Aufenthalts in Rom gesprochen hat; die ihr, wie es in der Presse heißt, ‹die Schamröte ins Gesicht treibt›, ohne daß dabei auf Konkretes eingegangen wird. Warum, frage ich mich, weigerte sich das Opus Dei rundweg, zusammen mit mir der Presse, dem Radio und Fernsehen während meines Aufenthalts in Spanien im Mai 1992 gegenüberzutreten, um dann hinter meinem Rücken darüber zu reden. Die Zentrale Leiterin sollte ihre Worte wohl überlegen, wenn sie behauptet, sie könne mein Buch ‹Hinter der Schwelle – Ein Leben im Opus Dei› Seite für Seite widerlegen, denn es enthält originale Dokumente des Opus Dei. Gegenwärtig bezieht sich mein Hauptanliegen auf die Aufarbeitung des Seligsprechungsprozesses von Monseñor Escrivá und die kritische Betrachtung der Zusammensetzung der gerichtlichen Kommission. Ich zitiere den amerikanischen Journalisten Kenneth Woodward, Newsweek 18.5.1992: «Aus dem Vatikan verlautete, daß, im Gegensatz zu den kirchlichen Verfahren, keinerlei negative Kritik in den Dokumenten erscheint, die den Richtern in dieser Sache vorgelegt wurden. Weder untersuchte die Kommission die wohlbekannten Konflikte zwischen Escrivá und den Jesuiten noch die Berichte über dessen pro-faschistische Neigungen sowie das Verhältnis zwischen dem Opus Dei und der Franco-Regierung. Es ist einfach unglaublich, daß 40 Prozent der Zeugenaussagen von zwei Männern stammen: Alvaro del Portillo und Javier Echevarría, seinen beiden engsten Mitarbeitern.»

Zum Abschluß meines Nachwortes zur deutschen Ausgabe möchte ich den Leserinnen und Lesern Auskunft geben über die Reaktion auf das Erscheinen der spanischen Ausgabe. Es hat mich tief gerührt, in den vergangenen eineinhalb Jahren Hunderte von Briefen erhalten zu haben, die ich respektvoll aufbewahre. Mir schrieben sowohl Menschen, die lange Zeit dem Opus Dei angehörten, als auch junge Leute sowie Eltern von Schülern, die von dieser Institution geleitete Schulen und Clubs besuchen. Sie alle fragten mit verständlicher Angst, was sie tun sollen, um aus dem Umfeld des Opus Dei herauszukommen, bzw. wie sie ihre Kinder aus diesen Schulen und Zentren herausnehmen könnten, ohne infolgedessen Konsequenzen befürchten zu müssen. Viele Briefe stammen von Männern, darunter einigen Priestern, die Numerarier des Opus Dei gewesen waren und sich beim Verlassen der Institution von Gott und der Kirche entfernt hatten, während sie versuchten, viele Jahre stillen Leidens zu vergessen. Einige haben ein bescheidenes Priesteramt fern jenes Pompes fortgeführt. Andere Briefe stammen von Sirvientas, die das Opus Dei nach vielen Jahren ohne Entgelt oder Zeichen der Anteilnahme verabschiedete, oder die sich selbst mutig aus dessen Spinnennetz befreiten. Viele der Numerarier, Numerarierinnen und Supernumerarierinnen, die das Opus Dei verließen, bzw. von ihm verstoßen wurden, nahmen sich in acht vor der Kirche und entfernten sich von Gott. Ermutigend ist aber auch die Tatsache, daß meine persönlichen Erfahrungen vielen dieser Menschen verständlich machen konnten, daß Gott über dem Opus Dei steht und im wesentlichen wenig oder überhaupt nichts mit der tatsächlichen Doktrin dieser Institution zu tun hat. Obwohl seine Heiligkeit Johannes Paul II. den Gründer des Opus Dei, Mons. José-María Escrivá, am 17. Mai 1992 seligsprach, ein Vorgang, der bekanntermaßen keinen öffentlichen Gottesdienst einschließt, sind doch Fragen zu diesem Seligsprechungsprozeß unbeantwortet geblieben: Zu der Zusammensetzung dieses Gerichts, in dem der Kult um den Gründer von Mitgliedern der Institution wiederholt und verewigt wird; zu der Tatsache, daß sich unter den Dokumenten, die den Richtern in diesem Prozeß vorgelegt wurden, keinerlei Kritiken mit negativem Tenor befanden, ebenso wenig wie über eine ganze Reihe von Konflikten im Leben von Mons. Escrivá.

Die spanische Ausgabe dieses Buches enthält eine Auswahl von Dokumenten in englischer und spanischer Sprache, die detailliert belegen, daß ich nichts anderes als die Wahrheit in diesem Buch niedergeschrieben habe. Für die deutsche Ausgabe habe ich den Inhalt der Dokumente kurz zusammengefaßt:

1 Ergebenes Gebet, an Mons. Escrivá vor und nach seiner Seligsprechung zu richten. Es wird Mitgliedern des Opus Dei empfohlen, wenn sie Mons. Escrivá um ein Wunder bitten möchten.

2 Periodisch erscheinendes Bulletin, das über Mons. Escrivás Leben sowie seine Gnaden (Wunder) informiert. Es wird von den Superioren des Opus Dei versandt, um Ergebenheit gegenüber Mons. Escrivá zu verbreiten.

3 Mons. Alvaro del Portillos Gesuch an den Vatikan, das Säkularinstitut Opus Dei in eine Personalprälatur umzuwandeln.

4 Ein Bild von Mons. Alvaro del Portillo, dem Prälaten des Opus Dei. Mit der Aufschrift Ut iumentum! pflegte Mons. Escrivá seine Fotografien zu versehen, um zu betonen, daß er sich als Esel Gottes sah.

5 Artikel aus venezolanischen Zeitungen über den Skandal um Gregorio Ortega Pardo, einen Numerarier und Mons. Escrivás Mann in Portugal.

6 Ein Brief von Mons. Escrivá anläßlich des Silberjubiläums des Opus Dei. Er unterschrieb mit Mariano (von Maria), um seine Liebe zur Madonna zu unterstreichen. Es handelt sich hierbei um ein bedeutendes, internes Dokument des Opus Dei.

7, 8 Aufnahmen von Etame, der ehemaligen Schule für Kunst und Heim in Caracas, Venezuela.

9, 10, 11 Offizielle Dokumente der Association for Educational Development, einer ohne Profit arbeitenden Organisation des Opus Dei, die der US-Regierung zur Steuerveranlagung vorgelegt wurden.

12 Eintragung für die ASAC (Association de Arte y Ciencia), die von mir eingerichtete, ohne Profit arbeitende Organisation für Frauen in Venezuela.

13 Zwei Seiten, die einen Beweis für die Verlogenheit des Opus Dei darstellen: Begoña Elejalde erkrankte 1965, nicht im September 1963.

14 Eine weitere Lüge des Opus Dei: Es wird hier behauptet, daß Ana-Maria Gibert und ich unsere Austrittserklärung vorlegten. Das habe ich niemals getan, ebensowenig wie Ana-Maria Gibert. Außerdem hielt ich mich zu dem Zeitpunkt in Caracas auf.

15 Bilder und Konzept der Frauenuniversität Dairén in Caracas.

16 Brief von S.E. Kardinal Basil Hume, in dem er offiziell die Richtlinien für das Opus Dei in der Diözese Westminster darlegt.

17 Kritischer Zeitungsartikel betreffend das Netz der Opus Dei-Schulen.

18 Prospekt einer Opus Dei-Schule, dem Colegio Los Campitos.

19 Ausschnitt aus einem Logikkurs, an dem Opus Dei-Mitglieder teilnehmen.

20 Eine Weihnachtskarte, die ersten Nachrichten aus Venezuela, die ich während meiner Gefangenschaft in der Opus Dei-Zentrale in Rom, nachdem diese durch die Zensur gegangen waren, erhielt.

21 Telegramme von Ana Teresa de Sosa an mich nach meinem Austritt.

22 Die Einschreibequittung für den Brief, den mein Vater an Mons. Escrivá schrieb.

23 Ein Dokument über die Beatifikation und Kanonisierung, in dem Javier Echevarría unwahre Behauptungen über mich aufstellt.

24 Meine beiden Briefe an Kardinal Angel Sodano sowie meine beiden Briefe an den Heiligen Vater Johannes Paul II.

25 Mein Brief an S.E. Kardinal Ratzinger.

437

Heute im Jahre 1993 möchte ich Tito Lyon und Ana Sampaio von Publicacoes Europa Amerika für all die Mühen, die mit dem Erscheinen meines Buches verbunden waren, danken. Ich danke Harald Riemann, der die schwierige Aufgabe hatte, meine Zeilen ins Deutsche zu übersetzen, sowie Markus Fels vom Benziger Verlag für seine Bemühungen um das Erscheinen des Buches in Deutschland.

M.C.T.
Santa Barbara, Kalifornien
Mai 1993